权威·前沿·原创

皮书系列为
“十二五”“十三五”国家重点图书出版规划项目

社长致辞

蓦然回首，皮书的专业化历程已经走过了二十年。20年来从一个出版社的学术产品名称到媒体热词再到智库成果研创及传播平台，皮书以专业化为主线，进行了系列化、市场化、品牌化、数字化、国际化、平台化的运作，实现了跨越式的发展。特别是在党的十八大以后，以习近平总书记为核心的党中央高度重视新型智库建设，皮书也迎来了长足的发展，总品种达到600余种，经过专业评审机制、淘汰机制遴选，目前，每年稳定出版近400个品种。“皮书”已经成为中国新型智库建设的抓手，成为国际国内社会各界快速、便捷地了解真实中国的最佳窗口。

20年孜孜以求，“皮书”始终将自己的研究视野与经济社会发展中的前沿热点问题紧密相连。600个研究领域，3万多位分布于800余个研究机构的专家学者参与了研创写作。皮书数据库中共收录了15万篇专业报告，50余万张数据图表，合计30亿字，每年报告下载量近80万次。皮书为中国学术与社会发展实践的结合提供了一个激荡智力、传播思想的入口，皮书作者们用学术的话语、客观翔实的数据谱写出了中国故事壮丽的篇章。

20年跬步千里，“皮书”始终将自己的发展与时代赋予的使命与责任紧紧相连。每年百余场新闻发布会，10万余次中外媒体报道，中、英、俄、日、韩等12个语种共同出版。皮书所具有的凝聚力正在形成一种无形的力量，吸引着社会各界关注中国的发展，参与中国的发展，它是我们向世界传递中国声音、总结中国经验、争取中国国际话语权最主要的平台。

皮书这一系列成就的取得，得益于中国改革开放的伟大时代，离不开来自中国社会科学院、新闻出版广电总局、全国哲学社会科学规划办公室等主管部门的大力支持和帮助，也离不开皮书研创者和出版者的共同努力。他们与皮书的故事创造了皮书的历史，他们对皮书的拳拳之心将继续谱写皮书的未来！

现在，“皮书”品牌已经进入了快速成长的青壮年时期。全方位进行规范化管理，树立中国的学术出版标准；不断提升皮书的内容质量和影响力，搭建起中国智库产品和智库建设的交流服务平台和国际传播平台；发布各类皮书指数，并使之成为中国指数，让中国智库的声音响彻世界舞台，为人类的发展做出中国的贡献——这是皮书未来发展的图景。作为“皮书”这个概念的提出者，“皮书”从一般图书到系列图书和品牌图书，最终成为智库研究和社会科学应用对策研究的知识服务和成果推广平台这整个过程的操盘者，我相信，这也是每一位皮书人执着追求的目标。

“当代中国正经历着我国历史上最为广泛而深刻的社会变革，也正在进行着人类历史上最为宏大而独特的实践创新。这种前无古人的伟大实践，必将给理论创造、学术繁荣提供强大动力和广阔空间。”

在这个需要思想而且一定能够产生思想的时代，皮书的研创出版一定能创造出新的更大的辉煌！

社会科学文献出版社社长

中国社会学会秘书长

2017年11月

社会科学文献出版社简介

社会科学文献出版社（以下简称“社科文献出版社”）成立于1985年，是直属于中国社会科学院的人文社会科学学术出版机构。成立至今，社科文献出版社始终依托中国社会科学院和国内外人文社会科学界丰厚的学术出版和专家学者资源，坚持“创社科经典，出传世文献”的出版理念、“权威、前沿、原创”的产品定位以及学术成果和智库成果出版的专业化、数字化、国际化、市场化的经营道路。

社科文献出版社是中国新闻出版业转型与文化体制改革的先行者。积极探索文化体制改革的先进方向和现代企业经营决策机制，社科文献出版社先后荣获“全国文化体制改革工作先进单位”、中国出版政府奖·先进出版单位奖，中国社会科学院先进集体、全国科普工作先进集体等荣誉称号。多人次荣获“第十届韬奋出版奖”“全国新闻出版行业领军人才”“数字出版先进人物”“北京市新闻出版广电行业领军人才”等称号。

社科文献出版社是中国人文社会科学学术出版的大社名社，也是以皮书为代表的智库成果出版的专业强社。年出版图书2000余种，其中皮书400余种，出版新书字数5.5亿字，承印与发行中国社科院院属期刊72种，先后创立了皮书系列、列国志、中国史话、社科文献学术译库、社科文献学术文库、甲骨文书系等一大批既有学术影响又有市场价值的品牌，确立了在社会学、近代史、苏东问题研究等专业学科及领域出版的领先地位。图书多次荣获中国出版政府奖、“三个一百”原创图书出版工程、“五个‘一’工程奖”、“大众喜爱的50种图书”等奖项，在中央国家机关“强素质·做表率”读书活动中，入选图书品种数位居各大出版社之首。

社科文献出版社是中国学术出版规范与标准的倡议者与制定者，代表全国50多家出版社发起实施学术著作出版规范的倡议，承担学术著作规范国家标准的起草工作，率先编撰完成《皮书手册》对皮书品牌进行规范化管理，并在此基础上推出中国版芝加哥手册——《社科文献出版社学术出版手册》。

社科文献出版社是中国数字出版的引领者，拥有皮书数据库、列国志数据库、“一带一路”数据库、减贫数据库、集刊数据库等4大产品线11个数据库产品，机构用户达1300余家，海外用户百余家，荣获“数字出版转型示范单位”“新闻出版标准化先进单位”“专业数字内容资源知识服务模式试点企业标准化示范单位”等称号。

社科文献出版社是中国学术出版走出去的践行者。社科文献出版社海外图书出版与学术合作业务遍及全球40余个国家和地区，并于2016年成立俄罗斯分社，累计输出图书500余种，涉及近20个语种，累计获得国家社科基金中华学术外译项目资助76种、“丝路书香工程”项目资助60种、中国图书对外推广计划项目资助71种以及经典中国国际出版工程资助28种，被五部委联合认定为“2015-2016年度国家文化出口重点企业”。

如今，社科文献出版社完全靠自身积累拥有固定资产3.6亿元，年收入3亿元，设置了七大出版分社、六大专业部门，成立了皮书研究院和博士后科研工作站，培养了一支近400人的高素质与高效率的编辑、出版、营销和国际推广队伍，为未来成为学术出版的大社、名社、强社，成为文化体制改革与文化企业转型发展的排头兵奠定了坚实的基础。

宏观经济类

经济蓝皮书

2018年中国经济形势分析与预测

李平 / 主编　2017年12月出版　定价：89.00元

◆　本书为总理基金项目，由著名经济学家李扬领衔，联合中国社会科学院等数十家科研机构、国家部委和高等院校的专家共同撰写，系统分析了2017年的中国经济形势并预测2018年中国经济运行情况。

城市蓝皮书

中国城市发展报告 No.11

潘家华　单菁菁 / 主编　2018年9月出版　估价：99.00元

◆　本书是由中国社会科学院城市发展与环境研究中心编著的，多角度、全方位地立体展示了中国城市的发展状况，并对中国城市的未来发展提出了许多建议。该书有强烈的时代感，对中国城市发展实践有重要的参考价值。

人口与劳动绿皮书

中国人口与劳动问题报告 No.19

张车伟 / 主编　2018年10月出版　估价：99.00元

◆　本书为中国社会科学院人口与劳动经济研究所主编的年度报告，对当前中国人口与劳动形势做了比较全面和系统的深入讨论，为研究中国人口与劳动问题提供了一个专业性的视角。

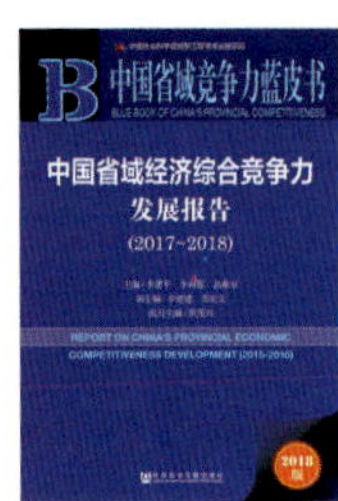

中国省域竞争力蓝皮书

中国省域经济综合竞争力发展报告（2017 ~ 2018）

李建平　李闽榕　高燕京 / 主编　2018 年 5 月出版　估价：198.00 元

◆　本书融多学科的理论为一体，深入追踪研究了省域经济发展与中国国家竞争力的内在关系，为提升中国省域经济综合竞争力提供有价值的决策依据。

金融蓝皮书

中国金融发展报告（2018）

王国刚 / 主编　2018 年 2 月出版　估价：99.00 元

◆　本书由中国社会科学院金融研究所组织编写，概括和分析了 2017 年中国金融发展和运行中的各方面情况，研讨和评论了 2017 年发生的主要金融事件，有利于读者了解掌握 2017 年中国的金融状况，把握 2018 年中国金融的走势。

区域经济类

京津冀蓝皮书

京津冀发展报告（2018）

祝合良　叶堂林　张贵祥 / 等著　2018 年 6 月出版　估价：99.00 元

◆　本书遵循问题导向与目标导向相结合、统计数据分析与大数据分析相结合、纵向分析和长期监测与结构分析和综合监测相结合等原则，对京津冀协同发展新形势与新进展进行测度与评价。

社 会 政 法 类

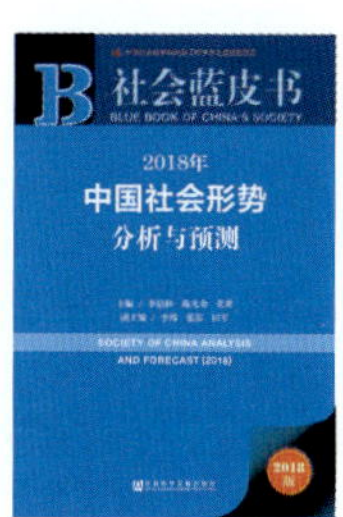

社会蓝皮书

2018 年中国社会形势分析与预测

李培林　陈光金　张翼 / 主编　2017 年 12 月出版　定价：89.00 元

◆　本书由中国社会科学院社会学研究所组织研究机构专家、高校学者和政府研究人员撰写，聚焦当下社会热点，对 2017 年中国社会发展的各个方面内容进行了权威解读，同时对 2018 年社会形势发展趋势进行了预测。

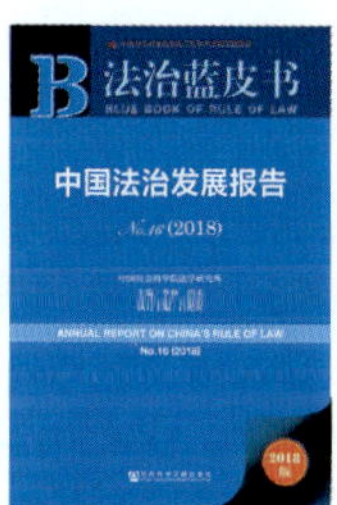

法治蓝皮书

中国法治发展报告 No.16（2018）

李林　田禾 / 主编　2018 年 3 月出版　估价：118.00 元

◆　本年度法治蓝皮书回顾总结了 2017 年度中国法治发展取得的成就和存在的不足，对中国政府、司法、检务透明度进行了跟踪调研，并对 2018 年中国法治发展形势进行了预测和展望。

教育蓝皮书

中国教育发展报告（2018）

杨东平 / 主编　2018 年 4 月出版　估价：99.00 元

◆　本书重点关注了 2017 年教育领域的热点，资料翔实，分析有据，既有专题研究，又有实践案例，从多角度对 2017 年教育改革和实践进行了分析和研究。

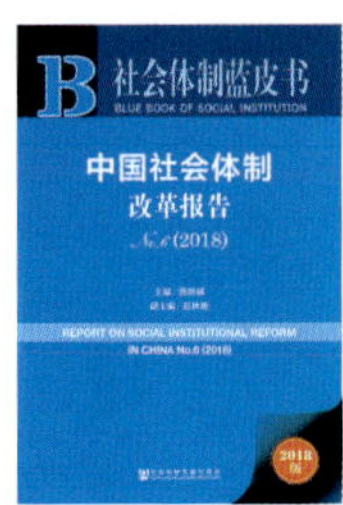

社会体制蓝皮书

中国社会体制改革报告 No.6（2018）

龚维斌 / 主编　2018 年 3 月出版　估价：99.00 元

◆　本书由国家行政学院社会治理研究中心和北京师范大学中国社会管理研究院共同组织编写，主要对 2017 年社会体制改革情况进行回顾和总结，对 2018 年的改革走向进行分析，提出相关政策建议。

社会心态蓝皮书

中国社会心态研究报告（2018）

王俊秀　杨宜音 / 主编　2018 年 12 月出版　估价：99.00 元

◆　本书是中国社会科学院社会学研究所社会心理研究中心"社会心态蓝皮书课题组"的年度研究成果，运用社会心理学、社会学、经济学、传播学等多种学科的方法进行了调查和研究，对于目前中国社会心态状况有较广泛和深入的揭示。

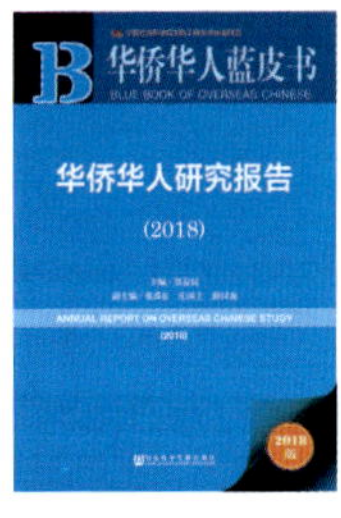

华侨华人蓝皮书

华侨华人研究报告（2018）

贾益民 / 主编　2018 年 1 月出版　估价：139.00 元

◆　本书关注华侨华人生产与生活的方方面面。华侨华人是中国建设 21 世纪海上丝绸之路的重要中介者、推动者和参与者。本书旨在全面调研华侨华人，提供最新涉侨动态、理论研究成果和政策建议。

民族发展蓝皮书

中国民族发展报告（2018）

王延中 / 主编　2018 年 10 月出版　估价：188.00 元

◆　本书从民族学人类学视角，研究近年来少数民族和民族地区的发展情况，展示民族地区经济、政治、文化、社会和生态文明"五位一体"建设取得的辉煌成就和面临的困难挑战，为深刻理解中央民族工作会议精神、加快民族地区全面建成小康社会进程提供了实证材料。

产 业 经 济 类

房地产蓝皮书

中国房地产发展报告 No.15（2018）

李春华　王业强 / 主编　2018 年 5 月出版　估价：99.00 元

◆　2018 年《房地产蓝皮书》持续追踪中国房地产市场最新动态，深度剖析市场热点，展望 2018 年发展趋势，积极谋划应对策略。对 2017 年房地产市场的发展态势进行全面、综合的分析。

新能源汽车蓝皮书

中国新能源汽车产业发展报告（2018）

中国汽车技术研究中心　日产（中国）投资有限公司
东风汽车有限公司 / 编著　2018 年 8 月出版　估价：99.00 元

◆　本书对中国 2017 年新能源汽车产业发展进行了全面系统的分析，并介绍了国外的发展经验。有助于相关机构、行业和社会公众等了解中国新能源汽车产业发展的最新动态，为政府部门出台新能源汽车产业相关政策法规、企业制定相关战略规划，提供必要的借鉴和参考。

行 业 及 其 他 类

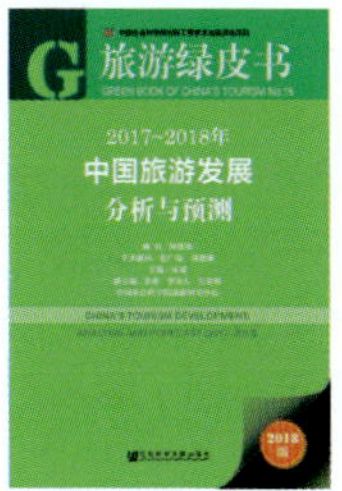

旅游绿皮书

2017 ～ 2018 年中国旅游发展分析与预测

中国社会科学院旅游研究中心 / 编　2018 年 2 月出版　估价：99.00 元

◆　本书从政策、产业、市场、社会等多个角度勾画出 2017 年中国旅游发展全貌，剖析了其中的热点和核心问题，并就未来发展作出预测。

民营医院蓝皮书

中国民营医院发展报告（2018）

薛晓林 / 主编　2018 年 1 月出版　估价：99.00 元

◆　本书在梳理国家对社会办医的各种利好政策的前提下，对我国民营医疗发展现状、我国民营医院竞争力进行了分析，并结合我国医疗体制改革对民营医院的发展趋势、发展策略、战略规划等方面进行了预估。

会展蓝皮书

中外会展业动态评估研究报告（2018）

张敏 / 主编　2018 年 12 月出版　估价：99.00 元

◆　本书回顾了 2017 年的会展业发展动态，结合“供给侧改革”、“互联网 +”、“绿色经济”的新形势分析了我国展会的行业现状，并介绍了国外的发展经验，有助于行业和社会了解最新的展会业动态。

中国上市公司蓝皮书

中国上市公司发展报告（2018）

张平　王宏淼 / 主编　2018 年 9 月出版　估价：99.00 元

◆　本书由中国社会科学院上市公司研究中心组织编写的，着力于全面、真实、客观反映当前中国上市公司财务状况和价值评估的综合性年度报告。本书详尽分析了 2017 年中国上市公司情况，特别是现实中暴露出的制度性、基础性问题，并对资本市场改革进行了探讨。

工业和信息化蓝皮书

人工智能发展报告（2017 ~ 2018）

尹丽波 / 主编　2018 年 6 月出版　估价：99.00 元

◆　本书国家工业信息安全发展研究中心在对 2017 年全球人工智能技术和产业进行全面跟踪研究基础上形成的研究报告。该报告内容翔实、视角独特，具有较强的产业发展前瞻性和预测性，可为相关主管部门、行业协会、企业等全面了解人工智能发展形势以及进行科学决策提供参考。

国际问题与全球治理类

世界经济黄皮书

2018年世界经济形势分析与预测

张宇燕 / 主编　2018年1月出版　估价：99.00元

◆　本书由中国社会科学院世界经济与政治研究所的研究团队撰写，分总论、国别与地区、专题、热点、世界经济统计与预测等五个部分，对2018年世界经济形势进行了分析。

国际城市蓝皮书

国际城市发展报告（2018）

屠启宇 / 主编　2018年2月出版　估价：99.00元

◆　本书作者以上海社会科学院从事国际城市研究的学者团队为核心，汇集同济大学、华东师范大学、复旦大学、上海交通大学、南京大学、浙江大学相关城市研究专业学者。立足动态跟踪介绍国际城市发展时间中，最新出现的重大战略、重大理念、重大项目、重大报告和最佳案例。

非洲黄皮书

非洲发展报告 No.20（2017～2018）

张宏明 / 主编　2018年7月出版　估价：99.00元

◆　本书是由中国社会科学院西亚非洲研究所组织编撰的非洲形势年度报告，比较全面、系统地分析了2017年非洲政治形势和热点问题，探讨了非洲经济形势和市场走向，剖析了大国对非洲关系的新动向；此外，还介绍了国内非洲研究的新成果。

国别类

美国蓝皮书

美国研究报告（2018）

郑秉文　黄平 / 主编　2018 年 5 月出版　估价：99.00 元

◆　本书是由中国社会科学院美国研究所主持完成的研究成果，它回顾了美国 2017 年的经济、政治形势与外交战略，对美国内政外交发生的重大事件及重要政策进行了较为全面的回顾和梳理。

德国蓝皮书

德国发展报告（2018）

郑春荣 / 主编　2018 年 6 月出版　估价：99.00 元

◆　本报告由同济大学德国研究所组织编撰，由该领域的专家学者对德国的政治、经济、社会文化、外交等方面的形势发展情况，进行全面的阐述与分析。

俄罗斯黄皮书

俄罗斯发展报告（2018）

李永全 / 编著　2018 年 6 月出版　估价：99.00 元

◆　本书系统介绍了 2017 年俄罗斯经济政治情况，并对 2016 年该地区发生的焦点、热点问题进行了分析与回顾；在此基础上，对该地区 2018 年的发展前景进行了预测。

文化传媒类

新媒体蓝皮书

中国新媒体发展报告 No.9（2018）

唐绪军 / 主编　2018 年 6 月出版　估价：99.00 元

◆　本书是由中国社会科学院新闻与传播研究所组织编写的关于新媒体发展的最新年度报告，旨在全面分析中国新媒体的发展现状，解读新媒体的发展趋势，探析新媒体的深刻影响。

移动互联网蓝皮书

中国移动互联网发展报告（2018）

余清楚 / 主编　2018 年 6 月出版　估价：99.00 元

◆　本书着眼于对 2017 年度中国移动互联网的发展情况做深入解析，对未来发展趋势进行预测，力求从不同视角、不同层面全面剖析中国移动互联网发展的现状、年度突破及热点趋势等。

文化蓝皮书

中国文化消费需求景气评价报告（2018）

王亚南 / 主编　2018 年 2 月出版　估价：99.00 元

◆　本书首创全国文化发展量化检测评价体系，也是至今全国唯一的文化民生量化检测评价体系，对于检验全国及各地"以人民为中心"的文化发展具有首创意义。

地方发展类

北京蓝皮书

北京经济发展报告（2017 ～ 2018）

杨松 / 主编　2018 年 6 月出版　估价：99.00 元

◆　本书对 2017 年北京市经济发展的整体形势进行了系统性的分析与回顾，并对 2018 年经济形势走势进行了预测与研判，聚焦北京市经济社会发展中的全局性、战略性和关键领域的重点问题，运用定量和定性分析相结合的方法，对北京市经济社会发展的现状、问题、成因进行了深入分析，提出了可操作性的对策建议。

温州蓝皮书

2018 年温州经济社会形势分析与预测

蒋儒标　王春光　金浩 / 主编　2018 年 4 月出版　估价：99.00 元

◆　本书是中共温州市委党校和中国社会科学院社会学研究所合作推出的第十一本温州蓝皮书，由来自党校、政府部门、科研机构、高校的专家、学者共同撰写的 2017 年温州区域发展形势的最新研究成果。

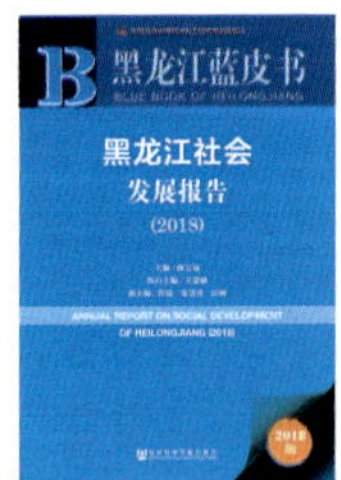

黑龙江蓝皮书

黑龙江社会发展报告（2018）

王爱丽 / 主编　2018 年 6 月出版　估价：99.00 元

◆　本书以千份随机抽样问卷调查和专题研究为依据，运用社会学理论框架和分析方法，从专家和学者的独特视角，对 2017 年黑龙江省关系民生的问题进行广泛的调研与分析，并对 2017 年黑龙江省诸多社会热点和焦点问题进行了有益的探索。这些研究不仅可以为政府部门更加全面深入了解省情、科学制定决策提供智力支持，同时也可以为广大读者认识、了解、关注黑龙江社会发展提供理性思考。

宏观经济类

城市蓝皮书
中国城市发展报告（No.11）
著(编)者：潘家华 单菁菁
2018年9月出版 / 估价：99.00元
PSN B-2007-091-1/1

城乡一体化蓝皮书
中国城乡一体化发展报告（2018）
著(编)者：付崇兰
2018年9月出版 / 估价：99.00元
PSN B-2011-226-1/2

城镇化蓝皮书
中国新型城镇化健康发展报告（2018）
著(编)者：张占斌
2018年8月出版 / 估价：99.00元
PSN B-2014-396-1/1

创新蓝皮书
创新型国家建设报告（2018～2019）
著(编)者：詹正茂
2018年12月出版 / 估价：99.00元
PSN B-2009-140-1/1

低碳发展蓝皮书
中国低碳发展报告（2018）
著(编)者：张希良 齐晔
2018年6月出版 / 估价：99.00元
PSN B-2011-223-1/1

低碳经济蓝皮书
中国低碳经济发展报告（2018）
著(编)者：薛进军 赵忠秀
2018年11月出版 / 估价：99.00元
PSN B-2011-194-1/1

发展和改革蓝皮书
中国经济发展和体制改革报告No.9
著(编)者：邹东涛 王再文
2018年1月出版 / 估价：99.00元
PSN B-2008-122-1/1

国家创新蓝皮书
中国创新发展报告（2017）
著(编)者：陈劲 2018年3月出版 / 估价：99.00元
PSN B-2014-370-1/1

金融蓝皮书
中国金融发展报告（2018）
著(编)者：王国刚
2018年2月出版 / 估价：99.00元
PSN B-2004-031-1/7

经济蓝皮书
2018年中国经济形势分析与预测
著(编)者：李平 2017年12月出版 / 定价：89.00元
PSN B-1996-001-1/1

经济蓝皮书春季号
2018年中国经济前景分析
著(编)者：李扬 2018年5月出版 / 估价：99.00元
PSN B-1999-008-1/1

经济蓝皮书夏季号
中国经济增长报告（2017～2018）
著(编)者：李扬 2018年9月出版 / 估价：99.00元
PSN B-2010-176-1/1

经济信息绿皮书
中国与世界经济发展报告（2018）
著(编)者：杜平
2017年12月出版 / 估价：99.00元
PSN G-2003-023-1/1

农村绿皮书
中国农村经济形势分析与预测（2017～2018）
著(编)者：魏后凯 黄秉信
2018年4月出版 / 估价：99.00元
PSN G-1998-003-1/1

人口与劳动绿皮书
中国人口与劳动问题报告No.19
著(编)者：张车伟 2018年11月出版 / 估价：99.00元
PSN G-2000-012-1/1

新型城镇化蓝皮书
新型城镇化发展报告（2017）
著(编)者：李伟 宋敏 沈体雁
2018年3月出版 / 估价：99.00元
PSN B-2005-038-1/1

中国省域竞争力蓝皮书
中国省域经济综合竞争力发展报告（2016～2017）
著(编)者：李建平 李闽榕 高燕京
2018年2月出版 / 估价：198.00元
PSN B-2007-088-1/1

中小城市绿皮书
中国中小城市发展报告（2018）
著(编)者：中国城市经济学会中小城市经济发展委员会
中国城镇化促进会中小城市发展委员会
《中国中小城市发展报告》编纂委员会
中小城市发展战略研究院
2018年11月出版 / 估价：128.00元
PSN G-2010-161-1/1

区域经济类

东北蓝皮书
中国东北地区发展报告（2018）
著(编)者：姜晓秋　2018年11月出版 / 估价：99.00元
PSN B-2006-067-1/1

金融蓝皮书
中国金融中心发展报告（2017～2018）
著(编)者：王力 黄育华　2018年11月出版 / 估价：99.00元
PSN B-2011-186-6/7

京津冀蓝皮书
京津冀发展报告（2018）
著(编)者：祝合良 叶堂林 张贵祥
2018年6月出版 / 估价：99.00元
PSN B-2012-262-1/1

西北蓝皮书
中国西北发展报告（2018）
著(编)者：任宗哲 白宽犁 王建康
2018年4月出版 / 估价：99.00元
PSN B-2012-261-1/1

西部蓝皮书
中国西部发展报告（2018）
著(编)者：璋勇 任保平　2018年8月出版 / 估价：99.00元
PSN B-2005-039-1/1

长江经济带产业蓝皮书
长江经济带产业发展报告（2018）
著(编)者：吴传清　2018年11月出版 / 估价：128.00元
PSN B-2017-666-1/1

长江经济带蓝皮书
长江经济带发展报告（2017～2018）
著(编)者：王振　2018年11月出版 / 估价：99.00元
PSN B-2016-575-1/1

长江中游城市群蓝皮书
长江中游城市群新型城镇化与产业协同发展报告（2018）
著(编)者：杨刚强　2018年11月出版 / 估价：99.00元
PSN B-2016-578-1/1

长三角蓝皮书
2017年创新融合发展的长三角
著(编)者：刘飞跃　2018年3月出版 / 估价：99.00元
PSN B-2005-038-1/1

长株潭城市群蓝皮书
长株潭城市群发展报告（2017）
著(编)者：张萍 朱有志　2018年1月出版 / 估价：99.00元
PSN B-2008-109-1/1

中部竞争力蓝皮书
中国中部经济社会竞争力报告（2018）
著(编)者：教育部人文社会科学重点研究基地南昌大学中国中部经济社会发展研究中心
2018年12月出版 / 估价：99.00元
PSN B-2012-276-1/1

中部蓝皮书
中国中部地区发展报告（2018）
著(编)者：宋亚平　2018年12月出版 / 估价：99.00元
PSN B-2007-089-1/1

区域蓝皮书
中国区域经济发展报告（2017～2018）
著(编)者：赵弘　2018年5月出版 / 估价：99.00元
PSN B-2004-034-1/1

中三角蓝皮书
长江中游城市群发展报告（2018）
著(编)者：秦尊文　2018年9月出版 / 估价：99.00元
PSN B-2014-417-1/1

中原蓝皮书
中原经济区发展报告（2018）
著(编)者：李英杰　2018年6月出版 / 估价：99.00元
PSN B-2011-192-1/1

珠三角流通蓝皮书
珠三角商圈发展研究报告（2018）
著(编)者：王先庆 林至颖　2018年7月出版 / 估价：99.00元
PSN B-2012-292-1/1

社会政法类

北京蓝皮书
中国社区发展报告（2017～2018）
著(编)者：于燕燕　2018年9月出版 / 估价：99.00元
PSN B-2007-083-5/8

殡葬绿皮书
中国殡葬事业发展报告（2017～2018）
著(编)者：李伯森　2018年4月出版 / 估价：158.00元
PSN G-2010-180-1/1

城市管理蓝皮书
中国城市管理报告（2017-2018）
著(编)者：刘林 刘承水　2018年5月出版 / 估价：158.00元
PSN B-2013-336-1/1

城市生活质量蓝皮书
中国城市生活质量报告（2017）
著(编)者：张连城 张平 杨春学 郎丽华
2018年2月出版 / 估价：99.00元
PSN B-2013-326-1/1

城市政府能力蓝皮书
中国城市政府公共服务能力评估报告（2018）
著(编)者：何艳玲　　2018年4月出版 / 估价：99.00元
PSN B-2013-338-1/1

创业蓝皮书
中国创业发展研究报告（2017~2018）
著(编)者：黄群慧 赵卫星 钟宏武
2018年11月出版 / 估价：99.00元
PSN B-2016-577-1/1

慈善蓝皮书
中国慈善发展报告（2018）
著(编)者：杨团　　2018年6月出版 / 估价：99.00元
PSN B-2009-142-1/1

党建蓝皮书
党的建设研究报告No.2（2018）
著(编)者：崔建民 陈东平　　2018年1月出版 / 估价：99.00元
PSN B-2016-523-1/1

地方法治蓝皮书
中国地方法治发展报告No.3（2018）
著(编)者：李林 田禾　　2018年3月出版 / 估价：118.00元
PSN B-2015-442-1/1

电子政务蓝皮书
中国电子政务发展报告（2018）
著(编)者：李季　　2018年8月出版 / 估价：99.00元
PSN B-2003-022-1/1

法治蓝皮书
中国法治发展报告No.16（2018）
著(编)者：吕艳滨　　2018年3月出版 / 估价：118.00元
PSN B-2004-027-1/3

法治蓝皮书
中国法院信息化发展报告 No.2（2018）
著(编)者：李林 田禾　　2018年2月出版 / 估价：108.00元
PSN B-2017-604-3/3

法治政府蓝皮书
中国法治政府发展报告（2018）
著(编)者：中国政法大学法治政府研究院
2018年4月出版 / 估价：99.00元
PSN B-2015-502-1/2

法治政府蓝皮书
中国法治政府评估报告（2018）
著(编)者：中国政法大学法治政府研究院
2018年9月出版 / 估价：168.00元
PSN B-2016-576-2/2

反腐倡廉蓝皮书
中国反腐倡廉建设报告 No.8
著(编)者：张英伟　　2018年12月出版 / 估价：99.00元
PSN B-2012-259-1/1

扶贫蓝皮书
中国扶贫开发报告（2018）
著(编)者：李培林 魏后凯　　2018年12月出版 / 估价：128.00元
PSN B-2016-599-1/1

妇女发展蓝皮书
中国妇女发展报告 No.6
著(编)者：王金玲　　2018年9月出版 / 估价：158.00元
PSN B-2006-069-1/1

妇女教育蓝皮书
中国妇女教育发展报告 No.3
著(编)者：张李玺　　2018年10月出版 / 估价：99.00元
PSN B-2008-121-1/1

妇女绿皮书
2018年：中国性别平等与妇女发展报告
著(编)者：谭琳　　2018年12月出版 / 估价：99.00元
PSN G-2006-073-1/1

公共安全蓝皮书
中国城市公共安全发展报告（2017~2018）
著(编)者：黄育华 杨文明 赵建辉
2018年6月出版 / 估价：99.00元
PSN B-2017-628-1/1

公共服务蓝皮书
中国城市基本公共服务力评价（2018）
著(编)者：钟君 刘志昌 吴正杲
2018年12月出版 / 估价：99.00元
PSN B-2011-214-1/1

公民科学素质蓝皮书
中国公民科学素质报告（2017~2018）
著(编)者：李群 陈雄 马宗文
2018年1月出版 / 估价：99.00元
PSN B-2014-379-1/1

公益蓝皮书
中国公益慈善发展报告（2016）
著(编)者：朱健刚 胡小军　　2018年2月出版 / 估价：99.00元
PSN B-2012-283-1/1

国际人才蓝皮书
中国国际移民报告（2018）
著(编)者：王辉耀　　2018年2月出版 / 估价：99.00元
PSN B-2012-304-3/4

国际人才蓝皮书
中国留学发展报告（2018）No.7
著(编)者：王辉耀 苗绿　　2018年12月出版 / 估价：99.00元
PSN B-2012-244-2/4

海洋社会蓝皮书
中国海洋社会发展报告（2017）
著(编)者：崔凤 宋宁而　　2018年3月出版 / 估价：99.00元
PSN B-2015-478-1/1

行政改革蓝皮书
中国行政体制改革报告No.7（2018）
著(编)者：魏礼群　　2018年6月出版 / 估价：99.00元
PSN B-2011-231-1/1

华侨华人蓝皮书
华侨华人研究报告（2017）
著(编)者：贾益民　　2018年1月出版 / 估价：139.00元
PSN B-2011-204-1/1

环境竞争力绿皮书
中国省域环境竞争力发展报告（2018）
著(编)者：李建平 李闽榕 王金南
2018年11月出版 / 估价：198.00元
PSN G-2010-165-1/1

环境绿皮书
中国环境发展报告（2017~2018）
著(编)者：李波 2018年4月出版 / 估价：99.00元
PSN G-2006-048-1/1

家庭蓝皮书
中国“创建幸福家庭活动”评估报告（2018）
著(编)者：国务院发展研究中心“创建幸福家庭活动评估”课题组
2018年12月出版 / 估价：99.00元
PSN B-2015-508-1/1

健康城市蓝皮书
中国健康城市建设研究报告（2018）
著(编)者：王鸿春 盛继洪 2018年12月出版 / 估价：99.00元
PSN B-2016-564-2/2

健康中国蓝皮书
社区首诊与健康中国分析报告（2018）
著(编)者：高和荣 杨叔禹 姜杰
2018年4月出版 / 估价：99.00元
PSN B-2017-611-1/1

教师蓝皮书
中国中小学教师发展报告（2017）
著(编)者：曾晓东 鱼霞 2018年6月出版 / 估价：99.00元
PSN B-2012-289-1/1

教育扶贫蓝皮书
中国教育扶贫报告（2018）
著(编)者：司树杰 王文静 李兴洲
2018年12月出版 / 估价：99.00元
PSN B-2016-590-1/1

教育蓝皮书
中国教育发展报告（2018）
著(编)者：杨东平 2018年4月出版 / 估价：99.00元
PSN B-2006-047-1/1

金融法治建设蓝皮书
中国金融法治建设年度报告（2015~2016）
著(编)者：朱小黄 2018年6月出版 / 估价：99.00元
PSN B-2017-633-1/1

京津冀教育蓝皮书
京津冀教育发展研究报告（2017~2018）
著(编)者：方中雄 2018年4月出版 / 估价：99.00元
PSN B-2017-608-1/1

就业蓝皮书
2018年中国本科生就业报告
著(编)者：麦可思研究院 2018年6月出版 / 估价：99.00元
PSN B-2009-146-1/2

就业蓝皮书
2018年中国高职高专生就业报告
著(编)者：麦可思研究院 2018年6月出版 / 估价：99.00元
PSN B-2015-472-2/2

科学教育蓝皮书
中国科学教育发展报告（2018）
著(编)者：王康友 2018年10月出版 / 估价：99.00元
PSN B-2015-487-1/1

劳动保障蓝皮书
中国劳动保障发展报告（2018）
著(编)者：刘燕斌 2018年9月出版 / 估价：158.00元
PSN B-2014-415-1/1

老龄蓝皮书
中国老年宜居环境发展报告（2017）
著(编)者：党俊武 周燕珉 2018年1月出版 / 估价：99.00元
PSN B-2013-320-1/1

连片特困区蓝皮书
中国连片特困区发展报告（2017~2018）
著(编)者：游俊 冷志明 丁建军
2018年4月出版 / 估价：99.00元
PSN B-2013-321-1/1

流动儿童蓝皮书
中国流动儿童教育发展报告（2017）
著(编)者：杨东平 2018年1月出版 / 估价：99.00元
PSN B-2017-600-1/1

民调蓝皮书
中国民生调查报告（2018）
著(编)者：谢耘耕 2018年12月出版 / 估价：99.00元
PSN B-2014-398-1/1

民族发展蓝皮书
中国民族发展报告（2018）
著(编)者：王延中 2018年10月出版 / 估价：188.00元
PSN B-2006-070-1/1

女性生活蓝皮书
中国女性生活状况报告No.12（2018）
著(编)者：韩湘景 2018年7月出版 / 估价：99.00元
PSN B-2006-071-1/1

汽车社会蓝皮书
中国汽车社会发展报告（2017~2018）
著(编)者：王俊秀 2018年1月出版 / 估价：99.00元
PSN B-2011-224-1/1

青年蓝皮书
中国青年发展报告（2018）No.3
著(编)者：廉思 2018年4月出版 / 估价：99.00元
PSN B-2013-333-1/1

青少年蓝皮书
中国未成年人互联网运用报告（2017~2018）
著(编)者：季为民 李文革 沈杰
2018年11月出版 / 估价：99.00元
PSN B-2010-156-1/1

人权蓝皮书
中国人权事业发展报告No.8（2018）
著(编)者：李君如　　2018年9月出版 / 估价：99.00元
PSN B-2011-215-1/1

社会保障绿皮书
中国社会保障发展报告No.9（2018）
著(编)者：王延中　　2018年1月出版 / 估价：99.00元
PSN G-2001-014-1/1

社会风险评估蓝皮书
风险评估与危机预警报告（2017～2018）
著(编)者：唐钧　　2018年8月出版 / 估价：99.00元
PSN B-2012-293-1/1

社会工作蓝皮书
中国社会工作发展报告（2016~2017）
著(编)者：民政部社会工作研究中心
2018年8月出版 / 估价：99.00元
PSN B-2009-141-1/1

社会管理蓝皮书
中国社会管理创新报告No.6
著(编)者：连玉明　　2018年11月出版 / 估价：99.00元
PSN B-2012-300-1/1

社会蓝皮书
2018年中国社会形势分析与预测
著(编)者：李培林 陈光金 张翼
2017年12月出版 / 定价：89.00元
PSN B-1998-002-1/1

社会体制蓝皮书
中国社会体制改革报告No.6（2018）
著(编)者：龚维斌　　2018年3月出版 / 估价：99.00元
PSN B-2013-330-1/1

社会心态蓝皮书
中国社会心态研究报告（2018）
著(编)者：王俊秀　　2018年12月出版 / 估价：99.00元
PSN B-2011-199-1/1

社会组织蓝皮书
中国社会组织报告（2017-2018）
著(编)者：黄晓勇　　2018年1月出版 / 估价：99.00元
PSN B-2008-118-1/2

社会组织蓝皮书
中国社会组织评估发展报告（2018）
著(编)者：徐家良　　2018年12月出版 / 估价：99.00元
PSN B-2013-366-2/2

生态城市绿皮书
中国生态城市建设发展报告（2018）
著(编)者：刘举科 孙伟平 胡文臻
2018年9月出版 / 估价：158.00元
PSN G-2012-269-1/1

生态文明绿皮书
中国省域生态文明建设评价报告（ECI 2018）
著(编)者：严耕　　2018年12月出版 / 估价：99.00元
PSN G-2010-170-1/1

退休生活蓝皮书
中国城市居民退休生活质量指数报告（2017）
著(编)者：杨一帆　　2018年5月出版 / 估价：99.00元
PSN B-2017-618-1/1

危机管理蓝皮书
中国危机管理报告（2018）
著(编)者：文学国 范正青
2018年8月出版 / 估价：99.00元
PSN B-2010-171-1/1

学会蓝皮书
2018年中国学会发展报告
著(编)者：麦可思研究院
2018年12月出版 / 估价：99.00元
PSN B-2016-597-1/1

医改蓝皮书
中国医药卫生体制改革报告（2017～2018）
著(编)者：文学国 房志武
2018年11月出版 / 估价：99.00元
PSN B-2014-432-1/1

应急管理蓝皮书
中国应急管理报告（2018）
著(编)者：宋英华　　2018年9月出版 / 估价：99.00元
PSN B-2016-562-1/1

政府绩效评估蓝皮书
中国地方政府绩效评估报告 No.2
著(编)者：贠杰　　2018年12月出版 / 估价：99.00元
PSN B-2017-672-1/1

政治参与蓝皮书
中国政治参与报告（2018）
著(编)者：房宁　　2018年8月出版 / 估价：128.00元
PSN B-2011-200-1/1

政治文化蓝皮书
中国政治文化报告（2018）
著(编)者：邢元敏 魏大鹏 龚克
2018年8月出版 / 估价：128.00元
PSN B-2017-615-1/1

中国传统村落蓝皮书
中国传统村落保护现状报告（2018）
著(编)者：胡彬彬 李向军 王晓波
2018年12月出版 / 估价：99.00元
PSN B-2017-663-1/1

中国农村妇女发展蓝皮书
农村流动女性城市生活发展报告（2018）
著(编)者：谢丽华　　2018年12月出版 / 估价：99.00元
PSN B-2014-434-1/1

宗教蓝皮书
中国宗教报告（2017）
著(编)者：邱永辉　　2018年8月出版 / 估价：99.00元
PSN B-2008-117-1/1

产业经济类

保健蓝皮书
中国保健服务产业发展报告 No.2
著(编)者：中国保健协会　　中共中央党校
2018年7月出版 / 估价：198.00元
PSN B-2012-272-3/3

保健蓝皮书
中国保健食品产业发展报告 No.2
著(编)者：中国保健协会
　　　　中国社会科学院食品药品产业发展与监管研究中心
2018年8月出版 / 估价：198.00元
PSN B-2012-271-2/3

保健蓝皮书
中国保健用品产业发展报告 No.2
著(编)者：中国保健协会
　　　　国务院国有资产监督管理委员会研究中心
2018年3月出版 / 估价：198.00元
PSN B-2012-270-1/3

保险蓝皮书
中国保险业竞争力报告（2018）
著(编)者：保监会　　2018年12月出版 / 估价：99.00元
PSN B-2013-311-1/1

冰雪蓝皮书
中国冰上运动产业发展报告（2018）
著(编)者：孙承华 杨占武 刘戈 张鸿俊
2018年9月出版 / 估价：99.00元
PSN B-2017-648-3/3

冰雪蓝皮书
中国滑雪产业发展报告（2018）
著(编)者：孙承华 伍斌 魏庆华 张鸿俊
2018年9月出版 / 估价：99.00元
PSN B-2016-559-1/3

餐饮产业蓝皮书
中国餐饮产业发展报告（2018）
著(编)者：邢颖
2018年6月出版 / 估价：99.00元
PSN B-2009-151-1/1

茶业蓝皮书
中国茶产业发展报告（2018）
著(编)者：杨江帆 李闽榕
2018年10月出版 / 估价：99.00元
PSN B-2010-164-1/1

产业安全蓝皮书
中国文化产业安全报告（2018）
著(编)者：北京印刷学院文化产业安全研究院
2018年12月出版 / 估价：99.00元
PSN B-2014-378-12/14

产业安全蓝皮书
中国新媒体产业安全报告（2016~2017）
著(编)者：肖丽　　2018年6月出版 / 估价：99.00元
PSN B-2015-500-14/14

产业安全蓝皮书
中国出版传媒产业安全报告（2017~2018）
著(编)者：北京印刷学院文化产业安全研究院
2018年3月出版 / 估价：99.00元
PSN B-2014-384-13/14

产业蓝皮书
中国产业竞争力报告（2018）No.8
著(编)者：张其仔　　2018年12月出版 / 估价：168.00元
PSN B-2010-175-1/1

动力电池蓝皮书
中国新能源汽车动力电池产业发展报告（2018）
著(编)者：中国汽车技术研究中心
2018年8月出版 / 估价：99.00元
PSN B-2017-639-1/1

杜仲产业绿皮书
中国杜仲橡胶资源与产业发展报告（2017~2018）
著(编)者：杜红岩 胡文臻 俞锐
2018年1月出版 / 估价：99.00元
PSN G-2013-350-1/1

房地产蓝皮书
中国房地产发展报告No.15（2018）
著(编)者：李春华 王业强
2018年5月出版 / 估价：99.00元
PSN B-2004-028-1/1

服务外包蓝皮书
中国服务外包产业发展报告（2017~2018）
著(编)者：王晓红 刘德军
2018年6月出版 / 估价：99.00元
PSN B-2013-331-2/2

服务外包蓝皮书
中国服务外包竞争力报告（2017~2018）
著(编)者：刘春生 王力 黄育华
2018年12月出版 / 估价：99.00元
PSN B-2011-216-1/2

工业和信息化蓝皮书
世界信息技术产业发展报告（2017~2018）
著(编)者：尹丽波　　2018年6月出版 / 估价：99.00元
PSN B-2015-449-2/6

工业和信息化蓝皮书
战略性新兴产业发展报告（2017~2018）
著(编)者：尹丽波　　2018年6月出版 / 估价：99.00元
PSN B-2015-450-3/6

客车蓝皮书
中国客车产业发展报告（2017～2018）
著(编)者：姚蔚　　2018年10月出版 / 估价：99.00元
PSN B-2013-361-1/1

流通蓝皮书
中国商业发展报告（2018～2019）
著(编)者：王雪峰 林诗慧
2018年7月出版 / 估价：99.00元
PSN B-2009-152-1/2

能源蓝皮书
中国能源发展报告（2018）
著(编)者：崔民选 王军生 陈义和
2018年12月出版 / 估价：99.00元
PSN B-2006-049-1/1

农产品流通蓝皮书
中国农产品流通产业发展报告（2017）
著(编)者：贾敬敦 张东科 张玉玺 张鹏毅 周伟
2018年1月出版 / 估价：99.00元
PSN B-2012-288-1/1

汽车工业蓝皮书
中国汽车工业发展年度报告（2018）
著(编)者：中国汽车工业协会
中国汽车技术研究中心
丰田汽车公司
2018年5月出版 / 估价：168.00元
PSN B-2015-463-1/2

汽车工业蓝皮书
中国汽车零部件产业发展报告（2017～2018）
著(编)者：中国汽车工业协会
中国汽车工程研究院深圳市沃特玛电池有限公司
2018年9月出版 / 估价：99.00元
PSN B-2016-515-2/2

汽车蓝皮书
中国汽车产业发展报告（2018）
著(编)者：中国汽车工程学会
大众汽车集团（中国）
2018年11月出版 / 估价：99.00元
PSN B-2008-124-1/1

世界茶业蓝皮书
世界茶业发展报告（2018）
著(编)者：李闽榕 冯廷佺
2018年5月出版 / 估价：168.00元
PSN B-2017-619-1/1

世界能源蓝皮书
世界能源发展报告（2018）
著(编)者：黄晓勇　　2018年6月出版 / 估价：168.00元
PSN B-2013-349-1/1

体育蓝皮书
国家体育产业基地发展报告（2016～2017）
著(编)者：李颖川　　2018年4月出版 / 估价：168.00元
PSN B-2017-609-5/5

体育蓝皮书
中国体育产业发展报告（2018）
著(编)者：阮伟 钟秉枢
2018年12月出版 / 估价：99.00元
PSN B-2010-179-1/5

文化金融蓝皮书
中国文化金融发展报告（2018）
著(编)者：杨涛 金巍
2018年5月出版 / 估价：99.00元
PSN B-2017-610-1/1

新能源汽车蓝皮书
中国新能源汽车产业发展报告（2018）
著(编)者：中国汽车技术研究中心
日产（中国）投资有限公司
东风汽车有限公司
2018年8月出版 / 估价：99.00元
PSN B-2013-347-1/1

薏仁米产业蓝皮书
中国薏仁米产业发展报告No.2（2018）
著(编)者：李发耀 石明　秦礼康
2018年8月出版 / 估价：99.00元
PSN B-2017-645-1/1

邮轮绿皮书
中国邮轮产业发展报告（2018）
著(编)者：汪泓　　2018年10月出版 / 估价：99.00元
PSN G-2014-419-1/1

智能养老蓝皮书
中国智能养老产业发展报告（2018）
著(编)者：朱勇　　2018年10月出版 / 估价：99.00元
PSN B-2015-488-1/1

中国节能汽车蓝皮书
中国节能汽车发展报告（2017～2018）
著(编)者：中国汽车工程研究院股份有限公司
2018年9月出版 / 估价：99.00元
PSN B-2016-565-1/1

中国陶瓷产业蓝皮书
中国陶瓷产业发展报告（2018）
著(编)者：左和平 黄速建
2018年10月出版 / 估价：99.00元
PSN B-2016-573-1/1

装备制造业蓝皮书
中国装备制造业发展报告（2018）
著(编)者：徐东华　　2018年12月出版 / 估价：118.00元
PSN B-2015-505-1/1

行业及其他类

“三农”互联网金融蓝皮书
中国“三农”互联网金融发展报告（2018）
著(编)者：李勇坚 王弢
2018年8月出版 / 估价：99.00元
PSN B-2016-560-1/1

SUV蓝皮书
中国SUV市场发展报告（2017~2018）
著(编)者：靳军　2018年9月出版 / 估价：99.00元
PSN B-2016-571-1/1

冰雪蓝皮书
中国冬季奥运会发展报告（2018）
著(编)者：孙承华 伍斌 魏庆华 张鸿俊
2018年9月出版 / 估价：99.00元
PSN B-2017-647-2/3

彩票蓝皮书
中国彩票发展报告（2018）
著(编)者：益彩基金　2018年4月出版 / 估价：99.00元
PSN B-2015-462-1/1

测绘地理信息蓝皮书
测绘地理信息供给侧结构性改革研究报告（2018）
著(编)者：库热西·买合苏提
2018年12月出版 / 估价：168.00元
PSN B-2009-145-1/1

产权市场蓝皮书
中国产权市场发展报告（2017）
著(编)者：曹和平　2018年5月出版 / 估价：99.00元
PSN B-2009-147-1/1

城投蓝皮书
中国城投行业发展报告（2018）
著(编)者：华景斌
2018年11月出版 / 估价：300.00元
PSN B-2016-514-1/1

大数据蓝皮书
中国大数据发展报告（No.2）
著(编)者：连玉明　2018年5月出版 / 估价：99.00元
PSN B-2017-620-1/1

大数据应用蓝皮书
中国大数据应用发展报告No.2（2018）
著(编)者：陈军君　2018年8月出版 / 估价：99.00元
PSN B-2017-644-1/1

对外投资与风险蓝皮书
中国对外直接投资与国家风险报告（2018）
著(编)者：中债资信评估有限责任公司
中国社会科学院世界经济与政治研究所
2018年4月出版 / 估价：189.00元
PSN B-2017-606-1/1

工业和信息化蓝皮书
人工智能发展报告（2017~2018）
著(编)者：尹丽波　2018年6月出版 / 估价：99.00元
PSN B-2015-448-1/6

工业和信息化蓝皮书
世界智慧城市发展报告（2017~2018）
著(编)者：尹丽波　2018年6月出版 / 估价：99.00元
PSN B-2017-624-6/6

工业和信息化蓝皮书
世界网络安全发展报告（2017~2018）
著(编)者：尹丽波　2018年6月出版 / 估价：99.00元
PSN B-2015-452-5/6

工业和信息化蓝皮书
世界信息化发展报告（2017~2018）
著(编)者：尹丽波　2018年6月出版 / 估价：99.00元
PSN B-2015-451-4/6

工业设计蓝皮书
中国工业设计发展报告（2018）
著(编)者：王晓红 于炜 张立群　2018年9月出版 / 估价：168.00元
PSN B-2014-420-1/1

公共关系蓝皮书
中国公共关系发展报告（2018）
著(编)者：柳斌杰　2018年11月出版 / 估价：99.00元
PSN B-2016-579-1/1

管理蓝皮书
中国管理发展报告（2018）
著(编)者：张晓东　2018年10月出版 / 估价：99.00元
PSN B-2014-416-1/1

海关发展蓝皮书
中国海关发展前沿报告（2018）
著(编)者：干春晖　2018年6月出版 / 估价：99.00元
PSN B-2017-616-1/1

互联网医疗蓝皮书
中国互联网健康医疗发展报告（2018）
著(编)者：芮晓武　2018年6月出版 / 估价：99.00元
PSN B-2016-567-1/1

黄金市场蓝皮书
中国商业银行黄金业务发展报告（2017~2018）
著(编)者：平安银行　2018年3月出版 / 估价：99.00元
PSN B-2016-524-1/1

会展蓝皮书
中外会展业动态评估研究报告（2018）
著(编)者：张敏 任中峰 聂鑫焱 牛盼强
2018年12月出版 / 估价：99.00元
PSN B-2013-327-1/1

基金会蓝皮书
中国基金会发展报告（2017~2018）
著(编)者：中国基金会发展报告课题组
2018年4月出版 / 估价：99.00元
PSN B-2013-368-1/1

基金会绿皮书
中国基金会发展独立研究报告（2018）
著(编)者：基金会中心网　中央民族大学基金会研究中心
2018年6月出版 / 估价：99.00元
PSN G-2011-213-1/1

基金会透明度蓝皮书
中国基金会透明度发展研究报告（2018）
著(编)者：基金会中心网
清华大学廉政与治理研究中心
2018年9月出版 / 估价：99.00元
PSN B-2013-339-1/1

建筑装饰蓝皮书
中国建筑装饰行业发展报告（2018）
著(编)者：葛道顺 刘晓一
2018年10月出版 / 估价：198.00元
PSN B-2016-553-1/1

金融监管蓝皮书
中国金融监管报告（2018）
著(编)者：胡滨 2018年5月出版 / 估价：99.00元
PSN B-2012-281-1/1

金融蓝皮书
中国互联网金融行业分析与评估（2018～2019）
著(编)者：黄国平 伍旭川 2018年12月出版 / 估价：99.00元
PSN B-2016-585-7/7

金融科技蓝皮书
中国金融科技发展报告（2018）
著(编)者：李扬 孙国峰 2018年10月出版 / 估价：99.00元
PSN B-2014-374-1/1

金融信息服务蓝皮书
中国金融信息服务发展报告（2018）
著(编)者：李平 2018年5月出版 / 估价：99.00元
PSN B-2017-621-1/1

京津冀金融蓝皮书
京津冀金融发展报告（2018）
著(编)者：王爱俭 王璟怡 2018年10月出版 / 估价：99.00元
PSN B-2016-527-1/1

科普蓝皮书
国家科普能力发展报告（2018）
著(编)者：王康友 2018年5月出版 / 估价：138.00元
PSN B-2017-632-4/4

科普蓝皮书
中国基层科普发展报告（2017～2018）
著(编)者：赵立新 陈玲 2018年9月出版 / 估价：99.00元
PSN B-2016-568-3/4

科普蓝皮书
中国科普基础设施发展报告（2017～2018）
著(编)者：任福君 2018年6月出版 / 估价：99.00元
PSN B-2010-174-1/3

科普蓝皮书
中国科普人才发展报告（2017～2018）
著(编)者：郑念 任嵘嵘 2018年7月出版 / 估价：99.00元
PSN B-2016-512-2/4

科普能力蓝皮书
中国科普能力评价报告（2018～2019）
著(编)者：李富强 李群 2018年8月出版 / 估价：99.00元
PSN B-2016-555-1/1

临空经济蓝皮书
中国临空经济发展报告（2018）
著(编)者：连玉明 2018年9月出版 / 估价：99.00元
PSN B-2014-421-1/1

旅游安全蓝皮书
中国旅游安全报告（2018）
著(编)者：郑向敏 谢朝武 2018年5月出版 / 估价：158.00元
PSN B-2012-280-1/1

旅游绿皮书
2017～2018年中国旅游发展分析与预测
著(编)者：宋瑞 2018年2月出版 / 估价：99.00元
PSN G-2002-018-1/1

煤炭蓝皮书
中国煤炭工业发展报告（2018）
著(编)者：岳福斌 2018年12月出版 / 估价：99.00元
PSN B-2008-123-1/1

民营企业社会责任蓝皮书
中国民营企业社会责任报告（2018）
著(编)者：中华全国工商业联合会
2018年12月出版 / 估价：99.00元
PSN B-2015-510-1/1

民营医院蓝皮书
中国民营医院发展报告（2017）
著(编)者：薛晓林 2018年1月出版 / 估价：99.00元
PSN B-2012-299-1/1

闽商蓝皮书
闽商发展报告（2018）
著(编)者：李闽榕 王日根 林琛
2018年12月出版 / 估价：99.00元
PSN B-2012-298-1/1

农业应对气候变化蓝皮书
中国农业气象灾害及其灾损评估报告（No.3）
著(编)者：矫梅燕 2018年1月出版 / 估价：118.00元
PSN B-2014-413-1/1

品牌蓝皮书
中国品牌战略发展报告（2018）
著(编)者：汪同三 2018年10月出版 / 估价：99.00元
PSN B-2016-580-1/1

企业扶贫蓝皮书
中国企业扶贫研究报告（2018）
著(编)者：钟宏武 2018年12月出版 / 估价：99.00元
PSN B-2016-593-1/1

企业公益蓝皮书
中国企业公益研究报告（2018）
著(编)者：钟宏武 汪杰 黄晓娟
2018年12月出版 / 估价：99.00元
PSN B-2015-501-1/1

企业国际化蓝皮书
中国企业全球化报告（2018）
著(编)者：王辉耀 苗绿 2018年11月出版 / 估价：99.00元
PSN B-2014-427-1/1

企业蓝皮书
中国企业绿色发展报告No.2（2018）
著(编)者：李红玉 朱光辉
2018年8月出版 / 估价：99.00元
PSN B-2015-481-2/2

企业社会责任蓝皮书
中资企业海外社会责任研究报告（2017~2018）
著(编)者：钟宏武 叶柳红 张蒽
2018年1月出版 / 估价：99.00元
PSN B-2017-603-2/2

企业社会责任蓝皮书
中国企业社会责任研究报告（2018）
著(编)者：黄群慧 钟宏武 张蒽 汪杰
2018年11月出版 / 估价：99.00元
PSN B-2009-149-1/2

汽车安全蓝皮书
中国汽车安全发展报告（2018）
著(编)者：中国汽车技术研究中心
2018年8月出版 / 估价：99.00元
PSN B-2014-385-1/1

汽车电子商务蓝皮书
中国汽车电子商务发展报告（2018）
著(编)者：中华全国工商业联合会汽车经销商商会
北方工业大学
北京易观智库网络科技有限公司
2018年10月出版 / 估价：158.00元
PSN B-2015-485-1/1

汽车知识产权蓝皮书
中国汽车产业知识产权发展报告（2018）
著(编)者：中国汽车工程研究院股份有限公司
中国汽车工程学会
重庆长安汽车股份有限公司
2018年12月出版 / 估价：99.00元
PSN B-2016-594-1/1

青少年体育蓝皮书
中国青少年体育发展报告（2017）
著(编)者：刘扶民 杨桦 2018年1月出版 / 估价：99.00元
PSN B-2015-482-1/1

区块链蓝皮书
中国区块链发展报告（2018）
著(编)者：李伟 2018年9月出版 / 估价：99.00元
PSN B-2017-649-1/1

群众体育蓝皮书
中国群众体育发展报告（2017）
著(编)者：刘国永 戴健 2018年5月出版 / 估价：99.00元
PSN B-2014-411-1/3

群众体育蓝皮书
中国社会体育指导员发展报告（2018）
著(编)者：刘国永 王欢 2018年4月出版 / 估价：99.00元
PSN B-2016-520-3/3

人力资源蓝皮书
中国人力资源发展报告（2018）
著(编)者：余兴安 2018年11月出版 / 估价：99.00元
PSN B-2012-287-1/1

融资租赁蓝皮书
中国融资租赁业发展报告（2017~2018）
著(编)者：李光荣 王力 2018年8月出版 / 估价：99.00元
PSN B-2015-443-1/1

商会蓝皮书
中国商会发展报告No.5（2017）
著(编)者：王钦敏 2018年7月出版 / 估价：99.00元
PSN B-2008-125-1/1

商务中心区蓝皮书
中国商务中心区发展报告No.4（2017~2018）
著(编)者：李国红 单菁菁 2018年9月出版 / 估价：99.00元
PSN B-2015-444-1/1

设计产业蓝皮书
中国创新设计发展报告（2018）
著(编)者：王晓红 张立群 于炜
2018年11月出版 / 估价：99.00元
PSN B-2016-581-2/2

社会责任管理蓝皮书
中国上市公司社会责任能力成熟度报告No.4（2018）
著(编)者：肖红军 王晓光 李伟阳
2018年12月出版 / 估价：99.00元
PSN B-2015-507-2/2

社会责任管理蓝皮书
中国企业公众透明度报告No.4（2017~2018）
著(编)者：黄速建 熊梦 王晓光 肖红军
2018年4月出版 / 估价：99.00元
PSN B-2015-440-1/2

食品药品蓝皮书
食品药品安全与监管政策研究报告（2016~2017）
著(编)者：唐民皓 2018年6月出版 / 估价：99.00元
PSN B-2009-129-1/1

输血服务蓝皮书
中国输血行业发展报告（2018）
著(编)者：孙俊 2018年12月出版 / 估价：99.00元
PSN B-2016-582-1/1

水利风景区蓝皮书
中国水利风景区发展报告（2018）
著(编)者：董建文 兰思仁
2018年10月出版 / 估价：99.00元
PSN B-2015-480-1/1

私募市场蓝皮书
中国私募股权市场发展报告（2017~2018）
著(编)者：曹和平 2018年12月出版 / 估价：99.00元
PSN B-2010-162-1/1

碳排放权交易蓝皮书
中国碳排放权交易报告（2018）
著(编)者：孙永平 2018年11月出版 / 估价：99.00元
PSN B-2017-652-1/1

碳市场蓝皮书
中国碳市场报告（2018）
著(编)者：定金彪 2018年11月出版 / 估价：99.00元
PSN B-2014-430-1/1

体育蓝皮书
中国公共体育服务发展报告（2018）
著(编)者：戴健　　2018年12月出版 / 估价：99.00元
PSN B-2013-367-2/5

土地市场蓝皮书
中国农村土地市场发展报告（2017~2018）
著(编)者：李光荣　　2018年3月出版 / 估价：99.00元
PSN B-2016-526-1/1

土地整治蓝皮书
中国土地整治发展研究报告（No.5）
著(编)者：国土资源部土地整治中心
2018年7月出版 / 估价：99.00元
PSN B-2014-401-1/1

土地政策蓝皮书
中国土地政策研究报告（2018）
著(编)者：高延利 李宪文　　2017年12月出版 / 估价：99.00元
PSN B-2015-506-1/1

网络空间安全蓝皮书
中国网络空间安全发展报告（2018）
著(编)者：惠志斌 覃庆玲
2018年11月出版 / 估价：99.00元
PSN B-2015-466-1/1

文化志愿服务蓝皮书
中国文化志愿服务发展报告（2018）
著(编)者：张永新 良警宇　　2018年11月出版 / 估价：128.00元
PSN B-2016-596-1/1

西部金融蓝皮书
中国西部金融发展报告（2017~2018）
著(编)者：李忠民　　2018年8月出版 / 估价：99.00元
PSN B-2010-160-1/1

协会商会蓝皮书
中国行业协会商会发展报告（2017）
著(编)者：景朝阳 李勇　　2018年4月出版 / 估价：99.00元
PSN B-2015-461-1/1

新三板蓝皮书
中国新三板市场发展报告（2018）
著(编)者：王力　　2018年8月出版 / 估价：99.00元
PSN B-2016-533-1/1

信托市场蓝皮书
中国信托业市场报告（2017~2018）
著(编)者：用益金融信托研究院
2018年1月出版 / 估价：198.00元
PSN B-2014-371-1/1

信息化蓝皮书
中国信息化形势分析与预测（2017~2018）
著(编)者：周宏仁　　2018年8月出版 / 估价：99.00元
PSN B-2010-168-1/1

信用蓝皮书
中国信用发展报告（2017~2018）
著(编)者：章政 田侃　　2018年4月出版 / 估价：99.00元
PSN B-2013-328-1/1

休闲绿皮书
2017~2018年中国休闲发展报告
著(编)者：宋瑞　　2018年7月出版 / 估价：99.00元
PSN G-2010-158-1/1

休闲体育蓝皮书
中国休闲体育发展报告（2017~2018）
著(编)者：李相如 钟秉枢
2018年10月出版 / 估价：99.00元
PSN B-2016-516-1/1

养老金融蓝皮书
中国养老金融发展报告（2018）
著(编)者：董克用 姚余栋
2018年9月出版 / 估价：99.00元
PSN B-2016-583-1/1

遥感监测绿皮书
中国可持续发展遥感监测报告（2017）
著(编)者：顾行发 汪克强 潘教峰 李闽榕 徐东华 王琦安
2018年6月出版 / 估价：298.00元
PSN B-2017-629-1/1

药品流通蓝皮书
中国药品流通行业发展报告（2018）
著(编)者：佘鲁林 温再兴
2018年7月出版 / 估价：198.00元
PSN B-2014-429-1/1

医疗器械蓝皮书
中国医疗器械行业发展报告（2018）
著(编)者：王宝亭 耿鸿武
2018年10月出版 / 估价：99.00元
PSN B-2017-661-1/1

医院蓝皮书
中国医院竞争力报告（2018）
著(编)者：庄一强 曾益新　　2018年3月出版 / 估价：118.00元
PSN B-2016-528-1/1

瑜伽蓝皮书
中国瑜伽业发展报告（2017~2018）
著(编)者：张永建 徐华锋 朱泰余
2018年6月出版 / 估价：198.00元
PSN B-2017-625-1/1

债券市场蓝皮书
中国债券市场发展报告（2017~2018）
著(编)者：杨农　　2018年10月出版 / 估价：99.00元
PSN B-2016-572-1/1

志愿服务蓝皮书
中国志愿服务发展报告（2018）
著(编)者：中国志愿服务联合会
2018年11月出版 / 估价：99.00元
PSN B-2017-664-1/1

中国上市公司蓝皮书
中国上市公司发展报告（2018）
著(编)者：张鹏 张平 黄胤英
2018年9月出版 / 估价：99.00元
PSN B-2014-414-1/1

中国新三板蓝皮书
中国新三板创新与发展报告（2018）
著(编)者：刘平安 闻召林
2018年8月出版 / 估价：158.00元
PSN B-2017-638-1/1

中医文化蓝皮书
北京中医药文化传播发展报告（2018）
著(编)者：毛嘉陵 2018年5月出版 / 估价：99.00元
PSN B-2015-468-1/2

中医文化蓝皮书
中国中医药文化传播发展报告（2018）
著(编)者：毛嘉陵 2018年7月出版 / 估价：99.00元
PSN B-2016-584-2/2

中医药蓝皮书
北京中医药知识产权发展报告No.2
著(编)者：汪洪 屠志涛 2018年4月出版 / 估价：168.00元
PSN B-2017-602-1/1

资本市场蓝皮书
中国场外交易市场发展报告（2016～2017）
著(编)者：高峦 2018年3月出版 / 估价：99.00元
PSN B-2009-153-1/1

资产管理蓝皮书
中国资产管理行业发展报告（2018）
著(编)者：郑智 2018年7月出版 / 估价：99.00元
PSN B-2014-407-2/2

资产证券化蓝皮书
中国资产证券化发展报告（2018）
著(编)者：纪志宏 2018年11月出版 / 估价：99.00元
PSN B-2017-660-1/1

自贸区蓝皮书
中国自贸区发展报告（2018）
著(编)者：王力 黄育华 2018年6月出版 / 估价：99.00元
PSN B-2016-558-1/1

国际问题与全球治理类

“一带一路”跨境通道蓝皮书
“一带一路”跨境通道建设研究报告（2018）
著(编)者：郭业洲 2018年8月出版 / 估价：99.00元
PSN B-2016-557-1/1

“一带一路”蓝皮书
“一带一路”建设发展报告（2018）
著(编)者：王晓泉 2018年6月出版 / 估价：99.00元
PSN B-2016-552-1/1

“一带一路”投资安全蓝皮书
中国“一带一路”投资与安全研究报告（2017～2018）
著(编)者：邹统钎 梁昊光 2018年4月出版 / 估价：99.00元
PSN B-2017-612-1/1

“一带一路”文化交流蓝皮书
中阿文化交流发展报告（2017）
著(编)者：王辉 2018年9月出版 / 估价：99.00元
PSN B-2017-655-1/1

G20国家创新竞争力黄皮书
二十国集团（G20）国家创新竞争力发展报告（2017～2018）
著(编)者：李建平 李闽榕 赵新力 周天勇
2018年7月出版 / 估价：168.00元
PSN Y-2011-229-1/1

阿拉伯黄皮书
阿拉伯发展报告（2016～2017）
著(编)者：罗林 2018年3月出版 / 估价：99.00元
PSN Y-2014-381-1/1

北部湾蓝皮书
泛北部湾合作发展报告（2017～2018）
著(编)者：吕余生 2018年12月出版 / 估价：99.00元
PSN B-2008-114-1/1

北极蓝皮书
北极地区发展报告（2017）
著(编)者：刘惠荣 2018年7月出版 / 估价：99.00元
PSN B-2017-634-1/1

大洋洲蓝皮书
大洋洲发展报告（2017～2018）
著(编)者：喻常森 2018年10月出版 / 估价：99.00元
PSN B-2013-341-1/1

东北亚区域合作蓝皮书
2017年“一带一路”倡议与东北亚区域合作
著(编)者：刘亚政 金美花
2018年5月出版 / 估价：99.00元
PSN B-2017-631-1/1

东盟黄皮书
东盟发展报告（2017）
著(编)者：杨晓强 庄国土
2018年3月出版 / 估价：99.00元
PSN Y-2012-303-1/1

东南亚蓝皮书
东南亚地区发展报告（2017～2018）
著(编)者：王勤 2018年12月出版 / 估价：99.00元
PSN B-2012-240-1/1

非洲黄皮书
非洲发展报告No.20（2017～2018）
著(编)者：张宏明 2018年7月出版 / 估价：99.00元
PSN Y-2012-239-1/1

非传统安全蓝皮书
中国非传统安全研究报告（2017～2018）
著(编)者：潇枫 罗中枢 2018年8月出版 / 估价：99.00元
PSN B-2012-273-1/1

国际安全蓝皮书
中国国际安全研究报告（2018）
著(编)者：刘慧　2018年7月出版 / 估价：99.00元
PSN B-2016-521-1/1

国际城市蓝皮书
国际城市发展报告（2018）
著(编)者：屠启宇　2018年2月出版 / 估价：99.00元
PSN B-2012-260-1/1

国际形势黄皮书
全球政治与安全报告（2018）
著(编)者：张宇燕　2018年1月出版 / 估价：99.00元
PSN Y-2001-016-1/1

公共外交蓝皮书
中国公共外交发展报告（2018）
著(编)者：赵启正 雷蔚真　2018年4月出版 / 估价：99.00元
PSN B-2015-457-1/1

金砖国家黄皮书
金砖国家综合创新竞争力发展报告（2018）
著(编)者：赵新力 李闽榕 黄茂兴
2018年8月出版 / 估价：128.00元
PSN Y-2017-643-1/1

拉美黄皮书
拉丁美洲和加勒比发展报告（2017～2018）
著(编)者：袁东振　2018年6月出版 / 估价：99.00元
PSN Y-1999-007-1/1

澜湄合作蓝皮书
澜沧江-湄公河合作发展报告（2018）
著(编)者：刘稚　2018年9月出版 / 估价：99.00元
PSN B-2011-196-1/1

欧洲蓝皮书
欧洲发展报告（2017～2018）
著(编)者：黄平 周弘 程卫东
2018年6月出版 / 估价：99.00元
PSN B-1999-009-1/1

葡语国家蓝皮书
葡语国家发展报告（2016～2017）
著(编)者：王成安 张敏 刘金兰
2018年4月出版 / 估价：99.00元
PSN B-2015-503-1/2

葡语国家蓝皮书
中国与葡语国家关系发展报告·巴西（2016）
著(编)者：张曙光　2018年8月出版 / 估价：99.00元
PSN B-2016-563-2/2

气候变化绿皮书
应对气候变化报告（2018）
著(编)者：王伟光 郑国光　2018年11月出版 / 估价：99.00元
PSN G-2009-144-1/1

全球环境竞争力绿皮书
全球环境竞争力报告（2018）
著(编)者：李建平 李闽榕 王金南
2018年12月出版 / 估价：198.00元
PSN G-2013-363-1/1

全球信息社会蓝皮书
全球信息社会发展报告（2018）
著(编)者：丁波涛 唐涛　2018年10月出版 / 估价：99.00元
PSN B-2017-665-1/1

日本经济蓝皮书
日本经济与中日经贸关系研究报告（2018）
著(编)者：张季风　2018年6月出版 / 估价：99.00元
PSN B-2008-102-1/1

上海合作组织黄皮书
上海合作组织发展报告（2018）
著(编)者：李进峰　2018年6月出版 / 估价：99.00元
PSN Y-2009-130-1/1

世界创新竞争力黄皮书
世界创新竞争力发展报告（2017）
著(编)者：李建平 李闽榕 赵新力
2018年1月出版 / 估价：168.00元
PSN Y-2013-318-1/1

世界经济黄皮书
2018年世界经济形势分析与预测
著(编)者：张宇燕　2018年1月出版 / 估价：99.00元
PSN Y-1999-006-1/1

丝绸之路蓝皮书
丝绸之路经济带发展报告（2018）
著(编)者：任宗哲 白宽犁 谷孟宾
2018年1月出版 / 估价：99.00元
PSN B-2014-410-1/1

新兴经济体蓝皮书
金砖国家发展报告（2018）
著(编)者：林跃勤 周文　2018年8月出版 / 估价：99.00元
PSN B-2011-195-1/1

亚太蓝皮书
亚太地区发展报告（2018）
著(编)者：李向阳　2018年5月出版 / 估价：99.00元
PSN B-2001-015-1/1

印度洋地区蓝皮书
印度洋地区发展报告（2018）
著(编)者：汪戎　2018年6月出版 / 估价：99.00元
PSN B-2013-334-1/1

渝新欧蓝皮书
渝新欧沿线国家发展报告（2018）
著(编)者：杨柏 黄森　2018年6月出版 / 估价：99.00元
PSN B-2017-626-1/1

中阿蓝皮书
中国-阿拉伯国家经贸发展报告（2018）
著(编)者：张廉 段庆林 王林聪 杨巧红
2018年12月出版 / 估价：99.00元
PSN B-2016-598-1/1

中东黄皮书
中东发展报告No.20（2017～2018）
著(编)者：杨光　2018年10月出版 / 估价：99.00元
PSN Y-1998-004-1/1

中亚黄皮书
中亚国家发展报告（2018）
著(编)者：孙力　2018年6月出版 / 估价：99.00元
PSN Y-2012-238-1/1

国别类

澳大利亚蓝皮书
澳大利亚发展报告（2017-2018）
著(编)者：孙有中 韩锋　2018年12月出版 / 估价：99.00元
PSN B-2016-587-1/1

巴西黄皮书
巴西发展报告（2017）
著(编)者：刘国枝　2018年5月出版 / 估价：99.00元
PSN Y-2017-614-1/1

德国蓝皮书
德国发展报告（2018）
著(编)者：郑春荣　2018年6月出版 / 估价：99.00元
PSN B-2012-278-1/1

俄罗斯黄皮书
俄罗斯发展报告（2018）
著(编)者：李永全　2018年6月出版 / 估价：99.00元
PSN Y-2006-061-1/1

韩国蓝皮书
韩国发展报告（2017）
著(编)者：牛林杰 刘宝全　2018年5月出版 / 估价：99.00元
PSN B-2010-155-1/1

加拿大蓝皮书
加拿大发展报告（2018）
著(编)者：唐小松　2018年9月出版 / 估价：99.00元
PSN B-2014-389-1/1

美国蓝皮书
美国研究报告（2018）
著(编)者：郑秉文 黄平　2018年5月出版 / 估价：99.00元
PSN B-2011-210-1/1

缅甸蓝皮书
缅甸国情报告（2017）
著(编)者：孔鹏 杨祥章　2018年1月出版 / 估价：99.00元
PSN B-2013-343-1/1

日本蓝皮书
日本研究报告（2018）
著(编)者：杨伯江　2018年6月出版 / 估价：99.00元
PSN B-2002-020-1/1

土耳其蓝皮书
土耳其发展报告（2018）
著(编)者：郭长刚 刘义　2018年9月出版 / 估价：99.00元
PSN B-2014-412-1/1

伊朗蓝皮书
伊朗发展报告（2017～2018）
著(编)者：冀开运　2018年10月 / 估价：99.00元
PSN B-2016-574-1/1

以色列蓝皮书
以色列发展报告（2018）
著(编)者：张倩红　2018年8月出版 / 估价：99.00元
PSN B-2015-483-1/1

印度蓝皮书
印度国情报告（2017）
著(编)者：吕昭义　2018年4月出版 / 估价：99.00元
PSN B-2012-241-1/1

英国蓝皮书
英国发展报告（2017～2018）
著(编)者：王展鹏　2018年12月出版 / 估价：99.00元
PSN B-2015-486-1/1

越南蓝皮书
越南国情报告（2018）
著(编)者：谢林城　2018年1月出版 / 估价：99.00元
PSN B-2006-056-1/1

泰国蓝皮书
泰国研究报告（2018）
著(编)者：庄国土 张禹东　刘文正
2018年10月出版 / 估价：99.00元
PSN B-2016-556-1/1

文化传媒类

“三农”舆情蓝皮书
中国“三农”网络舆情报告（2017～2018）
著(编)者：农业部信息中心
2018年6月出版 / 估价：99.00元
PSN B-2017-640-1/1

传媒竞争力蓝皮书
中国传媒国际竞争力研究报告（2018）
著(编)者：李本乾 刘强 王大可
2018年8月出版 / 估价：99.00元
PSN B-2013-356-1/1

传媒蓝皮书
中国传媒产业发展报告（2018）
著(编)者：崔保国　2018年5月出版 / 估价：99.00元
PSN B-2005-035-1/1

传媒投资蓝皮书
中国传媒投资发展报告（2018）
著(编)者：张向东 谭云明
2018年6月出版 / 估价：148.00元
PSN B-2015-474-1/1

非物质文化遗产蓝皮书
中国非物质文化遗产发展报告（2018）
著(编)者：陈平　2018年5月出版 / 估价：128.00元
PSN B-2015-469-1/2

非物质文化遗产蓝皮书
中国非物质文化遗产保护发展报告（2018）
著(编)者：宋俊华　2018年10月出版 / 估价：128.00元
PSN B-2016-586-2/2

广电蓝皮书
中国广播电影电视发展报告（2018）
著(编)者：国家新闻出版广电总局发展研究中心
2018年7月出版 / 估价：99.00元
PSN B-2006-072-1/1

广告主蓝皮书
中国广告主营销传播趋势报告No.9
著(编)者：黄升民 杜国清 邵华冬 等
2018年10月出版 / 估价：158.00元
PSN B-2005-041-1/1

国际传播蓝皮书
中国国际传播发展报告（2018）
著(编)者：胡正荣 李继东 姬德强
2018年12月出版 / 估价：99.00元
PSN B-2014-408-1/1

国家形象蓝皮书
中国国家形象传播报告（2017）
著(编)者：张昆　2018年3月出版 / 估价：128.00元
PSN B-2017-605-1/1

互联网治理蓝皮书
中国网络社会治理研究报告（2018）
著(编)者：罗昕 支庭荣
2018年9月出版 / 估价：118.00元
PSN B-2017-653-1/1

纪录片蓝皮书
中国纪录片发展报告（2018）
著(编)者：何苏六　2018年10月出版 / 估价：99.00元
PSN B-2011-222-1/1

科学传播蓝皮书
中国科学传播报告（2016~2017）
著(编)者：詹正茂　2018年6月出版 / 估价：99.00元
PSN B-2008-120-1/1

两岸创意经济蓝皮书
两岸创意经济研究报告（2018）
著(编)者：罗昌智 董泽平
2018年10月出版 / 估价：99.00元
PSN B-2014-437-1/1

媒介与女性蓝皮书
中国媒介与女性发展报告（2017～2018）
著(编)者：刘利群　2018年5月出版 / 估价：99.00元
PSN B-2013-345-1/1

媒体融合蓝皮书
中国媒体融合发展报告（2017）
著(编)者：梅宁华 支庭荣　2018年1月出版 / 估价：99.00元
PSN B-2015-479-1/1

全球传媒蓝皮书
全球传媒发展报告（2017～2018）
著(编)者：胡正荣 李继东　2018年6月出版 / 估价：99.00元
PSN B-2012-237-1/1

少数民族非遗蓝皮书
中国少数民族非物质文化遗产发展报告（2018）
著(编)者：肖远平（彝） 柴立（满）
2018年10月出版 / 估价：118.00元
PSN B-2015-467-1/1

视听新媒体蓝皮书
中国视听新媒体发展报告（2018）
著(编)者：国家新闻出版广电总局发展研究中心
2018年7月出版 / 估价：118.00元
PSN B-2011-184-1/1

数字娱乐产业蓝皮书
中国动画产业发展报告（2018）
著(编)者：孙立军 孙平 牛兴侦
2018年10月出版 / 估价：99.00元
PSN B-2011-198-1/2

数字娱乐产业蓝皮书
中国游戏产业发展报告（2018）
著(编)者：孙立军 刘跃军
2018年10月出版 / 估价：99.00元
PSN B-2017-662-2/2

文化创新蓝皮书
中国文化创新报告（2017·No.8）
著(编)者：傅才武　2018年4月出版 / 估价：99.00元
PSN B-2009-143-1/1

文化建设蓝皮书
中国文化发展报告（2018）
著(编)者：江畅 孙伟平 戴茂堂
2010年5月出版 / 估价：99.00元
PSN B-2014-392-1/1

文化科技蓝皮书
文化科技创新发展报告（2018）
著(编)者：于平 李凤亮　2018年10月出版 / 估价：99.00元
PSN B-2013-342-1/1

文化蓝皮书
中国公共文化服务发展报告（2017~2018）
著(编)者：刘新成 张永新 张旭
2018年12月出版 / 估价：99.00元
PSN B-2007-093-2/10

文化蓝皮书
中国少数民族文化发展报告（2017～2018）
著(编)者：武翠英 张晓明 任乌晶
2018年9月出版 / 估价：99.00元
PSN B-2013-369-9/10

文化蓝皮书
中国文化产业供需协调检测报告（2018）
著(编)者：王亚南　2018年2月出版 / 估价：99.00元
PSN B-2013-323-8/10

文化蓝皮书
中国文化消费需求景气评价报告（2018）
著(编)者：王亚南　　2018年2月出版 / 估价：99.00元
PSN B-2011-236-4/10

文化蓝皮书
中国公共文化投入增长测评报告（2018）
著(编)者：王亚南　　2018年2月出版 / 估价：99.00元
PSN B-2014-435-10/10

文化品牌蓝皮书
中国文化品牌发展报告（2018）
著(编)者：欧阳友权　　2018年5月出版 / 估价：99.00元
PSN B-2012-277-1/1

文化遗产蓝皮书
中国文化遗产事业发展报告（2017～2018）
著(编)者：苏杨 张颖岚 卓杰 白海峰 陈晨 陈叙图
2018年8月出版 / 估价：99.00元
PSN B-2008-119-1/1

文学蓝皮书
中国文情报告（2017～2018）
著(编)者：白烨　　2018年5月出版 / 估价：99.00元
PSN B-2011-221-1/1

新媒体蓝皮书
中国新媒体发展报告No.9（2018）
著(编)者：唐绪军　　2018年7月出版 / 估价：99.00元
PSN B-2010-169-1/1

新媒体社会责任蓝皮书
中国新媒体社会责任研究报告（2018）
著(编)者：钟瑛　　2018年12月出版 / 估价：99.00元
PSN B-2014-423-1/1

移动互联网蓝皮书
中国移动互联网发展报告（2018）
著(编)者：余清楚　　2018年6月出版 / 估价：99.00元
PSN B-2012-282-1/1

影视蓝皮书
中国影视产业发展报告（2018）
著(编)者：司若 陈鹏 陈锐　　2018年4月出版 / 估价：99.00元
PSN B-2016-529-1/1

舆情蓝皮书
中国社会舆情与危机管理报告（2018）
著(编)者：谢耘耕　　2018年9月出版 / 估价：138.00元
PSN B-2011-235-1/1

地方发展类-经济

澳门蓝皮书
澳门经济社会发展报告（2017～2018）
著(编)者：吴志良 郝雨凡　　2018年7月出版 / 估价：99.00元
PSN B-2009-138-1/1

澳门绿皮书
澳门旅游休闲发展报告（2017～2018）
著(编)者：郝雨凡 林广志　　2018年5月出版 / 估价：99.00元
PSN G-2017-617-1/1

北京蓝皮书
北京经济发展报告（2017～2018）
著(编)者：杨松　　2018年6月出版 / 估价：99.00元
PSN B-2006-054-2/8

北京旅游绿皮书
北京旅游发展报告（2018）
著(编)者：北京旅游学会
2018年7月出版 / 估价：99.00元
PSN G-2012-301-1/1

北京体育蓝皮书
北京体育产业发展报告（2017～2018）
著(编)者：钟秉枢 陈杰 杨铁黎
2018年9月出版 / 估价：99.00元
PSN B-2015-475-1/1

滨海金融蓝皮书
滨海新区金融发展报告（2017）
著(编)者：王爱俭 李向前　　2018年4月出版 / 估价：99.00元
PSN B-2014-424-1/1

城乡一体化蓝皮书
北京城乡一体化发展报告（2017～2018）
著(编)者：吴宝新 张宝秀 黄序
2018年5月出版 / 估价：99.00元
PSN B-2012-258-2/2

非公有制企业社会责任蓝皮书
北京非公有制企业社会责任报告（2018）
著(编)者：宋贵伦 冯培　　2018年6月出版 / 估价：99.00元
PSN B-2017-613-1/1

福建旅游蓝皮书
福建省旅游产业发展现状研究（2017~2018）
著(编)者：陈敏华 黄远水
2018年12月出版 / 估价：128.00元
PSN B-2016-591-1/1

福建自贸区蓝皮书
中国（福建）自由贸易试验区发展报告(2017~2018)
著(编)者：黄茂兴　　2018年4月出版 / 估价：118.00元
PSN B-2016-531-1/1

甘肃蓝皮书
甘肃经济发展分析与预测（2018）
著(编)者：安文华 罗哲　　2018年1月出版 / 估价：99.00元
PSN B-2013-312-1/6

甘肃蓝皮书
甘肃商贸流通发展报告（2018）
著(编)者：张应华 王福生 王晓芳
2018年1月出版 / 估价：99.00元
PSN B-2016-522-6/6

甘肃蓝皮书
甘肃县域和农村发展报告（2018）
著(编)者：朱智文 包东红 王建兵
2018年1月出版 / 估价：99.00元
PSN B-2013-316-5/6

甘肃农业科技绿皮书
甘肃农业科技发展研究报告（2018）
著(编)者：魏胜文 乔德华 张东伟
2018年12月出版 / 估价：198.00元
PSN B-2016-592-1/1

巩义蓝皮书
巩义经济社会发展报告（2018）
著(编)者：丁同民 朱军　2018年4月出版 / 估价：99.00元
PSN B-2016-532-1/1

广东外经贸蓝皮书
广东对外经济贸易发展研究报告（2017～2018）
著(编)者：陈万灵　2018年6月出版 / 估价：99.00元
PSN B-2012-286-1/1

广西北部湾经济区蓝皮书
广西北部湾经济区开放开发报告（2017～2018）
著(编)者：广西壮族自治区北部湾经济区和东盟开放合作办公室
广西社会科学院
广西北部湾发展研究院
2018年2月出版 / 估价：99.00元
PSN B-2010-181-1/1

广州蓝皮书
广州城市国际化发展报告（2018）
著(编)者：张跃国　2018年8月出版 / 估价：99.00元
PSN B-2012-246-11/14

广州蓝皮书
中国广州城市建设与管理发展报告（2018）
著(编)者：张其学 陈小钢 王宏伟　2018年8月出版 / 估价：99.00元
PSN B-2007-087-4/14

广州蓝皮书
广州创新型城市发展报告（2018）
著(编)者：尹涛　2018年6月出版 / 估价：99.00元
PSN B-2012-247-12/14

广州蓝皮书
广州经济发展报告（2018）
著(编)者：张跃国 尹涛　2018年7月出版 / 估价：99.00元
PSN B-2005-040-1/14

广州蓝皮书
2018年中国广州经济形势分析与预测
著(编)者：魏明海 谢博能 李华
2018年6月出版 / 估价：99.00元
PSN B-2011-185-9/14

广州蓝皮书
中国广州科技创新发展报告（2018）
著(编)者：于欣伟 陈爽 邓佑满　2018年8月出版 / 估价：99.00元
PSN B-2006-065-2/14

广州蓝皮书
广州农村发展报告（2018）
著(编)者：朱名宏　2018年7月出版 / 估价：99.00元
PSN B-2010-167-8/14

广州蓝皮书
广州汽车产业发展报告（2018）
著(编)者：杨再高 冯兴亚　2018年7月出版 / 估价：99.00元
PSN B-2006-066-3/14

广州蓝皮书
广州商贸业发展报告（2018）
著(编)者：张跃国 陈杰 荀振英
2018年7月出版 / 估价：99.00元
PSN B-2012-245-10/14

贵阳蓝皮书
贵阳城市创新发展报告No.3（白云篇）
著(编)者：连玉明　2018年5月出版 / 估价：99.00元
PSN B-2015-491-3/10

贵阳蓝皮书
贵阳城市创新发展报告No.3（观山湖篇）
著(编)者：连玉明　2018年5月出版 / 估价：99.00元
PSN B-2015-497-9/10

贵阳蓝皮书
贵阳城市创新发展报告No.3（花溪篇）
著(编)者：连玉明　2018年5月出版 / 估价：99.00元
PSN B-2015-490-2/10

贵阳蓝皮书
贵阳城市创新发展报告No.3（开阳篇）
著(编)者：连玉明　2018年5月出版 / 估价：99.00元
PSN B-2015-492-4/10

贵阳蓝皮书
贵阳城市创新发展报告No.3（南明篇）
著(编)者：连玉明　2018年5月出版 / 估价：99.00元
PSN B-2015-496-8/10

贵阳蓝皮书
贵阳城市创新发展报告No.3（清镇篇）
著(编)者：连玉明　2018年5月出版 / 估价：99.00元
PSN B-2015-489-1/10

贵阳蓝皮书
贵阳城市创新发展报告No.3（乌当篇）
著(编)者：连玉明　2018年5月出版 / 估价：99.00元
PSN B-2015-495-7/10

贵阳蓝皮书
贵阳城市创新发展报告No.3（息烽篇）
著(编)者：连玉明　2018年5月出版 / 估价：99.00元
PSN B-2015-493-5/10

贵阳蓝皮书
贵阳城市创新发展报告No.3（修文篇）
著(编)者：连玉明　2018年5月出版 / 估价：99.00元
PSN B-2015-494-6/10

贵阳蓝皮书
贵阳城市创新发展报告No.3（云岩篇）
著(编)者：连玉明　2018年5月出版 / 估价：99.00元
PSN B-2015-498-10/10

贵州房地产蓝皮书
贵州房地产发展报告No.5（2018）
著(编)者：武廷方　2018年7月出版 / 估价：99.00元
PSN B-2014-426-1/1

贵州蓝皮书
贵州册亨经济社会发展报告（2018）
著(编)者：黄德林　2018年3月出版 / 估价：99.00元
PSN B-2016-525-8/9

贵州蓝皮书
贵州地理标志产业发展报告（2018）
著(编)者：李发耀 黄其松　2018年8月出版 / 估价：99.00元
PSN B-2017-646-10/10

贵州蓝皮书
贵安新区发展报告（2017～2018）
著(编)者：马长青 吴大华　2018年6月出版 / 估价：99.00元
PSN B-2015-459-4/10

贵州蓝皮书
贵州国家级开放创新平台发展报告（2017～2018）
著(编)者：申晓庆 吴大华 季泓
2018年11月出版 / 估价：99.00元
PSN B-2016-518-7/10

贵州蓝皮书
贵州国有企业社会责任发展报告（2017～2018）
著(编)者：郭丽　2018年12月出版 / 估价：99.00元
PSN B-2015-511-6/10

贵州蓝皮书
贵州民航业发展报告（2017）
著(编)者：申振东 吴大华　2018年1月出版 / 估价：99.00元
PSN B-2015-471-5/10

贵州蓝皮书
贵州民营经济发展报告（2017）
著(编)者：杨静 吴大华　2018年3月出版 / 估价：99.00元
PSN B-2016-530-9/9

杭州都市圈蓝皮书
杭州都市圈发展报告（2018）
著(编)者：沈翔 戚建国　2018年5月出版 / 估价：128.00元
PSN B-2012-302-1/1

河北经济蓝皮书
河北省经济发展报告（2018）
著(编)者：马树强 金浩 张贵　2018年4月出版 / 估价：99.00元
PSN B-2014-380-1/1

河北蓝皮书
河北经济社会发展报告（2018）
著(编)者：康振海　2018年1月出版 / 估价：99.00元
PSN B-2014-372-1/3

河北蓝皮书
京津冀协同发展报告（2018）
著(编)者：陈璐　2018年1月出版 / 估价：99.00元
PSN B-2017-601-2/3

河南经济蓝皮书
2018年河南经济形势分析与预测
著(编)者：王世炎　2018年3月出版 / 估价：99.00元
PSN B-2007-086-1/1

河南蓝皮书
河南城市发展报告（2018）
著(编)者：张占仓 王建国　2018年5月出版 / 估价：99.00元
PSN B-2009-131-3/9

河南蓝皮书
河南工业发展报告（2018）
著(编)者：张占仓　2018年5月出版 / 估价：99.00元
PSN B-2013-317-5/9

河南蓝皮书
河南金融发展报告（2018）
著(编)者：喻新安 谷建全
2018年6月出版 / 估价：99.00元
PSN B-2014-390-7/9

河南蓝皮书
河南经济发展报告（2018）
著(编)者：张占仓 完世伟
2018年4月出版 / 估价：99.00元
PSN B-2010-157-4/9

河南蓝皮书
河南能源发展报告（2018）
著(编)者：国网河南省电力公司经济技术研究院
河南省社会科学院
2018年3月出版 / 估价：99.00元
PSN B-2017-607-9/9

河南商务蓝皮书
河南商务发展报告（2018）
著(编)者：焦锦淼 穆荣国　2018年5月出版 / 估价：99.00元
PSN B-2014-399-1/1

河南双创蓝皮书
河南创新创业发展报告（2018）
著(编)者：喻新安 杨雪梅　2018年8月出版 / 估价：99.00元
PSN B-2017-641-1/1

黑龙江蓝皮书
黑龙江经济发展报告（2018）
著(编)者：朱宇　2018年1月出版 / 估价：99.00元
PSN B-2011-190-2/2

湖南城市蓝皮书
区域城市群整合
著(编)者：童中贤 韩未名　2018年12月出版 / 估价：99.00元
PSN B-2006-064-1/1

湖南蓝皮书
湖南城乡一体化发展报告（2018）
著(编)者：陈文胜 王文强 陆福兴
2018年8月出版 / 估价：99.00元
PSN B-2015-477-8/8

湖南蓝皮书
2018年湖南电子政务发展报告
著(编)者：梁志峰　2018年5月出版 / 估价：128.00元
PSN B-2014-394-6/8

湖南蓝皮书
2018年湖南经济发展报告
著(编)者：卞鹰　2018年5月出版 / 估价：128.00元
PSN B-2011-207-2/8

湖南蓝皮书
2016年湖南经济展望
著(编)者：梁志峰　2018年5月出版 / 估价：128.00元
PSN B-2011-206-1/8

湖南蓝皮书
2018年湖南县域经济社会发展报告
著(编)者：梁志峰　2018年5月出版 / 估价：128.00元
PSN B-2014-395-7/8

湖南县域绿皮书
湖南县域发展报告（No.5）
著(编)者：袁准 周小毛 黎仁寅
2018年3月出版 / 估价：99.00元
PSN G-2012-274-1/1

沪港蓝皮书
沪港发展报告（2018）
著(编)者：尤安山　2018年9月出版 / 估价：99.00元
PSN B-2013-362-1/1

吉林蓝皮书
2018年吉林经济社会形势分析与预测
著(编)者：邵汉明　2017年12月出版 / 估价：99.00元
PSN B-2013-319-1/1

吉林省城市竞争力蓝皮书
吉林省城市竞争力报告（2018~2019）
著(编)者：崔岳春 张磊　2018年12月出版 / 估价：99.00元
PSN B-2016-513-1/1

济源蓝皮书
济源经济社会发展报告（2018）
著(编)者：喻新安　2018年4月出版 / 估价：99.00元
PSN B-2014-387-1/1

江苏蓝皮书
2018年江苏经济发展分析与展望
著(编)者：王庆五 吴先满　2018年7月出版 / 估价：128.00元
PSN B-2017-635-1/3

江西蓝皮书
江西经济社会发展报告（2018）
著(编)者：陈石俊 龚建文　2018年10月出版 / 估价：128.00元
PSN B-2015-484-1/2

江西蓝皮书
江西设区市发展报告（2018）
著(编)者：姜玮 梁勇　2018年10月出版 / 估价：99.00元
PSN B-2016-517-2/2

经济特区蓝皮书
中国经济特区发展报告（2017）
著(编)者：陶一桃　2018年1月出版 / 估价：99.00元
PSN B-2009-139-1/1

辽宁蓝皮书
2018年辽宁经济社会形势分析与预测
著(编)者：梁启东 魏红江　2018年6月出版 / 估价：99.00元
PSN B-2006-053-1/1

民族经济蓝皮书
中国民族地区经济发展报告（2018）
著(编)者：李曦辉　2018年7月出版 / 估价：99.00元
PSN B-2017-630-1/1

南宁蓝皮书
南宁经济发展报告（2018）
著(编)者：胡建华　2018年9月出版 / 估价：99.00元
PSN B-2016-569-2/3

浦东新区蓝皮书
上海浦东经济发展报告（2018）
著(编)者：沈开艳 周奇　2018年2月出版 / 估价：99.00元
PSN B-2011-225-1/1

青海蓝皮书
2018年青海经济社会形势分析与预测
著(编)者：陈玮　2017年12月出版 / 估价：99.00元
PSN B-2012-275-1/2

山东蓝皮书
山东经济形势分析与预测（2018）
著(编)者：李广杰　2018年7月出版 / 估价：99.00元
PSN B-2014-404-1/5

山东蓝皮书
山东省普惠金融发展报告（2018）
著(编)者：齐鲁财富网
2018年9月出版 / 估价：99.00元
PSN B2017-676-5/5

山西蓝皮书
山西资源型经济转型发展报告（2018）
著(编)者：李志强　2018年7月出版 / 估价：99.00元
PSN B-2011-197-1/1

陕西蓝皮书
陕西经济发展报告（2018）
著(编)者：任宗哲 白宽犁 裴成荣
2018年1月出版 / 估价：99.00元
PSN B-2009-135-1/6

陕西蓝皮书
陕西精准脱贫研究报告（2018）
著(编)者：任宗哲 白宽犁 王建康
2018年6月出版 / 估价：99.00元
PSN B-2017-623-6/6

上海蓝皮书
上海经济发展报告（2018）
著(编)者：沈开艳
2018年2月出版 / 估价：99.00元
PSN B-2006-057-1/7

上海蓝皮书
上海资源环境发展报告（2018）
著(编)者：周冯琦 汤庆合
2018年2月出版 / 估价：99.00元
PSN B-2006-060-4/7

上饶蓝皮书
上饶发展报告（2016～2017）
著(编)者：廖其志　2018年3月出版 / 估价：128.00元
PSN B-2014-377-1/1

深圳蓝皮书
深圳经济发展报告（2018）
著(编)者：张骁儒　2018年6月出版 / 估价：99.00元
PSN B-2008-112-3/7

四川蓝皮书
四川城镇化发展报告（2018）
著(编)者：侯水平 陈炜
2018年4月出版 / 估价：99.00元
PSN B-2015-456-7/7

四川蓝皮书
2018年四川经济形势分析与预测
著(编)者：杨钢 2018年1月出版 / 估价：99.00元
PSN B-2007-098-2/7

四川蓝皮书
四川企业社会责任研究报告（2017~2018）
著(编)者：侯水平 盛毅 2018年5月出版 / 估价：99.00元
PSN B-2014-386-4/7

四川蓝皮书
四川生态建设报告（2018）
著(编)者：李晟之 2018年5月出版 / 估价：99.00元
PSN B-2015-455-6/7

体育蓝皮书
上海体育产业发展报告（2017~2018）
著(编)者：张林 黄海燕 2018年10月出版 / 估价：99.00元
PSN B-2015-454-4/5

体育蓝皮书
长三角地区体育产业发展报告（2017~2018）
著(编)者：张林 2018年4月出版 / 估价：99.00元
PSN B-2015-453-3/5

天津金融蓝皮书
天津金融发展报告（2018）
著(编)者：王爱俭 孔德昌 2018年3月出版 / 估价：99.00元
PSN B-2014-418-1/1

图们江区域合作蓝皮书
图们江区域合作发展报告（2018）
著(编)者：李铁 2018年6月出版 / 估价：99.00元
PSN B-2015-464-1/1

温州蓝皮书
2018年温州经济社会形势分析与预测
著(编)者：蒋儒标 王春光 金浩
2018年4月出版 / 估价：99.00元
PSN B-2008-105-1/1

西咸新区蓝皮书
西咸新区发展报告（2018）
著(编)者：李扬 王军
2018年6月出版 / 估价：99.00元
PSN B-2016-534-1/1

修武蓝皮书
修武经济社会发展报告（2018）
著(编)者：张占仓 袁凯声
2018年10月出版 / 估价：99.00元
PSN B-2017-651-1/1

偃师蓝皮书
偃师经济社会发展报告（2018）
著(编)者：张占仓 袁凯声 何武周
2018年7月出版 / 估价：99.00元
PSN B-2017-627-1/1

扬州蓝皮书
扬州经济社会发展报告（2018）
著(编)者：陈扬
2018年12月出版 / 估价：108.00元
PSN B-2011-191-1/1

长垣蓝皮书
长垣经济社会发展报告（2018）
著(编)者：张占仓 袁凯声 秦保建
2018年10月出版 / 估价：99.00元
PSN B-2017-654-1/1

遵义蓝皮书
遵义发展报告（2018）
著(编)者：邓彦 曾征 龚永育
2018年9月出版 / 估价：99.00元
PSN B-2014-433-1/1

地方发展类-社会

安徽蓝皮书
安徽社会发展报告（2018）
著(编)者：程桦 2018年4月出版 / 估价：99.00元
PSN B-2013-325-1/1

安徽社会建设蓝皮书
安徽社会建设分析报告（2017~2018）
著(编)者：黄家海 蔡宪
2018年11月出版 / 估价：99.00元
PSN B-2013-322-1/1

北京蓝皮书
北京公共服务发展报告（2017~2018）
著(编)者：施昌奎 2018年3月出版 / 估价：99.00元
PSN B-2008-103-7/8

北京蓝皮书
北京社会发展报告（2017~2018）
著(编)者：李伟东
2018年7月出版 / 估价：99.00元
PSN B-2006-055-3/8

北京蓝皮书
北京社会治理发展报告（2017~2018）
著(编)者：殷星辰 2018年7月出版 / 估价：99.00元
PSN B-2014-391-8/8

北京律师蓝皮书
北京律师发展报告 No.3（2018）
著(编)者：王隽 2018年12月出版 / 估价：99.00元
PSN B-2011-217-1/1

北京人才蓝皮书
北京人才发展报告（2018）
著(编)者：敏华　2018年12月出版 / 估价：128.00元
PSN B-2011-201-1/1

北京社会心态蓝皮书
北京社会心态分析报告（2017～2018）
北京市社会心理服务促进中心
2018年10月出版 / 估价：99.00元
PSN B-2014-422-1/1

北京社会组织管理蓝皮书
北京社会组织发展与管理（2018）
著(编)者：黄江松
2018年4月出版 / 估价：99.00元
PSN B-2015-446-1/1

北京养老产业蓝皮书
北京居家养老发展报告（2018）
著(编)者：陆杰华　周明明
2018年8月出版 / 估价：99.00元
PSN B-2015-465-1/1

法治蓝皮书
四川依法治省年度报告No.4（2018）
著(编)者：李林　杨天宗　田禾
2018年3月出版 / 估价：118.00元
PSN B-2015-447-2/3

福建妇女发展蓝皮书
福建省妇女发展报告（2018）
著(编)者：刘群英　2018年11月出版 / 估价：99.00元
PSN B-2011-220-1/1

甘肃蓝皮书
甘肃社会发展分析与预测（2018）
著(编)者：安文华　包晓霞　谢增虎
2018年1月出版 / 估价：99.00元
PSN B-2013-313-2/6

广东蓝皮书
广东全面深化改革研究报告（2018）
著(编)者：周林生　涂成林
2018年12月出版 / 估价：99.00元
PSN B-2015-504-3/3

广东蓝皮书
广东社会工作发展报告（2018）
著(编)者：罗观翠　2018年6月出版 / 估价：99.00元
PSN B-2014-402-2/3

广州蓝皮书
广州青年发展报告（2018）
著(编)者：徐柳　张强
2018年8月出版 / 估价：99.00元
PSN B-2013-352-13/14

广州蓝皮书
广州社会保障发展报告（2018）
著(编)者：张跃国　2018年8月出版 / 估价：99.00元
PSN B-2014-425-14/14

广州蓝皮书
2018年中国广州社会形势分析与预测
著(编)者：张强　郭志勇　何镜清
2018年6月出版 / 估价：99.00元
PSN B-2008-110-5/14

贵州蓝皮书
贵州法治发展报告（2018）
著(编)者：吴大华　2018年5月出版 / 估价：99.00元
PSN B-2012-254-2/10

贵州蓝皮书
贵州人才发展报告（2017）
著(编)者：于杰　吴大华
2018年9月出版 / 估价：99.00元
PSN B-2014-382-3/10

贵州蓝皮书
贵州社会发展报告（2018）
著(编)者：王兴骥　2018年4月出版 / 估价：99.00元
PSN B-2010-166-1/10

杭州蓝皮书
杭州妇女发展报告（2018）
著(编)者：魏颖　2018年10月出版 / 估价：99.00元
PSN B-2014-403-1/1

河北蓝皮书
河北法治发展报告（2018）
著(编)者：康振海　2018年6月出版 / 估价：99.00元
PSN B-2017-622-3/3

河北食品药品安全蓝皮书
河北食品药品安全研究报告（2018）
著(编)者：丁锦霞　2018年10月出版 / 估价：99.00元
PSN B-2015-473-1/1

河南蓝皮书
河南法治发展报告（2018）
著(编)者：张林海　2018年7月出版 / 估价：99.00元
PSN B-2014-376-6/9

河南蓝皮书
2018年河南社会形势分析与预测
著(编)者：牛苏林　2018年5月出版 / 估价：99.00元
PSN B-2005-043-1/9

河南民办教育蓝皮书
河南民办教育发展报告（2018）
著(编)者：胡大白　2018年9月出版 / 估价：99.00元
PSN B-2017-642-1/1

黑龙江蓝皮书
黑龙江社会发展报告（2018）
著(编)者：谢宝禄　2018年1月出版 / 估价：99.00元
PSN B-2011-189-1/2

湖南蓝皮书
2018年湖南两型社会与生态文明建设报告
著(编)者：卞鹰　2018年5月出版 / 估价：128.00元
PSN B-2011-208-3/8

湖南蓝皮书
2018年湖南社会发展报告
著(编)者：卞鹰　2018年5月出版 / 估价：128.00元
PSN B-2014-393-5/8

健康城市蓝皮书
北京健康城市建设研究报告（2018）
著(编)者：王鸿春　盛继洪　2018年9月出版 / 估价：99.00元
PSN B-2015-460-1/2

江苏法治蓝皮书
江苏法治发展报告No.6（2017）
著(编)者：蔡道通 龚廷泰　2018年8月出版 / 估价：99.00元
PSN B-2012-290-1/1

江苏蓝皮书
2018年江苏社会发展分析与展望
著(编)者：王庆五 刘旺洪　2018年8月出版 / 估价：128.00元
PSN B-2017-636-2/3

南宁蓝皮书
南宁法治发展报告（2018）
著(编)者：杨维超　2018年12月出版 / 估价：99.00元
PSN B-2015-509-1/3

南宁蓝皮书
南宁社会发展报告（2018）
著(编)者：胡建华　2018年10月出版 / 估价：99.00元
PSN B-2016-570-3/3

内蒙古蓝皮书
内蒙古反腐倡廉建设报告 No.2
著(编)者：张志华　2018年6月出版 / 估价：99.00元
PSN B-2013-365-1/1

青海蓝皮书
2018年青海人才发展报告
著(编)者：王宇燕　2018年9月出版 / 估价：99.00元
PSN B-2017-650-2/2

青海生态文明建设蓝皮书
青海生态文明建设报告（2018）
著(编)者：张西明 高华　2018年12月出版 / 估价：99.00元
PSN B-2016-595-1/1

人口与健康蓝皮书
深圳人口与健康发展报告（2018）
著(编)者：陆杰华 傅崇辉　2018年11月出版 / 估价：99.00元
PSN B-2011-228-1/1

山东蓝皮书
山东社会形势分析与预测（2018）
著(编)者：李善峰　2018年6月出版 / 估价：99.00元
PSN B-2014-405-2/5

陕西蓝皮书
陕西社会发展报告（2018）
著(编)者：任宗哲 白宽犁 牛昉　2018年1月出版 / 估价：99.00元
PSN B-2009-136-2/6

上海蓝皮书
上海法治发展报告（2018）
著(编)者：叶必丰　2018年9月出版 / 估价：99.00元
PSN B-2012-296-6/7

上海蓝皮书
上海社会发展报告（2018）
著(编)者：杨雄 周海旺
2018年2月出版 / 估价：99.00元
PSN B-2006-058-2/7

社会建设蓝皮书
2018年北京社会建设分析报告
著(编)者：宋贵伦 冯虹　2018年9月出版 / 估价：99.00元
PSN B-2010-173-1/1

深圳蓝皮书
深圳法治发展报告（2018）
著(编)者：张骁儒　2018年6月出版 / 估价：99.00元
PSN B-2015-470-6/7

深圳蓝皮书
深圳劳动关系发展报告（2018）
著(编)者：汤庭芬　2018年8月出版 / 估价：99.00元
PSN B-2007-097-2/7

深圳蓝皮书
深圳社会治理与发展报告（2018）
著(编)者：张骁儒　2018年6月出版 / 估价：99.00元
PSN B-2008-113-4/7

生态安全绿皮书
甘肃国家生态安全屏障建设发展报告（2018）
著(编)者：刘举科 喜文华
2018年10月出版 / 估价：99.00元
PSN G-2017-659-1/1

顺义社会建设蓝皮书
北京市顺义区社会建设发展报告（2018）
著(编)者：王学武　2018年9月出版 / 估价：99.00元
PSN B-2017-658-1/1

四川蓝皮书
四川法治发展报告（2018）
著(编)者：郑泰安　2018年1月出版 / 估价：99.00元
PSN B-2015-441-5/7

四川蓝皮书
四川社会发展报告（2018）
著(编)者：李羚　2018年6月出版 / 估价：99.00元
PSN B-2008-127-3/7

云南社会治理蓝皮书
云南社会治理年度报告（2017）
著(编)者：晏雄 韩全芳
2018年5月出版 / 估价：99.00元
PSN B-2017-667-1/1

地方发展类-文化

北京传媒蓝皮书
北京新闻出版广电发展报告（2017~2018）
著(编)者：王志　2018年11月出版 / 估价：99.00元
PSN B-2016-588-1/1

北京蓝皮书
北京文化发展报告（2017~2018）
著(编)者：李建盛　2018年5月出版 / 估价：99.00元
PSN B-2007-082-4/8

创意城市蓝皮书
北京文化创意产业发展报告（2018）
著(编)者：郭万超 张京成　2018年12月出版 / 估价：99.00元
PSN B-2012-263-1/7

创意城市蓝皮书
天津文化创意产业发展报告（2017～2018）
著(编)者：谢思全　2018年6月出版 / 估价：99.00元
PSN B-2016-536-7/7

创意城市蓝皮书
武汉文化创意产业发展报告（2018）
著(编)者：黄永林 陈汉桥　2018年12月出版 / 估价：99.00元
PSN B-2013-354-4/7

创意上海蓝皮书
上海文化创意产业发展报告（2017～2018）
著(编)者：王慧敏 王兴全　2018年8月出版 / 估价：99.00元
PSN B-2016-561-1/1

非物质文化遗产蓝皮书
广州市非物质文化遗产保护发展报告（2018）
著(编)者：宋俊华　2018年12月出版 / 估价：99.00元
PSN B-2016-589-1/1

甘肃蓝皮书
甘肃文化发展分析与预测（2018）
著(编)者：王俊莲 周小华　2018年1月出版 / 估价：99.00元
PSN B-2013-314-3/6

甘肃蓝皮书
甘肃舆情分析与预测（2018）
著(编)者：陈双梅 张谦元　2018年1月出版 / 估价：99.00元
PSN B-2013-315-4/6

广州蓝皮书
中国广州文化发展报告（2018）
著(编)者：屈哨兵 陆志强　2018年6月出版 / 估价：99.00元
PSN B-2009-134-7/14

广州蓝皮书
广州文化创意产业发展报告（2018）
著(编)者：徐咏虹　2018年7月出版 / 估价：99.00元
PSN B-2008-111-6/14

海淀蓝皮书
海淀区文化和科技融合发展报告（2018）
著(编)者：陈名杰 孟景伟　2018年5月出版 / 估价：99.00元
PSN B-2013-329-1/1

河南蓝皮书
河南文化发展报告（2018）
著(编)者：卫绍生　2018年7月出版 / 估价：99.00元
PSN B-2008-106-2/9

湖北文化产业蓝皮书
湖北省文化产业发展报告（2018）
著(编)者：黄晓华　2018年9月出版 / 估价：99.00元
PSN B-2017-656-1/1

湖北文化蓝皮书
湖北文化发展报告（2017~2018）
著(编)者：湖北大学高等人文研究院
中华文化发展湖北省协同创新中心
2018年10月出版 / 估价：99.00元
PSN B-2016-566-1/1

江苏蓝皮书
2018年江苏文化发展分析与展望
著(编)者：王庆五 樊和平　2018年9月出版 / 估价：128.00元
PSN B-2017-637-3/3

江西文化蓝皮书
江西非物质文化遗产发展报告（2018）
著(编)者：张圣才 傅安平　2018年12月出版 / 估价：128.00元
PSN B-2015-499-1/1

洛阳蓝皮书
洛阳文化发展报告（2018）
著(编)者：刘福兴 陈启明　2018年7月出版 / 估价：99.00元
PSN B-2015-476-1/1

南京蓝皮书
南京文化发展报告（2018）
著(编)者：中共南京市委宣传部
2018年12月出版 / 估价：99.00元
PSN B-2014-439-1/1

宁波文化蓝皮书
宁波“一人一艺”全民艺术普及发展报告（2017）
著(编)者：张爱琴　2018年11月出版 / 估价：128.00元
PSN B-2017-668-1/1

山东蓝皮书
山东文化发展报告（2018）
著(编)者：涂可国　2018年5月出版 / 估价：99.00元
PSN B-2014-406-3/5

陕西蓝皮书
陕西文化发展报告（2018）
著(编)者：任宗哲 白宽犁 王长寿
2018年1月出版 / 估价：99.00元
PSN B-2009-137-3/6

上海蓝皮书
上海传媒发展报告（2018）
著(编)者：强荧 焦雨虹　2018年2月出版 / 估价：99.00元
PSN B-2012-295-5/7

上海蓝皮书
上海文学发展报告（2018）
著(编)者：陈圣来　2018年6月出版 / 估价：99.00元
PSN B-2012-297-7/7

上海蓝皮书
上海文化发展报告（2018）
著(编)者：荣跃明　2018年2月出版 / 估价：99.00元
PSN B-2006-059-3/7

深圳蓝皮书
深圳文化发展报告（2018）
著(编)者：张骁儒　2018年7月出版 / 估价：99.00元
PSN B-2016-554-7/7

四川蓝皮书
四川文化产业发展报告（2018）
著(编)者：向宝云 张立伟　2018年4月出版 / 估价：99.00元
PSN B-2006-074-1/7

郑州蓝皮书
2018年郑州文化发展报告
著(编)者：王哲　2018年9月出版 / 估价：99.00元
PSN B-2008-107-1/1

皮书起源

“皮书”起源于十七、十八世纪的英国，主要指官方或社会组织正式发表的重要文件或报告，多以“白皮书”命名。在中国，“皮书”这一概念被社会广泛接受，并被成功运作、发展成为一种全新的出版形态，则源于中国社会科学院社会科学文献出版社。

皮书定义

皮书是对中国与世界发展状况和热点问题进行年度监测，以专业的角度、专家的视野和实证研究方法，针对某一领域或区域现状与发展态势展开分析和预测，具备原创性、实证性、专业性、连续性、前沿性、时效性等特点的公开出版物，由一系列权威研究报告组成。

皮书作者

皮书系列的作者以中国社会科学院、著名高校、地方社会科学院的研究人员为主，多为国内一流研究机构的权威专家学者，他们的看法和观点代表了学界对中国与世界的现实和未来最高水平的解读与分析。

皮书荣誉

皮书系列已成为社会科学文献出版社的著名图书品牌和中国社会科学院的知名学术品牌。2016 年，皮书系列正式列入“十三五”国家重点出版规划项目；2013~2018 年，重点皮书列入中国社会科学院承担的国家哲学社会科学创新工程项目；2018 年，59 种院外皮书使用“中国社会科学院创新工程学术出版项目”标识。

中国皮书网

（网址：www.pishu.cn）

发布皮书研创资讯，传播皮书精彩内容
引领皮书出版潮流，打造皮书服务平台

栏目设置

关于皮书：何谓皮书、皮书分类、皮书大事记、皮书荣誉、
皮书出版第一人、皮书编辑部

最新资讯：通知公告、新闻动态、媒体聚焦、网站专题、视频直播、下载专区

皮书研创：皮书规范、皮书选题、皮书出版、皮书研究、研创团队

皮书评奖评价：指标体系、皮书评价、皮书评奖

互动专区：皮书说、社科数托邦、皮书微博、留言板

所获荣誉

2008 年、2011 年，中国皮书网均在全国新闻出版业网站荣誉评选中获得“最具商业价值网站”称号；

2012 年，获得“出版业网站百强”称号。

网库合一

2014 年，中国皮书网与皮书数据库端口合一，实现资源共享。

中国扶贫开发报告（2017）

ANNUAL REPORT ON POVERTY REDUCTION OF CHINA
(2017)

主　编／李培林　魏后凯　吴国宝
副主编／王萍萍　檀学文　李　静

社会科学文献出版社
SOCIAL SCIENCES ACADEMIC PRESS (CHINA)

图书在版编目(CIP)数据

中国扶贫开发报告. 2017 / 李培林, 魏后凯, 吴国宝主编. --北京: 社会科学文献出版社, 2017.12

(扶贫蓝皮书)

ISBN 978-7-5201-2053-1

Ⅰ. ①中… Ⅱ. ①李… ②魏… ③吴… Ⅲ. ①扶贫-研究报告-中国-2017 Ⅳ. ①F126

中国版本图书馆 CIP 数据核字 (2017) 第 313885 号

扶贫蓝皮书

中国扶贫开发报告 (2017)

主　　编 / 李培林　魏后凯　吴国宝

副 主 编 / 王萍萍　檀学文　李　静

出 版 人 / 谢寿光

项目统筹 / 周　丽　高　雁

责任编辑 / 高　雁　史晓琳　李　佳

出　　版 / 社会科学文献出版社·经济与管理分社 (010) 59367226

地址: 北京市北三环中路甲 29 号院华龙大厦　邮编: 100029

网址: www.ssap.com.cn

发　　行 / 市场营销中心 (010) 59367081　59367018

印　　装 / 北京季蜂印刷有限公司

规　　格 / 开　本: 787mm×1092mm　1/16

印　张: 25.75　字　数: 390 千字

版　　次 / 2017 年 12 月第 1 版　2017 年 12 月第 1 次印刷

书　　号 / ISBN 978-7-5201-2053-1

定　　价 / 128.00 元

皮书序列号 / PSN B-2016-599-1/1

《中国扶贫开发报告（2017）》
编　委　会

主要编撰者简介

李培林　社会学博士，现任中国社会科学院副院长、党组成员，中国社会科学院学部委员、学部主席团秘书长，中国社会科学院研究生院教授、博士生导师。兼任国务院学位委员会委员，中央文明委委员，中国地方志指导小组常务副组长，国家社会科学基金评审委员会社会学评议组召集人，马克思主义理论工程社会学专家组首席专家。主要研究领域为发展社会学、组织社会学、工业社会学。

魏后凯　经济学博士，现任中国社会科学院农村发展研究所所长、研究员，中国社会科学院研究生院教授、博士生导师，《中国农村经济》《中国农村观察》主编。兼任中国社会科学院城乡发展一体化智库常务副理事长，第六届中国区域科学协会理事长，第七届中国城郊经济研究会会长，第四届中国林牧渔业经济学会会长，民政部、北京市政府等决策咨询委员，环境保护部环境影响评价专家咨询组和科技部转基因重大专项评估组成员。主要研究领域为区域经济、产业经济、资源与环境经济。

吴国宝　经济学博士，现任中国社会科学院农村发展研究所研究员，中国社会科学院贫困问题研究中心主任，中国社会科学院创新工程项目——“精准扶贫政策有效性研究”首席研究员，中国社会科学院研究生院博士生导师，享受国务院特殊津贴专家，国务院扶贫开发领导小组专家咨询委员会委员，主要研究领域为扶贫、小额信贷、农村发展和农民福祉。曾任亚洲开发银行驻华代表处高级扶贫顾问以及世界银行、联合国开发计划署、国际农发基金、英国国际发展署、澳发署等国际多边和双边机构的咨询顾问。

王萍萍　国家统计局住户调查办公室主任，高级统计师。历任国家统计局农村司处长、副巡视员。长期从事住户调查方案设计、组织管理和数据处理分析工作。研究领域为样本抽选、问卷和指标设计、贫困和扶贫项目影响评估、居民收入和消费等。

檀学文　经济学博士，现任中国社会科学院农村发展研究所贫困与福祉研究室主任、研究员。兼任中国社会科学院贫困问题研究中心秘书长、中国国外农业经济研究会副会长兼秘书长。主要研究领域为农民工与城市化、可持续食品供应链与农业可持续发展、贫困与福祉等。曾获第七届“中国农村发展研究奖”专著奖。

李　静　管理学博士，中国社会科学院农村发展研究所研究员、博士生导师。主要研究方向为农村金融、贫困与福祉、奶业经济等。

摘 要

精准扶贫，是当今中国扶贫开发的主题和脱贫攻坚的基本方略。2013年以来，中国根据脱贫攻坚阶段所面临的宏观经济形势、贫困特点、致贫原因和脱贫任务，依托独特的政治优势和制度优势，确定了精准扶贫、精准脱贫的方略，逐步创新和完善了保证全过程精准扶贫的治理体系和政策体系；初步探索和建立了包括扶贫对象识别、扶贫过程督查和脱贫考核、评估的方法体系；初步探索和形成了可以覆盖不同贫困类型的扶贫干预体系；初步摸索和建立了可支持脱贫攻坚目标实现的扶贫资源投入和动员体系。中国的不同地方结合自己的情况，摸索出了精准扶贫、精准脱贫的地方经验。

上述一整套精准扶贫干预体系的初步建立和运行，使中国在面对经济增长速度明显放缓等诸多不利的环境条件下，2013 年以来仍然取得了贫困人口持续较大规模减少、贫困地区的基本公共服务明显改善、贫困县绝对数量开始减少等优异成绩。中国近 5 年精准扶贫的实践，丰富了世界大规模扶贫的经验，在一定意义上发展了国际减贫的理论。从某种意义上说，精准扶贫是中国继开发式扶贫之后对世界反贫困事业做出的又一个新的贡献。此外，精准扶贫的实践，也丰富和发展了我国社会治理的经验和理论。

但是，中国的脱贫攻坚仍面临比较严峻的形势。尤其是部分地区脱贫进展仍然较慢、深度贫困地区脱贫攻坚依然存在较大的困难、易地搬迁扶贫安置和脱贫仍然存在不小的压力、部分低收入人群存在返贫风险等。因应脱贫攻坚的任务和形势，报告最后提出坚持既定扶贫工作机制和支持政策、保持扶贫资金和社会资源投入持续增长并改善资源分配与利用、有效应对低收入人群返贫风险、以非常规举措应对深度贫困地区脱贫攻坚、关注脱贫攻坚过程中出现的疲劳综合症和道德风险等建议。

巨大的成就和严峻的挑战（代序）

2018 年是我国改革开放 40 年，40 年来中国在发展领域取得的最亮眼、最巨大、最举世公认的成就，就是大规模地减少贫困，一个发展中的人口大国，使数亿人摆脱了极端贫困状况，过上了美好生活，并为全球贫困减缓和千年发展目标的实现做出了卓越的贡献。这一点，即使那些对中国的发展存在各种误解、偏见和非议的人，也难以否认。

党的十八大以来，以习近平同志为核心的党中央，更加重视扶贫开发工作，出台了一系列重大的扶贫开发政策和措施，明确要求到 2020 年我国现行标准下农村贫困人口实现脱贫、贫困县全部摘帽、解决区域性整体贫困，如期实现全面建成小康社会奋斗目标。农村贫困人口脱贫是全面建成小康社会面临的最艰巨任务。

为全面贯彻落实习近平总书记关于扶贫开发特别是关于精准扶贫的重要思想，积极推进精准扶贫和脱贫攻坚工作，中国社会科学院决定组织相关力量撰写、出版和发布《中国扶贫开发报告》（扶贫蓝皮书）中英文版。出版《中国扶贫开发报告》的主要目的和目标是：全面、客观、专业、权威地报告、解读和分析中国减贫的进程，全方位展示中国扶贫开发成就，深度分析中国减贫面临的挑战和形势，推动中国扶贫开发事业不断进步，同时与其他国家分享中国减贫经验，以推进中国和世界的减贫进程。

首部《中国扶贫开发报告》已于 2016 年 12 月出版和发布，产生了积极的社会影响。《中国扶贫开发报告（2016）》的组织和编写得到了国务院扶贫办的积极支持和参与，开展此项工作的最初想法也是由中国社会科学院和国务院扶贫办共同提出的。2017 年起，双方商定，《中国扶贫开发报告》研究和编撰工作由中国社会科学院独立开展，国务院扶贫办继续予以支持。

《中国扶贫开发报告（2017）》由总报告、专题篇和案例篇三大部分组成，紧扣党的十九大精神，聚焦精准扶贫、精准脱贫这个当今中国扶贫开发和脱贫攻坚的主题和基本方略。在精准扶贫实践了4年多、脱贫攻坚战还剩3年多的时间节点，本报告对我国精准扶贫的实践经验和理论贡献进行了归纳和总结，分析和考察了我国脱贫攻坚取得的进展，探讨了未来3年我国精准扶贫、精准脱贫面临的挑战，并提出了相应的应对策略。

总报告是“扶贫蓝皮书”的主体部分，侧重从大扶贫、多渠道减贫、城乡统筹和国际比较的视野，对中国减贫进程进行全面的评价和分析。2017年总报告聚焦“中国精准扶贫的进展和前瞻”，其主要内容包括：中国精准扶贫的实践、中国精准扶贫的成就及其对减贫和治理理论的贡献、中国如期实现脱贫攻坚目标面临的主要挑战、未来3年中国脱贫攻坚的应对策略等。

专题篇主要根据年度形势和国家政策，对扶贫重点领域和重大问题进行深入分析。包括8个专题，分别是中国精准扶贫政策体系的演变、扶贫对象的精准识别和动态调整、脱贫攻坚监督和考核评估、中国产业扶贫的进展与挑战、中国就业扶贫进展、易地扶贫搬迁的进展和问题、中国教育扶贫进展、中国生态扶贫政策和实践。

案例篇围绕年度主线和形势，选择若干个具有代表性的案例进行经验总结，以供其他地区和发展中国家借鉴。本年度案例报告侧重关注贫困县退出和地方脱贫攻坚优秀实践。其中，贫困县退出分别选择了江西井冈山市和河南兰考县两个典型案例，地方脱贫攻坚选择了省级脱贫攻坚代表贵州省大扶贫、企业整体帮扶贫困县代表恒大集团帮扶大方县以及产业扶贫代表广西的案例。

本报告是依托中国社会科学院农村发展研究所和贫困问题研究中心，并组织国内有关专家共同完成的，是集体智慧的结晶。为加强对研究报告的学术指导，提高研究报告的质量，我们成立了《中国扶贫开发报告（2017）》编委会。编委会成员由中国社会科学院、相关政府部门以及各界的知名专家、学者共同组成。

本年度报告聚焦精准扶贫、精准脱贫这一主题，写作人员主要来自中国社会科学院农村发展研究所、国务院扶贫办等研究机构，一些高校的专家、学者也参与了写作。地方扶贫办为专题报告和案例的写作提供了支持。在报告编写的过程中，设在农村发展研究所和社会科学文献出版社的组织协调组承担了大量事务性工作，包括资料收集、联系作者、排版统稿等。

中国的精准扶贫是一个复杂的巨大系统工程，近年来已经涌现出丰富多样的理论和实践创新。然而，由于时间和精力的限制，本年度报告仅就精准扶贫的主要领域和少数案例进行考察研究，有许多方面还有待今后做进一步的深入探讨。学术研究是永无止境的，希望本报告的出版能够有助于推动我国扶贫理论研究和指导各地的脱贫实践。

李培林

2017 年 12 月 6 日

目　录

Ⅰ　总报告

Ⅱ　专题篇

Ⅲ 案例篇

皮书数据库阅读**使用指南**

总 报 告

General Report

B.1
中国精准扶贫的进展和前瞻

中国社会科学院扶贫开发报告课题组*

摘　要：精准扶贫，是当今中国扶贫开发的主题和脱贫攻坚的基本方略。本报告将中国当前的精准扶贫定义为外部介入式全过程目标瞄准扶贫，并建构了分析框架。从扶贫对象识别和动态调整、扶贫治理体系和治理能力、扶贫资源投入和动员体系以及扶贫方式四个方面系统总结了我国精准扶贫的实践经验；分析了 2013 年以来我国在贫困人口减少、贫困地区基本公共服务改善、贫困县退出方面所取得的成就，讨论并评价了中国精准扶贫实践对世界减贫理论和我国治理理论创新的贡献；

* 本报告由吴国宝研究员执笔完成，李培林、魏后凯对报告进行了审定。笔者对国务院扶贫开发领导小组专家委员会范小建主任所提的宝贵意见和建议致以诚挚的感谢。吴国宝，博士，中国社会科学院农村发展研究所研究员、中国社会科学院贫困问题研究中心主任、中国社会科学院研究生院博士生导师，主要研究领域为扶贫、小额信贷、农村发展和农民福祉。

从脱贫速度、深度贫困地区脱贫攻坚、易地搬迁扶贫和低收入人群返贫风险四个方面，分析了我国实现脱贫攻坚目标面临的严峻挑战。最后提出坚持既定扶贫工作机制和支持政策、保持扶贫资金和社会资源投入持续增长并改善资源分配与利用、有效应对低收入人群返贫风险、以非常规举措应对深度贫困地区脱贫攻坚、关注脱贫攻坚过程中出现的疲劳综合征和道德风险等建议。

关键词： 精准扶贫　脱贫攻坚　扶贫治理

精准扶贫，是当今中国扶贫开发的主题和脱贫攻坚的基本方略，也是中国扶贫开发实践对世界反贫困理论和实践的新贡献。在精准扶贫实践了4年多、脱贫攻坚战还剩3年多的时间节点，初步总结我国精准扶贫的实践经验和理论贡献，分析和估计我国脱贫攻坚取得的进展，前瞻未来3年我国精准扶贫、精准脱贫面临的挑战，并提出相应的应对策略，是本报告的主要任务。

一　中国精准扶贫的实践

精准扶贫是一种特殊的目标瞄准扶贫方式，有其内在的一般逻辑和组成要件，同时又受到所处政治、社会和经济环境的影响而表现出特殊性。中国的精准扶贫，是中国共产党和政府在特定的背景下根据自己独特的政治和制度优势创新性地设计、组织与实施的具有中国特色的特殊的目标瞄准扶贫方式。因此，中国精准扶贫，兼有目标瞄准扶贫的共同属性和产生于特定的政治和制度的特性。

精准扶贫，是中国首先使用的一个扶贫概念，是指通过相应的制度安排和政策支持，将扶贫资源通过一定的方式准确地传递给符合条件的目标人群，帮助他们通过一定的合适的形式改善自己的条件和提高自己的能力进而摆脱贫困的一种全过程精准的特殊的目标瞄准扶贫方式。虽然目标瞄准扶贫的思想和实践，在国际上已有数十年的历史，也有少数国家在某些环节的目标瞄准扶贫方面取得了不错的效果，但尚没有任何其他国家和地区在像中国这么大的范围内实施全过程的目标瞄准扶贫。从这个意义上说，精准扶贫是中国继开发式扶贫之后对世界扶贫事业做出的又一大贡献。

（一）外部介入式精准扶贫理论分析框架

1. 中国精准扶贫的定义

国际上一般所谓的目标瞄准扶贫，是指将计划的资源准确传递给目标人群以帮助其减轻或摆脱贫困的政策和制度安排。所以有关目标瞄准扶贫的研究文献，主要集中于扶贫资源的传递和分配是否偏离目标人群、多大比例的目标人群能够从目标瞄准扶贫政策或项目中受益以及实现目标瞄准扶贫的成本效益（包括经济、社会和政治上的成本效益）三个方面。可以看出国际上目标瞄准扶贫理论和方法，主要是解决既定扶贫资源的有效分配问题或者比较与评估不同扶贫资源方式（如福利制度与开发式扶贫方式）的瞄准效率优劣。

与国际上主流的目标瞄准扶贫理论要解决的问题不同，中国的精准扶贫是要解决现行标准下剩余贫困人口在确定时间脱贫的相关政策和制度安排问题，是为全面建成小康社会补短板的关键措施。在对扶贫精准的要求上，中国不仅仅满足于扶贫资源的准确和有效传递，而且同步关心扶贫的全过程精准，即实现扶贫对象精准、项目安排精准、资金使用精准、措施到户精准、因村派人精准和脱贫成效精准。中国目前实行的精准扶贫，虽然也强调要提升扶贫对象的内生动力，实现扶贫与扶志、扶智相结合，但是在制度设计和具体实践中，总体上还是将提升贫困人口生活水平和发展能力作为政府扶贫的一个优先目标或主要产出，而不是建构以贫困人口自我发展为中心的扶贫政策和支持体系。从这个意义上说，中国现在实行的精准扶贫可以称为外部介入式全过程精准扶贫，这样既可以区别于国际上主流语境中的目标瞄准扶贫，也可以区别于贫困人口或贫困社区主导的目标瞄准扶贫。

2. 外部介入式全过程精准扶贫体系分析框架

从一般意义上说，外部介入式全过程精准扶贫包括以下6个相关的要件：（1）精准确定符合条件的目标人群；（2）安排充足且适用的扶贫资源；（3）选择合适的扶贫资源分配和传递方式；（4）选择并有效实施适合目标人群的扶贫方式；（5）建立并有效运行能保证资源传递和扶贫方式选择与实施的组织和制度；（6）建立并有效运行监测和评估前面5个方面工作质量的监测评估与激励的制度。

（1）精准识别扶贫对象

通过合适的方法，筛选出符合政府或其他组织设定贫困标准的扶贫对象，是目标瞄准扶贫的首要任务和前提。自1901年以来，有关贫困理解和测量的研究取得了一系列的重大进展，贫困界定和测量的指标和方法也不断完善。但是这些基于理论研究和样本数据分析所设计的贫困界定和测量的指标和方法，在应用于实际的（尤其是大规模的）贫困识别时，通常会遇到一系列的困难和障碍。比如：缺乏也难以通过一次性调查获得家庭收入和消费支出的可靠信息，识别时面临时间和预算的双重约束，家庭收支的动态变化需要不断的数据更新等。为了解决这些问题，不少国家在实践中探索和总结了一些识别扶贫对象的办法[①]，主要有：①资格审定方法（means testing），它是由官方人员直接挨家逐户评估各户是否符合项目设定的受益人资格，或者委托第三方来审核申请人的收入，这通常要求申请人提供必要的能证明其符合资格要求的文件；②代理指标审定方法（proxy means testing），它是根据若干个易观察家庭的特征指标和相应的权重估算每个家庭的分值，然后比较各家庭所得分值与目标受益人最低分值，确定项目的受益人；③社区参与瞄准（community targeting），是指由与项目无利益关系的社区领导或社区成员利用其所掌握的成员信息来确定谁应从项目中受益。这

① Coady, D., M. Grosh & J. Hoddinott (2004), "Targeting of Transfers in Developing Countries: Review of Lessons and Experience", Washington, D.C.: The World Bank.

些扶贫对象识别的办法，各有其优缺点。

（2）扶贫资源的投入保障

狭义的扶贫资源通常指扶贫资金；广义的扶贫资源，包括扶贫资金、物资、人力资源、机会和优惠政策。扶贫物资与扶贫资金具有相同的属性，只不过在一些特殊的条件下，直接提供扶贫物资（如牲畜、农业生产资料等）可以减少扶贫资金的流失、增强扶贫资源的效果。扶贫人力资源，包括政府和其他方面为扶贫工作直接安排的扶贫工作人员与从外部引入的专业人员，前者起着保证扶贫工作正常有效运行的作用，后者则可以弥补目标贫困地区和人群脱贫所需要的专业人员和技能的不足。政府、企业和社会组织为特定的目标贫困人群提供的机会，如就业、升学、医疗，通常不仅包括一定的费用补贴，而且给予目标贫困人群在正常条件下难以得到的增收或发展机会（如政府给予贫困家庭子女特殊的奖学金、助学金，升学中降分录取等）。扶贫优惠政策的作用与机会有些类似有时也会交叉。政府为目标贫困地区和人群提供的优惠政策，在于通过转让部分中央政府的特许权、授予更优惠的条件，增强目标贫困地区或人群的竞争力。

在一定时期一个国家能够用于扶贫的投入，受到诸多因素的影响。这些因素包括：①国家的发展水平和可用财力；②国家和社会认可的贫困标准和贫困人口；③国家和社会愿意和能够接受的扶贫目标和方式（减少短期还是长期贫困，进行福利救济还是能力建设）；④利益集团的作用等。正是由于扶贫资源的投入受到众多因素的影响，国际上多数国家要么是通过社会保障来保障居民的基本需要，要么选择一些特定目标人群实施某一个或几个方面的扶贫措施。很少有国家尤其是发展中大国能够采用目标瞄准扶贫方式来进行全方位的能力建设扶贫。

（3）扶贫资源的分配和传递

将扶贫资源及时、合理、有效地分配和传递到扶贫的目标区域和人群，使稀缺的扶贫资源发挥扶贫效益，是目标瞄准扶贫的重要环节和内容。在以扶贫资源分配和传递瞄准性为目标的目标瞄准扶贫中，扶贫资源分配和传递的准确性、有效性，通常被视为评价目标瞄准扶贫方式质量和效率的主要依

据。国际上使用最广泛的测量目标瞄准扶贫有效性的两个指标，即扶贫资源的漏出率（扶贫资源用到非目标贫困人群的比重）和扶贫对象的漏出率（扶贫对象没有享受到扶贫资源的比重），主要就是用来衡量扶贫资源分配和传递的效率和质量的。

扶贫资源的分配和传递，受扶贫资源的分配决策形式、传递渠道、管理制度等因素的影响。扶贫资源的分配，采取自上而下、自下而上还是二者结合的决策方式，对目标瞄准扶贫的质量和效率，会有重要的影响。分配决策方式的选择，主要受到扶贫治理结构的影响。扶贫资源的传递渠道，包括资源的输出、接收和传递通道。一般来说，扶贫资源传递所经过的节点越多、传递渠道越长，偏离目标的可能性就越大、资源流失和浪费的概率也相应增加。

（4）可选择的适用的扶贫方式

如果不是把目标瞄准扶贫简单当作一个资源分配和传递问题（当扶贫的方式已被确定而且不允许改变时，通常主要是分配和传递问题），而是以目标贫困人群的脱贫需要为导向和目标的扶贫行动，是否存在足够多的可用的扶贫方式就成为一个关键因素。其道理十分简单，贫困的表现不一、致贫的原因有别、所处的环境条件不同，任何固定的单一扶贫方式都难以解决全部甚至主要目标贫困人群的贫困问题。能采用哪些或者什么样的扶贫方式，主要取决于三个方面的因素：一是实现具体扶贫战略目标和任务的需要；二是可用的资源、技术、组织和制度（政策供给）；三是出资人或最终决策者（政府、社会或社会企业等）对扶贫成本效益的估值。

完成不同的扶贫目标和任务，需要选用不同的扶贫方式。比如以短期增加目标贫困人群福利为目标的扶贫与以提高贫困人群能力为目标的扶贫，需要选用不同的扶贫方式；以贫困人口个体能力建设为目标的扶贫与兼顾个体和区域能力建设的扶贫，所需要采用的扶贫方式也会不同。

可用的资源、技术、组织和制度，对扶贫方式的选择和创新具有重要影响。可用的自然资源、人力资源、基础设施和可获得的技术（生产、物流、信息等），对于生产性扶贫方式的选择具有决定性的作用；可用的产业和社会组织资源，包括已有的产业组织（规模企业、专业合作社等）、现有的正式和非正式社会组织等，会在很大程度上影响甚至左右扶贫方式的选择；正规和非正规的经济和社会制度同样影响扶贫方式的选择。

对扶贫资源使用有决定权的机构和人员对扶贫成本效益的态度和评价标准，会影响扶贫方式选择。任何扶贫方式，在一定意义上说，都是扶贫成本和效益权衡的结果。一种扶贫方式（干预）社会效益的估值，在扶贫方式选择中的作用尤为重要。首先，扶贫本身就是一种社会责任行为，很难对其社会效益进行经济评估；其次，一些扶贫方式（干预）会产生扶贫效益和其他对区域经济、社会和环境的溢出效益。在选择扶贫干预时是否将其溢出效益列为决策考虑因素以及如何估计其溢出效益，有时对结果会有决定性的作用。

（5）扶贫工作组织与制度

全过程的目标瞄准扶贫，高度依赖扶贫工作组织与制度的质量和效率。建立分工明晰、权责明确、人员充足、运行有效的扶贫工作组织体系以及能够支持和保障扶贫工作有效进行的制度，对实现精准扶贫具有决定性的作用。

全过程的目标瞄准扶贫，对扶贫计划、实施和管理具有很严密的要求。其一，需要建立分工明晰、权责明确的组织和制度，保证精准扶贫各个阶段和环节都有相应的组织和人员在尽职尽责地工作；其二，需要建立保证扶贫组织体系有效运行的制度，这个制度是以精准扶贫为目标设置的，既有自上而下的计划和执行，也有以问题和解决问题为导向的上下互动，所以精准扶贫工作组织制度设计要求纪律性和灵活性的统一。

（6）监测评估与激励的制度和方法

监测评估与激励制度在实现全过程目标瞄准扶贫中具有重要的作用。监测评估制度，既要起到监测扶贫工作和政策执行的进程、发现问题、引导解决问题的作用，又要承担对脱贫结果及其质量进行评估的任务。因此，全过程目标瞄准监测评估制度和方法的设计，需要充分考虑监测评估目标、任务和对象的特点，同时考虑不同监测评估制度和方法的互补性。第一，需要建立一套兼顾结果和过程监测与评估的制度和方法；第二，需要建立内部监测和考核与外部监督和评估相结合的监测评估制度，以保证监测评估结果的可用性和可信性；第三，建立监测评估结果应用的激励和奖惩制度，使监测评估结果能够及时有效地用以改善和引导目标瞄准扶贫工作。

（二）中国精准扶贫的实践

精准扶贫实践的总结，主要是对我国扶贫干预体系在过去几年实践的做法、经验和问题进行分析和讨论。这里所指的精准扶贫干预体系，包括为保证脱贫攻坚目标实现而建立的规范、管理扶贫主体权责关系和行为的治理体系及相应制度，保障脱贫攻坚目标和任务完成的扶贫资源投入和动员的政策安排，可有效实现精准扶贫的政策工具和方式，以及扶贫对象精准识别的方法等。

1. 扶贫对象识别和动态调整

对于大规模的精准扶贫工作来说，找准并动态调整扶贫对象、准确找出各个扶贫对象的致贫原因，是一项事关全局的重要工作。而要从近 10 亿涉农户籍人口中准确识别数千万扶贫对象，其难度几近于大海捞针。虽然像巴西、哥伦比亚、菲律宾、印度尼西亚等国家也曾做过贫困人口识别的尝试，但就其规模而言远不如中国所面临的这么大。我国从 2014 年开始，在全国开展扶贫对象建档立卡工作。虽然在 20 世纪 90 年代中后期我国部分省份也曾有过建档立卡的实践，摸索出少量的经验，但是全国性的建档立卡工作在我国历史上尚属首次，实践中也带有明显的“摸着石头过河”的性质。经过 3 年多的探索和总结，我国基本上建立起了扶贫对象识别和动态调整的制度和方法，也在扶贫开发历史上第一次实现全国贫困信息基本精准到户到人，第一次逐户初步分析了致贫原因和脱贫需求，第一次构建起全国统一的包括所有扶贫对象的扶贫开发信息系统，为精准扶贫、精准脱贫工作建立了重要的信息基础。我国能够建立起全国性的扶贫对象识别和动态调整系统，主要得益于相应的制度和方法支持。

（1）扶贫对象精准识别和动态调整的制度保障

我国通过一系列相关的制度安排，使扶贫对象的识别和调整逐步趋于精准。首先，“中央统筹，省负总责，市县抓落实”的扶贫工作机制，使省、县等各级党委、政府能够且必须按照中央确定的方案和计划实施对扶贫对象的识别和调整并承担责任。其次，建立扶贫对象识别和退出的公示和认定制度，使扶贫对象确定和退出既需要通过公示接受村民的监督，还需要通过扶贫对象与上级单位的认定，可从制度上避免扶贫对象识别的随意性。再次，通过扶贫工作督查、巡查和审计等制度，监督扶贫对象精准识别的结果和程序，如2014年国家审计总署对广西马山县审计发现的问题，就推动广西乃至全国扶贫对象精准识别进行了重大的制度性调整，引入了扶贫对象识别的大数据应用和排除法，详情请参考专题报告。最后，通过建立包括独立第三方参与的贫困退出评估检查制度，形成扶贫对象精准识别的倒逼机制。我国确定的贫困退出评估检查指标和程序，要求对申请退出的贫困县在贫困人口漏评率、贫困户错退率和受访农户满意率方面达到国家确定的最低标准，这就从制度上倒逼地方政府尽量减少精准识别的误差，否则可能前功尽弃。

（2）扶贫对象精准识别的方法创新

国内外对扶贫对象精准识别方法的探索已有数十年的时间，迄今已总结出了多种不同的方法及其评价理论①。但是已有的方法多数只在项目层面或者人口较少的国家或地区实行，如何在像中国这样的发展中人口大国，在缺乏全面的居民收支、税收基础信息的条件下进行全国性的贫困人口识别，现有的理论研究和经验都不能给出现成的答案和建议。

中国经过数年的反复探索和总结，创新了大国扶贫对象识别的方法。其基本内容包括以下几点。第一，以全国大样本居民收支抽样调查数据推断全国和分省的贫困人口数据，通过贫困人口数据的分解，启动扶贫对象的精准识别工作。使用大样本居民收支调查数据估算国家和地区的贫困人口是国际上通用的方法，其科学性与可靠性已获得理论和实证支持。在不进行居民收

① Coady, D., M. Grosh and J. Hoddinott (2004), “Targeting of Transfers in Developing Countries: Review of Lessons and Experience”, Washington, D. C.: The World Bank.

支普查的条件下，这样处理是最合理的选择。

第二，自上而下、自下而上相结合，运用可观察的多维贫困指标和参与式方法，逐步使扶贫对象识别趋于精准。基于居民收入和支出抽样调查数据估计的贫困人口，受样本规模和抽样误差的影响，只在国家和省一级具有代表性。省以下的贫困人口分解主要参考辖区内市、县、乡镇和村的社会经济发展水平统计数据，而这些数据虽然与贫困人口规模有一定的相关性，但是据以进行贫困人口的分解显然是不充分的。通过贫困人口逐级往下分解的方法可以先初步匡算出到各个村的贫困人口，在村一级再由村组干部按照他们对农户贫富情况的了解确定扶贫对象，从而完成贫困识别自上而下的过程。截至 2014 年底，全国共识别 2948 万贫困户、8962 万贫困人口。识别出来的贫困人口，比国家统计局估计的 2013 年底全国贫困人口总数多了 713 万人（8.6%）。其原因是最初湖北、广西等地参照与其发展水平相似的省的贫困人口数据，认为国家统计局估计的自己所在省的贫困人口数量偏低，经上级研究同意这些省可以在国家统计局估计总数基础上上浮一定比例后往下分解。

第一轮建档立卡识别出来的扶贫对象，基本上是全国贫困人口总量自上而下分解和各村少数村组干部商量确定的结果。这一方法基本上是我国传统的指标分解计划方法与国外所谓的社区瞄准（Community Targeting）方法的混合。这种方法存在的问题，源自三个方面。一是省以下贫困人口分解的标准不统一且相关性未经过严格的分析；二是在村内贫困人口的识别更多的是依据财富或消费支出而非收入；三是村内的贫困识别只有少数村组干部参加，对农户的信息了解不充分且结果缺乏监督。正是由于上述种种方面的原因，第一轮建档立卡确定扶贫对象之后，有关结果和方法可靠性和可信性的质疑和诟病就持续不断。所以自 2015 年 8 月至 2016 年 6 月，在全国范围内组织开展了建档立卡“回头看”。“回头看”的过程实际上是完善扶贫对象精准识别制度和方法的过程。“回头看”在某种程度上完成了扶贫对象识别自下而上的过程。在这个过程中，各地结合所在地区的实际情况，探索出了多种以多维贫困为基础、以可观察到的指标为依据，指标核查和农户参与相结合的扶贫对象识别的方法。通过“回头看”，全国共补录贫困人口807万，剔除识别不准人口929万。

第三，实行建档立卡扶贫对象数据的动态调整。2017年6月，组织各地完善动态管理，把已经稳定脱贫的贫困户标注出去，把符合条件遗漏在外的贫困人口和返贫的人口纳入进来，确保应扶尽扶。

2. 扶贫治理体系得到完善，治理能力有所提升

（1）初步建立了比较完善的扶贫治理体系

2013年以来，我国扶贫治理的广度和深度都得到了显著的加强，初步建立起了比较完善的扶贫治理体系，成为保障和实现精准扶贫最可靠的组织和制度基础。

第一，加强省级扶贫领导和壮大工作机构。我国在2001年就明确了扶贫开发工作中省负总责的体制，然而支撑省级扶贫开发领导和工作的组织机构一直比较弱。2015年以前多数省级扶贫开发领导小组由分管农业的副省长或其他副职省级领导担任组长，部分省级扶贫办甚至还挂靠在省内其他部门之下，多数省扶贫办存在不同程度的专业人员短缺现象，使省在组织上就难以承担起总览全省扶贫开发任务的职责。2015年以后，中西部省（区、市）都建立起了以省委书记、副书记担任组长的扶贫开发工作领导小组，省级扶贫办绝大多数达到了正厅级标准，少数省甚至安排省委副秘书长或省政府副秘书长兼任省扶贫办主任，省级扶贫领导小组和扶贫办的组织、协调能力得到明显的提升，从而在组织上为扶贫开发工作省负总责提供了保障。

第二，明确行业部门和东部发达地区政府的扶贫责任。我国自1996年以来就明确将行业部门参与扶贫、东西协作扶贫、定点帮扶纳入大扶贫框架中，并在《中国农村扶贫开发纲要（2011—2020年）》中确定了专业扶贫、行业扶贫和社会扶贫的格局。但是，行业部门、参与东西部协作政府的扶贫责任很少被明确界定，也鲜有行业部门和参与扶贫协作的政府制定具体的扶贫行动计划，它们的行为也一直游离于国家扶贫的监管体系之外。2013年以后，尤其是《中共中央国务院关于打赢脱贫攻坚战的决定》出台以后，党中央和国务院明确了各相关部门和东西协作扶贫参与政府的扶贫责任，绝大多数承担扶贫责任的部门先后制定了本部门牵头扶贫任务的实施计划或行动计划，据统计，各部门出台了173个政策文件或实施方案；参与扶贫协作的东部地区有关省、市政府也拿出了具体的协作支持计划，从而使扶贫治理的广度得到了坚实的延伸。

第三，建立和完善基层扶贫治理体系。基层扶贫治理乏力，一直是阻碍我国扶贫政策和计划有效落实的重要因素。从1986年以后，我国在贫困县（后来的扶贫工作重点县和片区县）就建立了专事扶贫工作和管理的领导小组和办公室，1996年《中共中央国务院关于尽快解决农村贫困人口温饱问题的决定》中要求“贫困地区的党政一把手，特别是贫困县的县委书记和县长，要以高度的责任感和使命感亲自抓扶贫开发，抓解决温饱问题”，并在2001年出台的《中国农村扶贫开发纲要（2001—2010年）》中提出了“省负总责，县抓落实，工作到村，扶贫到户”的扶贫工作机制，要求“扶贫开发工作重点县，必须把扶贫开发作为党委和政府的中心任务，以扶贫开发工作统揽全局”。但是，2013年以前贫困县的县级党委和政府很少把扶贫真正当作县的中心工作，多数县级扶贫管理机构（扶贫办）只配备了区区数人，只能对少数重点扶贫工作行使监督、检查之责，遑论对县域内所有贫困村和贫困户因地制宜地进行针对性帮扶。2013年以前，贫困县的乡镇政府多数只有一名专职扶贫干部；贫困村党支部和村委会多数不同程度地存在干部不能足额配备且年龄和知识老化的情况，加上村干部工资低且得不到保障，村级组织在扶贫工作中大多只能起到组织开会和上传下达的作用。2013年以后，一系列创新性政策使基层扶贫治理软化和弱化的局面得到了很大的改变。首先，党委、政府扶贫绩效考核制度建立和考核指标调整以及相应的问责制的严格执行，使贫困县县级党委和政府真正将扶贫开发作为县委和政府的中心工作来抓，县乡专职扶贫机构和人员得到了充实和加强，县级扶贫办的工作人员数量有了大幅度的增加，多数县扶贫办都配备了数十名甚至上百名专职扶贫工作人员，扶贫工作机制中确定的县抓落实有了基本的组织和人员保障。其次，相应地，乡镇扶贫工作机构得到壮大，人员也得到了补充。多数有扶贫工作重点村的乡镇建立和完善了乡镇扶贫工作站，配备了更多的工作人员，一些乡镇扶贫工作站配备了10多名扶贫工作人员，使乡镇真正可以承担起应尽的扶贫工作职责。再次，在加强贫困村村级党支部和村委会队伍能力建设的同时，所有贫困村都配备了扶贫第一书记和扶贫工作队员。据统计，全国共选派77.5万名干部驻村帮扶，其中中央组织部组织选派了19.5万名优秀干部到贫困村和基层党组织薄弱涣散村担任第一书记，实现了所有扶贫工作重点村驻村帮扶和第一书记全覆盖。贫困村第一书记和驻村扶贫工作队是在原有扶贫治理体系中不存在的一种治理力量①，他们的进入在某种程度上强化了过去在县和村、户扶贫管理中比较薄弱的环节，使过去因为人少、工作忙或者其他原因，扶贫工作很难具体深入一家一户的情况得到了根本性的扭转。这些由上级下派的驻村干部既有县和有关组织部门的授权，又有时间和相应的条件来对一家一户的贫困状况和致贫原因进行摸底调查，并能在扶贫资金、扶贫项目的精准安排和帮扶措施的实施中起到重要的作用。

（2）扶贫治理能力有了明显提升

2013年以来，我国逐步建立了扶贫治理制度，改善了扶贫治理的方法，使扶贫治理能力得到明显增强。扶贫开发目标和任务约束不力，考核和问责虚置，一直是我国扶贫治理中存在的一大问题。虽然中央早就确立了“中央统筹，省负总责，市县抓落实”的扶贫工作机制，但由于没有建立有针对性和约束力的扶贫绩效考核制度，加之问责不力、信息不够公开等原因，我国扶贫治理一直比较软弱，扶贫政策和计划难以得到有效的执行，扶贫到村入户举步维艰，诸如扶贫资金违规、违纪甚至违法使用的情况时有发生。鉴于此，从2013年开始，中共中央和国务院将加强扶贫治理制度建设和能力建设作为实现脱贫攻坚的重点和主要的抓手。

首先，通过问责制和相应的行政规定，实现扶贫工作体制和机制的制度

① 吴国宝：《创新扶贫治理体系　推动精准扶贫迈上新台阶》，光明网理论频道，2016年9月9日，http://theory.gmw.cn/2016-09/09/content_21904122.htm。

化和可操作化。具体的措施包括：第一，制定《脱贫攻坚责任制实施办法》，使“中央统筹，省负总责，市县抓落实”的扶贫工作机制实现制度化，构建起各负其责、合力攻坚的扶贫责任体系；第二，将党中央、国务院有关脱贫攻坚的重要政策、举措落实的任务明确分解到中央各个有关部门，使部门责任落实、督查和考核有据可依；第三，中西部22个省份党政主要负责同志与中央（国务院扶贫开发领导小组）签署脱贫攻坚责任书，立下军令状，使脱贫攻坚工作机制中省负总责的部分成为可核查、可追责的硬任务；第四，通过保持贫困县党政正职在脱贫攻坚期内的稳定，将贫困县脱贫攻坚的责任与县级党政主要领导直接捆绑起来，使县级党政领导有责任和压力去抓好脱贫攻坚任务的落实；第五，通过强化贫困村第一书记和扶贫工作队的责任和考核，使向农村基层延伸的扶贫治理可以通过问责制来加以实现。在扶贫治理中，充分利用了我国的政治优势和制度优势，来规范和落实各级治理主体的扶贫责任。

其次，通过建立监督、巡查和考核制度，提升扶贫治理的能力和质量。自2015年以来，我国通过建立全方位的脱贫攻坚督查、巡查制度，加强对各级扶贫开发部门工作责任和任务落实的监督。中央制定了脱贫攻坚督查巡查工作办法，对各地落实中央决策部署开展督查巡查；委托8个民主党派中央，分别对8个贫困人口多、贫困发生率高的省份在攻坚期内开展脱贫攻坚民主监督。国务院扶贫办通过设立12317扶贫监督举报电话接受媒体和社会的监督；通过加强与纪检监察、财政、审计等部门的专业监督的信息沟通和连接，把各方面的监督结果运用到考核评估和督查巡查中。此外，将扶贫对象、扶贫项目和资金计划的公开和公示列为财政专项扶贫资金绩效考核的指标，使包括扶贫对象在内的社会监督内化为扶贫治理的内容。

通过强化对各级党委和政府扶贫开发工作成效的考核和成果应用，提升扶贫治理的强度和效果。2016年2月，中共中央办公厅、国务院办公厅发布了《省级党委和政府扶贫开发工作成效考核办法》，随后国务院扶贫开发领导小组在对2015年工作成效预考核基础上，组织开展了2016年省级党委和政府扶贫工作成效正式考核。对综合评价位居前列的安徽、湖北、广西、重庆、四川、贵州、西藏、甘肃8个省份进行了通报表扬，并在2017年中央财政专项扶贫资金分配上给予每个省份4亿元的资金奖励；对综合评价较差且发现突出问题的4省，约谈了党政主要负责同志；对综合评价一般或发现某些方面问题突出的4省，约谈分管负责同志；还将考核结果送中央组织部备案，作为对省级党委、政府主要负责人和领导班子综合考核评价的重要依据。在中央对省进行考核的同时，省对市、县也开展了相应的考核。在开展内部考核的同时，还委托第三方对各级党委和政府脱贫攻坚的成效进行了独立的专业评估。

3. 初步建立了可满足脱贫攻坚需要的扶贫资源投入和动员体系

实现精准扶贫、精准脱贫，需要有充足的多渠道的资源投入作为保障。在经济增长对减贫的自动拉动作用减弱的条件下，保证足够的扶贫资源投入和动员的强度与力度，对实现脱贫攻坚目标就具有更重要的作用。

自1986年我国实行开发式扶贫战略以来，截至2012年，按现行扶贫标准，累计减少了5.6亿农村贫困人口，每年减少2074万人。在此期间，中央财政扶贫资金累计投入约2700亿元①（未考虑通胀因素），年均100亿元。大体相当于财政投入482元就可减少一个贫困人口。毫无疑问，这么高的财政资金投入减贫事业与这期间我国快速工业化、城镇化所提供的发展机会有关。进入脱贫攻坚和经济新常态重叠期后，一方面经济增长对减贫的自动拉动作用明显减弱，另一方面剩余贫困人口的脱贫难度和成本大幅攀升，外部扶贫资源的较大规模投入将成为实现脱贫攻坚目标的关键。

2013年以来，我国政府通过增加财政专项扶贫资金、整合现有涉农专项资金、撬动金融资源和动员社会资源，初步建立起能满足脱贫攻坚需要的扶贫资源投入和动员体系。

（1）大幅度增加财政扶贫资金

2013~2017年，中央财政每年投入的专项扶贫资金从394亿元增加到861亿元，累计达到2822亿元，年均增长达到22.7%。不考虑通胀因素，

① 根据国务院扶贫办提供的财政投入数据估算。

这4年的中央财政资金投入就超过了1986年至2012年27年投入的总和。仅2017年中央财政专项扶贫资金投入就相当于从1986年至2002年投入的总和，可见近年来中央财政扶贫资金投入增加力度之大。与此同时，近年来地方财政扶贫资金投入也大幅度增长。

在直接增加财政扶贫资金的同时，2013～2017年，我国政府还安排地方政府债务1200亿元用于改善贫困地区生产生活条件，安排地方政府债务994亿元和专项建设基金500亿元用于易地扶贫搬迁①。

在考察财政扶贫资金投入大幅度增加对脱贫攻坚的影响时，需要关注在财政收入增长速度大幅降低条件下，财政扶贫资金增加可能也会直接或间接影响与低收入人群收入直接相关的财政支出。有关这方面影响的更详细的分析将在后文展开。

（2）整合贫困地区涉农专项资金，增加扶贫资金投入

2016年4月国务院办公厅发布了《关于支持贫困县开展统筹整合使用财政涉农资金试点的意见》，要求财政部牵头开展支持贫困县统筹整合使用财政涉农资金试点，明确将中央和省市级相关财政涉农资金的配置权、使用权完全下放到试点贫困县，由贫困县依据当地脱贫攻坚规划安排相关涉农资金。据财政部统计，截至2016年底，全国共有961个贫困县开展了整合试点，其中，片区县和重点县792个（占全国832个片区县和重点县的95%），纳入整合范围的各级财政涉农资金总规模超过3200亿元②。在短短8个月时间内，试点所整合的财政资金就相当于2016年全年全国财政扶贫投入的3倍多，较大地增加了脱贫攻坚的可用资源。不过，涉农资金整合本身并没有增加贫困地区的资金，所改变的只是资金的分配和使用方向。这些改变对贫困地区和扶贫的长期影响，还有赖于未来更深入的研究和观察。

---

① 刘永富：《国务院关于脱贫攻坚工作情况的报告》，中国人大网，2017年8月29日。

② 财政部农业司：《中央财政安排8省市2016年贫困县涉农资金整合试点奖励资金6.4亿元》，2017年6月5日，http://nys.mof.gov.cn/zhengfuxinxi/bgtGongZuoDongTai_1_1_1_1_3/201706/t20170605_2615272.html。

（3）通过金融创新和政策调整，金融扶贫的广度和强度有了明显的提高

2015 年以来，中央和地方政府、金融部门在撬动金融资源支持脱贫攻坚方面做了许多新的努力，较大幅度增加了扶贫可用的金融资源和金融产品，也增加了扶贫对象获得金融服务的机会。

第一，提供扶贫再贷款，增加了贫困地区的可用金融资源。从 2015 年底开始，中国人民银行以更优惠的贷款条件向贫困地区发放扶贫再贷款，短期内增加了贫困地区可用的金融资源。虽然目前尚没有全国扶贫再贷款的准确统计数据，但从部分公开的省市数据来看，扶贫再贷款政策增加了贫困地区的信贷资金投放和使用。如贵州省到 2016 年底，扶贫再贷款余额达到 193.6 亿元。

第二，扶贫小额信贷迅速发展，受益扶贫对象数量明显增加。为了应对精准扶贫增加的农户金融需求，最近两年金融监管部门牵头连续出台了多项支持建档立卡扶贫对象金融服务的政策。2016 年 4 月中国银监会发布了《关于银行业金融机构积极投入脱贫攻坚战的指导意见》，要求对所有有贷款意愿和一定还款能力的建档立卡贫困户 5 万元以下、3 年以内的贷款，采取信用贷款方式，不设抵押担保门槛，以优惠利率提供。2017 年 7 月，国务院扶贫办、财政部、人民银行、保监会、银监会发布《关于促进扶贫小额信贷健康发展的通知》，进一步明确了扶贫小额信贷的政策要点，将其概括为“5 万元以下、3 年期以内、免担保免抵押、基准利率放贷、财政贴息、县建风险补偿金”（俗称 530 扶贫小额贷款）。比较这两份相差 15 个月的金融扶贫政策文件中有关扶贫小额信贷的内容，关键的差异在于 3 个方面：①按基准利率发放扶贫小额贷款，将明显降低贷款实际使用人的利息负担；②财政对扶贫小额信贷进行贴息；③贫困县政府建立风险基金与放款的金融机构分担发放扶贫小额信贷的风险。2017 年下发的通知要求加快完善尽职免责制度，对于银行业金融机构投放扶贫小额信贷过程中达到尽职要求的出现还款风险将会免予追究责任。综合来看，扶贫小额贷款已成为一种可达到小微企业贷款规模（最高 5 万元）、期限可达到 3 年、免抵押担保、基准利率用款的金融产品，地方财政负责贷款贴息并且分担还款风险。这样的

贷款条件和政府保证，会极大地突破商业银行信用贷款上的诸多限制。但是，不可否认，这些新的贷款条件和保证，也将大幅度增加发放扶贫小额贷款金融机构和贫困地区地方政府的金融风险和债务风险，并且埋下政府为扶贫小额贷款风险埋单的隐患。

这些新政策的出台，极大地增加了扶贫对象获得贷款的机会。据统计，到2017年6月底，扶贫小额信贷累计发放3381亿元，共支持了855万贫困户①。其中中国农业银行2017年6月末精准扶贫贷款余额2583亿元，比年初增加548亿元②。农行发放的扶贫小额信贷余额占同期全国的76%。过去两年建档立卡贫困户获得贷款的比例大幅度增加，据有关部门统计，贫困户获得贷款比重由2014年底的2%提高到2016年底的29%。这意味着60%的有劳动能力的贫困户获得了扶贫小额贷款，仅就其规模和增长速度而言可能是国际小额信贷发展史上的一大奇迹。当然，这么快速的扶贫小额贷款的增长，也与地方政府介入龙头企业或专业合作社与贫困农户合作有关。据了解，很大一部分贫困户所借到的扶贫小额贷款实际上都是转借给地方扶贫龙头企业或专业合作社使用，并每年从中获得一定数量的固定或浮动收益的。作为对接受贫困户贷款的一种配套政策，扶贫龙头企业和专业合作社同时还能够从政策性银行获得贷款支持。2016年，中国农业发展银行发放产业精准扶贫贷款1603亿元，估计其中大多数发放给贫困地区的扶贫龙头企业。因此，除了前述隐含的风险之外，还存在相关贷款的还款风险。当然，这种由金融扶贫政策支持的龙头企业或合作社+贫困户的扶贫方式，对于促进地方资源开发和产业发展、增加贫困户就业和地方税收，具有重要的作用。如果企业和产业选择合理、风险防控措施得当，这种方式可以产生多赢的结果。

第三，支持脱贫攻坚的其他金融服务近年来获得较快发展。除了产业扶贫贷款之外，中国农业发展银行和国家开发银行等发放了易地扶贫搬迁专项

① 刘永富：《国务院关于脱贫攻坚工作情况的报告》，中国人大网，2017年8月29日。

② 《中国农业银行精准扶贫贷款余额超2500亿元》，《人民日报》2017年10月20日。

贷款和贫困地区基础设施贷款。2016 年中国农业发展银行发放易地扶贫搬迁贷款和基础设施贷款 1202 亿元和 2026 亿元。国家开发银行以省级投融资主体为贷款对象，按照省级扶贫投融资主体“统一贷款、统一采购、统一还款”的融资模式，对 22 个省份承诺贷款 4466 亿元，到 2017 年 9 月底，累计发放 457 亿元[①]。国家开发银行已向全国 23 个省份承诺贫困地区农村基础设施建设贷款 2662 亿元，已发放 848 亿元。

第四，证券和保险扶贫取得一定的进展。自 2016 年证监会对全国 832 个贫困县企业 IPO、新三板挂牌、发行债券、并购重组等开辟绿色通道以来，据不完全统计，到 2017 年 9 月，已有 13 家公司登上“扶贫”快车迅速上会，其中 7 家公司首发获通过。总体来看，证监会为贫困地区企业 IPO 开辟的绿色通道，到目前尚没有真正起到加快贫困地区企业 IPO 通过的作用。

在精准扶贫的过程中，各地保险扶贫创新取得了一些进展。自 2016 年至今，全国已有 6 家保险公司在 13 个省份开展扶贫农业保险试点，开发特惠农险专属扶贫保险产品 70 个，涉及 13 个省份 43 种农作物，在一定程度上保障了农业产业发展，巩固了产业脱贫成效；山东等地探索在农村新型合作医疗保险的基础上增加政府购买的商业医疗保险减少因病致贫的方式；中国保监会和银监会则在探索为扶贫小额贷款用户提供贷款保险，由保险公司与承贷金融机构、地方政府一起分担扶贫贷款的风险。

（4）动员社会资源参加扶贫

在进一步发挥政府在扶贫资源投入增加中的主导作用的同时，政府还通过其政治制度所蕴含的强大的社会动员能力，整合和动员各方力量合力攻坚。

第一，根据脱贫攻坚时期脱贫重点和难点区域变化和精准扶贫实施的特点，中央政府调整了东西部地区的结对关系，将东西扶贫协作的重点转向贫困深度较大的民族贫困地区，实现了对全国 30 个民族自治州帮扶全覆盖；

① 《国开行精准扶贫贷款累计发放近 5000 亿元》，新华网，2017 年 10 月 23 日，http://news.xinhuanet.com/money/2017－10/23/c_129725160.htm。

同时结合京津冀协同发展战略的规划，确定北京、天津两市与河北省张家口、承德和保定三市的扶贫协作任务；进一步加强东西部地区县市一级的扶贫协作，实施东部267个经济较发达县（市、区）结对帮扶西部434个贫困县的“携手奔小康”行动。为了保证东西扶贫协作更有效地开展，中央修订了《东西部扶贫协作考核办法》，将协作地区的脱贫任务完成纳入东部地区党委、政府扶贫成效考核中，相应地调整了东西扶贫协作考核的指标，增加东西扶贫协作结果考核的指标，以提高东西扶贫协作的效果。

第二，下沉定点扶贫的重心，各级单位和军队、武警部队定点帮扶更多地直接延伸到贫困村。

第三，引导和支持民营企业参加精准扶贫，创新民营企业扶贫的模式。2015年，全国工商联、国务院扶贫办、中国光彩促进会联合启动“万企帮万村”精准扶贫行动，引导广大民营企业通过产业扶贫、就业扶贫、公益扶贫等形式精准帮扶建档立卡贫困村、贫困户，动员和支持中央企业设立贫困地区产业投资基金、开展“百县万村”扶贫行动。截至2017年6月底，进入“万企帮万村”精准扶贫行动台账管理的民营企业有3.43万家，精准帮扶3.57万个村（其中建档立卡贫困村2.56万个）的538.72万建档立卡贫困人口；投入产业发展资金433.48亿元、公益资金91.2亿元，安置41.7万扶贫对象就业，并为44.2万贫困劳动力提供了技能培训。[①]

第四，整合和动员专业技术力量和人力资源，加强脱贫攻坚。除了前文提到的下派扶贫第一书记和驻村干部直接充实和加强贫困村脱贫攻坚组织力量以外，近年来我国政府和有关部门，根据脱贫攻坚任务的需要，动员和整合专业技术力量和人力资源，支持贫困地区的脱贫。如医疗卫生系统安排889家三级医院对口帮扶所有贫困县的1149家县级医院；教育系统实施乡村教师支持计划，2017年全国招聘特岗教师约8万人，13个省份实施了地方“特岗计划”，其中云南招聘特岗教师4987名，占该省义务教育阶段专

① 谢经荣：《推动万企帮万村行动提质增效，助力打赢脱贫攻坚战》，《中国扶贫》2017年第16期。

职教师的近20%[①]。科技部门、科协、高校和民主党派，都相应地加大了向贫困地区下派专业科技人员的力度。

（5）利用土地政策助力脱贫攻坚

脱贫攻坚过程，既在易地搬迁和产业发展方面产生对土地供给的新需求，又能通过搬迁和土地整治等置换和增加新的可用土地。土地政策在回应脱贫攻坚产生的土地需求并增加其土地收益方面发挥着重要的作用。2015年以来，国土资源部门利用土地政策等工具，满足脱贫攻坚的土地需求，增加贫困地区的土地收益。2015年国土资源部对592个国家扶贫开发工作重点县，单独安排每县新增建设用地指标300亩专项用于扶贫开发；2016年，这一指标增加到每县600亩；2017年将专项安排用地计划指标的贫困县扩大到全部832个县。[②] 同时，对宁夏、陕南的生态移民用地，山东、河南黄河滩区的移民搬迁等用地，在规划计划安排上给予先行和全力支持，保障了移民搬迁的用地需要。

2016年，国土资源部出台了针对贫困地区的增减挂钩“超常规政策”，允许贫困县将增减挂钩节余指标在省域范围内流转使用；同时将贫困地区增减挂钩指标交易价格，由县域范围内的每亩5万~10万元提高到每亩20万~30万元。据统计，2016年2月至2017年6月，全国增减挂钩节余指标流转收益335亿元（不含重庆地票交易），增加了脱贫攻坚尤其是其中的易地搬迁扶贫可用资金。

4. 创新和实行了可包容多种贫困类型的扶贫方式，拓展精准扶贫的空间

自1996年以来，我国各地扶贫部门一直在探索如何实现扶贫到户的有效方式，现在仍在采用的产业扶贫、就业扶贫、易地搬迁扶贫等方式，都是过去多年各地探索和总结出来的到户扶贫方式。但是，几乎所有的到户扶贫方式都存在两个基本的问题：一是任何单一的扶贫方式可适用的扶贫对象有

---

① 东北师范大学中国农村教育发展研究院：《乡村教师支持计划（2015~2020年）实施评估报告》，2017年9月15日。

② 孙雪东：《用好用活土地政策　全力助推脱贫攻坚》，http：//www. mlr. gov. cn/wszb/2017/fpydzclt/zhibozhaiyao/201710/t20171009_ 1609219. htm。

限；二是难以做到精准扶贫。

自2014年以来，我国调整和发展了1986年以来一直使用的区域开发扶贫思路，实行根据扶贫对象的条件、特点和需求确定扶贫方式的精准扶贫战略，各地结合实际，摸索和试验出更多的、可包容多种不同贫困类型的精准扶贫干预措施及其组合。除了在适宜的条件下继续沿用过去帮助提高贫困人口能力来利用国家发展所创造的机会的方式之外，近年来逐渐探索出多种通过直接创造机会和有条件转移支付等形式来精准扶贫的方式。

（1）以股权、产品和就业连接为主的产业扶贫

我国的产业扶贫主要有两种形式。一种是在不改变扶贫对象家庭经营条件下，由地方政府和其他帮扶组织提供良种（畜、苗）、生产投入、生产技术、金融、社会化服务、产品销售等方面的支持，提高农业产生经营效率和效益、增加农户收入的方式，这也是我国自1986年以来一直采用的产业扶贫的主要形式。这种产业扶贫方式，通常既不改变农户土地经营规模和状态，也不改变农户作为农业生产决策和经营主体的角色，因此其扶贫影响仅限于家庭农产品生产经营效率的提高，抵御自然风险和市场风险的能力相对较弱，也不能从根本上突破农户生产管理能力的约束。

另一种产业扶贫是通过政府支持和外部市场组织的介入，以股权、产品和就业连接等形式，将贫困农户纳入更大的生产经营体系中，重构贫困农户的资源配置，部分或全部改变农户在生产经营决策中和其他方面的地位，也相应地重建了贫困户的收入来源结构和保障体系。这类以股权、产品和就业连接为主的产业扶贫，包括3种基本类型：第一种是贫困户将其所承包的土地、政府提供或政府担保的扶贫贷款，入股或租借给其他专业农业生产经营主体（如涉农公司、专业合作社、家庭农户或农业生产大户），从中获得红利或租金，同时也会相应地承担风险；第二种是贫困农户通过合约的形式将自己所生产的产品卖给其他涉农公司，获得价格保护，据以分摊市场风险；第三种是其他产业化组织为扶贫对象提供常年或季节性的就业机会，增加贫困户的就业收入。实际中还有将其中两种或三种方式组合的情形。这类以股权、产品和就业连接的产业扶贫形式，是精准扶贫中各地政府高度重视和支

持的方式。贵州六盘水市开展的农村“三变”改革即是其中的一个典型。这类产业扶贫方式的主要优点是：①可以享受土地和资金入股的分红，获得当地就业的机会，增加收入；②部分突破了家庭生产经营能力的限制，借助专业化的生产经营组织，提高效率，从而增加收入；③通过借助外部力量分摊和转嫁风险，提高收入的稳定性。当然，这类产业扶贫形式，也隐含了一定的风险。这包括入股经营主体的生产经营风险和土地使用权转让之后减少回归家庭农业机会的风险。地方政府在支持发展以股权、产品和就业连接为主的产业扶贫的同时，需要未雨绸缪，帮助扶贫对象提早防控和减少这些方面的风险。

（2）需求导向的就业扶贫

扶贫对象中有一部分劳动力，由于家庭或个人方面的种种原因，或者不能或无力到离家远的地方就业，或者不能依靠自己的能力外出找到合适的就业机会。这部分贫困劳动力在正常市场条件下，很难通过就业脱贫。近几年各地探索出一些瞄准扶贫对象需要的就业扶贫方式，这些包括：①东西部协作为扶贫对象定向安排就业，主要是根据可外出就业劳动力的特点和能力，推荐合适的工作岗位，并提供其他方面的帮助；②东部协作地区或其他地区具有比较成熟的生产、管理体系和稳定市场的企业，在贫困地区（村）直接创办扶贫车间，安排贫困劳动力就近就业；③在贫困村根据社区公共服务的需要，直接为贫困户劳动力提供诸如环境卫生、道路养护等方面的公益岗位。此外，前面所述的产业扶贫也可以为部分扶贫对象提供就近就业的机会。

（3）结合国家产业政策和地方资源优势发展的扶贫方式

将符合国家产业政策、具有优势的地方资源和产业开发与精准扶贫结合起来，一方面促进贫困地区地方资源和产业的开发，另一方面又能使扶贫对象从中受益，是近几年我国脱贫攻坚中扶贫创新的一个重要方向。近几年探索和发展起来的旅游扶贫、资产收益扶贫、光伏扶贫是其中的典型。

我国贫困地区蕴含丰富的自然景观、生态、民族文化和红色旅游资源等，开展旅游扶贫，将各地旅游资源的开发与扶贫有机结合起来。过去两年

的实践，已经证明了我国旅游扶贫产生了显著的脱贫效果①（参见产业扶贫专题报告）。

通过支持贫困地区如小水电等自然资源开发与相关产业发展，并使由此形成的资产收益部分惠及贫困村和贫困人口，实现资产收益扶贫，是我国精准扶贫过程中探索并实行的一种新的扶贫方式。

光伏扶贫则是一个结合国家新能源发展战略和贫困地区优势资源开发实行的精准扶贫方式。利用贫困地区闲置的土地资源和丰富的光热资源，发展光伏产业，一方面可以推动国家清洁能源的发展，另一方面让扶贫对象和贫困村集体分享国家光伏产业发展优惠政策的红利和当地资源开发所产生的资产收益。

（4）治病和减负结合的健康扶贫

治病难、治病贵是因病致贫的主要原因。我国在健康精准扶贫中，将帮助扶贫对象中患有重病、大病和慢性病的患者治病和减轻患者家庭的治病支出结合起来，解决了长期存在的治病难、治病贵的问题。在治病方面，全国卫生计划生育系统通过对全国所有扶贫对象的摸底调查，摸清了建档立卡扶贫对象患病的类型、程度，帮助患者建立了健康档案，并让乡村医生与所有因病致贫扶贫对象签约，提供日常的健康服务，解决看病不便问题；同时通过全国三甲医院与所有贫困县建立对口联系、提供远程诊断和咨询等形式，解决贫困县医疗技术力量不足和水平较低的问题。在减负方面，通过减免扶贫对象参加新农合的个人缴费、新农合报销、大病保险和医疗救助等政策，大幅度降低扶贫对象看病治病的费用。如山东等省还在上述优惠政策的基础上，由政府和保险公司合作为扶贫对象再购买一次医疗保险。

（5）生态环境保护补偿与公益岗位就业结合的生态保护脱贫

在生态脆弱地区和重点生态环境保护区域，各地探索出了通过提高生态环境保护补偿、提供生态环境保护公益岗位等形式，帮助辖区内扶贫对象在不搬离居住地的条件下，参加生态环境保护，实现增收和减贫。

---

① 《国家旅游局发布〈全国乡村旅游扶贫观测报告〉》，《中国旅游报》2016 年 8 月 18 日。

（6）移民安置和生计安排相结合的易地移民扶贫

我国自 1982 年开始实行有组织的易地移民扶贫以来，对于如何有效动员和安置搬迁的贫困人口，已经积累了比较丰富的经验。但是，在 30 多年的移民扶贫中，也暴露出重移民安置、轻生计安排的弊端，一些地区甚至是一搬了之，将移民的生计出路交由移民自己和市场去解决。自脱贫攻坚开始以来，各地进一步意识到只有将移民安置和生计安排结合起来解决，易地移民扶贫才能起到完成脱贫攻坚任务的作用。因此，在移民安置时更多地同步考虑如何通过产业扶贫、就业扶贫等方式，帮助搬迁扶贫对象增收脱贫，创造出了移民安置与生计安排结合的易地移民扶贫方式（详情参考易地扶贫搬迁专题报告）。

（7）差异化的社会保障兜底扶贫。社会保障兜底扶贫，如何做到既能兜底又不致形成福利依赖，是一个国际性难题。近年来，各地在实践中逐渐摸索出了一些好的社保兜底的做法。如青海省将低保对象按照家庭主要成员劳动能力，划分为家庭主要成员完全丧失劳动能力或生活自理能力的重点保障户、家庭主要成员部分丧失劳动能力或生活自理能力的基本保障户和其他原因造成家庭人均收入低于当地保障标准的一般保障户，确定不同的低保补助水平。有些地区探索出将家庭主要成员有一定劳动能力扶贫对象享受低保与其参加公益劳动或其他开发性扶贫活动联系起来。

二　中国精准扶贫的成就及其对减贫和治理理论的贡献

（一）在不利的宏观经济环境下实现了贫困人口的较大规模持续减少

1. 贫困人口连续较大规模减少

2012 年以后受国际经济形势变化和国内增长方式调整的影响，中国经济进入了新常态。2012～2016 年，中国人均 GDP 年增长速度为 6.1%，比前四年（2008～2011 年）平均增速下降了 3 个百分点，降低了 31%。经济增速大幅下降，使得经济增长对减贫的自动拉动作用明显降低。2011 年以来，万元 GDP 减少的贫困人口数，按可比价格计算，降低了 72%。

在经济增长速度下降给减贫带来不利影响的同时，经过之前30多年快速减贫的过程，我国减贫的势能也在减弱，剩余贫困人口脱贫的难度越来越大。在这样严峻的宏观经济形势和脱贫形势下，过去4年全国农村贫困人口减少了5564万人，每年减少1391万人（见图1）。这充分说明最近几年我国实施的精准扶贫、精准脱贫系列措施，通过政府和社会多方面的努力，有效冲抵了经济增速放缓和减贫难度加大对脱贫进程的不利影响。我国继过去30多年创造出通过有效管理发展过程实现持续减贫的中国经验之后，现在又在试验和探索在宏观经济环境不利条件下对剩余少量贫困人口进行脱贫攻坚的做法。最近4年的脱贫进程表明，我国在脱贫攻坚方面取得了符合预期的效果。

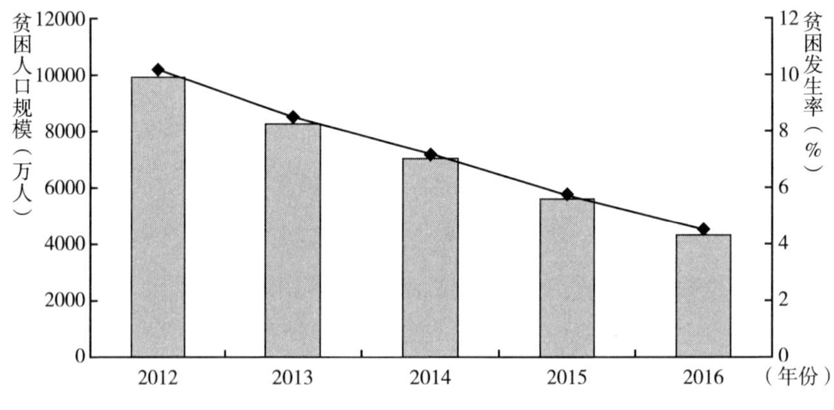

图1　中国2012～2016年农村贫困变化

资料来源：国家统计局住户调查办公室《中国农村贫困监测报告2017》，中国统计出版社，2017。

2. 脱贫率不断提高

为了更好地评价脱贫的进程，我们将一定时期内减少的贫困人口与基期贫困人口的比率定义为脱贫率。2013～2016年，4年全国脱贫率为56.21%，分年度看，2013～2016年全国脱贫率分别为16.7%、14.9%、20.6%和22.2%，显示脱贫进程近两年在加快。这与2015年以来我国脱贫攻坚的投入和支持力度增大成正比。各省份2013年以来脱贫的进程存在较大的差异，除了京、津、沪、苏、浙、粤6省份贫困发生率降到0.5%以下不公布分省份贫困人口数据以外，25个省份中，有11个省份过去4年脱贫率超过全国平均水平，其中福建和重庆4年脱贫率高于全国平均水平10个百分点以上；另外14个省份脱贫率低于全国平均水平，其中吉林、新疆4年脱贫率低于全国平均水平10个百分点以上。省际年度脱贫率差异较大，4年脱贫率都大于全国平均水平的只有四川一省，3年高于全国平均水平的除了四川还有内蒙古、安徽、福建、江西、西藏、甘肃和青海，2年脱贫率高于全国平均水平的还有辽宁、湖北、重庆和贵州；4年脱贫率都小于全国平均水平的有山西、吉林、黑龙江、河南、山西和宁夏；3年脱贫率低于全国平均水平的还有山东、广西、海南、云南和新疆。

2013～2016年各地区贫困人口脱贫率和贫困发生率下降情况见表1。

表1　2013～2016年各地区贫困人口脱贫率和贫困发生率下降率

单位：%

地区	贫困人口脱贫率				贫困发生率下降率			
	2013	2014	2015	2016	2013	2014	2015	2016
河　北	16.3	12.6	24.7	22.0	16.7	13.8	23.2	23.3
山　西	16.7	10.0	17.1	16.6	17.3	10.5	17.1	16.3
内蒙古	18.0	14.0	22.5	30.3	19.8	14.1	23.3	30.4
辽　宁	13.7	7.1	26.5	31.4	14.3	5.6	25.5	31.6
吉　林	13.6	9.0	14.8	17.4	15.7	8.5	14.8	17.4
黑龙江	14.6	13.5	10.4	19.8	14.5	13.6	9.8	19.6
安　徽	19.0	15.7	16.7	23.3	18.8	15.9	15.9	24.1
福　建	16.1	31.5	28.0	36.1	18.8	30.8	27.8	38.5
江　西	14.8	15.9	24.6	25.5	17.1	16.3	24.7	25.9
山　东	15.7	12.5	25.5	18.6	15.9	13.5	25.0	20.8
河　南	16.4	11.6	18.1	19.9	16.0	11.4	17.1	20.7
湖　北	18.2	16.1	20.3	18.5	18.4	17.5	19.7	18.9
湖　南	16.6	16.9	18.4	21.0	17.0	17.0	18.3	21.1
广　西	16.0	14.8	16.3	24.6	17.2	15.4	16.7	24.8

续表

地区	贫困人口脱贫率				贫困发生率下降率			
	2013	2014	2015	2016	2013	2014	2015	2016
海　南	7.7	16.7	18.0	22.0	9.6	17.5	18.8	20.3
重　庆	14.2	14.4	26.1	48.9	11.8	11.7	26.4	48.7
四　川	16.9	15.5	21.4	23.5	16.5	15.1	21.9	22.8
贵　州	19.3	16.4	18.6	20.7	20.5	15.5	18.3	21.1
云　南	17.8	13.2	17.9	20.8	18.0	12.9	18.1	20.5
西　藏	15.3	15.3	21.3	29.2	18.2	17.7	21.5	29.0
陕　西	15.1	14.6	17.7	21.5	13.7	13.9	17.7	21.5
甘　肃	16.8	15.9	22.1	19.4	16.5	15.5	21.9	19.7
青　海	23.2	17.5	19.2	26.2	24.1	18.3	18.7	25.7
宁　夏	15.0	11.8	17.8	18.9	12.0	13.6	17.6	20.2
新　疆	18.7	4.5	15.1	18.3	22.0	6.1	15.1	19.0
全　国	16.7	14.9	20.6	22.2	16.7	15.3	20.8	21.1

注：脱贫率指一定时期内减少的贫困人口与基期贫困人口的比率；贫困发生率下降率指分析期内贫困发生率降低百分点与其基期贫困发生率的比率。

资料来源：国家统计局住户调查办公室《中国农村贫困监测报告2017》，中国统计出版社，2017。

全国14个连片特困地区2013～2016年4年脱贫率为56.94%，略高于全国平均水平。4年间，片区总体只有2015年一年脱贫率低于全国平均水平，其余3年都高于全国平均水平。分片区来看，14个片区中有8个片区4年脱贫率高于全国平均水平，其中秦巴山区、西藏区和六盘山区脱贫率分别比全国平均水平高6.4个、3.8个和3.4个百分点；另外6个片区4年脱贫率低于全国平均水平，其中南疆三地州、吕梁山区和燕山－太行山区4年脱贫率分别比全国平均水平低16个、10.2个和7.8个百分点。分年度看，4年间脱贫率都高于全国平均水平的片区只有秦巴山区，有3年脱贫率高于全国平均水平的还有六盘山区和西藏区，有2年脱贫率高于全国平均水平的还有武陵山区、乌蒙山区、罗霄山区和四省藏区；4年脱贫率都低于全国平均水平的片区有吕梁山区、燕山－太行山区、南疆三地州和滇黔桂石漠化区；3年脱贫率低于全国平均水平的还有滇西边境山区和大兴安岭南麓山区。

2013～2016年各片区贫困人口脱贫率和贫困发生率下降情况见表2。

表2　2013～2016年各片区贫困人口脱贫率和贫困发生率下降率

单位：%

片区	贫困人口脱贫率				贫困发生率下降率			
	2013	2014	2015	2016	2013	2014	2015	2016
全部片区合计	18.3	15.0	18.3	24.1	18.0	14.5	18.7	24.5
六盘山区	17.5	20.5	19.8	23.2	16.6	20.3	15.6	23.5
秦巴山区	18.3	20.6	22.1	26.0	15.6	15.9	25.0	26.0
武陵山区	19.1	12.5	20.2	24.8	19.3	6.1	23.7	24.8
乌蒙山区	23.6	12.8	15.6	27.1	23.6	14.7	14.0	27.0
滇黔桂石漠化区	16.2	15.0	18.4	21.6	16.7	15.5	18.4	21.2
滇西边境山区	18.2	12.4	20.0	20.8	17.3	6.8	18.8	21.3
大兴安岭南麓山区	21.3	12.9	20.3	22.0	21.3	15.7	20.7	21.6
燕山－太行山区	14.1	9.1	18.7	18.9	14.4	6.1	19.6	18.5
吕梁山区	12.6	11.8	14.9	17.5	12.9	10.1	15.9	18.3
大别山区	15.7	17.8	13.0	26.1	16.5	21.1	13.3	26.9
罗霄山区	14.9	10.1	23.9	28.4	17.0	8.3	27.3	27.9
西藏区	15.3	15.3	21.3	29.2	18.2	17.7	21.5	29.0
四省藏区	27.3	12.0	14.6	22.7	28.5	12.3	31.8	23.0
南疆三地州	14.8	4.8	9.1	18.9	40.5	6.0	16.5	19.1
全国	16.7	14.9	20.6	22.2	16.7	15.3	20.8	21.1

资料来源：国家统计局住户调查办公室《中国农村贫困监测报告2017》，中国统计出版社。

地区间脱贫率的差异，反映全国脱贫的进程不平衡。但是，也要注意到脱贫率与各地贫困人口规模和脱贫难度有很大的关系，不能简单依据脱贫率与全国平均水平的差距来评价各地的扶贫努力和效果。

由于各地区脱贫摘帽最终将以贫困发生率来衡量，分析贫困发生率的下降程度对于了解各地接近脱贫摘帽的距离有更直接的意义。这里我们将贫困发生率下降率定义为分析期内贫困发生率降低百分点与其基期贫困发生率的比率。2013～2016年，全国农村贫困发生率下降了55.9%，4年间贫困发生率下降率高于全国平均水平的有14个省份，其中福建、重庆2省份分别比全国平均多下降19.1个和14.7个百分点，高居全国榜首；另外11个省份4年贫困发生率下降率都低于全国平均水平，其中吉林、黑龙江和山西贫困发生率下降率与全国平均水平的差距最大。

2013～2016 年，14 个片区贫困发生率平均下降了 57%，略高于全国平均水平。14 个片区中只有吕梁山区、燕山－太行山区、滇西边境山区和滇黔桂石漠化区 4 年贫困发生率下降率低于全国平均水平；其余的 10 个片区贫困发生率 4 年下降率都高于全国平均水平，其中四省藏区、西藏区和南疆三地州都比全国平均水平高 5 个百分点以上。2013～2016 年，14 个片区在 2013 年和 2016 年两年的贫困发生率下降率高于全国平均水平，另外两年则低于全国平均水平。14 个片区中只有西藏区的贫困发生率下降率在 4 年间全部高于全国平均水平，另有秦巴山区、武陵山区、滇黔桂石漠化山区、罗霄山区和四省藏区 3 年贫困发生率下降率高于全国平均水平；2 年贫困发生率下降率高于全国平均水平的还有六盘山区、乌蒙山区、滇西边境山区和大别山区。吕梁山区和燕山－太行山区 4 年的贫困发生率下降率都低于全国平均水平，另有南疆三地州 3 年贫困发生率下降率低于全国平均水平。

3. 各省份对全国贫困人口减少的贡献存在差异

由于地区间贫困人口规模和脱贫进度不同，各省份对全国贫困人口减少的贡献存在较大的差异。总体来看，贫困人口大省，贵州、云南、广西、河南、四川、湖南和甘肃，2013～2016 年对全国脱贫的贡献率也比较高。但是，如前文所述，这些贫困人口大省之间脱贫率存在不小的差异，因而贡献率在年度间存在波动。2016 年，重庆、安徽、广西、内蒙古和西藏等省份脱贫的贡献率有了比较明显的提高，而山西、湖北等省份脱贫的贡献率出现下降（见表 3）。

表 3　2013～2016 年各省份对全国贫困人口减少的贡献

单位：%

省份	2013 年	2014 年	2015 年	2016 年
北　京	0.1	—	—	—
天　津	0.1	—	—	—
河　北	4.3	3.7	5.5	4.3
山　西	3.6	2.4	3.2	3.0

续表

省份	2013 年	2014 年	2015 年	2016 年
内蒙古	1.5	1.3	1.5	1.9
辽　宁	1.2	0.7	2.1	2.2
吉　林	0.8	0.6	0.8	1.0
黑龙江	1.2	1.2	0.7	1.4
上　海	—	—	—	—
江　苏	0.7	2.8	4.2	—
浙　江	0.7	2.2	3.1	—
安　徽	6.2	5.6	4.3	5.8
福　建	0.8	1.9	1.0	1.0
江　西	3.5	4.2	4.7	4.3
山　东	3.0	2.7	4.1	2.6
河　南	7.6	6.0	7.1	7.4
湖　北	4.4	4.2	3.8	3.2
湖　南	7.7	8.8	6.8	7.3
广　东	0.8	2.7	2.4	—
广　西	7.3	7.6	6.1	9.0
海　南	0.3	0.8	0.6	0.7
重　庆	1.4	1.6	2.1	3.5
四　川	7.4	7.5	7.6	7.6
贵　州	10.8	9.9	8.0	8.5
云　南	8.7	7.1	7.1	7.9
西　藏	0.8	0.9	0.9	1.1
陕　西	4.4	4.9	4.3	5.0
甘　肃	6.1	6.4	6.4	5.1
青　海	1.2	0.9	0.7	0.9
宁　夏	0.5	0.5	0.6	0.6
新　疆	3.1	0.8	2.2	2.7
全　国	100.0	100.0	100.0	100.0

注：2015 年开始，江苏、浙江贫困发生率降低到 0.5% 以下，国家统计局不再公布其贫困人口数，但其减少的贫困人口计算在全国总数中，导致各省加总与全国总数不一致。

资料来源：国家统计局住户调查办公室《中国农村贫困监测报告 2017》，中国统计出版社，2017。

（二）贫困地区农户的基本公共服务得到明显改善

1. 全国贫困农村社区农户基础设施和基本公共服务明显改善

改善贫困地区农户的基础设施、公共服务和基本生活条件，既是我国脱

贫攻坚的重要任务和必要内容，也是支持和保证脱贫攻坚效果可持续的重要物质基础。虽然近几年社会和媒体关注的重点一直放在贫困人口脱贫方面，但是相较于贫困人口数量的减少，其实基础设施和公共服务改善无论是对所在社区，还是扶贫对象自我发展能力的持续提升都毫不逊色。

根据国家统计局贫困监测调查结果，2013～2016年，贫困村农户的住房、饮水、厕所和燃料方面都取得了长足的进步。与住房安全相关的居住竹草土坯房农户比重，在此期间下降了3.2个百分点，大体上与我国贫困地区危房改造的进展一致。从不同角度表征贫困村农户用水困难和安全性进步的3个指标，2013～2016年得到了明显的改善。如饮水无困难农户比重，从80.4%提高到87.9%，提高了7.5个百分点；使用管道供水的农户比重，从53.1%提高到67.4%，上升了14.3个百分点；使用经过净化处理自来水的农户比重此间提高了近10个百分点。我国在农村饮水方面所取得的进步，贡献了世界上同期饮用改良水源人口增加的近50%。2013～2016年，我国贫困地区炊用燃料主要使用柴草的农户比重下降了近10个百分点，考虑到我国多数贫困地区地处山区且可替代燃料不多，这一变化的取得实属不易（见表4）。

表4　2013～2016年全国贫困农村社区基础设施和公共服务改善情况

单位：%

	2013年	2014年	2015年	2016年
居住竹草土坯房的农户比重	7.7	7	5.7	4.5
使用照明电的农户比重	99.2	99.5	99.8	99.3
使用管道供水的农户比重	53.1	55.5	61.5	67.4
使用经过净化处理自来水的农户比重	30.9	33.4	36.4	40.8
饮水无困难的农户比重	80.4	82.3	85.3	87.9
独用厕所的农户比重	92.3	93.2	93.6	94.2
炊用柴草的农户比重	61.1	59.4	54.9	51.4
所在自然村通公路农户比重	97.8	99.1	99.7	99.8
所在自然村主干道路硬化的农户比重	88.9	90.8	94.1	96.0
所在自然村能便利乘坐公共汽车农户比重	56.1	58.5	60.9	63.9
所在自然村通电话农户比重	98.3	99.2	99.7	99.9

续表

	2013 年	2014 年	2015 年	2016 年
所在自然村能接收有线电视信号农户比重	79.6	88.7	92.2	94.2
所在自然村通宽带农户比重	—	—	71.8	79.8
所在自然村垃圾能集中处理农户比重	29.9	35.2	43.3	50.9
所在自然村有卫生站农户比重	84.4	86.8	90.4	91.4
所在自然村上幼儿园便利农户比重	71.4	74.5	76.1	79.7
所在自然村上小学便利农户比重	79.8	81.2	81.7	84.9

资料来源：国家统计局住户调查办公室《中国农村贫困监测报告 2017》，中国统计出版社，2017。

过去几年，我国贫困农村社区的交通、通信基础设施可及性显著改善。2016 年所在自然村通公路农户比重达到了 99.8%，几乎所有监测贫困社区都通了公路；在可达性改善的同时，社区主干公路道路硬化农户的比重，从 2013 年的 88.9% 提高到 2016 年的 96.0%，绝大多数农村社区公路晴通雨阻的状况得到了根本性的改观；到 2016 年有近 64% 的农户在自然村就可以便利地乘坐公共汽车，提高了交通的便利性，降低了交通的交易成本。贫困农村社区的通信尤其是互联网的可及性的改善速度更甚于交通可及性和通畅性的改善。到 2016 年几乎贫困地区所有监测农户都实现了电话/手机的可及性；贫困农村社区可接收有线电视信号农户的比重，从 2014 年的 79.6% 提高到 2016 年的 94.2%，基本实现了有线电视信号对贫困社区农户的全覆盖；贫困农村社区宽带使用，从无到有，在过去两年实现了飞跃式发展，到 2016 年贫困村通宽带农户比重达到了 79.8%，为贫困地区突破与外地联系的自然障碍、电商发展等提供了基础通信设施的支持。

2013 年以来，贫困农村社区的基本公共服务得到了改善，使其与全国农村之间的差距缩小了。2013 ~ 2016 年，贫困农村社区垃圾能集中处理的农户的比重，从 29.9% 提高到 50.9%，改善速度远远超过全国农村平均水平。贫困农村社区医疗服务的可及性有了一定的改善，所在自然村有卫生站的农户的比重，从 2013 年的 84.4% 提高到 2016 年的 91.4%，提高了近 7 个百分点；贫困农村社区农民小孩上幼儿园和小学便利性得到改善，所在自然村小孩上幼儿园和上小学便利的农户的比重，2013 年和 2016 年分别提高了 8.3 个和 5.1 个百分点。

2. 片区基础设施和公共服务水平同步改善但内部差异较大

经过数年的片区开发扶贫，到 2016 年，我国 14 大片区贫困农村社区平均的基础设施和公共服务水平已接近全国贫困农村社区。但是，各片区基础设施和公共服务所达到的水平差异比较大。总体来看，四省藏区在可比的指标中除垃圾集中处理农户比重之外的指标都居 14 大片区中最后三位，是基础设施和公共服务整体水平比较落后的区域；西藏区在社区上幼儿园便利农户比重和通宽带农户比重两项指标位列 14 大片区末位；乌蒙山区能便利乘坐公共汽车农户比重、通宽带农户比重和垃圾集中处理农户比重等指标表现不佳；吕梁山区在教育、卫生方面处于 14 大片区中比较落后的位置（见表 5）。结合前面减贫方面的表现，吕梁山区在减贫和改善社区基本公共服务方面都面临较大的困难，值得特别关注。

（三）贫困县退出实现零的突破，但仍任重道远

1. 贫困县退出实现零的突破

2016 年，我国共有 28 个贫困县经过合法的程序，经过申请、内部审核、国家专项评估检查，由所在省政府正式批准退出贫困县。这是我国自 1986 年设立国家贫困县以来通过合法程序正式的成批的贫困县退出①，实现了贫困县脱贫摘帽零的突破。28 个县中，江西省井冈山市、河南省兰考县率先于 2017 年 2 月宣布退出，另外 26 个县，包括河北省望都县、海兴县、南皮县，江西省吉安县，河南省滑县，重庆市万州区、黔江区、丰都县、武隆区、秀山土家族苗族自治县，四川省南部县、广安区，贵州省赤水市，西藏自治区城关区、亚东县、卡若区、巴宜区、乃东区，青海省河南蒙古族自

① 在“八七”扶贫攻坚计划时期，中央政府曾经通过政策调整，让东部地区的贫困县不再享受国家扶贫优惠政策，由各省自己负责，实际上属于政策性的贫困县调整，但这些贫困县从国家贫困县退出后多数由各省接管扶持，且未经过像现在这样的严格合法程序正式宣布退出。

表 5　2016 年片区所在自然村农户基础设施和公共服务享有情况

单位：%

片区	通公路农户比重	通电话农户比重	能接收有线电视信号农户比重	主干道路硬化农户比重	能便利乘坐公共汽车农户比重	通宽带农户比重	垃圾能集中处理农户比重	有卫生站农户比重	在社区上幼儿园便利农户比重	上小学便利农户比重
片区合计	99.8	99.9	93.4	95.6	61.2	77.4	49.5	90.6	79.6	85.2
六盘山区	100.0	100.0	97.9	96.9	77.8	77.7	52.3	94.6	81	87.8
秦巴山区	99.9	100.0	97.4	97	63.3	80.2	51.3	93.6	76	82.2
武陵山区	99.6	100.0	90.6	97.4	56	73.3	53.8	89.9	74.1	77.1
乌蒙山区	99.7	99.7	87.5	91.2	47.4	59.6	35.7	87.5	78.5	89.8
滇黔桂石漠化区	100.0	100.0	93.5	95	52.5	74.9	58.5	89.2	77.9	85.9
滇西边境山区	100.0	100.0	95.3	87.6	49.7	73.1	44.5	84.9	73.1	83.8
大兴安岭南麓山区	100.0	100.0	100.0	95.5	83.7	89.4	26.9	88.2	76.7	80.9
燕山－太行山区	99.2	99.3	90.3	98	84.3	86.5	50.8	95.2	80.4	79.3
吕梁山区	100.0	100.0	100.0	94.3	77.5	71.9	48	79.8	60.3	60.5
大别山区	100.0	100.0	93.4	99.1	61.6	91.8	45.4	93.2	92	95.3
罗霄山区	100.0	100.0	96.7	99.2	61.8	91.7	69.4	88.1	86.7	87.6
西藏区	100.0	100.0	81.8	97.4	55.3	14.4	53.1	91.3	8.4	94.7
四省藏区	96.7	96.2	83.1	84.4	49.8	49.2	58.1	78.9	67.8	77.5
南疆三地州	100.0	100.0	83.7	93	75.3	73.9	39.5	94	96.8	95.8

资料来源：国家统计局住户调查办公室《中国农村贫困监测报告 2017》，中国统计出版社，2017。

治县、同德县、都兰县，新疆维吾尔自治区巴里坤哈萨克自治县、民丰县、察布查尔锡伯自治县、托里县、青河县，于2017年11月初由各省份政府宣布退出。

这28个贫困县脱贫摘帽，不仅具有重要的指标意义，标志着我国贫困县数量开始出现绝对数量上的减少，而且拉开了通过合法程序解决区域性整体贫困问题的序幕。此次贫困县退出制定了严格的标准和程序。贫困县退出标准包括4个单项否决指标，分别是贫困发生率中部地区降至2%以下、西部地区降至3%以下，脱贫人口错退率低于2%，贫困人口漏评率低于2%和群众认可度高于90%。中共中央办公厅、国务院办公厅于2016年4月印发的《关于建立贫困退出机制的意见》明确了贫困县退出的程序，具体是：县级扶贫开发领导小组提出，市级扶贫开发领导小组初审，省级扶贫开发领导小组核查，确定退出名单后向社会公示征求意见。公示无异议的，由各省份扶贫开发领导小组审定后向国务院扶贫开发领导小组报告。国务院扶贫开发领导小组组织中央和国家机关有关部门及相关力量对地方退出情况进行专项评估检查。对不符合条件或未完整履行退出程序的，责成相关地方进行核查处理。对符合退出条件的贫困县，由省级政府正式批准退出。该意见所提出的相关力量对贫困县退出进行专项评估检查，在实践中被调整为通过独立第三方进行专项评估检查，这进一步增强了退出结果评估的客观性。

此外，贫困县退出，客观上打破了片区的整体性，为解决区域性整体贫困创造了条件。

2. 如期完成所有贫困县退出任务任重道远

到2020年完成所有832个贫困县退出，意味着在接下来的4年多时间（考虑到2020年退出的贫困县需要等到2021年审核评估后才能批准）还有804个贫困县要退出，贫困县退出的工作任重而道远。

从国家确定的贫困县退出标准来看，贫困县退出实际上要求在扶贫对象识别、扶贫项目和计划安排、帮扶安排和实施等环节都不能出现超出容忍度的差错，任何一个环节出现稍大一点的差错都无法满足退出的条件。即使在所有环节都不出现超出容忍度的差错，如何使扶贫对象中存在不愿脱贫思想的人在受访时不违心做出逆向选择，也难以管控。除了后面将要讨论的达到贫困县退出的贫困发生率水平存在的现实困难以外，在4年时间内完成所有贫困县退出的程序似乎也是一个不轻松的任务。首先，如何减轻贫困县扶贫开发领导小组对申请退出的畏难情绪和紧张心理，使贫困县退出能够有序稳步推进，而不致将太多的县留到最后一年退出。据了解，2017年最初准备申请退出的县中最终正式申请2016年退出的只有1/3，不少县担心一旦申请退出在评估考核时通不过会被动，因此多选择保守的策略，将申请退出的时间往后推延。这种谨慎负责任的做法无可厚非，但是太多的贫困县达到退出条件后仍选择等待，会出现最后两年贫困县扎堆退出的情况，加大退出审核评估的工作难度。其次，为了提高退出评估审核的成功率，不少贫困县选择在提交退出申请前邀请第三方机构，主要是潜在的可能参加国家第三方评估的高校和研究机构，参照国家贫困县退出的指标、程序和方法先进行一次预评估，以期发现问题，力争申请一次通过。但是这种做法会导致过度评估，不仅浪费了资源，也容易增加扶贫对象对评估访谈的抵触情绪，最后损害退出评估的质量。最后，贫困县退出第三方独立评估是保证退出质量的最后一道屏障。经过两年的试验和摸索，已经总结出了一套比较成熟的抽样、访谈和质量控制的经验，但是主要由大学生（或研究生）组成的访谈成员面临时间短、环境不熟甚至语言不通等方方面面的约束，且评估需求在今后几年井喷式增长，各地随着对第三方评估方法和程序了解的增加应对能力也会增强。如何在这样的博弈环境条件下保证退出评估的质量和可信性，也是一个很大的挑战。

（四）中国精准扶贫实践对世界减贫理论和我国治理理论创新的贡献

1. 中国精准扶贫实践对世界减贫实践和理论的贡献

在经济增长对减贫的自动拉动作用减弱的条件下，如何通过一系列的干预制度和方法设计，在较短时期内实现贫困人口较大规模的减少，是迄今为止国际反贫困理论和实践中尚未解决的问题。其原因在于：在资本主义市场经济条件下，贫困的减少，取决于经济增长的方式和性质以及穷人利用经济增长所创造出来的机会的能力；一旦市场经济创造的机会减少或消失，贫困减少只能主要通过福利制度等再分配制度和政策的作用来实现。而通过再分配制度和政策减贫，第一，容易形成受益者的福利依赖；第二，除了消费的作用以外不能产生积极的经济影响；第三，用于再分配的资金如果规模过大，支持再分配解决贫困的方案很难被社会接受，因此短期内难以依靠再分配方式解决大规模贫困人口的脱贫。

2013 年以来，中国在经济增长速度大幅度降低、增长对减贫的自动拉动作用显著减弱、低收入人群平均收入有所下降的条件下，贫困人口每年平均减少 1309 万人，这表明中国在国家层面进行的精准扶贫实践取得了初步的成功。

将中国精准扶贫所开创出的新的扶贫范式与目前国际上主流的减贫理论框架或减贫战略进行比较，可以看出中国精准扶贫不仅仅是我国扶贫开发理论和实践的一次提升，同时也创新了国际减贫理论。目前在国际上被广泛认可的减贫战略是世界银行《2000/2001 世界发展报告》中提出的结合了基本需求理论和能力贫困理论而建立的以扩大机会（promoting opportunity，推动亲贫增长和提升穷人能力以更多地利用机会）、推动赋权（facilitating empowerment）和增强安全（enhancing security）为支柱的理论①（简称“三支柱”减贫战略/理论）。这一减贫理论包括的三大基本干预，包括了世界上多数国家减贫战略所考虑和采用的基本理论和形式。我国从 1986 年以来实行的开发式扶贫战略更是世界银行这一减贫战略在世界上最成功的实践案例。

与世界银行所提出的减贫战略及其支撑理论相比，中国精准扶贫的实践，一方面进一步充实和丰富了原来的“三支柱”减贫理论，另一方面更是发展了原来以实行亲贫增长战略和提升穷人利用经济增长所产生机会能力

① World Bank：*World Development Report* 2000/2001：*Attacking Poverty*，Oxford University Press.

为主要内容的扩大穷人机会的理论。下面我们来具体分析中国精准扶贫对减贫理论完善和发展的贡献。

（1）精准扶贫实践丰富和充实了“三支柱”减贫理论

首先，从对穷人安全的保障来说，中国在精准扶贫中通过组合和叠加相关的保障，为扶贫对象提供了更充分和全面的保障。除了实行了低保兜底扶贫以外，在健康扶贫、教育扶贫以及扶贫对象住房安全保障方面，政府为扶贫对象提供了全覆盖、高标准且贫困户不付费或很少付费的保障。此外，还通过农业保险、贷款保险等服务，为扶贫对象减轻自然风险和市场风险可能产生的损失。

其次，中国实行的精准扶贫，客观上赋予了扶贫对象全过程参与和自己相关的扶贫活动的权利。从对象认定、致贫原因分析到项目实施、接受帮扶、退出认可等，扶贫对象都能够发挥一定的作用。此外，由于如期脱贫被作为有关部门的政治任务，扶贫对象作为整体事实上也对国家和地区的扶贫政策调整产生了影响。

最后，在精准扶贫中，通过改善社区基础设施和公共服务，改善获得资金、土地（住房）使用的机会等，中国扶贫对象的财产可获得性及其回报都有所提高。

综合来看，过去几年中国的精准扶贫实践，进一步充实和丰富了“三支柱”减贫理论。

（2）中国精准扶贫实践，在一些方面发展了减贫理论

中国在精准扶贫实践中，通过识别和锁定目标人群，根据扶贫对象脱贫的需要，分配和动员资源，一方面帮助穷人利用市场经济提供的机会，另一方面结合扶贫对象所在区域的特点和条件直接为贫困人口创造发展机会。在国际减贫和发展领域，通过公共工程的方式完善公共基础设施，同时增加穷人或低收入人群的就业机会和收入，具有较长的历史。中国在精准扶贫中，除了借助公共工程（中国的以工代赈）方式增加扶贫对象的就业机会和收入以外，还结合国家的产业政策、区域资源，为某些类型扶贫对象量身定做专门的扶贫方式，如资产收益扶贫、光伏扶贫、扶贫车间和部分其他产业扶

贫等，直接为扶贫对象创造机会。

直接为穷人创造机会的减贫做法，是以减贫为目标，通过政府和其他方面的支持和帮助，利用地方优势资源和条件，发展相应的产业或服务，或者在产业中嵌入扶贫的内容，直接增加穷人的就业和创收机会。直接为穷人创造机会来减贫，增加了不能利用市场带来机会的穷人脱贫的机会和概率，扩大了扶贫的边界。直接为穷人创造机会脱贫，是中国精准扶贫对减贫理论创新所做出的贡献。

直接为穷人创造机会减贫的理论基础是社会成本收益。首先，减少贫困人口本身就可以视为社会收益的增加，因为减少贫困，通常可以促进社会的稳定与和谐，带来正的社会效益。其次，在某些短期投资回报率不高甚至亏损的产业或项目上投资直接为穷人创造机会，只要从国家或地区的角度具有长期的合理回报，其投资就具有社会成本效益合理性。比如，中国开展的光伏扶贫，虽然短期内纯粹的收益主要来自国家的光伏发电上网价格补贴，但是光伏发电对于促进清洁能源发展、推动清洁能源对传统能源的替代具有积极的作用，一旦大规模的光伏产业发展起来，推动技术进步和成本大幅度下降，其长期回报会不错。又如中国各地结合自己的优势资源发展产业扶贫、资产收益扶贫，由于发展环境条件还不具备，完全由市场进行开发不可行，但是政府的支持使其中一些具有资源比较优势和市场潜力的产业提前数年进行开发，一方面为穷人直接创造了增收和就业的机会，另一方面政府的资金和政策支持也会培育出有市场前景的产业，促进地区经济的发展。当然，直接为穷人创造机会扶贫，必须服从社会成本效益原则，否则就不如通过直接的转移支付来减贫。中国在精准扶贫过程中诞生的基于社会成本效益原则的直接为穷人创造机会减贫的理论，就是对国际减贫理论创新做出的贡献。

2. 精准扶贫实践对我国治理理论创新的贡献

精准扶贫，是党和中央政府发动的，有计划、有组织地进行的一项大规模反贫困社会干预实践，是利用我国独特的制度和政治优势实现国家阶段性发展目标的一次重要的社会实验，在一定意义上说也是我国治理体系和治理能力近年来在应对高度复杂的社会干预所经历的一次重要的考验。仅就问题的复杂性、所产生的社会关注度、社会资源动员的范围和所具有的深远影响而言，精准扶贫可能是十八大以来中国共产党和政府领导开展的仅次于反腐败的最重要的社会干预实验。

我国过去 4 年的精准扶贫实践，在一定程度上丰富了我国政府社会治理的经验，对完善和发展我国的治理理论也有重要的借鉴意义。首先，精准扶贫过程中形成的多系统分工协作、齐抓共管治理体系和强化基层治理体系与能力的做法，对于解决复杂社会问题实行有效治理具有重要的借鉴意义。精准扶贫工作面广（全国）、工作对象分散且差距大、工作任务重、工作内容复杂、工作要求高（六个精准），任何现成的组织都难以独力承担。在精准扶贫的实践中，我国探索出了各级党委、政府主要领导负责，专业部门、行业部门和社会力量分工协作、齐抓共管的扶贫组织体系，并且在基层现有以村支部和村委会为基础的治理结构中，引入了驻村第一书记及扶贫工作队，解决了原有基层治理体系中上下沟通不够通畅和治理能力不足的问题。在多系统协力扶贫中，建立明确的部门和人员职责分工和严格的问责制，对于保证治理体系的有效运转非常关键。

其次，精准扶贫中探索出的入户调查、大数据和群众参与相结合进行扶贫对象识别的做法，对于信息时代识别和界定复杂条件下的社会干预对象，具有重要的启示和借鉴意义。在当今人员流动大、信息来源和呈现方式多样的情况下，任何单一的信息获取渠道都难尽可信。基于专业知识和经验判断设计的问卷和经过培训人员开展的入户调查、利用包括个人和家庭各方面信息的大数据，同时动员所在地群众参与，可以比较全面地了解不易找准的社会干预对象的情况，为选择和实施有效的干预，提供比较可靠的基础信息。

再次，精准扶贫探索并构建出政府、市场组织与社会力量共同支持扶贫的资源投入和动员方式，积累了应对投入需求大且不确定的重大社会干预的有益经验。其经验是：政府确定明确的干预计划并广泛地进行社会动员，政府主动并积极安排资金，鼓励并支持市场组织和社会力量根据社会干预目标和任务的需要、结合自身的特点、按照履行社会责任和发挥专业优势相结合的原则创新性地参与政府组织和领导的社会干预行动。

最后，在精准扶贫实践中探索出来的将扶贫和脱贫的内部考核与外部多方监督、评估相结合，以结果考核为中心、结果考核与过程考核相结合的考核评估制度，对完善政府治理中的考核评估工作具有参考和借鉴意义。在精准扶贫过程中，除了加强和细化扶贫系统内部的工作考核之外，还建立了包括审计、督查、人大监督、政协巡查与第三方独立评估相结合的配套考核评估制度；在考核评估内容上，以结果考核为中心，将结果考核评估与过程考核相结合；建立基于考核评估结果的激励和奖惩制度。这样就形成了一套完整的社会干预考核评估制度。

三 中国如期实现脱贫攻坚目标面临的主要挑战

确保到2020年我国现行标准下农村贫困人口实现脱贫，贫困县全部摘帽，解决区域性整体贫困，是我国党和政府对国际社会和全国人民做出的庄严承诺，也是决胜全面建成小康社会战略目标必须攻克的堡垒。

（一）部分地区需要加快脱贫进程才能如期完成脱贫攻坚的任务

中央确定中、西部贫困县脱贫摘帽必须使所在县贫困发生率分别降低到2%、3%以下，这就要求中西部地区省级贫困发生率到2020年必须至少分别降低到2%和3%以下。有关各省份到2020年最多可容忍的贫困人口数量和相应的贫困发生率预测，需要分县的人口和贫困人口数据支持，目前数据取得尚有一定的困难。我们拟从两个方向分析2020年如期实现贫困人口减少目标面临的形势和压力。一是按近两年或近3年的脱贫速率估计到2020年各地区仍存在的贫困人口及其发生率，然后再比较这个结果与目标贫困发生率之间的距离，判断各地区在保持现有脱贫率条件下如期实现脱贫攻坚目标的可能性；二是先确定到2020年各地区需要达到的目标贫困发生率，以2016年为基础，估计达到这样的目标贫困发生率在2017~2020年需要达到的最低的年脱贫率，再比较估计的年脱贫率与各地区 2016 年实际脱贫率之间的差距，据以分析各地区今后 4 年（含 2017 年）在贫困人口脱贫方面需要做出的努力。

1. 维持近年脱贫速率条件下到2020年各省份的贫困发生率

减贫是多种因素综合作用的结果。虽然短期的干预，尤其是通过直接的转移支付形式进行的干预，可以较快产生减贫效果，但更多的内在的因素和既定的环境因素具有较强的惯性很难通过短期干预得以改变，因此以前的减贫速率可以作为预判未来短期贫困变化的依据。对过去减贫速率的判断，有两种不同的思路和假设。一种是假定脱贫率在一定时期能够保持相对稳定。在没有外部支持和干预条件下脱贫率一般会递减，但我国过去 3 年的精准扶贫实践表明，通过政府和外部的高强度支持，脱贫率可以保持相对的稳定，即通过外部支持来冲减边际减贫速率递减的作用。另一种是假定近期的减贫规模在未来短期内能够保持相对稳定，即每年稳定减少一定数量的贫困人口（正如中央计划每年减少 1000 万贫困人口的情况）。考虑到贫困人口逐年减少、减贫难度不断增大的事实，固定规模减贫的假定实际是要求以加速度的方式进行减贫，其难度比前一种假定以相同脱贫率减贫的难度要大得多。

（1）以稳定脱贫率为基础推测到 2020 年各地区贫困发生率。假定 2017 ~2020 年各省份能够维持其 2014 ~2016 年平均的脱贫率，到 2020 年全国农村贫困发生率将为 1.9%（见表6），从国家层面可以视为基本消除了现行标准下的绝对贫困。但全国还有 14 个省份贫困发生率高于脱贫摘帽要求的贫困发生率水平，其中新疆、甘肃、贵州和山西高于要求的贫困发生率 2 个百分点以上，西藏和云南也分别高出 1.9 个和 1.7 个百分点，至少这 5 个省份将无法完成脱贫攻坚的目标。在这样的假设条件下，14 个片区平均的贫困发生率到 2020 年都将高于要求的水平，除了秦巴山区、罗霄山区和大别山区到 2020 年的贫困发生率将高于要求水平 1 个百分点左右之外，其他片区到 2020 年仍将维持高于要求较多的贫困发生率（见表7）。

表 6　现有脱贫速度下模拟的 2020 年各省份贫困发生率

单位：%

地区	以脱贫率为基础的推测		以减贫规模为基础的推测	
	以 2014～2016 年平均的脱贫速度到 2020 年贫困发生率	以 2015～2016 年平均的脱贫速度到 2020 年贫困发生率	以 2014～2016 年平均减贫规模到 2020 年贫困发生率	以 2015～2016 年平均减贫规模到 2020 年贫困发生率
河　北	1.4	1.1	-1.3	-0.9
山　西	4.1	3.7	0.8	1.5
内蒙古	1.4	1.1	-2.7	-2.1
辽　宁	0.9	0.7	-2.5	-1.3
吉　林	2.1	1.9	0.6	1.0
黑龙江	2.0	1.9	0.8	0.7
安　徽	1.9	1.8	-0.6	-0.6
福　建	0.2	0.2	-1.1	-1.5
江　西	1.6	1.4	-2.4	-2.1
山　东	0.8	0.7	-0.6	-0.3
河　南	2.2	2.0	-0.2	0.2
湖　北	1.9	1.8	-0.3	-0.5
湖　南	2.6	2.5	-0.6	-0.9
广　西	3.5	3.2	-1.3	-1.2
海　南	2.4	2.3	-0.7	-0.9
重　庆	0.4	0.3	-4.6	-3.6
四　川	1.8	1.6	-1.4	-1.3
贵　州	5.1	4.8	-1.2	-1.6
云　南	4.7	4.3	-0.8	-0.3
西　藏	4.9	4.1	-7.8	-6.5
陕　西	3.8	3.5	-0.8	-0.7
甘　肃	5.4	5.0	-2.3	-2.4
青　海	3.1	2.9	-2.9	-3.0
宁　夏	3.5	3.2	0.0	0.5
新　疆	7.4	6.2	1.5	4.1
全　国	1.9	1.7	-1.1	-0.9

注：2020 年脱贫目标按照中部地区贫困发生率低于 2%、西部地区贫困发生率低于 3% 估计。

资料来源：作者根据国家统计局住户调查办公室《中国农村贫困监测报告 2017》（中国统计出版社）的资料计算。

表 7　现有脱贫速度下模拟的 2020 年各片区贫困发生率

单位：%

片区	以脱贫率为基础的推测		以减贫规模为基础的推测	
	以 2014～2016 年 3 年平均的脱贫速度到 2020 年贫困发生率	以 2015～2016 年 2 年平均的脱贫速度到 2020 年贫困发生率	以 2014～2016 年 3 年平均减贫规模到 2020 年贫困发生率	以 2015～2016 年 2 年平均减贫规模到 2020 年贫困发生率
片区合计	4.5	4.0	-2.1	-2.4
六盘山区	4.8	4.7	-4.8	-3.1
秦巴山区	3.2	3.0	-5.3	-4.3
武陵山区	4.1	3.5	-2.0	-3.2
乌蒙山区	5.9	5.1	-2.1	-3.4
滇黔桂石漠化区	5.3	4.9	-1.4	-1.5
滇西边境山区	5.6	4.9	-0.9	-1.9
大兴安岭南麓山区	3.8	3.4	-1.1	-1.9
燕山－太行山区	5.6	4.8	1.2	-0.3
吕梁山区	7.1	6.6	2.4	2.0
大别山区	3.2	3.1	-1.4	-0.8
罗霄山区	2.9	2.2	-2.9	-5.0
西藏区	4.9	4.1	-6.5	-7.8
四省藏区	6.2	5.5	0.5	-0.4
南疆三地州	7.9	6.9	5.5	3.7

注：各片区 2020 年脱贫目标按照中部地区贫困发生率低于 2%、西部地区贫困发生率低于 3% 的标准估计，片区完整分布于中部地区或西部地区的按所在地区标准估计，跨区域的武陵山区、大兴安岭南麓山区按 2.5% 的标准估计。

资料来源：作者根据国家统计局住户调查办公室《中国农村贫困监测报告 2017》（中国统计出版社）的资料计算。

由于 2015 年和 2016 年的脱贫率高于 2014 年，以 2015 年和 2016 年两年平均的脱贫率为基础预估到 2020 年各省份的贫困发生率，结果比前一种情况有所改善。全国的贫困发生率将降到 1.7%；全国还有 11 个省份的贫困发生率高于要求的水平，其中新疆、甘肃、贵州和山西的贫困发生率还将高于要求水平的50%以上。14个片区到2020年的贫困发生率都将高于要求的水平，其中南疆三地州、吕梁山区、四省藏区和乌蒙山区还将维持远高于要求的贫困发生率。

根据上述分析判断，仅仅保持过去2～3年的脱贫率，到2020年全国仍将有很大部分地区无法实现脱贫的任务。

（2）以稳定脱贫规模为基础推测到2020年各地区贫困发生率。假定2017～2020年保持过去2年或3年年均减贫规模，到2020年各地区脱贫攻坚目标完成情况，比相同脱贫率假设条件下会有明显的改善。如果以2014～2016年平均的减贫规模脱贫，到2020年全国将不再有现行标准下的贫困人口，全国所有省份都能实现脱贫攻坚的目标，但是南疆三地州和吕梁山区两个片区还将无法完成脱贫的任务。如果以2015～2016年两年平均的减贫规模进行脱贫，到2020年，全国除新疆以外的省份都可以实现脱贫攻坚目标；山西仍将有1.5%的农村人口处于贫困中，其部分贫困县可能无法脱贫摘帽；南疆三地州将无法实现脱贫；吕梁山区的贫困发生率仍有2%，还面临一定的不能摘帽的风险。

综合前面两种假设条件下的分析结果，保证全国各地区如期实现脱贫攻坚的目标，需要比以前有更大的扶贫力度、更有效的扶贫创新。特别是新疆（南疆三地州）和山西的脱贫攻坚任务完成难度很大，需要有重大的新举措和比以前更大力度的支持才能达成目标。

2. 如期实现脱贫攻坚目标，各地区2017～2020年需要达到的脱贫率

由于中央确定的脱贫攻坚目标中没有确定省级标准，这里参照贫困县退出的标准设定高低两个方案：低脱贫标准方案，假定到2020年脱贫东部、中部和西部地区省级贫困发生率分别为1%、2%和3%；高脱贫标准方案，假定到2020年脱贫东部、中部和西部地区省级贫困发生率分别为0.5%、1%和2%。根据假定的脱贫攻坚目标，可测算出需要的脱贫率，将需要的脱贫率与2016年实际的脱贫率进行比较，可以判断如期实现脱贫攻坚目标各地区需要在现有脱贫率基础上做出多大的努力。

（1）低脱贫标准方案下各地区实现脱贫攻坚目标需要达到的脱贫率

按照低脱贫标准，2017～2020 年全国需要脱贫 2408.3 万人，4 年平均的脱贫率必须达到 18.4%，只要维持 2016 年的脱贫率就可实现全国脱贫攻坚的目标。但是有 11 个省份在 2017～2020 年平均脱贫率必须高于 2016 年的水平才有可能实现脱贫攻坚的目标，其中新疆、山西、甘肃和贵州需要大幅度提高脱贫率才有可能如期实现脱贫攻坚目标（见表 8）。在 14 个片区中，只有秦巴山区和罗霄山区可以以 2016 年的脱贫率如期实现脱贫攻坚目标；吕梁山区、燕山－太行山区和南疆三地州必须在现有脱贫率的基础上大幅度提高才有可能完成脱贫攻坚的任务，其中吕梁山区的脱贫率需要在 2016 年的基础上加快一倍以上才能完成预期的目标（见表 9）。

表 8　不同方案下实现脱贫攻坚目标各省份需要达到的脱贫率

地区	2016 年脱贫率（%）	低方案			高方案		
		2017～2020 年需脱贫人数（万人）	到 2020 年实现脱贫需要达到最低年脱贫率（%）	保持 2016 年脱贫率时的缺口（百分点）	2017～2020 年需脱贫人数（万人）	到 2020 年实现脱贫需要达到最低年脱贫率（%）	保持 2016 年脱贫率时的缺口（百分点）
河　北	22.0	131.0	25.8	3.8	159.5	37.6	15.6
山　西	16.6	137.7	28.6	12.0	161.8	40.0	23.4
内蒙古	30.3	12.2	6.3	－24.0	25.8	15.4	－14.9
辽　宁	31.4	36.3	21.2	－25.1	47.7	33.8	2.4
吉　林	17.4	27.0	14.8	－2.6	42.0	28.4	11.0
黑龙江	19.8	31.7	14.3	－5.5	50.4	27.9	8.1
安　徽	23.3	129.3	17.9	－5.4	183.1	31.0	7.7
福　建	36.1	－5.8	－5.7	－61.8	8.6	11.1	－25.0
江　西	25.5	82.9	17.4	－8.1	119.0	30.6	5.1
山　东	18.6	66.3	14.8	－19.9	103.2	28.4	9.8
河　南	19.9	209.7	18.8	－1.1	290.3	31.7	11.8
湖　北	18.5	94.1	17.4	－1.1	135.1	30.6	12.0
湖　南	21.0	228.7	24.0	3.0	285.8	36.1	15.1
广　西	24.6	211.5	21.5	－3.1	254.7	29.1	4.5
海　南	22.0	20.4	22.3	0.3	26.2	34.7	12.7
重　庆	48.9	－22.5	－10.7	－59.6	0	0	－48.9

续表

地区	2016年脱贫率(%)	低方案			高方案		
		2017～2020年需脱贫人数(万人)	到2020年实现脱贫需要达到最低年脱贫率(%)	保持2016年脱贫率时的缺口(百分点)	2017～2020年需脱贫人数(万人)	到2020年实现脱贫需要达到最低年脱贫率(%)	保持2016年脱贫率时的缺口(百分点)
四　川	23.5	97.4	9.1	-14.4	166.9	17.9	-5.6
贵　州	20.7	298.0	28.7	8.0	332.7	35.6	14.9
云　南	20.8	262.2	26.2	5.4	299.1	33.3	12.5
西　藏	29.2	26.3	31.0	1.8	28.8	37.6	8.4
陕　西	21.5	145.3	22.7	1.2	172.2	30.1	8.6
甘　肃	19.4	199.6	30.1	10.7	220.4	36.9	17.5
青　海	26.2	19.5	22.0	-4.2	23.3	29.5	3.3
宁　夏	18.9	17.3	19.4	0.5	21.5	27.1	8.2
新　疆	18.3	112.5	30.4	12.1	124.0	37.1	18.8
全　国	22.2	2408.3	18.4	-3.8	3371.7	31.3	9.1

注：2020年脱贫目标按照中部地区贫困发生率低于2%、西部地区贫困发生率低于3%估计。

资料来源：作者根据国家统计局住户调查办公室《中国农村贫困监测报告2017》（中国统计出版社）的资料计算。

表9　不同方案下实现脱贫攻坚目标各片区需要达到的脱贫率

片区	2016年脱贫率(%)	低方案			高方案		
		2017～2020年需脱贫人数(万人)	到2020年实现脱贫需要达到最低年脱贫率(%)	保持2016年脱贫率时的缺口(百分点)	2017～2020年需脱贫人数(万人)	到2020年实现脱贫需要达到最低年脱贫率(%)	保持2016年脱贫率时的缺口(百分点)
片区合计	24.1	1630.6	29.1	5.0	1841.3	37.1	13.0
六盘山区	23.2	163	29.9	6.7	180.3	36.6	13.4
秦巴山区	26.0	171.6	24.2	-1.8	199.7	31.5	5.5
武陵山区	24.8	211.5	28.7	3.9	240.9	37.3	12.5
乌蒙山区	27.1	211.6	31.3	4.3	231.7	38.0	10.9
滇黔桂石漠化区	21.6	233.3	29.1	7.5	259.6	36.0	14.4
滇西边境山区	20.8	114.6	29.6	8.7	127.1	36.4	15.5

续表

片区	2016年脱贫率（%）	低方案			高方案		
		2017~2020年需脱贫人数（万人）	到2020年实现脱贫需要达到最低年脱贫率（%）	保持2016年脱贫率时的缺口（百分点）	2017~2020年需脱贫人数（万人）	到2020年实现脱贫需要达到最低年脱贫率（%）	保持2016年脱贫率时的缺口（百分点）
大兴安岭南麓山区	22.0	32.8	26.8	4.8	40.7	41.8	19.7
燕山－太行山区	18.9	81.0	34.7	15.8	90.0	45.1	26.2
吕梁山区	17.5	40	37.8	20.3	43.5	47.7	30.2
大别山区	26.1	185.7	28.4	2.3	218.8	39.8	13.7
罗霄山区	28.4	53.5	28.1	－0.3	63.3	39.6	11.1
西藏区	29.2	26.3	31	1.8	28.8	37.6	8.4
四省藏区	22.7	51.9	30.3	7.6	57.3	37.0	14.3
南疆三地州	18.9	55.8	30.3	11.4	61.5	37.0	18.1

注：2020年脱贫目标按照中部地区贫困发生率低于2%、西部地区贫困发生率低于3%估计。

资料来源：作者根据国家统计局住户调查办公室《中国农村贫困监测报告2017》（中国统计出版社）的资料计算。

（2）高脱贫标准方案下各地区实现脱贫攻坚目标需要达到的脱贫率

由于除西藏、青海以外各省份有不同比例的非贫困县，高脱贫标准方案更接近到2020年实现脱贫攻坚任务不同地区需要达到的目标。按照这个方案，到2020年全国需要再脱贫3371.7万人，这相当于2017~2020年每年净减少贫困人口843万人，相应地要求2017~2020年全国脱贫率在2016年基础上再提高9个百分点；全国除了已完成脱贫任务的京、津、沪、苏、浙、粤外，只有福建、重庆、四川和内蒙古可以以2016年的脱贫率实现脱贫攻坚目标；全国12个省份需要在2016年脱贫率基础上再提高50%才能如期脱贫，其中山西和新疆必须比2016年脱贫率高一倍才能够实现脱贫攻坚目标，这是一个十分艰巨的挑战。

14个片区按2016年脱贫率都无法如期在2020年实现脱贫，其中有10个片区需要比2016年脱贫率高50%以上才有可能实现目标，吕梁山区和燕山－太行山区甚至需要比2016年脱贫率分别高173%和139%才能如期实现脱贫攻坚目标，这只有制定超乎寻常的举措和更大的努力才能达到。

（二）深度贫困地区脱贫攻坚任务依然十分艰巨

由于自然、历史和社会经济条件等方面的原因，长期以来我国就一直有部分地区的贫困程度和深度大于一般贫困地区。如20世纪80年代中期后确定的全国18片贫困地区、《八七扶贫攻坚计划》和《中国农村扶贫开发纲要（2001—2010年）》中要求重点支持的老、少、边地区和《中国农村扶贫开发纲要（2011—2020年）》确定的14个连片特困地区，都曾经是所在时期的深度贫困地区。在多数省（自治区、直辖市）、市、县内也都有数量不等、程度不一的相对深度贫困地区。随着我国工业化、城镇化进程的持续推进，国家区域性基础设施与社会服务的大规模改善和30多年扶贫开发政策的积极实施以及最近几年精准扶贫的攻坚拔寨，大多数原来相对深度贫困地区的发展水平得到了显著的改善，贫困程度有所下降。如14个片区的贫困发生率，从2011年的29%下降到2016年的10.5%，下降的幅度与全国持平①。但是，如前一部分的分析所示，这些地区仅仅保持与全国相同或者与历史同样的脱贫速度，是无法如期实现脱贫攻坚的目标的。

根据国家统计局的数据，到2016年全国14个片区中，还有西藏、四省藏区、南疆三地州、吕梁山区、六盘山区、乌蒙山区和滇西边境山区7个片区的贫困发生率高于12%。据全国建档立卡贫困监测系统数据统计，西藏、四省藏区、南疆四地州和四川凉山彝族自治州、云南怒江傈僳族自治州和甘肃临夏回族自治州（即所谓的“三区三州”）的24个市州、209个县，2016年底仍有贫困人口318.54万人，贫困发生率高达16.7%，有146个县贫困发生率高于10%，其中最高的福贡县高达34.8%。

在多数省区内部同样有贫困深度比较高、脱贫难度比较大的地区。如贵

① 2011年和2016年片区和全国平均贫困发生率之比同为2.3∶1。

州省[①]的望谟、册亨、晴隆、剑河、榕江、从江、紫云、纳雍、赫章、威宁、沿河、水城、三都、正安14个县，威宁自治县石门乡、晴隆县三宝乡、从江县加勉乡、赫章县河镇乡、望谟县郊纳镇等20个极贫困乡镇和2760个贫困发生率20%以上的贫困村，属于其省内深度贫困地区；山东省的菏泽、临沂两个市和20个县、200个乡镇、2000个村，属于其省内脱贫难度较大的深度贫困地区。

根据部分贫困地区贫困程度比较深、脱贫难度比较大的形势，在2017年6月23日习近平总书记在山西太原主持召开深度贫困地区脱贫攻坚座谈会并发表重要讲话之后，党中央和国务院又发布了《关于支持深度贫困地区脱贫攻坚的实施意见》，要求各地综合考虑贫困人口规模、贫困发生率、脱贫难度等因素，评估确定深度贫困的县、乡、村，将“三区三州”以及贫困发生率超过18%的贫困县和贫困发生率超过20%的贫困村作为深度贫困地区；实行分级负责的深度贫困地区脱贫攻坚责任分工，中央政府重点支持“三区三州”的脱贫攻坚。

深度贫困地区的贫困状态，虽有一定的地区差异，但总体上来说，具有一些共同的特点，即：贫困发生率明显高于全国和区域内其他地区，贫困人口的平均可支配收入较低，收入贫困与教育、健康、住房等非收入贫困并存，农户贫困与区域贫困共生[②]。深度贫困地区的致贫原因有差异，也有一些相同之处。大多数深度贫困地区区位条件差，交通和通信基础设施制约较大，人流、物流的交易成本高；自然条件多比较恶劣，很多地处高寒山区、深山区，农业生产条件差、生产结构比较单一、生产效率低；区域内工业化、城镇化程度较低，就地就业机会少，对当地农产品和生态文化旅游服务的需求较小，区域内需求拉动能力弱；部分深度贫困地区社会发育程度较低，农村人口受教育程度低、专业技术人才不足，部分人甚至使用汉语沟通交流都存在一定的困难；部分地区受宗教和民族等因素影响，少数思想和行为习惯与主流的发展理念和目标存在一定的差距；还有部分深度贫困地区脱

① 赵勇军：《贵州出台深度贫困地区脱贫攻坚行动方案》，《贵州日报》2017年8月7日。

② 吴国宝：《中国扶贫开发和全面小康社会建设》，李培林、魏后凯主编《中国扶贫开发报告（2016）》，社会科学文献出版社，2016。

贫攻坚需要与民族、宗教和边境安全等复杂问题协调起来解决，对扶贫政策和方式设计和实施的要求更高。总之，深度贫困地区致贫因素复杂，脱贫成本高，难度大，要如期实现脱贫攻坚目标，需要增大投入的数量、强度和组合性，更需要大胆探索适合不同深度贫困地区特点的新的扶贫方式。

（三）易地搬迁扶贫任务非常艰巨

据国家发改委监测和统计，2016 年和 2017 年全国易地扶贫搬迁任务完成情况良好。但是，根据“十三五”易地扶贫搬迁规划，2018～2020 年，全国还需要搬迁扶贫对象 392 万人，同步搬迁人口 259 万人（见表 10）。虽然今后 3 年搬迁任务相对比前两年要轻，但是过去两年易地搬迁对象多属于相对难度较小的人口和区域，而且部分搬迁对象的生计安排还没有完全落实，因此今后 3 年既要平均每年安置 100 多万扶贫对象易地移民，还要帮助新搬迁扶贫对象以及前两年搬迁但未落实生计安排的扶贫对象解决生计问题，实现到 2020 年脱贫目标，将是一个十分艰巨的富有挑战性的任务。

表 10　2018～2020 年易地扶贫搬迁任务

单位：万人

搬迁人口类型	“十三五”合计	2018 年	2019 年	2020 年
建档立卡搬迁人口	981	280	100	12
同步搬迁人口	647	184	68	7
合计	1628	464	168	19

资料来源：国家发改委《十三五易地扶贫搬迁规划》，http：//www.ndrc.gov.cn/zcfb/zcfbtz/201610/W020161031494556658763.pdf。

（四）低收入农户收入增长乏力，返贫压力上升

受国际经济环境和国内增长方式转型的影响，我国农村低收入人群收入增长最近几年明显增长乏力，产生了比较大的返贫压力。2013 年以来，我国农民可支配收入年均保持了 7.7% 的增长速度，但低收入组农户人均收入平均下降了 0.2%。底层 20% 低收入农户，2014～2016 年有两年出现人均

可支配收入下降的情况。2014 年和 2016 年低收入组农户人均可支配收入分别下降了 5.5% 和 4.4% （见表 11）。

表 11　不同收入组农户人均可支配收入年真实增长率

单位：%

	2014 年	2015 年	2016 年	2014 ~ 2016 年
低收入组	-5.5	10.1	-4.4	-0.2
中等偏下组	8.8	7.9	6.4	7.7
中等收入组	10.6	7.1	6.2	8.0
中等偏上组	11.8	6.7	6.2	8.2
高收入组	10.3	7.2	7.4	8.3
全国平均	9.3	7.5	6.2	7.7

资料来源：作者根据国家统计局数据计算得出。国家统计局，http：//data. stats. gov. cn/easyquery. htm？ cn = C01。

近几年我国低收入农户收入增长乏力，主要有四个方面的原因。

1. 就业增长和结构变化的影响

2012 年以后中国非农就业的增长速度下降，外出农民工人数增速下降幅度尤为显著（见图 2）。2016 年中国外出 6 个月以上农民工人数的增长率只有 0.3%。与此同时，农民工就业的行业结构也发生了比较明显的变化。建筑业和制造业的农民工就业占比降低，第三产业就业人数比例上升。2013 ~ 2016 年，农民工在建筑业和制造业就业人数的比重分别下降了 2.5 个和 0.9 个百分点（见表 12）。

农民工数量增速下降和行业结构变化，对中国农村低收入人群的收入增长，会有直接的影响。2005 年以来以外出务工收入为主的工资性收入，在低收入农户收入中所占比重一直上升，从 2011 年开始成为他们的第一大收入来源。受经济增长和就业结构变动的影响出现的农民工增速下降和就业结构变化，使以建筑业和制造业为主要方向的低收入劳动者①首先受到影响，农

① 最近几年国家统计局没有公布不同收入组分行业外出就业数据。根据国家统计局《中国农村贫困监测报告 2016》，2015 年贫困地区外出就业的女性和男性劳动力在制造业、建筑业中就业的比重分别为 26%、18% 和 17%、48%，也就是说贫困地区外出农民工中在建筑业和制造业就业人数分别占到总外出就业人数的 35% 和 20% 左右。全国农村低收入家庭外出就业人数在建筑业和制造业中的比重可能还要略高于这个比例。

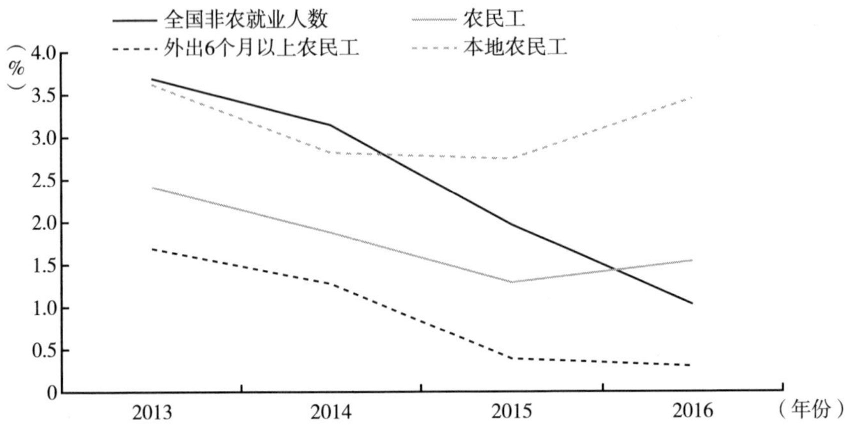

图2　2013～2016年全国非农就业和农民工就业年增长率

资料来源：国家统计局，http：//data. stats. gov. cn/easyquery. htm？ cn = C01；国家统计局《2016年农民工监测调查报告》；人力资源和社会保障部《2016年度人力资源和社会保障事业发展统计公报》，http：//www. mohrss. gov. cn/SYrlzyhshbzb/zwgk/szrs/tjgb/201705/W020170531358206938948. pdf。

表12　中国农民工行业分布

单位：%

	所占比重				2013～2016年年变化
	2013年	2014年	2015年	2016年	
第一产业	0.6	0.5	0.4	0.4	-0.2
第二产业	56.8	56.6	55.1	52.9	-3.9
制造业	31.4	31.3	31.1	30.5	-0.9
建筑业	22.2	22.3	21.1	19.7	-2.5
第三产业	42.6	42.9	44.5	46.7	4.1
批发和零售业	11.3	11.4	11.9	12.3	1.0
交通运输、仓储和邮政业	6.3	6.5	6.4	6.4	0.1
住宿和餐饮业	5.9	6.0	5.8	5.9	0.0
居民服务、修理和其他服务业	10.6	10.2	10.6	11.1	0.5

资料来源：国家统计局《2016年农民工监测调查报告》。

村低收入家庭的外出务工及其收入增长可能会出现停滞甚至下降。2016年农民工建筑业和制造业就业占比下降，不考虑在这些领域从业人员转向其他部门就业和工资率变化等因素，会使每个低收入农户人均纯收入减少 108 元。

经济增长和就业结构变化，同样会影响农村贫困人群。但是，中国政府近年来对贫困户的就业保障采取了一些特殊的措施，比如东西部地区劳务协作定向为贫困户劳动力提供就业机会，在环境保护、社区公共服务等方面为贫困户劳动力安排公益岗位等，减小了经济转型对贫困家庭就业机会的不利影响。

2. 农产品需求变化的影响

中国自 2012 年以来经济增速放缓，在一定程度上也会相应地降低城乡居民可支配收入和购买能力的增长速度，从而影响对农产品需求的增长，进而影响贫困和低收入农户的增收。从 2013 年至 2017 年上半年，农产品生产价格一直在低位运行，其中在低收入农户家庭经营收入构成中居前 4 位的粮食、猪肉、蔬菜、羊肉（分别占低收入农户家庭经营收入的 41%、16%、6% 和 3%）农产品，其价格多数时间处于下跌中（见图 3）。如 2016 年，中国粮食和羊肉的生产价格指数分别为 93.5% 和 93.7%。现在贫困和低收入农户 40% 左右的净收入来自农业，2016 年粮食价格下跌，约使低收入农户每人的收入减少 37 元，占 2016 年低收入农户收入下降的 46%。如果考

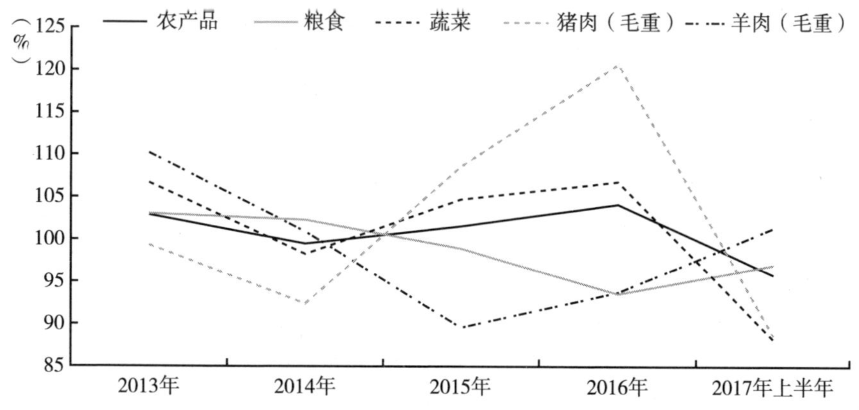

图 3　2013 ~ 2017 年中国主要农产品生产价格指数

资料来源：国家统计局，http：//data. stats. gov. cn/easyquery. htm？ cn = C01。

虑到贫困和低收入农户生产的粮食中玉米所占比重较高而2016年玉米生产价格下跌程度远高于粮食平均生产价格（2016年玉米生产价格指数为87%），粮食生产价格变化对2016年贫困和低收入农户收入的影响可能还要大。

3. 财政收入和支出结构变化的影响

经济增速放缓导致国家财政收入增速下降，这将影响到直接和间接投入贫困地区经济和社会发展的财政支出，从而对脱贫产生一定的负面影响。2012年以来，中国国家财政收入增速明显放缓，并从2014年开始进入个位数增长，全国一般预算收入增长速度降低到1992年以来的最低水平（见图4）。2016年全国一般预算收入和支出增速更是双双达到了1988年以来的最低值（4.3%和6.3%）。与此同时，为了应对经济下行压力、保障发展方式转型和经济实现中高速增长，政府还采取了降低企业税负等让利于民的政策，这将进一步影响国家可用财力的增长。可是，国家财政支出项目中，诸如保障民生的教育支出、社会保障与就业支出、医疗卫生支出和保障国家机构和基层组织正常运转的一般公共服务支出与城乡社区事务支出都必须保持必要的增长，在国家财力增速下降的情况下，只能通过适当控制发展性支出项目的增长，来维持国家财政收支的基本平衡。在这种情况下，即使中央财

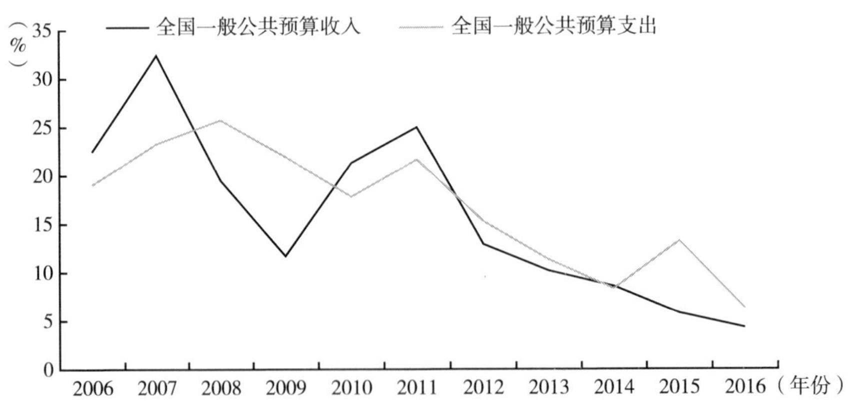

图4　2006～2016年中国全国一般预算收入和支出年增长率

资料来源：国家统计局，http://data.stats.gov.cn/easyquery.htm? cn = C01；财政部，http://yss.mof.gov.cn/。

政安排直接用于扶贫开发的扶贫专项资金能够以明显高于国家财政支出平均增速的速度增长，其他发展性支出增速将明显降低。

全国财政收入增速降低，已经直接影响到低收入人群的收入和福祉。一般预算支出中与低收入人群（重点是农村低收入人群）福祉直接相关的项目，包括城乡居民基本养老保险补助、最低生活保障金支出、新型农村合作医疗支出、退耕还林、扶贫和农村危房改造 6 项，在 2012 年以来保持了高于 10% 的年增长率（见表 13）。但是，如果扣除扶贫支出，其他 5 项与低收入福祉相关的支出，在 2016 年实际上比前一年降低了 2 个百分点。

表 13　2012～2016 年中国与低收入人群福祉相关全国一般预算支出变化

单位：万元，%

支出项目	2012 年	2013 年	2014 年	2015 年	2016 年
财政对城乡居民基本养老保险基金的补助	1041	1235	1349	1853	1908
最低生活保障	1340	1441	1558	1665	1658
城市最低生活保障金支出	654	686	714	754	716
农村最低生活保障金支出	687	755	844	911	941
新型农村合作医疗	2035	2429	2732	3096	3025
退耕还林	291	285	290	335	276
扶贫	691	841	949	1227	2286
农村危房改造	498	382	376	536	446
支持低收入人群财政支出合计	5895	6612	7254	8713	9598
支持低收入人群财政支出变化率	118	112	110	120	110
扣除扶贫资金后支持低收入人群支出变化率	117	111	109	119	98
扶贫资金变化率	127	122	113	129	186

资料来源：财政部《全国一般预算支出决算表》（2012、2013、2014、2015、2016），http：//www.mof.gov.cn/zhengwuxinxi/caizhengshuju/。

另一项值得关注的财政支出是农业补贴。从 2016 年开始，中央政府对农业补贴政策进行了改革。改革的重点是将此前发给种粮农民的农作物良种补贴、种粮农民直接补贴和农资综合补贴“三项补贴”合并为农业支持保护补贴，80% 的农资综合补贴存量资金，加上种粮农民直接补贴和农作物良种补贴资金，将用于耕地地力保护，主要按承包耕地面积补贴；20% 的农资综合补贴存量资金，加上种粮大户补贴试点资金和农业“三项补贴”增量资金，统筹用于支持粮食适度规模经营。2016 年按承包耕地面积分配的农业支持保护补贴为 1361 亿元，比前一年减少 151 亿元，相当于农业户籍人口每人减少了 16 元；用于支持粮食适度规模经营的补贴为 245 亿元，贫困和低收入农户基本上难以享受。

四　未来3年中国脱贫攻坚的应对策略

我国脱贫攻坚现在距离取得决战胜利的时间只剩 3 年。到 2020 年剩余的 4335 万现行标准下的农村贫困人口要全部脱贫，每年要净脱贫 1084 万人。在时间紧、任务重、面临的挑战众多的条件下，要打赢脱贫攻坚战，需要冷静和客观分析及判断形势，坚持已经证明的有效的政策和做法，根据出现的新情况创新扶贫方式，抓住脱贫攻坚的重点和难点进行重点攻关。同时，也要妥善处理脱贫攻坚不松劲与不出现工作疲劳综合征的关系。

（一）坚持既定扶贫工作机制和支持政策

在习近平总书记代表十八届中央委员会向大会作的报告（简称《报告》）中，将坚决打好精准脱贫攻坚战，作为决胜全面建成小康社会抓重点、补短板、强弱项的三大攻坚战之一。《报告》进一步重申和强调了 2015 年《关于打赢脱贫攻坚战的决定》及之后出台的政策和举措，进一步明确要举全党全国全社会之力，攻克脱贫攻坚；明确在脱贫攻坚中坚持精准扶贫、精准脱贫的方略；重申坚持“中央统筹，省负总责，实现抓落实”的工作机制，进一步强化党政一把手负总责的责任制；明确坚持专项扶贫、行业扶贫和社会扶贫相结合的大扶贫格局，深入实施东西部扶贫协作。党的十八大以来我国确定的这些扶贫政策和方式，经过实践检验被证明是有效的，在今后 3 年中要继续坚持，并结合脱贫攻坚的实践和需要，进一步完善有关政策和支持措施。

（二）继续探索扶贫资金和社会资源投入持续增长的方式，完善资源分配和利用措施，保证脱贫攻坚的如期完成

在前面的分析中，我们已经注意到如期完成脱贫攻坚任务，不少地区需要加快脱贫的速率。这一方面要求创新扶贫方式，提高扶贫和脱贫的效率和质量，另一方面也要求继续探索增加扶贫资金和社会资源投入的政策和方式，改善资源分配和利用。第一，需要继续保持财政扶贫资金投入高速增长，因为财政资金投入增长，不仅本身是政府主导扶贫职责的体现，也是动员和支撑社会资金投入增加的基础；第二，进一步增加和整合行业资源支持全国尤其是深度贫困地区的脱贫攻坚，让行业部门在改善贫困地区基础设施和公共服务方面发挥更大的作用，继续探索利用土地增减挂钩政策筹集脱贫攻坚资金的政策和做法；第三，探索金融部门进一步参与和支持脱贫攻坚的政策和产品及其组合，推动金融扶贫政策和产品更加切合精准扶贫的实际和需要，尤其需要探索和开发信贷支持与保险、期货等结合的混合金融产品和支持政策，在增加脱贫攻坚资金投入的同时帮助扶贫对象减少和规避风险；第四，扩大和加强东西协作和社会帮扶，借鉴恒大和万达等企业的帮扶经验，将企业帮扶引向深入。

（三）关注并且有效应对低收入人群返贫风险

2012 年以来我国农村低收入农户收入出现负增长，农村居民收入差距受就业结构、市场需求、可用财力及财政支出结构变化等因素的影响，出现了扩大的情况。由于低收入农户平均收入水平已接近全国扶贫标准，如果低收入农户的收入不能有所增长，有可能出现一边扶贫一边产生新的贫困人口的局面。从而使提高低收入农户收入与脱贫攻坚成为中国政府不得不同时面对的难题。但是，高强度投入和精准扶贫并存的做法，可能通过对财政、金融和社会保障等稀缺资源做出过度有利于扶贫对象的分配，挤压贫困线上低收入人群的发展空间和机会，甚至可能产生新的贫困人群。2016 年中国底层 20% 低收入农户的人均可支配收入为现价 3006 元，即使不考虑可支配收

入与纯收入两指标间的差异，也仅比扶贫标准（2016 年人均现价纯收入 2952 元）高 54 元。如果就经济增速放缓、支持政策调整对低收入农户所产生的冲击，不采取有效的措施予以缓解，精准扶贫出现“按下葫芦浮起瓢”的风险将会非常高。

面对如此的局面，中国政府需要尽快调整政策进行应对。第一，政府应该高度重视增加低收入农户收入，并采取有效措施提高低收入农户的收入；第二，为低收入农户提供就业和创业培训及就业服务，帮助他们增加就业和收入；第三，将现行农业产业化扶贫和就业扶贫政策的受益对象适当延伸到低收入农户；第四，完善农业生产支持补贴及配套政策。

（四）以非常规举措应对深度贫困地区脱贫攻坚

深度贫困地区脱贫攻坚，是我国如期实现脱贫攻坚目标的难中之难、重中之重。深度贫困地区贫困的特点及其致贫原因的特殊性、复杂性，要求结合各深度贫困地区的实际情况，优化和完善现有精准扶贫方案，采取非常规的政策和举措，来实现其脱贫攻坚的任务。

1. 根据深度贫困地区的脱贫攻坚需要，优化和加强扶贫资源的投入和分配

深度贫困地区的脱贫攻坚，需要同步解决扶贫对象“两不愁三保障”和区域整体脱贫、贫困村摘帽三个层次的问题。因此，要根据深度贫困地区脱贫攻坚三个层次上综合缺口，评估扶贫资源需求，制定可支撑和保证深度贫困地区脱贫攻坚目标如期实现的整体计划。这样的计划应该包括在整个脱贫攻坚计划期间资金、人才资源、土地资源等资源投入和所需的政策支持，实行一次计划、分年投入。在资源分配方面，需要根据深度贫困地区脱贫攻坚任务和计划，平衡区域、社区和农户之间以及基础设施、公共服务和扶贫对象脱贫之间的资源分配。

2. 探索并实行有利于深度贫困地区实现脱贫攻坚目标的扶贫方式

深度贫困地区的扶贫方式，需要兼顾长期基础设施、公共服务项目和短期增收项目，结合各地的实际，创新更精准的扶贫方式。

产业扶贫。深度贫困地区龙头企业和专业化社会服务组织发育不足，一方面需要探索建立连接贫困户与市场的组织形式，通过外部的支持和地方市场组织的发展，更多地借助不受当地产业发展约束的电商扶贫平台，帮助各地的优势、特色产品实现价值；另一方面要寻求适合各地条件的资产收益扶贫、旅游扶贫等方式，拓展贫困户的增收渠道。

就业扶贫。深度贫困地区尤其是其中的一些少数民族聚居的片区，扶贫对象异地就业脱贫的难度比较大，需要根据各地的特点，开辟更多的就地就近就业途径。在交通条件相对便利的地区，借助东西协作扶贫的渠道发展扶贫车间，是一个不错的选择；结合社区发展需要，在环境卫生治理、道路和小型水利设施管护等方面适当提前设置必要的公益岗位，也可为部分扶贫对象提供就业机会。特别需要研究和探讨在深度贫困地区增加以工代赈机会的可能性和途径，比如在条件允许的地区开展基本农田建设、生态环境工程整治等，既可以改善这些地区长期的发展条件和能力，也可在短期内为扶贫对象增加一定的就业机会。

生态保护扶贫。深度贫困地区中不少是生态脆弱区或者限制开发区。探索建立上下游生态补偿机制，加大生态补偿力度，对于同步实现这些区域的生态环境保护和脱贫具有重要的意义。与前述理由相同，即使是着眼于生态补偿脱贫，也不能让受补偿的有劳动能力的扶贫对象坐享其成，不然既会养成受益者的依赖思想，也难以平衡相同区域内的贫困对象与其他居民之间的利益关系。更有效的方式是：（1）根据各地的生态环境保护需要和生态系统的特点，适当扩大生态工程建设，通过以工代赈的方式，为扶贫对象提供就业机会和收入；（2）合理确定一批生态公益岗位，让扶贫对象通过提供生态公益服务增加收入。

健康扶贫。深度贫困地区的健康扶贫，需要考虑其两个特点。一是这些地区扶贫对象的贫困深度远高于其他地区，这意味着他们在疾病面前更加脆弱、更容易陷于因病致贫的困境，因此更需要完善大病和慢性病治病费用保障体系；二是一些深度贫困地区扶贫对象面临的健康问题中，地方性环境因素和长期形成的生活习惯起着重要的作用。因此，这些地区的健康扶贫，需要更加关注地方病的防控、健康行为和生活方式的培养。

教育扶贫。在深度贫困地区尤其是其中的民族贫困地区，教育保障方面的贫困表现也有所不同。主要是：（1）深度贫困地区农民居住更加分散，一些地区山大沟深，低龄学生上学既不方便家长也不放心；（2）部分民族贫困地区，由于上学后就业机会少、外出务工人员比例低，读书“无用论”还存在一定的市场，小学高年级成为辍学高发人群；（3）部分民族贫困地区普通农民生活中平时汉语使用少，也在一定程度上影响了教育的热情和效果。因此，在这些地区实行教育扶贫，要把改善教育可达性摆在更重要的位置，通过恢复或增设教学点，增加校车的服务范围和频率等措施，避免和减少因上学不方便而辍学的情况发生，防止小学高年级和初中辍学；要继续加强民族地区双语教学，也可以创造条件试验远程教学，以部分减轻师资力量不足对教学的影响。

易地搬迁扶贫。在深度贫困地区，搬迁安置要更多地考虑民族文化和习惯，尽量整体搬迁。注重移民扶贫对象的生计安排，也要更多地考虑搬迁扶贫对象的生产习惯和能力，尽量避免直接将他们安置到城镇，要同时适应完全不同的生活环境和生存压力。

3. 适应深度贫困地区脱贫攻坚的需要，创新和加强组织和制度建设

更严格执行“省负总责，县抓落实”的工作机制和责任制。深度贫困地区的脱贫攻坚，需要从更高的层级来进行规划和管理，仅仅依靠贫困县的努力恐难以如期完成任务。要更严格执行脱贫攻坚中“省负总责，县抓落实”的工作机制和责任制，让深度贫困地区所在的省级党委和政府真正负起脱贫攻坚的总责，与贫困县一起共同肩负起相应的责任。这一点应该在国务院扶贫开发领导小组对省级党委、政府的扶贫成效考核制度中得到具体的体现。

让行业部门在深度贫困地区基础设施和公共服务改善中更有效地发挥作用。深度贫困地区基础设施和公共服务改善不仅是所在地区脱贫攻坚的重要内容，同时也直接影响贫困户增收计划的有效实施。而深度贫困地区基础设施尤其是部分地区尚未完善的骨干基础设施的改善、公共服务设施的建设，远远超出这些地区地方政府经济和专业可以承受的能力，要把深度贫困地区基础设施和公共服务改善的计划和筹资的责任更多地落实到行业部门，由地方政府负责实施。只有这样安排，深度贫困地区脱贫攻坚的任务才有可能如期完成。

实行更精准的帮扶。深度贫困地区贫困面大、致贫原因复杂、扶贫和脱贫的任务重，按常规方式配置帮扶力量可能难以真正做到精准扶贫。需要配置更加强有力和更多的全职帮扶干部，与当地干部一起共同帮扶扶贫对象。重新调整后的东西部扶贫协作的组织和形式，也要根据深度贫困地区的脱贫任务进行必要的调整，以便更好地发挥东西部协作互补的优势。近两年探索出来的一家企业帮扶一个贫困地区脱贫的做法，也可以鼓励向深度贫困地区延伸。

4. 建立和完善适合深度贫困地区特点和脱贫需要的考核评估制度

深度贫困地区的考核评估制度，也需要结合地区贫困特点和脱贫攻坚任务，进行相应的完善。首先，深度贫困地区扶贫对象“两不愁三保障”的表现与其他地区有所不同，如饮水和燃料困难在一般贫困地区已不再是重要约束，但在不少深度贫困地区依然比较突出，这两个指标与不愁吃都直接相关，在考核时需要予以特别关注。与基本医疗保障相关的是，深度贫困地区地方病和与环境卫生相关的疾病比较突出，考核时也需要特别予以关注；同样，深度民族贫困地区的住房安全标准，也需要考虑民族特点。

其次，深度贫困地区扶贫考核，在坚持结果导向的同时，需要适当增加过程和产出考核指标。不少深度贫困地区的脱贫，包括贫困户脱贫、贫困村摘帽和解决整体贫困问题三个方面的任务，仍是一个需要在实现扶贫对象“两不愁三保障”、改善区域和社区基础设施与公共服务方面进行艰苦努力的过程，仅仅关注脱贫结果、不同步改善制约扶贫对象脱贫的社区和区域性障碍，最终有可能会延误脱贫攻坚的进程。因此，在未来 3 年考核中，在关注脱贫结果的同时，适当关注扶贫过程和产出，使贫困户、贫困村和区域性整体贫困有效衔接和协调推进，就具有十分重要的意义。

最后，东西协作扶持深度贫困地区脱贫攻坚，在深度贫困地区脱贫攻坚中具有比在其他地区更加重要的意义。将东西协作扶持深度贫困地区脱贫的效果单独列入东西扶贫协作指标考核，有助于引导和推动东西协作扶持深度贫困地区的健康发展。

（五）关注脱贫攻坚过程中出现的疲劳综合征和道德风险

我国自2013年底开始启动精准扶贫、2015年底正式开始打响脱贫攻坚战，按计划到2020年底结束，时间跨度长、工作任务重、社会压力大，对于各级党政领导、专业扶贫部门、帮扶部门的广大工作人员和扶贫对象来说，都是一场持久战。长期在高负荷、高压下工作，到了一定时期部分人就会出现扶贫工作疲劳综合征，在精神和身体上产生厌倦、抵触、逃避进而敷衍的状态，将影响到脱贫攻坚的质量和如期完成。另外，随着越来越多的地区进入脱贫考核验收期，难免会有少数地区会根据观察和了解到的考核验收制度和方法中存在的漏洞，找出应对的办法，敷衍通过考核验收，导致出现假脱贫。对于脱贫攻坚过程中可能出现的疲劳综合征和道德风险，需要未雨绸缪，探索和总结出应对扶贫工作疲劳综合征和道德风险的有效政策和方法，以保证实现预期的脱真贫、真脱贫。

参考文献

1. D. Coady, M. Grosh and J. Hoddinott, “*Targeting of Transfers in Developing Countries: Review of Lessons and Experience*”, Washington, D. C.: The World Bank, 2004.
2. World Bank: “*World Development Report* 2000/2001: *Attacking Poverty*”, Oxford University Press, 2000.
3. 财政部农业司：《中央财政安排8省市2016年贫困县涉农资金整合试点奖励资金6.4亿元》，财政部网站，http://nys.mof.gov.cn/zhengfuxinxi/bgtGongZuoDongTai_1_1_1_1_3/201706/t20170605_2615272.html，2017年6月5日。
4. 东北师范大学中国农村教育发展研究院：《乡村教师支持计划（2015～2020年）实施评估报告》，东北师范大学中国农村教育发展研究院，http://ire.nenu.edu.cn/info/1036/2688.htm，2017年9月15日。
5. 国家发改委：《十三五易地扶贫搬迁规划》，国家发改委网站，http://www.ndrc.

gov. cn/zcfb/zcfbtz/201610/W020161031494556658763. pdf，2016。

6. 国家统计局住户调查办公室：《中国农村贫困监测报告 2017》，中国统计出版社，2017。
7. 李培林、魏后凯主编《中国扶贫开发报告（2016）》，社会科学文献出版社，2016。
8. 刘永富：《国务院关于脱贫攻坚工作情况的报告》，中国人大网，http：//www.npc. gov. cn/npc/xinwen/2017 –08/29/content_ 2027584. htm，2017 年 8 月 29 日。
9. 孙雪东：《用好用活规划政策全力助推脱贫攻坚》，国土资源部网站，http：//www. mlr. gov. cn/wszb/2017/fpydzclt/zhibozhaiyao/201710/t20171009 _ 1609219. htm，2017 年 10 月 9 日。
10. 吴国宝：《创新扶贫治理体系　推动精准扶贫迈上新台阶》，光明网理论频道，http：//theory. gmw. cn/2016 – 09/09/content _ 21904122. htm，2016 年 9 月 9 日。
11. 谢经荣：《推动万企帮万村行动提质增效，助力打赢脱贫攻坚战》，《中国扶贫》2017 年第 16 期。
12. 赵勇军：《贵州出台深度贫困地区脱贫攻坚行动方案》，《贵州日报》2017 年 8 月 7 日。
13. 财政部：《全国一般公共预算支出决算表》（2012、2013、2014、2015、2016），财政部网站，http：//www. mof. gov. cn/zhengwuxinxi/caizhengshuju/，2013，2014，2015，2016，2017。
14. 国家统计局：《2016 年农民工监测调查报告》，国家统计局网站，http：//www. stats. gov. cn/tjsj/zxfb/201704/t20170428_ 1489334. html，2017 年 4 月 28 日。
15. 国家统计局住户调查办公室：《中国农村贫困监测报告 2016》，中国统计出版社，2016。
16. 人力资源和社会保障部：《2016 年度人力资源和社会保障事业发展统计公报》，人力资源和社会保障部网站，http：//www. mohrss. gov. cn/SYrlzyhshbzb/zwgk/szrs/tjgb/201705/W020170531358206938948. pdf，2017。

专 题 篇

Report on Special Studies

B.2
中国精准扶贫政策体系的演变

白 描*

摘 要： 精准扶贫作为中国扶贫攻坚的基本方略，其提出并非一蹴而就，而是基于中国长期扶贫实践不断探索与总结，最终上升至理论层面的结果。本报告系统梳理了中国扶贫政策的阶段特征，从中勾勒出精准扶贫政策体系的演进路径，发现精准扶贫政策体系的建立实际上渗透于中国扶贫政策变革的每一步，它既有对过往有效经验的延续，又有立足于实际国情的创新。

关键词： 精准扶贫 政策体系 历史演进

* 白描，博士，中国社会科学院农村发展研究所助理研究员。

贫困是一项世界性的难题。各国政府及众多世界组织多年来致力于制定扶贫政策以消除贫困的举措，体现了人类社会在追求效率的同时兼顾公平的原则与善意。《论语》言“不患寡而患不均”，均则安定的思想恰好体现了扶贫的意义。

对中国这样一个建立在百年落后与战争废墟之上、人口基数大、农村人口占比高的国家而言，扶贫不仅是一项长期、艰巨的任务，而且在理论与实践层面都无他国模板可以参照，面临的困难与挑战可谓不胜枚举。经历近四十年艰苦卓绝的探索与努力，中国政府基于国情开创了一条精准扶贫之路，在世界扶贫开发史册上留下了浓墨重彩、具有先驱意义的一笔，这烙有中国特色印记的理论创新为发展中国家的扶贫开发实践提供了重要的参照。

当然，精准扶贫政策体系的形成，是对中国长期扶贫开发实践和经验不断总结与有效升华的结果，其形成渗透于中国扶贫政策体系历史演进的每一步。

一　精准扶贫的提出与政策要义

新中国成立伊始，中国政府面对一穷二白、全国绝大多数人口处于贫困状态的处境，为促进生产、提升国力，先后采取了土地改革、改善农村基础设施、基础教育、基本医疗服务条件以及社会保障等措施。虽然这些政策的靶向并非直接瞄准减缓贫困，但客观上起到了缩小收入差距、大面积消除农村贫困的作用。改革开放之初，虽未形成固定的扶贫政策体系，但是以家庭联产承包责任制为中心的农村经营体制改革极大地促进了农业产出增长与农民收入提高，大幅减少了贫困人口。

1986 年，中国正式进入大规模开发式扶贫阶段，扶贫对象主要锁定为国家及各省确定的贫困县。政府制定了一系列扶贫政策，由专门的机构负责落实，借由提高贫困人口的自我发展能力和推动贫困地区的经济发展来实现减贫目标。进入 21 世纪以来，受国内外政治、经济、社会、环境变化的影响，以县为单位的瞄准机制逐渐显现出诸如瞄准性差、扶贫资金收益低、政策扶贫成效不显著等弊端。基于2001年印发的《中国农村扶贫开发纲要(2001—2010年)》，中国政府将扶贫瞄准目标由县转移至村。然而这种以村为扶持对象的瞄准机制并没有明显改善瞄准精度，反而受全球经济增长下行压力的影响，扶贫开发的成效减弱。

之后，中国政府将国家扶贫标准提高至年人均收入2300元（2010年不变价格)。同时将扶贫内容由促进区域发展、完善基础设施、发展种养业转变为以连片特困地区为主战场从基础设施、基本公共服务、社会保障、环境保护等多维并进。但是，“漫灌式”的扶贫方式，加上组织管理体制上的短板、考核评估机制的不完善，扶贫政策的成效依旧不尽如人意。

事实上，进入“十二五”阶段，中国农村的贫困问题已显现出从制度约束导致的贫困向区域条件约束、农户能力约束导致的贫困转变的特点，无论是消除贫困、加快贫困地区发展的内在要求，还是促进共同富裕、全面建成小康社会的外在要求，都需要精心设计一个有效的、综合性的扶贫政策体系。

顺势而为，2013年11月，习近平总书记在考察湖南湘西时首次提出了精准扶贫的思想。此后，他在2014年“两会”及2015年考察云南和贵州时，多次重申实施精准扶贫的战略意义，并进一步明确“六个精准”的要求，即“扶持对象要精准、项目安排要精准、资金使用要精准、措施到位要精准、因村派人要精准、脱贫成效要精准”。之后，精准扶贫正式被确定为中国扶贫开发的基本方略。

“精准扶贫是为了精准脱贫”，战略的关键在于解决“扶持谁”、“谁来扶”以及“怎么扶”的问题。要解决“谁来扶”和“怎么扶”的问题，首先要把真正的贫困人口准确识别出来，既要避免识别错误，又要防止漏出。在此基础上，深入识别贫困程度，分析致贫原因，方可因户施策、因人施策。根据习近平总书记在2015年全国扶贫开发工作会议上的讲话，要解决“谁来扶”的问题，需“加快形成中央统筹、省（自治区、直辖市）负总责、市（地）县抓落实的扶贫开发工作机制，做到分工明确、责任清晰、任务到人、考核到位”。至于“怎么扶”的问题，解决关键在于因地制宜，根据贫困地区和贫困人口的实际情况，实施“五个一批”工程，即“发展生产脱贫一批，易地搬迁脱贫一批，生态补偿脱贫一批，发展教育脱贫一批，社会保障兜底一批”。

二　精准扶贫政策体系的历史演进

改革开放以来，我国以中共中央、国务院、全国人大中央以及国务院扶贫开发领导小组（之前的国务院贫困地区经济开发领导小组）等组织的名义，下发过一系列专门的扶贫政策或包括扶贫政策的文件，与其他部门或部门联合下发的扶贫政策文件一起，共同筑就了精准扶贫政策体系的演进之路。综合考虑扶贫目标、扶贫对象、扶贫方式、扶贫主体等政策要件的特征，将中国扶贫政策演变历程划分为以下四个阶段。

（一）扶贫政策体系形成之前（1978 ~1985年）

在这一阶段，扶贫政策的路径由过去的单纯依靠救济向充分发挥贫困地区自我发展能力转变。

基于过去的扶贫实践，中国政府逐渐将扶贫重点锁定为连片贫困地区，并且政策的要义在于通过因地制宜发展区域经济、加强基础设施建设来提高农民收入，进而实现基本上解决温饱的政策目标。在 1982 年召开的第 12 届全国人民代表大会上，中国政府确定今后一段时期内，增加农民收入主要依靠帮助低产和受灾地区的贫困农民发展生产来实现，而“不能再主要靠提高农产品价格”或者“降低征购派购基数和扩大议价范围”的做法。1982 年 12 月 22 日，国务院成立三西（河西、定西、西海固）地区农业建设领导小组，同年 12 月 30 日和次年 1 月和 2 月先后召开领导小组第一会议和第二次扩大会议。两次会议确定“三西”地区农业建设的目标为：加快河西商品粮基地建设，促进甘肃中部定西地区和宁夏西海固地区农业建设；明确了把救济同长远建设结合起来的思路，确定就地开发、移民和恢复生态平衡结合的方针和“统筹兼顾、全面发展和综合治理”的方针，拉开了我国区

域开发扶贫的序幕。

1983 年的中央“一号文件”强调为充分发挥边远山区和少数民族地区的资源优势，应放宽各项政策，同时“有效地利用国家财政扶持，开展多种经营，以工代赈”，并辅以“改善交通条件，解决能源困难，防治地方病，办好教育”等措施。党的十三大报告延续了十二大的政策思路，指示“对少数民族地区和贫困地区，要给予必要的支援，进一步研究和制定符合这些地区实际情况的政策，增强它们的发展活力，促进这些地区的经济繁荣”。

在发展过程中，中国政府认识到，农村经济管理体制的缺陷是造成产业结构不合理、区域优势不能充分发挥、减贫缓慢的一个重要原因。因此，1985 年的“一号文件”以“扩大市场调节，使农业生产适应市场的需求，促进农村产业结构的合理化”为主要抓手，提出十项活跃农村经济的重要举措。

1984 年，中共中央、国务院发布《关于帮助贫困地区尽快改变面貌的通知》（以下简称《通知 1984》①），这是我国扶贫开发历史上一个具有划时代意义的重要文件。针对发展区域经济问题，《通知 1984》提出三个政策着力点。（1）依靠贫困地区自身力量因地制宜发展生产，实施以下政策举措：首先，鼓励贫困地区根据当地的自然资源条件开展多种经营；其次，扩大农民的经营主动权，包括延长耕地承包期，允许转让承包权，牲畜、草山、草坡分到户等；再次，在发展生产的基础上，帮助山区增加贮藏加工设备，尽量把产品变为商品；最后，改善贫困地区的公路、水路运输条件，加速商品周转。（2）国家对贫困地区应有必要的财政扶持，但不能再采取“撒胡椒面”式的平均做法。（3）放宽对贫困地区的政策，增强本地区经济的内部活力。具体措施包括：第一，减轻负担。从 1985 年起，贫困地区视贫困程度减免农业税 1 ~5 年。同时，在贫困地区整顿其他各种负担和摊派，“该减的减，该免的免，该留的留”。第二，给予优惠。“外地到贫困地区兴办

① 因历年出台了很多扶贫通知、决定及纪要，故在简称中加上年份以实现区分。

开发性企业（林场、畜牧场、电站、采矿、工厂等）五年内免交所得税”。第三，放开购销。农、林、牧、副、土特产品改统购、派购为自由购销，且国营部门和供销合作社积极开展代购代销业务。

（二）多主体参与的大规模扶贫开发阶段（1986 ~2006年）

1986 年 4 月，全国人大六届四次会议将扶持老、少、边、穷地区尽快摆脱经济文化落后状况作为一项重要内容列入国民经济“七五”发展计划。中国由此正式进入大规模的扶贫开发阶段，出台了一系列旨在解决温饱问题的扶贫政策。

这一阶段，扶贫政策的主要出发点仍然是灵活发展商品经济，激发贫困地区内部的经济活力。党的十三大和十四大报告再次重申加大对少数民族地区、边疆地区、革命老根据地和贫困地区的扶持力度，因地制宜促发展。基于这个政策方向，《中国农村扶贫开发纲要（2001—2010 年）》（以下简称《纲要 2001》）提出“把贫困人口集中的中西部少数民族地区、革命老区、边疆地区和特困地区作为扶贫开发的重点”。

同时，中国政府在致力于解决温饱问题的基础上，开始关注城乡二元经济结构的制约与地区收入差距扩大对扶贫工作的影响。为此，党的十六大报告指示要“继续大力推进扶贫开发”，通过加快城镇化进程，“促进社会全面进步”，“保证人民共享发展成果”。这一转变在扶贫政策中亦有体现，《中共中央国务院关于尽快解决农村贫困人口温饱问题的决定》（以下简称《决定 1996》）提出要关注区域经济差异与人均收入差距，正确处理贫困地区“发展地方经济和解决群众温饱、富县与富民的关系”。

与前一阶段相比，这个时期的扶贫政策在扶贫对象、扶贫方式、扶贫主体等方面都有明显变化，集中体现在 1986 年《国务院贫困地区经济开发领导小组第一次全体会议纪要》（以下简称《纪要 1986》）、1987 年颁布的《国务院关于加强贫困地区经济开发工作的通知》（以下简称《通知 1987》）、《决定 1996》以及《纲要 2001》四个文件中。

（1）在扶贫对象方面，除了继续重视集中连片特困地区的问题外，在

细化扶贫对象方面进行了诸多探索。《通知 1987》提出了对扶贫对象进行细化与识别的具体措施，这为后面精准识别机制的建立提供了先验性的实践参考。相关政策措施包括：第一，扶贫落实到户，不仅要“摸清底数，明确对象”，而且“要为贫困户建立档案，县建簿、乡造册、户立卡”，“按期检查验收”；第二，“每个贫困县都要组织干部逐乡、逐村、逐户调查”，彻底厘清没有解决温饱的贫困户、五保户以及救济户。

在细化扶贫对象的基础上，这一阶段的政策还强调扶贫措施要视扶贫对象的不同加以区分。《纪要 1986》提出解决集中连片的最贫困地区的问题要“按照统一规划、分级负责、分类指导的办法”实行。《通知 1987》主张扶贫工作要按照先易后难的顺序分批推进，“优先扶持有志气、肯努力的贫困户，先温饱、先脱贫”，“带动其他贫困户，分年分批解决问题”。《决定 1996》分解扶贫任务，提出“领导联系到村，帮扶对口到村，计划分解到村，资金安排到村，扶持措施到户，项目覆盖到户，真正使贫困户受益”的原则。在扶贫对象方面，依然以县为基本单位，以贫困乡村为基础，强调扶贫开发的首要对象为“贫困地区尚未解决温饱问题的贫困人口”。

（2）在扶贫主体方面，政策的转变集中体现为在强调国家支持的同时，动员全社会的力量，通过不同的形式共同改变贫困地区的贫困面貌。此特征在这个阶段的政策文件中均有体现。《纪要 1986》要求各有关部门和单位共同配合，通力协作。在此基础上，《通知 1987》做出更深入的指示，一是涉及阻碍贫困地区发展突出问题，例如饮水、农电、公路等，各有关部门要“尽快专门研究，采取有力的措施，协同地方，认真解决”。二是要“充分发挥科研单位、大中专院校、群众团体和民主党派智力扶贫的作用”。《决定 1996》则进一步强化党政机关和企事业单位的扶贫责任，派出定点帮扶工作团组。

在这一时期，上述中央文件均提到在引入社会扶贫力量的同时，要加强区域协作，形成帮扶长效机制，通过改善投资环境，实施配套的优惠政策，吸引经济发达地区、大中城市通过各种形式参与到贫困地区的发展中来，借由多层次的横向经济联合以及落实对口帮扶任务到县，来打破贫困地区

“内向型的低水平自我循环状态”。

此外，《决定1996》还提出加强扶贫开发领域的国际合作，引入国际组织和非政府组织，这一政策主张在后续的中央文件中被延续和发展。

（3）在扶贫方式方面，与前一阶段相比，这一时期的扶贫方式趋于灵活和多样化，强调根据贫困地区的实际情况，在“个别缺乏基本生产、生活条件的地方”，相机采取移民方式将贫困人口转移；在“人口数量超过资源承载能力的地方”，利用劳动力输出的方式，有效利用贫困地区的剩余劳动力，增加其收入。在此基础上，《纲要2001》进一步提出要做好移民搬迁与劳动力转移的后续工作，实现稳定脱贫。具体政策包括：在劳动力转移方面，提出一方面加强贫困地区劳动力的职业技能培训，另一方面鼓励本地用人单位优先吸纳贫困地区劳动力；在移民搬迁方面，特别强调要以有利于生态环境保护的原则，“结合退耕还林还草实行搬迁扶贫”。搬迁前要坚持自愿原则，因地制宜；搬迁后要细致做好各项工作，“处理好迁入人口和本地人口的关系，尽快提高迁入人口的收入水平和生活质量”。

在就地发展方面，这一时期的政策也有更加深入的探索。《纪要1986》、《通知1987》及《决定1996》均强调支持与重点发展乡镇企业特别是龙头企业，增加贫困农户就业机会的同时，带动地区生产发展。《决定1996》还要求“把贫困户脱贫致富与发展农业产业化结合起来”。

（4）在组织管理方面，强调分解扶贫目标，逐级落实责任，并把扶贫任务完成的好坏作为考核领导干部政绩的重要依据。这一政策倾向在《纪要1986》和《通知1987》中均得到体现。在此基础上，《决定1996》进一步明确“实行党政一把手扶贫工作责任制”，并对建设稳定的扶贫开发队伍做出具体指示，包括加强以村党支部为核心的贫困地区农村基层组织建设、充实与扶贫攻坚任务相适的各级扶贫开发工作机构、分层强化扶贫队伍的培训、完善贫困村主要干部的误工补贴制度以及建立明确的奖惩机制。《纲要2001》延续了这些政策措施，提出依然按照“扶贫开发工作责任到省、任务到省、资金到省、权力到省的原则”落实扶贫工作责任制，实行扶贫工作党政“一把手”负责制。

此外，《纲要2001》特别提出“加强扶贫开发统计监测工作”的举措，这为后续探索脱贫成效精准提供了有益的参考。要求统计部门“制定科学规范、符合实际的监测方案”，采取多种方法采集、整理、反馈和发布扶贫信息，强化对贫困人口收入水平、生活质量以及贫困地区经济社会变化情况的动态监测。

（5）在扶贫内容方面，这一阶段的政策重点除了发展种养业和加强基础设施建设之外，也开始关注基本公共服务和环境保护这两个层面。《决定1996》提出“改善生产条件和生态环境，实现可持续发展”。同时，要“积极发展合作医疗，逐步建立农村的基本医疗保障制度，减轻农民的医药负担，减少因贫致病、因病致贫返贫的现象”。《纲要2001》则从基础设施、公共服务设施、社会保障和环境保护等方面提出了更为系统的举措，借此“进一步改善贫困地区的基本生产生活条件，巩固温饱成果，提高贫困人口的生活质量”，为实现小康社会建设目标创造条件。此外，这一阶段的政策在促进区域发展方面也有新的转变。一是探索“公司+农户”和订单农业等方式，引导和鼓励大中型农产品加工企业在贫困地区建立原料生产基地，为贫困地区提供产前、产中、产后系列一体化服务；二是“密切结合西部大开发”的要求，推进农业产业化经营，“形成有特色的区域性主导产业”。

（6）在政策工具方面，除了单一的财政转移，这个时期的扶贫政策从金融、税收、优惠政策等角度进行了多样化的探索。《纲要2001》提出“要进一步扩大以工代赈规模”，同时“继续安排并增加扶贫贷款”。此外，财政扶贫资金，要实行专户管理。《决定1996》提出在贫困地区实行税收、优惠政策相结合的多项举措，包括：免除贫困户粮食定购任务；放宽扶贫贷款抵押、担保条件并适当延长使用期限；对尚未解决温饱的贫困户减免农业税和农业特产税，同时“对贫困县新办企业和发达地区到贫困地区兴办的企业，在三年内免征所得税”；“逐步加大对贫困地区转移支付的力度，各有关省、自治区要尽快建立和完善二级转移支付制度，为贫困地区提供更大的财力支持”；“根据谁受益、谁负担的原则，适当提高库区建设基金和库区维护基金标准，专项用于解决水库移民的温饱问题”等。

上述政策文件对扶贫资金的使用与管理进行了规范，相关措施为精准扶贫体系中资金使用要精准和项目安排要精准的探索奠定了重要的实践基础。首先，资金的分配由过去的“撒胡椒面”式变为统筹规划，合理使用。根据《通知 1987》，扶贫资金要按使用效益分配，以“扶持的贫困户能不能按期解决温饱问题”和“信贷资金和其他有偿资金能不能如期归还”作为评价标准。《决定 1996》则更加明确了分配方案，阐述了由国务院扶贫开发领导小组统一确定，经各资金管理部门一次分配到省（自治区），然后由各省（自治区）统一安排使用的分配流程，主张做到“四到省”。其次，在资金使用方面，《通知 1987》做出指示，要把中央和地方各种扶贫资金有机结合，捆绑使用，以提高资金的整体效益。《决定 1996》则强调了资金使用的规范化。包括在使用前“要经有关银行事前审查论证”，使用中“要相互结合、配套使用”。最后，资金的监管方面，《通知 1987》只提出在今后的扶贫开发工作中拟建立定期检查制度。《决定 1996》则在此基础上更进一步，提出了具体的措施，要求各有关部门“进行经常性检查和专门审计”，务必做到各类扶贫专项资金“及时足额到位”以及“不准改变资金的用途和使用范围、不准挪用、拖欠和挤占”。若发现问题要问责，“严肃处理，触犯刑律的要绳之以法”。

（三）多种方式并行的多维度扶贫政策阶段（2006 ~2013年）

2008 年，我国大幅提高了国家扶贫标准，同时允许各省（自治区、直辖市）结合当地实际情况制定高于国家标准的地方扶贫标准。

这一阶段中国扶贫政策最明显的变化是提出了“坚持开发式扶贫和农村社会保障两手抓”。党的十七大报告指出，要“加快建立覆盖城乡居民的社会保障体系”，“完善城乡居民最低生活保障制度，逐步提高保障水平”。同时，将扶贫开发与西部大开发结合起来，在重大项目布局上要有所倾斜。2011 年 11 月 29 日召开的中央扶贫开发工作会议同样强调了实现国家新增社会保障投入向贫困地区倾斜，新型农村社会养老保险全覆盖。在这次会议上，时任总理温家宝将近十年的扶贫战略概括为：“以经济发展为带动力量、以增强扶贫对象自我发展能力为根本途径，政府主导、社会帮扶与农民主体作用相结合，普惠性政策与特惠性政策相配套，扶贫开发与社会保障相衔接的中国特色扶贫开发道路。”党的十八大报告再次强调“统筹推进城乡社会保障体系建设。完善社会救助体系，健全社会福利制度，支持发展慈善事业，做好优抚安置工作。建立市场配置和政府保障相结合的住房制度，加强保障性住房建设和管理，满足困难家庭基本需求”。

相较于之前两个阶段，这个时期的扶贫政策呈现在内容上由侧重种养业、基础设施向种养业、基础设施、公共服务、社会保障、环境保护并重，在方式上趋于救济、补贴、金融、税收、优惠政策相结合的特征。这些变化在2011年印发的《中国农村扶贫开发纲要（2011—2020年）》（以下简称《纲要2011》）中得到了突出体现。

（1）在扶贫目标和方针方面，扶贫目标由过去一直强调的基本解决温饱问题过渡到“稳定实现扶贫对象不愁吃、不愁穿，保障其义务教育、基本医疗和住房”。相应地，扶贫方针则在过去坚持开发式扶贫的基础上，致力于实现“扶贫开发和农村最低生活保障制度有效衔接”，借以实现扶贫开发与推进城镇化、建设社会主义新农村相结合，与生态建设、环境保护相结合的扶贫新格局。

（2）扶持对象方面，确定为“在扶贫标准以下具备劳动能力的农村人口”，即目标瞄准由县、村转变为户。建立和完善扶贫对象识别机制，通过为贫困人口建档立卡，实施有进有出的动态管理。

（3）在扶贫方式方面，致力于探索有助发挥专项扶贫、行业扶贫和社会扶贫的综合效益的多样化模式，并有针对性地提出了详尽的措施，这为之后完善精准扶贫政策体系做到措施安排精准提供了重要的实践参考。具体而言包括几个方面。①专项扶贫方面：除了易地搬迁、劳动力转移之外，因地制宜探索整村推进、以工代赈、产业扶贫等方式。其中，易地扶贫搬迁在过去政策方向的基础上，进一步强调善后工作；整村推进的政策要点在于自下而上制定规划，“分期分批实施”，“连片开发”；以工代赈政策实施的着力点在于：“有效改善贫困地区耕地（草场）质量，稳步增加有效灌溉面积”、

“加强乡村（组）道路和人畜饮水工程建设”，以及“开展水土保持、小流域治理和片区综合开发，增强抵御自然灾害能力”。产业扶贫则强调要“充分发挥贫困地区生态环境和自然资源优势”，培植特色支柱产业，同时“通过扶贫龙头企业、农民专业合作社和互助资金组织，带动和帮助贫困农户发展生产”。②行业扶贫方面：一是发展特色产业、各类专业合作组织，并完善农村社会化服务体系；二是积极开展科技扶贫，完善适合贫困地区的新型科技服务体系；三是通过“健全贫困地区基层医疗卫生服务体系，改善医疗与康复服务设施条件”，“提高新型农村合作医疗和医疗救助保障水平”；四是完善社会保障制度，包括“逐步提高农村最低生活保障和五保供养水平”、“健全自然灾害应急救助体系”、“加快新型农村社会养老保险制度覆盖进度”、“加快农村养老机构和服务设施建设”、“加快贫困地区社区建设”、“扩大农村危房改造试点”以及“完善农民工就业、社会保障和户籍制度改革等”；五是重视能源和生态环境建设，包括“加快贫困地区可再生能源开发利用”、“加大农村环境综合整治力度”、“加强草原保护和建设”、加大地质灾害防治力度（特别是灾害易发区内的监测预警、搬迁避让、工程治理等综合防治措施）。③社会扶贫方面：主要还是延续了过去的政策要点，包括加强定点扶贫、对口帮扶以及东西部协作等。

（4）在政策工具方面，一是进一步完善农村金融服务体系，包括完善国家扶贫贴息贷款政策、推动贫困地区金融产品和服务方式创新、继续实施残疾人康复扶贫贷款项目、尽快实现贫困地区金融服务全覆盖、引导民间借贷规范发展、积极发展农村保险事业并完善中央财政农业保险保费补贴政策等；二是加大对贫困地区（尤其是连片特困地区）的财税支持以及基础设施建设、生态环境和民生工程等的投资。

（5）在组织管理方面，除了继续强化党政一把手负总责的扶贫开发责任制、加强基层扶贫组织建设之外，着重探索了如何进一步完善扶贫开发工作考核激励机制以及建立健全贫困监测制度。特别是《纲要 2011》提出扶贫开发要实现法制化，通过“加快扶贫立法，使扶贫工作尽快走上法制化轨道”。

（四）精准扶贫提出以来的扶贫政策阶段（2014年至今）

这一阶段，精准扶贫的战略意义进一步得到明确，并被正式确定为中国扶贫开发的基本方略。这一时期扶贫政策的着力点主要在于探索满足扶持对象精准、项目安排精准、资金使用精准、措施到位精准、因村派人精准以及脱贫成效精准要求的有效措施安排。

2015年习近平总书记在中央扶贫开发工作会议上所做的报告对精准扶贫政策体系进行了全面精准的说明，从而奠定了“十三五”时期脱贫攻坚的主要政策方向。该报告指出，提高脱贫攻坚成效的关键在于“找准路子、构建好的体制机制”；在组织领导方面，“要层层签订脱贫攻坚责任书、立下军令状”，并“把脱贫攻坚实绩作为选拔任用干部的重要依据”。同时，“建立年度脱贫攻坚报告和督察制度，加强督察问责”。在扶贫资金使用与管理方面，除了要增加投入力度外，还要加大整合力度，“加强扶贫资金阳光化管理”，并“加快农村金融改革创新步伐”。此外，习近平总书记在报告中还指出，“精准扶贫是为了精准脱贫”，需要设定时间表，严格评估，逐户销号，有序退出。

在此基础上，党的十九大报告重申要“坚持精准扶贫、精准脱贫”，打赢脱贫攻坚战，让贫困人口和贫困地区共享全面小康社会。报告指出，扶贫开发应“坚持中央统筹，省负总责，市县抓落实的工作机制，强化党政一把手负总责的责任制，坚持大扶贫格局，注重扶贫同扶志、扶智相结合，深入实施东西部扶贫协作，重点攻克深度贫困地区脱贫任务”，确保到2020年“现行标准下农村贫困人口实现脱贫，贫困县全部摘帽，解决区域性整体贫困”。

由此可见，这一阶段的扶贫政策凸显了对“精准”的全方位探索，体现了扶贫方式由“大水漫灌”向“精准滴灌”转变、开发模式由依赖救济向提升自我和区域发展能力转变以及考核评价由唯地区生产总值向重脱贫成效转变的特征。这些创新，集中体现在下列扶贫政策文件中：《关于创新机制扎实推进农村扶贫开发工作的意见》（以下简称《意见2014》）、《中共中央国务院关于打赢脱贫攻坚战的决定》（以下简称《决定 2015》）以及《“十三五”脱贫攻坚规划》（以下简称《规划 2016》）。具体而言包括以下几个方面。

（1）在对象识别方面：主要是总结过去扶贫实践的成功经验与失败教训，摸索出一套行而有效的精准识别方法，以确保扶贫工作是“扶真贫”。《意见 2014》在国家制定统一的扶贫对象识别办法的基础上，提出“按照县为单位、规模控制、分级负责、精准识别、动态管理的原则，对每个贫困村、贫困户建档立卡，建设全国扶贫信息网络系统”。

在此基础上，《决定 2015》主张不仅要“对建档立卡贫困村、贫困户和贫困人口定期进行全面核查，建立精准扶贫台账”，而且要“建立贫困户脱贫认定机制”及重点县退出机制，实行有进有出的动态管理。《规划 2016》进一步指出，在完善建档立卡工作的基础上，借由大数据管理，“健全贫困人口精准识别与动态调整机制”，以及完善贫困统计与监测机制。

（2）在帮扶措施方面：所有这些政策文件首先强调的就是在深入分析致贫原因和探究制约贫困地区发展瓶颈的基础上，“因户施策，因人施策”，做到“真扶贫”。在这方面，《意见 2014》提出落实“整村推进、易地扶贫搬迁、以工代赈、就业促进、生态建设等工作”的同时，要做好村级道路畅通、饮水安全、农村电力保障、危房改造、特色产业增收、乡村旅游扶贫、教育扶贫、卫生和计划生育、文化建设以及贫困村信息化等工作，共同助力扶贫开发。《决定 2015》主张分类扶持，即利用产业扶持、易地搬迁、转移就业、医疗救助、教育支持等方式帮助绝大多数建档立卡贫困人口脱贫，余下完全或部分丧失劳动能力的贫困人口则由社保政策兜底。《规划 2016》在此基础上，从产业发展脱贫、转移就业脱贫、易地搬迁脱贫、社会扶贫、健康扶贫、生态保护扶贫、教育扶贫、兜底保障、提升贫困地区区域发展能力及保障措施十个方面提出了具体实施措施。从这些举措中可以看出，在精准扶贫政策体系框架下，扶贫的方式达到了前所未有的多样化，各项政策措施则既延续了之前的有效经验，又进行了更为深入、系统的探索。此外，《规划 2016》还提出积极探索贫困人口参与机制，通过“提高贫困人口参与市场竞争的自觉意识和能力，建立健全贫困人口利益与需求表达机制”、“推动扶贫开发模式由‘输血’向‘造血’转变”。

(3) 在脱贫成效考核方面：实施大规模扶贫开发以前，中国对脱贫绩效的考核更多地停留在要求或者说设想方面，并无具体措施。之后，逐渐开始探索建立扶贫开发工作考核激励机制，但存在考核办法不够系统化、考核主体单一、考核内容偏重数量、考核力度偏弱以及未形成机制等问题。在精准扶贫政策体系框架下，中国政府对脱贫成效考核如何精准进行了更加深入的探索。首先，明确考核指标。《意见 2014》要改进贫困县考核机制，“把提高贫困人口生活水平和减少贫困人口数量作为主要指标”。《决定 2015》“大幅度提高减贫指标在贫困县经济社会发展实绩考核指标中的权重，建立扶贫工作责任清单”。其次，完善考核主体。《决定 2015》在这方面有突出贡献，提出“加强对扶贫工作绩效的社会监督，开展贫困地区群众扶贫满意度调查，建立对扶贫政策落实情况和扶贫成效的第三方评估机制”。《规划 2016》延续了这一政策方向。最后，建立考核的长效机制。在明确脱贫攻坚责任分工的基础上，“建立年度扶贫开发工作逐级督查制度”，并“研究建立重点县退出机制，建立扶贫开发效果评估体系”。同时，严格扶贫绩效考核，“强化执纪问责”。在考核内容上，则强调不仅要看减贫数量，更要注重脱贫质量。

(4) 在资金使用方面：虽然之前的扶贫政策围绕扶贫资金分配、使用和项目实施进行了一系列有针对性的探索，但在资金渠道、监督机制、配套措施方面存在明显不足。《意见 2014》和《决定 2015》探索政府与社会资本合作、政府购买服务等多样化模式来拓展资金渠道，同时，通过“建立健全脱贫攻坚多规划衔接、多部门协调长效机制”，整合同类的涉农资金，实现由多头分散向统筹集中转变。在建立健全监督机制方面，一是充分发挥审计、纪检、监察等多部门的作用；二是逐步引入社会监督力量，多方协作，共同强化对扶贫资金的监督、审计、稽查，并加大对违纪违法行为的惩处力度。同时，相关扶贫政策还探索了把资金使用绩效评价结果与资金分配、扶贫开发工作考核结合起来，“建立扶贫资金违规使用责任追究制度”、

“探索以奖代补等竞争性分配办法”等做法，目的就是要强化扶贫资金使用的针对性、实效性和透明度。为做到扶贫资金使用精准，要进一步完善金融服务机制。为此，《决定 2015》和《规划 2016》提出，一方面利用多种货币政策工具，创新农村金融服务产品与模式，包括加快推动农村合作金融发展、完善扶贫贴息贷款政策、推广小额信用贷款等；另一方面，在发挥好政策性金融导向作用的基础上，“鼓励和引导商业性、政策性、开发性、合作性等各类金融机构加大对扶贫开发的金融支持”，通过创新金融产品和服务、延伸金融网点等方法，共同改善农村支付环境。

此外，《决定 2015》还特别提出，要逐步推进扶贫开发领域的反腐倡廉，“集中整治和加强预防扶贫领域职务犯罪工作”。

（5）在组织管理方面：与之前的扶贫政策相比，精准扶贫政策体系更加强调要层层落实扶贫目标责任制，“立下军令状”。同时，要进一步加强扶贫队伍建设。《决定 2015》，要求为加强基层扶贫队伍建设，要“精准选配第一书记，精准选派驻村工作队”，在加大基层干部考核力度的同时，“完善村级组织运转经费保障机制”。同时，视实际需要开展村民自治，“组织群众自觉广泛参与扶贫开发”。《意见 2014》围绕健全干部驻村帮扶制度提出，“分期分批安排，确保每个贫困村都有驻村工作队（组），每个贫困户都有帮扶责任人”，同时完善保障与激励机制。《决定 2015》，除了延续相关政策理念外，提出各部门之间要加强协作，将部门专项规划与脱贫攻坚规划有效衔接起来。此外，为了建立一支强有力的脱贫攻坚队伍，还要加强扶贫绩效的考核，即上述第三点提到的各项措施。

（6）在扶贫目标与方针方面：从对扶贫政策历史演变的梳理中可以看出，中国扶贫政策体系发展到今日的精准扶贫，目标逐渐由解决温饱问题到“两不愁三保障”、缩小区域差异、全面建成小康社会递进。换言之，扶贫开发工作的落脚点在于让所有人都能分享发展的成果。这是伴随经济、社会发展，人类需求层次不断提高的必然结果，同时也是实现和平安定、共同富裕的内在要求。为此，在实际工作中，要做到将扶贫开发与经济社会发展、生态保护、社会保障结合起来，通过在制度上不断创新体制机制，在主体方面强化政府、市场和社会协同发力的大扶贫格局，以破解贫困地区发展瓶颈及增强贫困地区、人口自我发展能力为路径，将精准扶贫与区域整体开发有机结合，确保全面建成小康社会战略目标的实现。

三　精准扶贫政策体系的延续与创新

对精准扶贫政策体系的历史演变进行梳理，不难发现，中国现阶段扶贫政策的提出有其深层的经济、社会以及制度原因。精准扶贫政策体系既是过去扶贫政策的延续，又在战略目标、主要方针、扶贫对象、扶贫方式、扶贫内容、组织与管理等方面有鲜明的创新体现。

（一）精准之路缘何建立

中国自 1986 年正式进入大规模开发式扶贫阶段以来，扶贫对象主要锁定为国家及各省确定的贫困县，政府制定了一系列旨在解决贫困人口温饱问题的扶贫政策，并逐级落实。在扶贫方式上，主要通过提高贫困人口的自我发展能力、推动连片特困地区经济发展来实现减贫目标。由此，这一阶段的扶贫内容主要侧重于因地制宜发展种养业，扶贫的主体则是中央及各地方政府。

进入 21 世纪以来，以县为单位的扶贫瞄准机制伴随国内外经济、社会、环境的巨大变迁，逐渐显现诸如瞄准性差、扶贫资金漏出增加以及扶贫成效低等弊端。2001 年颁布实施的《中国农村扶贫开发纲要（2001—2010 年）》将扶贫对象界定为以县为单位，以贫困乡村为基础，除国家级重点县以外，将 14.8 万个贫困村列入扶贫重点目标。然而，众多研究表明，以村为瞄准目标的扶贫机制并没有明显优于以县为目标的扶贫模式，瞄准精度依旧不高。加上受这一阶段经济增长速度放缓、收入差距扩大等因素的影响，政策减贫的效果明显式微。

2008 年以来，中国扶贫战略调整主要有两个动向：一是大幅提高贫困标准；二是重视完善社会保障制度在减贫战略中的作用，通过在农村全面推广义务教育、逐步建立新型合作医疗、健全新型养老保险制度、完善最低生活保障制度等举措，配合专项开发式扶贫战略和经济增长，共同实现减贫目标。2011 年 12 月中共中央、国务院印发的《中国农村扶贫开发纲要(2011—2020 年)》将 14 个集中连片特困地区列入扶贫重点目标之内。然而，这一时期的扶贫瞄准情况及政策减贫的效果依旧不尽如人意。究其原因，主要包括以下几点：经济社会发展总体水平不高，城乡收入分配差距在进一步扩大；受区域发展瓶颈制约，不平衡问题日益凸显，贫困地区尤其是连片特困地区的发展相对滞后；民生领域体制机制不完善，导致就业、教育、医疗、居住、养老等方面出现短板；贫困人口规模大、识别不准确，长期“漫灌式”的扶贫方式造成政策扶贫效果不如预期，相对贫困问题日益显性化，返贫现象时有发生；来自生态环境的压力逐渐增加，经济发展、扶贫开发与自然环境之间的矛盾亟待解决。

不可否认，中国农村的贫困问题有其深刻的历史根源和无法规避的复杂性，是名副其实“难啃的硬骨头”。一方面，长期以来，贫困人口底数不清、规模大、贫困程度深，加上扶持对象识别不准、扶贫方式“大水漫灌”、监督考核机制缺失，造成扶贫政策瞄准性差、资金收益低、扶贫效果不显著、返贫现象时有发生等结果。另一方面，随着改革的不断深化，中国经济发展进入结构调整新阶段，工业化、城镇化、市场化、国际化带动国民经济平稳较快发展，“社会主要矛盾已经转化为人民日益增长的美好生活需要和不平衡不充分的发展之间的矛盾”，从而农村贫困出现从全面的制度约束向区域性条件约束和农户能力约束转变的特点。相应地，扶贫开发“从以解决温饱为主要任务的阶段转入巩固温饱成果、加快脱贫致富、改善生态环境、提高发展能力、缩小发展差距的新阶段”。在这种情况下，无论是减少贫困人口、加快贫困地区发展的内在要求，还是促进共同富裕、全面建成小康社会的外在要求，都在呼唤建立一个契合社会主义初级阶段基本国情、行而有效的、综合性的扶贫政策体系。

（二）精准扶贫政策体系的延续

1. 长期将连片特困地区作为扶贫开发的主战场

无论扶贫政策瞄准的对象是县、村还是户，连片特困地区的主战场地位始终不变。面对连片特困地区贫困人口相对集中、发展明显滞后的实际情况，中央最初的做法是成立贫困地区经济开发领导小组，实行特殊的政策和措施，通过财政投入倾斜、放宽政策、多予少取等政策手段，开展多种经营，促进区域商品经济发展，改变贫困面貌。基于之后的扶贫实践与经验，相关政策强调按照统一规划、分级负责、分类指导的办法来解决集中连片特困地区的问题。同时，通过完善农村经济管理体制，引导合理布局生产和优化产业结构，同时有针对性地采取整村推进、易地扶贫搬迁、以工代赈、就业促进、生态扶贫等灵活多样的措施，来激发连片特困地区的经济活力，促进共同富裕。

2. 始终把提升区域自身发展能力作为扶贫开发的重要出路

改革开放以前，中国并没有形成相对独立的扶贫政策体系，减贫的主要做法可归结为单一救助式。《通知 1984》指出，扶贫的根本出路在于依靠贫困地区自身的力量。为此，贫困地区需结合自身的资源禀赋条件，因地制宜发展生产（尤其是种养业），加强基础设施建设，借以增强本地区内部的经济活力。在此基础上，后续的扶贫政策强化了三点。一是凸显乡镇企业的减贫作用，通过税收、信贷等支持，促进乡镇企业发展，从而带动地区经济发展，为该地区贫困人口创造就业机会，提高其收入。二是突出市场导向，通过优化产业结构发展地区商品经济。三是重视农业产业化发展，改变过去以产后服务为重点的做法，通过积极发展“公司加农户”模式和订单农业，引导大中型农产品加工企业为贫困农户提供产前、产中、产后系列化服务，形成一体化产业经营，促进地区经济繁荣。

（三）精准扶贫政策体系的创新

1. 战略目标由基本解决温饱向“两不愁三保障”、全面建成小康社会转变

“不患寡而患不均”，社会发展要同时实现效率与公平，必须通过再分配手段保障处于平均水平以下的弱势群体的基本生存权益，对人类而言，即要解决基本温饱问题。《通知 1984》、《纪要 1986》以及《通知 1987》均将解决农村贫困人口的温饱问题作为扶贫开发战略的基本目标。《决定 1996》

更是强调要始终把解决温饱问题摆在首位。

但是，人类的需求具有多层次性，温饱需求只是最低层次的，随着经济社会发展水平的提高，兼顾公平的内涵就不限于吃饱穿暖这个级别了，而会上升到生活有质量、有获得感的层次。《纲要 2001》在扶贫开发总目标中增加了改善贫困地区的基本生活条件和生态环境，提高贫困人口生活质量的内容。在此基础上，《意见 2014》重申扶贫开发战略目标应包含提高贫困人口生活水平的内容，并上升到解决相对贫困、缩小收入差距、实现共同富裕的层次。现阶段，扶贫开发政策的战略目标则是到 2020 年稳定实现农村贫困人口“两不愁三保障”，即不愁吃、不愁穿，义务教育、基本医疗和住房安全有保障。同时，确保贫困人口能够共享全面建成小康社会的丰硕成果。

可见，精准扶贫政策体系建立以后，扶贫攻坚战的“终点线”奔着人类更高层次的需求而去，最终的目标是要让贫困人口生活得有尊严、有幸福感。

2. 秉持方针和政策重点由着眼发展向创新扶贫体制机制转变

扶贫政策战略方针与原则是扶贫开发工作的指南，其变化体现了中国扶贫开发历史演进的内在要求。扶贫政策体系建立初期，主要立足于区域发展，以改革开放为抓手，把有助于直接解决温饱问题的种养业和农副产品加工业作为扶贫开发工作的重点。《通知 1987》在扶贫原则方面增加了背靠资源、面向市场、优化产业结构、促进产业一体化服务等内容。《纲要 2001》和《纲要 2011》所秉持的基本方针都是坚持开发式扶贫。在此基础上，前者强调要坚持综合开发、可持续发展、引导全社会共同参与；后者则凸显了实行扶贫开发和农村最低生活保障制度有效衔接，统筹兼顾、科学发展的原则。《意见 2014》的政策重点在于构建政府、市场、社会协同推进的大扶贫开发格局。

相比之下，《决定 2015》所秉持的基本原则有了重大转变，体现为正式将精准扶贫、精准脱贫作为打赢脱贫攻坚战的基本方略。在此基础上，强调突出问题导向，创新扶贫体制机制，由“漫灌”向“滴灌”转变，由多头分散向统筹集中转变，由偏重“输血”向注重“造血”转变，由重地区生产总值向重脱贫成效转变。《规划2016》重申了坚持精准扶贫、精准脱贫的基本方略以及加快创新扶贫体制机制的原则。扶贫政策的重点在于：在大扶贫格局下，以破解贫困地区发展瓶颈和提升贫困人口发展能力为路径，将精准扶贫与区域整体开发有机结合，确保全面建成小康社会战略目标的实现。

可见，扶贫政策基本方针和实施重点的变化与中国扶贫战略目标的调整相对应，体现了扶贫开发工作的不断深入，即由解决主要问题向根本解决深层次矛盾递进。

3. 扶贫对象由区域向贫困村、户转变，瞄准精度不断提高

扶贫对象的转变体现了精准扶贫的内在要求，瞄准到户且不断探索精确瞄准的机制，减少漏出与错误，是提升扶贫绩效的有力保证。《通知1984》确立扶贫的对象为连片贫困地区。《纪要1986》《通知1987》延续了这一原则，只是后者为解决扶贫没有完全落实到户的问题，从扶贫对象细化与识别角度制定了具体措施（包括摸清底数、明确对象、为贫困户建立档案、按期检查验收，以及厘清没有解决温饱的贫困户、五保户和救济户等），为精准扶贫政策体系的最终建立提供了经验与参考。《决定1996》明确以县为基本单位，以贫困乡村为基础，把贫困户作为首要扶持对象。《纲要2001》延续了这一方针，并在此基础上强调把贫困人口集中的中西部少数民族地区、革命老区、边疆地区和特困地区作为扶贫开发的重点。《纲要2011》将扶贫工作的主要对象确定为处于扶贫标准以下、具备劳动能力的农村人口，并在建立健全扶贫对象识别机制方面也做出了探索（如完善有进有出的贫困人口动态管理机制）。《意见2014》在已经明确的扶贫瞄准方针的基础上，进一步完善了精准识别机制，按照国家制定的、统一的扶贫对象识别办法，以县为单位精准识别，为每个贫困村、贫困户建档立卡，并实施规模控制和动态管理。《决定2015》在健全精准识别机制方面，着重强调要抓好精准识别、建档立卡这个关键环节，并定期进行全面核查，建立精准扶贫台账、贫困户脱贫认定机制及重点县退出机制。

概言之，在对象瞄准方面，精准扶贫政策强调的不仅是瞄准到户，而且要精确识别，防止漏出与错误，同时完善退出机制，实施有进有出的动态管理，确保“扶真贫”。

4. 扶贫内容由重基础设施和种养业向基础设施、基本公共服务、社会保障、环境保护并重转变

随着贫困的内涵与维度不断被拓展与延伸，扶贫开发工作的内容向多元化转变。《纪要1986》和《决定1996》都确定了中国扶贫开发的主要内容是因地制宜，灵活发展多样化的商品经济，辅以改革商品流通体制、发展乡镇企业、促进产业一体化等举措，激发贫困地区的内在经济活力，稳定解决温饱问题。同时，加大对贫困地区的教育投入，阻断贫困的代际传递；逐步建立农村基本医疗保障制度，减少因贫致病、因病返贫的现象。《纲要2001》在扶贫内容上，除区域经济发展、基础设施建设外，增加了改善贫困地区公共服务设施、社会保障和生产生活环境等举措，以实现可持续发展目标。《纲要2011》延续了这些政策发力点，并着重强调扭转基本公共服务的差距。《意见2014》指出政策扶贫的要义在于深入分析致贫原因的基础上，落实两个衔接，即扶贫开发和农村最低生活保障制度的有效衔接，以及专项扶贫措施和贫困识别结果的衔接。《规划2016》的扶贫内容则体现了基础设施、种养业、基本公共服务、社会保障、环境保护并重的趋势。从产业发展脱贫、转移就业脱贫、易地搬迁脱贫、教育扶贫、健康扶贫、生态保护扶贫、兜底保障、社会扶贫、提升贫困地区区域发展能力及保障措施10个方面制定了具体的政策措施，以保障实现“两不愁三保障”、全面建成小康社会的战略目标。

不难发现，中国扶贫政策的内容变化主要契合贫困多维拓展的实际情况，以期多方位、多维度扶持贫困人口，提升贫困地区的综合实力以及贫困人口的发展能力，从根本上实现脱贫。

5. 扶贫方式由单一产业发展脱贫向多维覆盖的精准扶贫方式转变

扶贫政策体系建立之初，主要依托单一的产业发展脱贫方式，通过扩大农民经营主动权、改善贫困地区运输条件、提升产后服务水平等措施，在贫困地区因地制宜发展多种经营，通过促进区域商品经济发展来减贫。《纪要1986》提出根据贫困地区的实际情况，在缺乏基本生产、生活条件的地方可灵活采取移民方式；在人口数量超过资源承载能力的地方，利用劳动力输出方式，提高贫困地区剩余劳动力收入水平。由此，中国扶贫开发告别了单一方式时代，并在后续的扶贫开发实践中不断探索完善。《决定 1996》和《纲要 2001》在扶贫方式上仍然未跳出以上三种方式。《通知 1987》的贡献在于强调扶贫方式应根据扶贫对象不同而加以区分。同时，在产业发展脱贫方面增加了促进产前、产中、产后一体化发展的内容。

《纲要 2011》在专项扶贫、行业扶贫、社会扶贫方面制定了详尽的扶贫措施，由此，中国扶贫开发在方式上有了第二次明显的转变。《意见 2014》继续探索多样的扶贫方式，强调要在深入分析制约贫困地区发展瓶颈的基础上，因地制宜，灵活采取整村推进、易地扶贫搬迁、以工代赈、就业促进、生态建设等方式，共同助力扶贫开发。《决定 2015》与《通知 1987》同样主张分类实施扶贫，不同的是，前者分类的依据是致贫原因。通过产业扶持、转移就业、易地搬迁、教育支持、医疗救助等方式，帮助绝大多数建档立卡贫困人口实现脱贫；其余完全或部分丧失劳动能力的贫困人口，则由社保政策兜底来实现脱贫。

基于扶贫战略目标、方针原则、瞄准对象的转变，中国扶贫开发的方式显现逐渐由单一向多拳组合出击的趋势，这是精准扶贫的内在要求，从“漫灌”向精准转变同时也是改善减贫成效的切实保障。

6. 政策工具由单一财政扶持向金融、税收、救济、补贴、优惠多组合转变

政策工具是实现政策目标的手段。改革开放伊始，中国的扶贫任务主要依靠国家财政扶持来完成，多项扶贫政策提到要加大财政投入力度，特别是向连片特困、老、边、少地区的倾斜。

基于过去长期的扶贫实践与经验，中国政府逐渐认识到以下内容。一方面，财政扶持不能采取平均分散的做法，需要在统筹安排的基础上，按照工作考核、资金使用绩效评价结果进行分配，优化供给机制，合理使用。同时，充分发挥政府的主导作用，探索政府与社会资本合作、政府购买服务等多样化模式，整合涉农资金。此外，注重引进和利用外资，拓展扶持资金渠道。

另一方面，适应贫困多维化的趋势，利用多种货币政策工具，创新农村金融服务产品与模式，丰富扶贫政策工具，形成税收、转移支付、优惠政策多项措施并举的局面。同时，进一步完善农村金融服务体系，充分发挥政策性金融的导向作用，引导商业性、政策性、开发性、合作性金融机构协同发力，改善农村支付环境。

为提高资金使用和项目安排精准度，一是要进一步完善扶贫资金使用与项目管理机制，简化资金拨付流程、整合扶贫和相关涉农资金，提高扶贫资金使用的针对性和实效性。扶贫项目在实施前，要经过充分论证，整体规划，公开招标，而且在实施阶段，不可随意变动。二是要建立健全资金审计、考核及监督机制。各有关部门对扶贫专项资金是否及时足额到位、是否改变用途和使用范围以及是否被挪用、拖欠和挤占定期进行稽查和审计，并建立扶贫资金违规使用责任追究制度，“强化扶贫资金使用的针对性、管理的规范性和评价的效益性”。同时，推进扶贫开发领域的反腐倡廉建设和法制建设。

综合而言，扶贫开发的政策工具呈现由单一向多重捆绑转变的趋势。财政扶持的力度逐年提升，而且扶贫资金使用管理与监督考核机制不断完善。

7. 扶贫主体由政府单一主体向政府、市场、社会协同发力的大扶贫开发格局转变

很长一段时间，中国扶贫的主体只有单一的政府。《纪要 1986》提出要动员全社会力量共同参与扶贫，并通过完善基础设施建设、实施优惠政策等举措，吸引经济发达地区与贫困地区展开多形式、多层次的经济合作，打破贫困地区低水平的闭循环状态。《通知 1987》和《决定 1996》在此基础上，进一步强调深化党政机关、企事业单位扶贫责任制，形成中央党政机关定点帮扶到县，省地县机关定点帮扶到乡、村的局面，建立帮扶长效机制。同时，充分发挥政府主体作用，引导非政府组织、多种所有制经济组织参与扶贫开发，并加强扶贫开发领域的国际合作。后续扶贫政策均秉持了政府负总责、市场及社会协同发力的理念，强调各部门将扶贫开发任务纳入工作计划，配合完善相关协调与监管机制；同时，结合西部大开发、城镇化进程，加强区域经济合作，背靠资源，面向市场，协同发力，促进共同富裕。可见，扶贫政策体系的演变呈现多主体参与、多部门协同、多区域合作的特征，大扶贫开发格局逐渐形成。

8. 扶贫组织管理体制不断完善，考核、监测机制从无到有，扶贫立法呼之欲出

《通知 1984》提出国家有关部门指定专人帮助贫困地区落实扶贫部署，并成立贫困山区工作领导小组以负责检查各项工作。换言之，早期的扶贫政策体系在组织管理和监督考核这两方面存在缺失。在做法上，更倾向于指定具体负责人，将扶贫任务落在个别人身上。

随后，《通知 1987》提出将扶贫目标分解，逐年、逐批、逐层落实责任到各级主要领导干部身上，并把扶贫任务完成的好坏作为其考核和升降的重要依据。同时，要为贫困县配备稳定的领导班子，各机关、各部门还要选派干部深入贫困地区。在此基础上，《决定 1996》提出实行党政“一把手”扶贫工作责任制，同时充实与扶贫攻坚任务相适宜的各级扶贫开发工作机构，分层强化扶贫队伍的培训，建立明确的奖惩机制。

后续的扶贫政策在组织管理方面不断重申落实扶贫开发责任制，并就加强基层扶贫组织建设提出具体举措。如《决定 1996》进一步明确“实行党政一把手扶贫工作责任制”，并围绕加强以村党支部为核心的贫困地区农村基层组织建设、分级强化扶贫队伍的培训、充实各级扶贫开发工作机构以及建立明确的奖惩机制等方面，探讨如何建设一支稳定的扶贫开发队伍。《纲要 2001》在此基础上，进一步提出要落实扶贫工作责任制，实行扶贫工作党政“一把手”负责制。

精准扶贫政策体系建立以来，更加强调要层层落实扶贫目标责任制，“立下军令状”，对未按期完全成脱贫攻坚任务的要严格问责。同时，将精准的要义渗透到扶贫干部选派工作中，通过“精准选配第一书记，精准选派驻村工作队”，进一步加强基层扶贫队伍建设。同时，干部驻村帮扶要做到每个贫困村都有驻村工作队（组），每个贫困户都有帮扶责任人。而各相关部门之间要加强协作，将部门专项规划与脱贫攻坚规划有效衔接起来。此外，在有条件的地方，根据实际需要开展村民自治，让群众也参加到扶贫开发队伍中来。

在精准扶贫框架下，为培育一支强有力的、高素质的脱贫攻坚队伍，除了要加强培训和精准选派之外，还要强化对基层扶贫绩效的考核与监督，以此形成外在的激励与约束。

1986 年以前的扶贫考核基本上停留在“拟建立”的层面，既无具体实施办法，也未上升到一定的重要位置。实施大规模扶贫开发以后才开始探索如何完善扶贫开发工作考核激励机制，通过建立明确的奖惩机制，把扶贫任务的完成情况作为考核领导干部政绩的重要参考和依据，这在早期的扶贫政策基础上有所进步，但仍然存在考核办法不够系统化、考核主体单一、考核内容偏重数量、考核力度偏弱以及未形成机制等问题有待解决。

精准扶贫政策体系建立以后，从考核指标、考核主体等方面对脱贫成效考核如何精准进行了探索。第一，通过大幅提高减贫指标在贫困县经济社会发展绩效考核指标中的权重，突出脱贫成效考核的重要性。第二，建立扶贫工作责任清单，明确把提高贫困人口生活水平和减少贫困人口数量作为主要考核指标，在脱贫攻坚第一线考察识别干部。第三，在考核标准上，不但强调减贫数量，而且更注重脱贫的质量。第四，引入社会力量参与考核，一方面加强对扶贫工作绩效的社会监督，另一方面建立对扶贫成效的第三方评估机制。第五，考核机制长效化与严格化，明确扶贫责任分工，实行年度逐级督查制度。同时，在严格扶贫绩效考核的基础上，强化执纪问责。第六，针对考核结果，建立明确的奖惩机制。对违规行为，要严肃处理；对贪腐行为，绝不姑息。相应地，对落实脱贫攻坚任务完成好的，给予适当的奖励，形成助益于扶贫开发工作良性循环的激励机制。

由此可见，扶贫组织管理的重点在于层层落实工作责任制，并配套严格的考核监督办法。随着扶贫政策体系的演变，相关体制机制不断完善，一支目标明确、权责分明、素质过硬、兢兢业业的扶贫队伍已经形成，这是精准扶贫的内在要求，也是实现新时期扶贫战略目标的重要保障。

在贫困监测方面，基于《纲要 2011》提出制定科学规范的监测方案，采取多种信息采集整理方法，建立健全扶贫开发统计与贫困监测制度。《规划 2016》阐述了完善贫困统计与监测机制的重要性，即通过大数据管理，不仅可以掌握贫困人口和贫困地区各项经济社会指标变化的动态，而且还可以进一步健全精准识别机制与动态管理机制。

此外，《纲要 2011》还提出了加快扶贫立法的主张，后续政策对此进行了探索，但总体而言，目前中国扶贫开发的法制化进程依然滞后。

B.3
扶贫对象的精准识别和动态调整

杨　穗*

摘　要： 在30年的扶贫开发进程中，中国建立起了贫困县、贫困村和贫困户三级扶贫瞄准机制。2014年国家提出精准扶贫战略，扶贫对象的精准识别是精准扶贫的重要前提。在扶贫开发信息系统建立之初，精准识别建档立卡遭遇识别不准的现实困境，政府通过开展“回头看”全面清查核实扶贫对象信息，并通过不断的制度完善和政策优化实现扶贫对象的“应退尽退”和“应纳尽纳”，为精准扶贫、精准脱贫打下坚实基础。经过三年多的实践，扶贫对象识别不精准问题得到了有效的改善，但是扶贫对象的识别瞄准和动态调整仍然面临一些问题，包括识别技术不完善和激励机制缺乏等，需要在制度设计和政策实施等方面进一步调整和完善。

关键词： 扶贫对象　瞄准　精准识别　动态调整

一　引言

精准识别贫困人口，实施针对性帮扶，从而让贫困人口有效摆脱贫困，是很多国家面临的难题。中国的扶贫瞄准经历了从20世纪80年代开始的县

---

* 杨穗，博士，中国社会科学院农村发展研究所助理研究员，主要研究方向为收入分配、贫困、社会保障。

级瞄准到2001年推行的村级瞄准，再到2014年实施“精准扶贫”建档立卡瞄准到户的变化。在20世纪80年代，中国的贫困面较大，尤其集中在经济发展落后的中西部地区，贫困县因此而产生。县域开发的重点是通过改善贫困地区的生产和生活条件来带动贫困人口脱贫，这在当时发挥了积极的减贫作用。随着贫困规模的变小，贫困人口的分布不再以整县的形式出现，以县为主要目标瞄准的扶贫机制的有效性不断下降，中国政府在21世纪初调整了扶贫开发战略，实施“整村推进”的扶贫工作。不论贫困县还是贫困村的瞄准都属于区域性的瞄准，一方面随着贫困人口分布的变化，以区域开发为重点的扶贫机制出现了目标偏离的问题，而村级瞄准也并没有显著提高扶贫瞄准的有效性。另一方面，随着经济增速的放缓和收入不平等程度的扩大，区域经济增长带来的减贫效应也在不断下降。精准扶贫的提出就是为了抵消减贫效应的下降而采取的重要措施，反映了中国的扶贫政策在面对农村贫困状况的新变化时，从扶贫机制上由主要依赖经济增长的“涓滴效应”到更加注重“靶向性”对目标人群直接加以扶贫干预的动态调整（左停等，2015）。

党的十八大以来，中国把扶贫开发工作作为重大政治任务来抓，坚持精准扶贫、精准脱贫基本方略，开创了扶贫开发事业新局面。精准识别是脱贫攻坚“六个精准”中最基础的一环，在精准扶贫战略中占据首要地位。2014年4月，扶贫开发建档立卡工作开始实施，截至当年10月，全国共识别出12.8万个贫困村，2948万个贫困户、8962万贫困人口，初步建立了全国统一的扶贫开发信息系统，基本掌握了贫困人口的分布及其家庭情况、致贫原因、脱贫需求等“贫困家底”。但是，各地在贫困人口精准识别和建档立卡的实践中出现了各种识别不准的问题，既有制度本身的原因，也受识别技术的限制，更显示了因乡村治理的困境（黄承伟、覃志敏，2015；唐丽霞等，2015；左停等，2015；汪三贵、郭子豪，2015；葛志军、邢成举，2015）。为夯实精准扶贫的基础，国务院扶贫办推动各地开展建档立卡“回头看”工作，2015年8月至2016年6月，原先未识别的807万贫困人口得以识别补录，929万识别不准人口得到剔除。2017年2月，通过对2016年脱贫真实性开展的自查自纠工作，245 万标注脱贫人口重新回退为贫困人口。①

近年，政府高度重视精准扶贫的识别瞄准，出台了一系列文件确保精准扶贫机制的有效实施，要求加强宣传推广、强化建档立卡制度和公示制度、强调驻村工作队和外派第一书记的职能，力争从组织和程序上保证识别结果的准确性（唐丽霞，2017）。为切实提高脱贫攻坚的精准度、实效性和可持续性，政府引入了第三方评估机制，并且取消规模控制，加强动态管理，努力实现扶贫对象的“应退尽退、应纳尽纳、应扶尽扶”。按现行国家农村贫困标准（2010 年价格水平每人每年 2300 元）测算，中国农村贫困人口从 2012 年的 9899 万人减少至 2016 年的 4335 万人，年均减少 1391 万人，贫困发生率由 2012 年的 10. 2% 下降到 2016 年的 4. 5%，脱贫攻坚成效显著。②

在扶贫瞄准单元缩小和精准度提高的同时，扶贫开发的管理成本也不断提高，而且任何扶贫瞄准机制都面临信息失真、激励错误、方法无效、污名化和社会歧视，以及政治考量等方面的挑战（李小云等，2015）。中国脱贫攻坚难度的加大和贫困的动态性变化，使扶贫对象的精准识别和动态调整仍然面临一些问题，包括识别技术的不完善和激励机制的缺乏，需要在制度设计和政策实施等方面进一步调整和完善。

二　扶贫目标瞄准的主要方法

从国际经验来看，扶贫政策大体可以分为普惠和瞄准两类。20 世纪六七十年代，扶贫政策是偏向普惠的；但是 80 年代以后，无论是发达国家还是发展中国家，扶贫政策已经完全向瞄准倾斜了（叶初升、邹欣，2012）。

在国外的公共政策研究中，与中国精准扶贫相对应的说法是目标瞄准扶贫（Targeting Poverty Intervention）。随着减贫难度的日益增大，扶贫政策和

① 贫困人口数据来自《十八大以来，我国每年超过 1000 万人脱贫——扶贫精准有力　减贫提质加速（大数据里看中国）》，http：//www. cpad. gov. cn/art/2017/7/13/art_ 624_ 65782. html。

② 相关数据来自《中国农村贫困监测报告 2017》。

项目的瞄准及其效率开始得到越来越多的关注。理论上，瞄准一方面有助于扶贫政策的设计面向最需要的穷人，另一方面可以提高有限资源的使用效率。如果一项政策能最大限度地使目标群体受益，那么该政策的瞄准精度就高。评价一项政策的瞄准效率普遍采用的是漏出率（符合条件的目标群体没有全部受益）和溢出率（不符合条件的人享受了这项政策）指标。Coady等（2004）总结目标瞄准的方法主要有三类，一是个体或家庭瞄准，可采用家计调查、代理指标审定和社区参与审定的方法；二是类别瞄准，主要依据地理或人口方面的因素；三是自我瞄准。

个体或家庭瞄准是目前使用最为普遍的瞄准方法，实施过程可采用家计调查资格审定、代理指标审定和社区参与审定。家计调查的资格审定在理论上非常客观和精确，但实施难度较大，该方法高度依赖信息的完整和对称，调查和管理成本较高。代理指标审定通过若干个指标来确定受益对象，强调指标的可观察性，指标的选取也需要通过家计调查或其他手段来总结贫困群体的特征，该方法适用于慢性贫困干预项目，或者同时用于多个项目以通过规模经济降低管理成本（Coady 等，2004）。社区参与审定是由与项目利益无关的社区成员利用其所掌握的信息确定受益对象，要求社区成员综合、客观地评估贫困者，同时让受益者参与决策过程，通常适用于一些小项目。但是该方法在实施过程中会损害社区的内部团结，引发政治斗争，而且一些流动性比较强或者受到排斥的贫困群体，不容易成为受益者（Conning and Kevane，2002；Coady 等，2004）。

类别瞄准主要包括地理区域瞄准和人口特征瞄准。地理区域瞄准是根据贫困的空间分布信息来确定受益对象，通常要求贫困人口的分布信息准确可靠且相对集中；人口特征瞄准则是根据年龄、性别、婚姻状况、身体健康与否等人口学特征来确定受益对象。类别瞄准方法的优点在于管理简便，而且不会导致受益群体遭到污名化，但是瞄准效果一般，仅仅通过几个特征笼统地瞄准贫困，容易忽略贫困人口的异质性，往往需要和其他瞄准方法配合使用以提高瞄准精度。

自我瞄准是指通过一定的机制设计使项目所提供的产品或服务自动流向

穷人，通常适用于政策实施者对贫困信息掌握不充分时，比如提供低工资或者对低质量的食品进行补贴。该方法管理成本低，在激励贫困群体的同时可以压制非贫困群体的竞争，但是也会给受益人群带来很高的接受成本，容易导致污名化。

Coady 等（2004）对 48 个中低收入国家 122 个贫困救助项目的比较分析表明，目标瞄准项目的精准度与瞄准方法的使用个数、国家的经济发展水平、政府的诚信度和社会的不平等程度有关。使用的瞄准方法越多，项目的精准度越高；经济发展水平高的国家，项目执行能力强，瞄准精度高；政府诚信度高、敢于承担责任的国家，更容易实施其目标瞄准的干预措施；不平等程度较高的国家，相对容易识别贫困人口，目标标准效果较好。

然而在各国的实践中，由于瞄准本身存在一系列的成本，瞄准是否有助于提高反贫困政策的效果在国外文献中存在大量争论。Korpi 和 Palme（1998）的跨国实证研究表明，西方国家集中瞄准的现金转移制度的反贫困效果不如普惠制度。最近的几项研究表明，集中瞄准在低收入家庭的现金转移，可以在降低贫困方面发挥更好的作用（Marx 等，2013；Kenworthy，2011）。而 McKnight（2015）发现，集中于低收入家庭的现金转移支付政策的减贫作用整体上是比较弱的。Ferrarini 等（2016）对卢森堡跨国数据库（LIS）中 40 个中高收入国家的数据进行研究提出，相较于瞄准精度，收入转移的规模对缓解贫困具有决定性的作用。

此外，在减贫效果评价中，原来普遍采用的是收入贫困的指标，越来越多的研究开始意识到，收入贫困的评价指标过于单一，应该结合其他物质剥夺方面的指标（Battiston 等，2013；Bossert 等，2013）。利用德国、法国、爱尔兰、荷兰、瑞典和英国的数据，Notten（2016）探讨了收入贫困指标和物质剥夺指标在评价减贫作用中的不同结果，其研究发现，收入贫困指标在评价体系中更有效率，但是针对特殊群体，需要结合物质或福利剥夺指标进行进一步分析，显然，两者的结合有助于提高政策评价的有效性。

三　中国扶贫瞄准对象的阶段性变化

（一）县级瞄准

改革开放初期，中国的贫困问题呈现明显的区域性特征。县一直作为主要工作对象和具体实施单位，在中国扶贫开发进程中发挥着重要作用（吴国宝，2016）。1986 年中国政府启动大规模减贫计划，第一次确定了 331 个国家级贫困县和 368 个省级贫困县，随后相继进行了三次调整。1994 年重新确定了 592 个国家重点扶持贫困县，比 1986 年增加了 261 个。这 592 个贫困县分布在全国 27 个省（区、市），涵盖了全国 72% 以上的农村贫困人口，其中在少数民族地区、革命老区、边境地区和特困地区的比例明显提高。[①] 2001 年国家级贫困县改称国家扶贫开发工作重点县（简称重点县），同时将东部 33 个重点县指标全部调到中西部。[②] 按照集中连片的原则，最后确定的 592 个重点县集中在中西部 21 个省（区、市）的老、少、边地区，作为全国扶贫开发的重点区域，覆盖全国农村 50% 以上的贫困人口、60% 以上的低收入人口。[③]

进入脱贫攻坚期，全国贫困县包括两类，一类是国家扶贫开发工作重点县，2012 年，在保持总数不变的情况下，调出 38 个县，调入 38 个县，形成新的 592 个扶贫重点县。还有一类是集中连片特殊困难地区县 680 个，14 个连片特困地区内的重点县数量增加了 9 个，即由调整前的 431 个增至 440 个；连片特困地区以外的重点县数量则减少了 9 个，即由调整前的 161 个减

① 数据来自《中国的农村扶贫开发》白皮书，http：//www. people. com. cn/GB/shizheng/16/20011015/581724. html。

② 此次调整中，东部不再确定国家级重点县，原来的国家级贫困县由省负责。此外，西藏自治区作为特殊扶持区域，整体享受重点县待遇，不占重点县指标。

③ 《取消国定贫困县确定工作重点县》，《人民日报》2002 年 2 月 10 日第 2 版。

至152个。[①] 这两类贫困县之间有交叉，扣除交叉后总数是832个。

1986~2000年，几乎所有扶贫投资都是以贫困县为基本瞄准单位的。刘冬梅（2001）研究表明，20世纪90年代贫困县的扶贫资金投入在改善贫困地区落后的经济状况、促进农民增收等方面起到了积极的作用。“八七扶贫攻坚计划”对国定贫困县的发展有积极的影响，扶贫投资获得了高于10%的回报率（汪三贵，2007）。全国592个国定贫困县农民的人均收入相当于全国平均水平的比例从1993年的48.8%提高到2000年的59.4%，贫困地区的基础设施条件也得到了明显的改善（吴国宝，2016）。[②] 按2000年625元的绝对贫困标准计算，贫困人口已经从1985年的1.25亿人减少至3209万人，贫困发生率从14.8%降至3.5%。[③]

但是县级瞄准的准确性在不断下降。贫困县的确定优先考虑了老、少、边、穷地区，但是政治因素一直影响贫困县的选择。即便贫困县的识别是准确的，如果贫困人口在县内的分布较为分散，扶贫项目对贫困人口的覆盖率也可能很低（汪三贵，2007）。2011年以来，592个扶贫开发工作重点县的贫困人口占全部贫困人口的50%左右，贫困地区（包括14个片区和592个重点县）的贫困人口占全部贫困人口的60%左右。[④] 这也就意味着，若继续以贫困县为瞄准单位，贫困县以外的那一半贫困人口无法享受扶贫政策的支持，扶贫效果会大打折扣。

由于贫困县在国家政策层面能得到更多倾斜，即使贫困县名单有所调整，但贫困县的数量一直居高不下，基于经济利益争夺和政治的考量，国家

① 根据《中国农村扶贫开发纲要（2011—2020年）》精神，按照“集中连片、突出重点、全国统筹、区划完整”的原则，全国共划分出11个连片特困地区，包括六盘山区、秦巴山区、武陵山区、乌蒙山区、滇桂黔石漠化区、滇西边境山区、大兴安岭南麓山区、燕山-太行山区、吕梁山区、大别山区、罗霄山区，加上已经实施特殊扶持政策的西藏、四省（青海、四川、云南、甘肃）藏区、新疆南疆三地州，共14个片区680个县，作为新阶段扶贫攻坚的主战场。

② 《国家扶贫开发工作重点县和连片特困地区县的认定》，http://www.gov.cn/gzdt/2013-03/01/content_2343058.htm。

③ 数据来自《2004中国农村全面小康监测报告》和《2011中国农村贫困监测报告》。

④ 作者根据《中国农村贫困监测报告2016》中的相关数据计算得到。

级贫困县“帽子”存在显著的“棘轮效应”，缺乏动态评估体系和退出机制（郭君平等，2016）。按照中央要求，到2020年我国现行标准下贫困人口要全部脱贫，国家扶贫开发工作重点贫困县（片区县和重点县）要全部摘帽，贫困县退出机制改革由此提上日程。2016年，全国共有28个贫困县提出退出申请，其中江西省井冈山市、河南省兰考县率先通过国家专项评估检查，分别于2月25日和2月27日由省级政府批准退出，其他9个省份的26个贫困县也顺利通过国家专项评估检查，由省级政府正式批准退出。①

（二）村级瞄准

随着我国贫困规模的不断减小，农村贫困人口分布呈现“大分散、小集中”的新特点。《中国农村扶贫开发纲要（2001—2010年）》提出扶贫要“到村到户”，标志着中国扶贫开发工作进入新的阶段，此时扶贫政策的一个显著变化是，扶贫的区域瞄准方式从县级瞄准转变为村级瞄准，这在一定程度上扭转了贫困县以外的贫困人口享受不到扶贫政策和资金的状况。

2002年，全国一共确定了148051个贫困村作为扶贫工作重点村，强调以村为单位调动农民的参与性进行农村扶贫综合开发。确定的贫困村占全国行政村的21.4%，覆盖83%的贫困人口（范小建，2008），分布在全国1861个县（区、市），占全国县单位总数的68.8%（唐丽霞，2017）。其中约一半的村位于西部地区，82256个重点村分布在重点县，占全国重点村总数的55.6%（李小云等，2005）。国务院扶贫办在总结各地实践经验的基础上，以贫困村整村推进扶贫规划为切入点，在全国范围内开展整村推进扶贫工作。

截至2010年底，全国共有12.6万个贫困村实施了整村推进，占贫困村总数的84%。中央和地方共计投入财政扶贫资金789亿元，村均投入约63万元。通过整村推进扶贫工作的开展，贫困村在基础设施、产业发展、社会事业、村容村貌等方面实现了突破，农户的生产生活条件得到了较大改善。

① 《我国又有26个贫困县摘帽》，《人民日报》2017年11月2日第1版。

与此同时，在同一县域内，实施整村推进的贫困村农民人均纯收入比没有实施的增幅高 20% 以上。[①]

2000 ~ 2010 年，按 2008 年贫困标准（2000 年价格每人每年 865 元）计算，全国农村贫困人口从 9422 万人减少到 2688 万人[②]；如果按 2010 年标准（2300 元）计算，全国农村贫困人口减少了 29657 万人，年均减少 2965. 7 万人，是 1978 年以来减贫速度最快的一个时期（吴国宝，2016）。

以贫困村瞄准为重点的扶贫开发虽然取得了显著成效，但是也面临着边际效应递减的问题，而且仍然没有改善扶贫瞄准效率不高的问题。与贫困县的确定相比，确定贫困村的政治敏锐性相对较弱，因此村级瞄准被认为能够在一定程度上提高扶贫瞄准的精度。李小云等（2005）在三个省区的调查表明，有 90% 的重点村都是最贫困的村，但是各个县的贫困村有数量限制，指标式的确定方法在制度上排挤了一些真正的贫困村进入瞄准范围。汪三贵（2007）的研究表明，村级瞄准的错误率比县级瞄准更高，2001 年贫困县的瞄准错误率是 25%，而贫困村的瞄准错误率高达 48%，村级瞄准如此高的错误率主要来自非西部地区和非贫困县，这也意味着村级瞄准并不能有效改善县级瞄准覆盖贫困人口少的劣势。即便村级识别是准确的，如果扶贫项目和资金没有很好的目标瞄准机制，最终还是不能让穷人受益。相关研究发现，尽管超过 80% 的财政扶贫资金到达了贫困村，但是受限于当时扶贫资金的管理体制，在实施“整村推进”的贫困村中，贫困户只占扶贫项目受益群体的 16%，其余 51% 和 33% 分别是中等户和富裕户（李小云等，2005），这意味着在村级扶贫规划及整村推进扶贫资金捆绑使用的约束下，扶贫资金使用不能有效地瞄准到穷人。

（三）个体瞄准

不论贫困县还是贫困村的瞄准都属于区域性的瞄准，即使是在贫困县和

---

① 相关数据来自《扶贫开发整村推进“十二五”规划》，http：//www. cpad. gov. cn/art/2012/10/19/art_ 50_ 10362. html。

② 数据来自《中国农村贫困监测报告 2011》。

贫困村，贫困人口也是少数，村级瞄准仍然不能保证扶贫资源准确到户，富裕农户反而会成为主要的受益对象（李小云，2013）。2007 年农村最低生活保障制度的建立和实施标志着我国的扶贫开发由传统的区域扶贫、整村推进开始向瞄准贫困家庭转变。但是农村低保瞄准效果较差，建立之初，农村低保的漏保率和误保率都超过了 90%（Golan 等，2007）；2010～2012 年，农村低保的漏保率和误保率仍然超过了 70%（韩华为、徐月宾，2014；解垩，2016；韩华为、高琴，2017）。为了提高扶贫的瞄准精度，改善扶贫效果，2014 年，国家提出“精准扶贫”工作机制，要求通过“建档立卡”做到对贫困农户的精准识别、帮扶和动态管理等。

至此，中国在扶贫开发的实践过程中，依据个体或家庭瞄准和类别瞄准相结合的方法，建立起了贫困县、贫困村和贫困户的三级扶贫瞄准机制。贫困县和贫困村的识别是类别瞄准中的地理区域瞄准，精准扶贫实施以来的个体或家庭瞄准，主要采取家计调查和社区参与审定（即民主评议）相结合的办法。也有一些扶贫政策借鉴了自我瞄准的思路，如以工代赈项目通过较低的劳务报酬来自动排除非贫困人口；扶贫小额信贷通过高利率和小金额自动排除非贫困人口（王小林，2016）。

四　扶贫对象精准识别的实践和完善

（一）扶贫开发信息系统的初步建立

精准识别建档立卡是精准扶贫的重要前提。2014 年 4 月，国务院扶贫办印发《扶贫开发建档立卡工作方案》的通知，要求各地结合实际情况，采集贫困信息，完成建档立卡工作。建档立卡对象包括贫困户、贫困村、贫困县和连片特困地区。通过建档立卡，精准识别贫困户和贫困村，了解贫困状况，分析致贫原因，构建全国扶贫信息网络系统，为精准扶贫工作奠定基础。

根据工作方案，当时建档立卡贫困户的识别标准为 2013 年农民人均纯收入 2736 元（相当于 2010 年 2300 元不变价）的国家扶贫标准，各地区在确保完成国家农村扶贫标准识别任务的基础上，可结合本地实际，按本省标准开展贫困户识别工作，纳入全国扶贫信息网络系统统一管理。建档立卡的规模原则上以国家统计局发布的2013年底全国农村贫困人口规模8249万人为基数，各省的统计数大于国家发布数的，可在国家发布数基础上上浮10%左右，差距较大的省份还可适当提高上浮比例。贫困户识别以农户收入为基本依据，综合考虑住房、教育、健康等情况，通过农户申请、民主评议、公示公告和逐级审核的方式，整户识别。贫困户《扶贫手册》的登记调查内容包括家庭基本情况、致贫原因、帮扶责任人、帮扶计划、帮扶措施和帮扶成效六个方面内容。2014年4~10月，全国共识别出12.8万个贫困村、2948万贫困户、8962万贫困人口。

（二）首轮建档立卡遭遇识别不准的现实困境

1.识别不精准的表现

在精准扶贫建档立卡之初，由于配套的扶贫资源较少，受贫困“污名化”思想的影响，农户对于贫困户的识别并无太多异议。随着精准扶贫建档立卡工作的深入开展和贫困户“帽子”含金量的提高，村干部和农户对贫困户的识别愈发重视，稀缺的扶贫资源引发了乡村内部分配资源的激烈争夺，在一定程度上促进精准识别的同时，也造成了识别不准问题。相关研究发现，精准识别面临“瞄不准”的严峻挑战，主要表现在四个方面：一是一部分真正的贫困户未被识别；二是贫困户指标存在精英捕获现象；三是建档立卡贫困户的信息不够完整和准确；四是贫困户享受的扶贫特惠资源变为普惠资源。

精准扶贫识别不准的第一个表现就是有一部分真正的贫困户尚未纳入建档立卡系统。汪三贵、郭子豪（2015）对乌蒙山片区贵州、云南和四川3省60个村1200户的调查发现，建档立卡农户中有40%的农户人均收入超过贫困标准，而非建档立卡户中有58%的农户人均收入低于贫困标准；在武陵山片区的贵州、重庆、湖南和湖北4省（市）4县40个村1000户的调查显示，建档立卡户中有49%的农户人均收入高于贫困标准。中国社会科学院农村发展研究所“精准扶贫政策有效性”创新工程课题组2015年在山

东、湖北、甘肃、广西4省（区）12县60个村1775户的调查数据表明，2014年建档立卡户中有58%的农户人均收入超过贫困标准，非建档立卡户中38%的农户人均收入低于贫困标准。

第二，一部分贫困户指标被乡村精英捕获。胡联、汪三贵（2017）对云贵川60个村2014年的建档立卡数据分析表明，精英捕获率为25%，也就是说，100名建档立卡名额有25户被精英农户占有。中国社会科学院农村发展研究所“精准扶贫政策有效性”课题组的4省（区）调查数据显示，2014年的建档立卡户中，有9%的户人均收入超过10000元（2014年全国农民人均纯收入为9892元）。

第三，建档立卡贫困户的信息不够完整和准确。“精准扶贫政策有效性”课题组的4省（区）调查数据显示，有28.5%的农户家庭人口数与建档立卡登记数据不一致，其中，调查家庭人口比登记家庭人口多的户占16.5%。此外，调查得到的家庭成员文化程度、在校生情况、健康状况、劳动力情况和家庭生产生活方面的指标，均与建档立卡登记数据存在统计上的显著差异。如调查得到的样本户非健康人口比例比登记数据高15%左右，调查得到的危房户比例比登记高7%左右，调查得到的农户人均收入为4219元，比登记的人均纯收入（2408元）约高75%。

第四，受乡村平均主义思想的影响和村干部出于维稳的需求，精准扶贫在实践中使得本应是特惠的扶贫资源变为实质上的普惠资源（左停等，2015；唐丽霞等，2015）。有些地区村庄内部农户之间的收入差距很小，有限的扶贫指标引起村民的激烈争夺，村干部出于维稳的目的，让“争夺激烈”“会哭会闹”的村民轮流享受扶贫指标，或者以人为单位，作为家庭代表确定扶贫对象，从而避免农户的不满情绪，这使得那些不会哭闹而又真正贫困的对象因扶贫资源的挤占而难以脱贫。特别是农村低保政策，很多地方到村一级就实行轮换受益的方法（李小云等，2015）。

2. 识别不精准的原因分析

国内学者对精准扶贫实践效果不佳的原因开展了大量研究。黄承伟和覃志敏（2015）指出，在自上而下指标分配的逐级分解过程中，到省、市、县的贫困人口规模在国家统计局提供数据支持的情况下，能够比较客观地反映贫困人口的分布规模状况，而到乡、村的贫困人口规模由于缺乏统计局抽样调查数据的支撑，分解具有较大的随意性，使得真正的贫困人口很容易因方法不当、信息不足等主观或人为因素被排斥在识别范围之外。邓维杰（2014）对四川的调研发现贫困户的识别存在区域排斥现象，一些地方政府为了凸显集中连片扶贫开发的成效，将片区外的贫困村和“插花式”的贫困群体排斥在外，降低了精准扶贫的瞄准精度。唐丽霞等（2015）从贫困农户识别的政策和技术困境、乡村治理现状、贫困农户思想观念的变化以及扶贫政策本身的制度缺陷四个方面分析了当前精准扶贫机制面临的严峻挑战。左停等（2015）认为精准扶贫还面临着规模控制所引起的规模排斥、乡村内平均主义思想、农村劳动力转移和市场化背景下的扶贫开发有效手段不足、村庄间贫困户实际识别标准差异等挑战。葛志军和邢成举（2015）认为精准扶贫面临的困境包括贫困户参与不足、帮扶政策缺乏差异性和灵活性、扶贫工作遭遇上访困扰、扶贫资金有限、驻村扶贫工作队效果较差等，导致困境的主要原因是农民的社会流动、自利性和信息的缺乏，精准扶贫的内在矛盾，维稳工作的优势地位，结构性贫困的挑战，驻村扶贫干部的双重身份和扶贫资金筹集渠道的单一等。万江红、苏运勋（2016）认为村民自治组织能力和权威的缺失与不足是导致精准扶贫实践出现困境的重要原因。胡联、汪三贵（2017）的研究认为村干部任期过长是建档立卡精英捕获产生的重要原因。

（三）建档立卡“回头看”全面核实扶贫对象信息

在精准识别建档立卡遭遇各种批判和质疑的同时，国家审计署于2015年10月曝光广西壮族自治区马山县违规认定3119名扶贫对象，其中有343人属于财政供养人员，有2454人购买了2645辆汽车，43人在县城购买商品房或自建住房，439人为个体工商户或经营公司。[①] 国务院扶贫办对此高

---

① 审计署：《广西马山县违规认定3000多名扶贫对象》，http：//news. xinhuanet. com/politics/2015－10/08/c_ 1116756133. htm。

度重视并积极采取处理措施，同时加快推动各地开展建档立卡“回头看”工作，着力解决因规模分解不当、标准把握不合理、执行公示公告程序不严格而导致扶贫对象不准、致贫原因不清、未整户识别等问题，确保扶贫开发数据的准确性、真实性和有效性，从而全面落实帮扶措施，切实做到真扶贫和扶真贫。2015 年 8 月至 2016 年 6 月，全国动员近 200 万人开展了建档立卡“回头看”，共补录贫困人口 807 万人，剔除识别不准人口 929 万人。从各地的实施方案来看，此轮建档立卡“回头看”工作在操作程序上对精准识别进行了规范和完善，扶贫对象的瞄准精度得到提高。

1. 通过广泛宣传培训让建档立卡工作家喻户晓

在“回头看”工作的实施过程中，各地纷纷加强了对建档立卡工作的宣传和培训。通过宣传贫困户识别的目的、意义、标准和程序，确保精准识别工作家喻户晓，为精准识别的顺利开展奠定良好的基础。通过对驻村干部和扶贫工作人员的培训，确保进村入户的工作人员充分了解识别程序、熟练掌握识别方法和评分标准，提升扶贫对象的识别能力。

2. 通过多维识别标准和条件的建立全面清查核实贫困户信息

“回头看”过程是要拉网式地全面清查贫困人口，逐村逐户逐人彻底核实贫困人口的基本情况和致贫原因，对尚未建档立卡的贫困人口，一并进行全面排查，并补充建档立卡，确保扶持对象精准。相较于 2014 年建档立卡识别的收入标准，此轮识别是按照“两不愁三保障”（不愁吃、不愁穿，义务教育、基本医疗、住房安全有保障）和收入标准相结合进行认定的，各地也可按照各省扶贫标准执行。

各地积极探索建立合适的识别机制，设计了户—村—乡—县—市的各级各类数据报表，涵盖扶贫对象的各种信息。贵州省威宁县创造的“四看法”（一看房、二看粮、三看劳动力强不强、四看家中有没有读书郎）成为各地精准识别贫困人口的典范。贵州省黔西南州开发了包括“一看房、二看粮、三看家中装备洋不洋、四看多少存款在银行、五看劳动力强不强、六看家中有没有读书郎”的《贫困农户评估表》，其中包括住房、教育、健康、耐用消费品、生产条件、资产等多个维度的 21 个指标，并给予不同的权重，根据综合得分进行贫困户的分类管理。广西将难以衡量的收入指标转化成看得见、摸得着的住房、家电、农机、机动车、饮水、用电、道路、健康、读书、劳动力、务工、土地、养殖、种植、加减分等 18 类 98 项可衡量指标，采用“一进二看三算四比五议”的工作方法，由入村工作队队员进行入户打分，避免村干部的“人情分”。

除了开发运用可观察的多元指标量表，一些地区在识别过程中还增加了限制条件。如河北省的“回头看”方案，除了“五必看”（一看房、二看粮、三看劳动力强不强、四看有没有读书郎、五看有无病人躺在床）和“六优先”［有重病病人的、有重度残疾的、有因贫辍学的、无劳动能力的、无赡养（抚养）义务人的、无安全住房的优先］原则，还确定“六不评”的识别界限，即有以下情形之一的，一般不纳入建档立卡贫困户：家庭成员中有在国家机关或企事业单位工作且有稳定工资收入的；家庭成员中有任村支部书记或村委会主任的；家庭有在城镇购买商品房、门市房等的（不含因灾重建、易地扶贫搬迁和拆迁建房）；家庭成员中拥有小轿车（含面包车）、工程机械、大型农机具的；家庭成员中有作为企业法人或股东在工商部门注册有企业且有年审记录的，或长期雇用他人从事生产经营活动的；举家长年在外（1 年以上）并且失联的。宁夏固原依据“五看十步法”和“九不准”的标准和流程，以倒排队和“县不漏乡、乡不漏村、村不漏户、户不漏人”的方式，进行扶贫对象的建档立卡精准识别核查和“扶贫云”数据采集，“九不准”的内容为：农户举家外出打工 1 年的；家庭成员中有财政供养人员的；家庭成员是村两委负责人的；家庭成员在中心集镇、县城以上城市购置商品或营业房的；家庭成员购置非生产经营性机动车辆，或者购置生产经营性机动车辆价格在 2 万元以上的；家庭成员购置大中型农业机械价格在 2 万元以上的；家庭成员在中心集镇、县级以上城市有经营实体的；经营家庭农场，是种养大户的；“农转非”的。

总体而言，不同省区的贫困人口识别方法契合了各地的实际情况，并且相互借鉴，较为准确地反映了“两不愁三保障”所确定的贫困内涵，在精准扶贫“回头看”的实践过程中取得了一定的成效。

3. 通过加强民主评议和公示公告来保证结果的客观公正

建档立卡之初，贫困户的识别主要依靠村干部，群众参与度不高，公示程序不规范，不可避免地会因为人情关系和维稳需求出现识别不准的情况。“回头看”过程强调了民主评议和公示公告环节的必要性和重要性，要求村民小组或村民代表逐户进行民主评议，公示打分情况和评议结果，加强民主监督。此外，还强调了驻村工作队和外派第一书记的职能，发挥其核查监督的作用，从组织程序上保证识别过程的公开透明和识别结果的公平公正。

4. 通过明确各级责任来杜绝扶贫造假

各地在“回头看”过程中进一步明确了各级分工，并建立了责任追究制度。识别核查结果存在问题的，按照“谁调查、谁登记、谁审核、谁签字、谁负责”的原则，严格追究相关人员的责任，为工作队员履职尽责戴上了“紧箍咒”，划定了“警戒线”。

（四）扶贫对象“应退尽退”和“应纳尽纳”的动态管理

在建档立卡之初，由于受到指标限制，动态调整必须在已上报的户数和人数的框架下进行，这一苛刻条件使得各地无法执行动态管理。随着扶贫工作的深入开展和贫困户的相继脱贫，扶贫对象动态管理不足的弊端开始显现。中国社会科学院农村发展研究所“精准扶贫政策有效性”创新工程课题组 2016 年对山东、湖北、甘肃和广西 4 省（区）的追踪调研数据显示，有 24% 的建档立卡户在“回头看”过程中被调整为非贫困户，其中湖北和广西的比例更是高达 42%。此外，有 28% 的建档立卡户被认为是脱贫户，但是在这些认定的脱贫户和调整的非贫困户中，仍然分别有 21% 和 26% 的农户人均收入低于贫困标准。

整体上，通过“回头看”，贫困人口的识别瞄准有效性得到了提高，扶贫开发信息系统的数据质量得到了一定的改善。但是在全国大力实施精准扶贫的背景下，“帮富不帮穷”的现象仍然存在，如詹国辉、张新文（2017）对苏北某村在 2016 年中期的调研显示，富裕户、中等户、贫困户三者受益比为 36.4%、52.1%、11.5%。2017 年 2 月，各地又对 2016 年脱贫真实性开展自查自纠，245 万标注脱贫人口重新回退为贫困人口。2017 年 6 月，国务院扶贫办组织各地全面启动扶贫对象动态调整工作，取消了规模控制，把严、实、准、细的要求贯穿于扶贫对象动态管理全过程，重点解决“两该两不该”（该进未进、该出未出、不该进的进、不该出的出）问题，把已经稳定脱贫的贫困户标注出去，把符合条件遗漏在外的贫困人口和返贫人口纳入进来，力争实现扶贫对象“应退尽退、应纳尽纳、应扶尽扶”，为精准扶贫、精准脱贫打下坚实基础。

五　精准识别仍然面临的问题

经过三年多的不断实践和完善，扶贫对象识别不精准的问题得到了有效改善，但是精准识别的基础工作仍然不够扎实。信息系统中仍然存在少数家庭不符合扶贫条件，或者贫困户的基础信息不全、不准、不实等问题。国家审计署于 2017 年 1～3 月对 158 个贫困县的扶贫审计结果显示，有 105 个县的 11.34 万名建档立卡贫困人口基本信息不准确或未及时更新，有的已置办高档轿车、商品房等未及时退出，个别村干部在建档立卡中优亲厚友，通过分户拆户等方式将不符合条件的亲属纳入建档立卡对象。① 造成精准识别的基础工作仍然不够扎实的主要原因可归纳为以下五个方面。

（一）多维识别体系不完善，民主评议结果存在偏差

各地在实践中探索总结的多维评定标准让精准识别更具操作性，但是各地区之间的识别标准差异较大，且多数地区的多维识别体系并不完善，没有经过科学合理的设计和评估，有的甚至加入道德标准，“几不准”的条款也有待商榷。而且看似公平且操作可行的多维评价结果，也面临农村熟人社会和平均主义思想的挑战，当多维评价结果与民主评议结果不一致时，精准识

① 《2017 年第 6 号公告：158 个贫困县扶贫审计结果》，http://www.audit.gov.cn/n4/n19/c97001/content.html。

别的规则往往被摈弃（李博、左停，2017）。

民主评议在一定程度上解决了贫困户识别中可能出现的一些矛盾和问题，但由于主观性和随意性较强，也存在识别偏差。首先，民主评议结果与收入标准的识别结果存在较大差异。村民代表主要根据可观察的特征指标来识别和认定贫困户，对于最贫困群体的识别通常没有异议，但对于次级贫困和处于贫困线附近的贫困户认定会产生分歧，不可避免地会导致一部分收入低于贫困线的农户被排斥在外。其次，民主评议结果欠缺客观性。村民代表的讨论结果带有一定的主观性，每个代表对贫困衡量的标准不同，民主评议结果容易受到乡村平均主义思想的影响。在现行乡村治理体系中，村民代表的讨论结果还受到乡镇干部和村干部因为人情关系、维稳需求等考虑的影响（左停等，2015；唐丽霞等，2015）。最后，民主评议结果欠缺代表性。一方面，随着劳动力的大量外出，村民代表的讨论和监督缺乏代表性和广泛性；另一方面，一些长期在外务工的农户，由于生病或其他突发事情导致贫困，但由于信息获取的滞后和村庄内部人脉关系的疏远，难以获得扶贫救济。笔者于2017年在安徽、宁夏等地的调研中，均发现有此类现象。

（二）基层扶贫效率低下，部分地区精准识别演变为“精准填表”

基层工作能力的约束是识别精度难以进一步提高的原因之一。乡村干部和扶贫工作人员在承担识别、帮扶贫困户工作的同时，还要随时应对乡村内部的各种突发事件。大部分村干部年龄较大，难以胜任要求越来越严格的到户扶贫工作。即使相对年轻的村干部，也一时难以适应精细化的工作，基层扶贫工作的效率不高。尽管2016年以来的精准识别过程强化了驻村工作队和外派第一书记的职能，但是一些驻村干部“身在村庄心在机关”（葛志军、邢成举，2015），一些地区甚至挂名帮扶，驻村干部不住村，驻村工作队重派轻管。由于对乡村内部情况不够了解，驻村干部的核查工作难以彻底（王雨磊，2017）。笔者在调研中也发现，驻村工作队和第一书记主要在文件传达、信息填报、材料整合方面发挥作用，同时为了避免与村干部发生冲突，很少对村民代表讨论通过的贫困户认定结果提出异议。

此外，随着精准扶贫工作队档案资料管理的加强，一些地方出台的表格名录越来越多，这导致一些基层干部忙于填表而没有时间入村入户开展识别帮扶工作，精准扶贫出现“精准填表”的异化趋势，从而影响脱贫攻坚的实际成效。

（三）扶贫脱贫的正向激励机制尚未建立

一方面，面对艰巨而紧迫的脱贫攻坚任务，基层扶贫工作人员任务重、压力大，有考核机制却没有正向的激励机制。扶贫工作人员既要及时应对上级的各种指令和考核，还要妥善处理各项工作，仅凭一腔热血难以长期承受高强度的工作压力。即使扶贫指标没有规模控制，为了不影响脱贫绩效考核，他们也没有更多的动力去识别那些漏出的贫困人口。另一方面，扶贫对象缺乏脱贫激励机制，一些贫困户“等、靠、要”的思想和行为在严重影响扶贫脱贫成效的同时，也会打击扶贫干部的工作热情和积极性，因此一些地区的贫困户识别加入了道德标准，将懒汉和有不良行为的人直接排除在外。

此外，目前的一些评估和检查，过于形式化，甚至带有地方攀比和报复的政治色彩。交叉检查不仅仅是为了发现问题，更重要的是通过互相借鉴学习，商讨改进措施，提高精准扶贫的成效。而一些地区的省际或地区内部交叉检查出现负向激励，不但没有帮助地方提高精准扶贫的有效性，反而平添了许多无谓的工作量。笔者于 2017 年在某省的调研发现，一些检查组为了挑出毛病完成所谓的检查任务，不惜深夜突击造访农户，对贫困户的生活和扶贫干部的工作安排造成了严重影响。

（四）扶贫对象与低保对象的衔接仍未形成合力

精准扶贫的实施在对象认定和管理服务方面与农村低保产生了衔接需求。农村低保与扶贫开发的两项衔接最早于 2009 年开始试点，由于制度设计、管理体制、运行机制以及沟通协作等方面存在问题，两项制度在人群覆盖和救助政策方面存在较大差异，尚未真正实现有效衔接（杨穗，2016）。

汪三贵和 Park（2010）认为在扶贫开发和农村低保两项政策同时实施的情况下，贫困人口数据的偏差和瞄准对象的失误是农村贫困人口仍然不能大幅度减少的重要原因。因此加强两项制度衔接，对提高识别瞄准精度具有重要的现实意义。

2016 年 9 月 17 日，国务院办公厅转发民政部等部门《关于做好农村最低生活保障制度与扶贫开发政策有效衔接指导意见的通知》（国办发〔2016〕70 号），要求通过农村低保制度与扶贫开发政策的有效衔接，形成政策合力，对符合低保标准的农村贫困人口实行政策性保障兜底，确保到 2020 年现行扶贫标准下农村贫困人口全部脱贫。

在实际操作中，各地对农村低保对象、特困供养人员和扶贫对象的认定不完全一致，有的地方将农村低保对象和特困供养人员纳入扶贫范围，有的地方则没有。各地的衔接程度主要取决于地方的贫困状况、财政能力、脱贫攻坚的整体规划等。大部分地区在实践中达成的共识就是扶贫开发主要负责有发展能力的贫困群体、低保制度主要覆盖无发展能力的“老弱病残”群体。这一理解只是简单地把具有开发能力或意愿的贫困人口纳入建档立卡工作范畴，无劳动能力的或所谓“扶不起来”的贫困人口纳入低保救助范畴。事实上，低保对象也可以是具有就业能力的群体，特别是一些具有劳动能力的残疾低保户，通过就业扶持可以减轻他们对享受低保的福利依赖；而一些具有劳动能力的家庭短期内无法通过产业发展脱贫的，同样可以享受低保，特别是劳动力少、抚养比重高的家庭。也有的地区为了完成脱贫任务，倾向于将更多的贫困户纳入低保对象，实现所谓的“兜底”脱贫。因此，扶贫对象和低保对象的衔接仍不到位，没有形成政策合力。

（五）扶贫对象的动态调整滞后且不规范

扶贫对象的动态调整是精准扶贫实施过程中的必要环节，有助于纠正对象识别中的偏差，消除不公，提高扶贫资源利用效率。虽然各地强调精准识别的动态性，但是面对识别过程的复杂性和高成本投入，大部分地区仍然难以真正做到建档立卡贫困户的动态调整（唐丽霞，2017）。笔者 2017 年在一些地区的调研发现，扶贫对象的调整主要集中在贫困村，特别是纳入当年脱贫规划的贫困村，在非贫困村和尚未纳入脱贫计划的贫困村中，扶贫对象调整的比例明显偏低。此外，一些地区在识别管理过程中“重收入轻保障”，存在“三保障”未实现就宣布脱贫的问题。审计署的调查结果显示，19个县的脱贫人口中，约有1.7万人未达到脱贫条件。①

扶贫对象的动态调整主要面临两方面的矛盾。一是建档立卡的周期性和农户贫困的动态性之间存在矛盾。识别贫困户到建档立卡需要经过一定的程序，各地通常根据每年建档立卡系统的开放时间安排相应的工作，但农户随时随地可能因为自然灾害或意外事故等突发情况致贫或返贫，这就造成一些贫困户不能及时纳入建档立卡系统享受扶贫资源的帮扶。二是脱贫对象的退出和返贫或相对贫困对象的进入之间存在矛盾。当前的精准扶贫机制强调贫困退出机制的建立，但对于返贫人口的重视程度不足，即使“脱贫不脱政策”，也难防止脱贫人口返贫。由于返贫问题可能会影响扶贫成效，返贫人口重新列入扶贫对象也会遇到一些阻力。与此同时，随着贫困户的逐渐脱贫，原先处于贫困边缘的群体相继进入“相对贫困”的态势，在扶贫资源有限的情况下，如何及时调整扶贫对象，也是当下精准扶贫面临的一大难题。

六　完善扶贫对象精准识别和动态调整机制的政策建议

精准扶贫的识别瞄准机制在实践中仍然面临一些挑战，包括识别技术不完善、工作效率低下、激励机制缺乏等，这些挑战使得精准扶贫在识别瞄准过程中仍然存在不精准的问题，而且动态管理相对滞后。作为精准扶贫的重要前提，精准识别仍然处于不断完善的实践过程中，为进一步提高识别瞄准精度，本文提出以下政策建议。

① 《2017年第6号公告：158个贫困县扶贫审计结果》，http://www.audit.gov.cn/n4/n19/c97001/content.html。

（一）建立多维识别为主、民主评议为辅的瞄准认定机制

由于农户收入难以核查，各地在精准识别的实践过程中探索出具有地方特色的识别机制，但主要是依赖农户可观察特征的定性识别，而且民主评议结果占主导地位。总体来看，这些识别方法增强了基层操作的可行性，但仍然比较粗略，获取的信息不够完整，识别的内容过于表面，致贫原因和定量分析缺失。此外，由于监督机制的薄弱，民主评议缺乏客观性和代表性。因此，一方面，在总结各地实践经验的基础上，通过科学合理的制度设计建立相对统一的多维识别和定量评价体系，形成规范具体的操作意见，并以此作为贫困识别的主要依据，增强精准识别的科学性。另一方面，要规范民主评议、加强民主监督，确保扶贫对象认定的客观和公正。

（二）提升基层人员工作能力，谨防“精准填表”和“数字脱贫”

乡村治理能力总体不足以及基层人员工作能力低下也是造成精准识别“不精准”的原因之一。一方面，要完善乡村治理结构，提升基层工作能力，提高扶贫工作效率，选派有识之士投身基层扶贫事业，进一步强化第一书记和驻村工作队的工作职能，与村两委形成合力推动精准识别和扶贫脱贫工作。另一方面，精准扶贫不可陷入无尽的资料怪圈，警惕“精准填表”和“数字脱贫”现象，在加强建档立卡信息管理的同时，精简不必要的报表，把扶贫工作人员从数据填报中解放出来，将更多的精力用于贫困户的识别和帮扶。

（三）建立脱贫扶贫的激励机制，树立正确的检查评估导向

随着脱贫攻坚难度的与日俱增，有效的脱贫扶贫激励机制亟待建立。要建立贫困户脱贫和扶贫工作人员奖励晋升的两类激励机制。为了做到贫困对象一个不落，包括那些被道德评价标准排除的，要激励贫困户积极主动脱贫，通过广泛教育激发贫困群众穷则思变的斗志，调动他们脱贫的积极性和主动性；同时激励基层干部投身扶贫事业，通过加强培训提高其专业技能，

培育其有足够的耐心和责任心来解决扶贫工作中的困难，并辅以相应的奖励和提拔。实践中促使两类机制形成相互促进的局面，从而使脱贫攻坚取得事半功倍的成效。

此外，监督检查和考核评估是推动精准扶贫工作开展和保障任务落实的“指挥棒”和“风向标”，树立正确的监督考核评估导向，使得精准扶贫的监督考核评估机制可以发挥应有的作用；同时减少不必要的检查评估，使扶贫工作人员有更多的精力投身到实实在在的扶贫工作中。

（四）加强扶贫对象与农村低保对象的衔接

两项衔接通过建立协商机制和基本数据信息共享来加强监督，有利于确定扶贫规模、合理分配扶贫救济资源、节约行政成本、提高工作效率。一些地区人为割裂低保和扶贫政策，导致一定数量符合条件的贫困人口未被纳入建档立卡范围内。各地在精准识别的过程中，应充分领会文件要求“对符合农村低保条件的建档立卡贫困户，按规定程序纳入低保范围，并按照家庭人均收入低于当地低保标准的差额发给低保金。对符合扶贫条件的农村低保家庭，按规定程序纳入建档立卡范围，并针对不同致贫原因予以精准帮扶”的精神，针对那些具有劳动能力，但在一定时期内仍然需要政府救助的低保对象，提供适当的发展援助，帮助其通过自身努力实现脱贫；而对一些具有劳动能力的残疾低保户和老年低保户，则通过就业扶持和产业发展减轻他们对低保的福利依赖。充分做好扶贫开发与农村低保两项衔接工作，在促进“应保尽保”和“应扶尽扶”的过程中，确保到2020年现行扶贫标准下农村贫困人口全部脱贫。

（五）加强对扶贫对象的动态管理

在规范精准识别程序的同时，加强对扶贫对象的动态管理也是精准扶贫科学化和公正化的体现。在动态管理的操作层面，进一步完善扶贫信息网络系统，便于基层人员及时将贫困对象纳入系统享受扶贫救济资源。在动态管理的机制方面，科学建立脱贫户的退出机制和新贫困户或返贫户的进入机制。脱贫退出机制一方面要能刺激脱贫户申报脱贫的积极性，另一方面要科学地评估其脱贫成效并预防返贫。随着贫困户的逐渐脱贫，及时关注返贫对象和原先处于贫困边缘的“相对贫困”群体，调整扶贫对象的认定标准，给予一定的帮扶措施，避免其陷入深度贫困。

参考文献

1. D. Battiston, G. Cruces, L. Lopez – Calva, M. Lugo and M. Santos, "Income and beyond: Multidimensional Poverty in Six Latin American Countries," *Social Indicators Research*, 112 (2), pp. 291 – 314, 2013.
2. W. Bossert, S. R. Chakravarty and C. D. Ambrosio, "Multidimensional Poverty and Material Deprivation with Discrete Data," *Review of Income and Wealth*, 59 (1), pp. 29 – 43, 2013.
3. D. Coady, M. E. Grosh and J. Hoddinott, *Targeting of Transfers in Developing Countries: Review of Lessons and Experience*. World Bank Publications, 2004.
4. J. Conning and M. Kevane, "Community – based Targeting Mechanisms for Social Safety Nets: A Critical Review," *World Development*, 30 (3), pp. 375 – 394, 2002.
5. T. Ferrarini, K. Nelson and J. Palme, "Social Transfers and Poverty in Middle and High Income Countries—A Global Perspective," *Global Social Policy*, 16 (1), pp. 22 – 46, 2016.
6. J. Golan, T. Sicular and N. Umapathi, "Unconditional Cash Transfers in China: Who Benefits from the Rural Minimum Living Standard Guarantee (Dibao) Program," *World Development*, 93, pp. 316 – 336, 2007.
7. L. Kenworthy, *Progress for the Poor*. Oxford: Oxford University Press, 2011.
8. A. Park, S. Wang and G. Wu, "Regional Poverty Targeting in China," *Journal of Public Economics*, 86, pp. 123 – 153, 2002.
9. W. Korpi and J. Palme, "The Paradox of Redistribution and Strategies of Equality: Welfare State Institutions, Inequality, and Poverty in the Western Countries," *American Sociological Review*, 63 (5), pp. 661 – 687, 1998.
10. I. Marx, L. Salanauskaite and G. Verbist, "The Paradox of Redistribution Revisited: and That it May Rest in Peace?" GINI Working Paper No. 82, http://giniresearch.org/system/uploads/583/original/82.pdf? 1385131289, 2013.
11. A. McKnight, "A Fresh Look at an old Question: Is Pro – poor Targeting of Cash

Transfers more Effective than Universal Systems at Reducing Inequality and Poverty?" *ImPRovE Working Paper* No. 15/14. Antwerp: Herman Deleeck Centre for Social Policy – University of Antwerp, 2015.

12. G. Notten, "How Poverty Indicators Confound Poverty Reduction Evaluations: The Targeting Performance of Income Transfers in Europe," *Social Indicators Research*, 127, pp. 1039 – 1056, 2016.
13. 邓维杰:《精准扶贫的难点、对策与路径选择》,《农村经济》2014 年第 6 期。
14. 范小建:《中国扶贫开发:回顾与展望》,载范小建主编《扶贫开发形势和政策》,中国财政经济出版社,2008。
15. 葛志军、邢成举:《精准扶贫:内涵、实践困境及其原因阐释——基于宁夏银川两个村庄的调查》,《贵州社会科学》2015 年第 5 期。
16. 郭君平、荆林波、张斌:《国家级贫困县“帽子”的“棘轮效应”——基于全国 2073 个区县的实证研究》,《中国农业大学学报》(社会科学版)2016 年第 4 期。
17. 韩华为、高琴:《中国农村低保制度的保护效果研究——来自中国家庭追踪调查(CFPS)的经验证据》,《公共管理学报》2017 年第 2 期。
18. 韩华为、徐月宾:《中国农村低保制度的反贫困效应研究——来自中西部五省的经验证据》,《经济评论》2014 年第 6 期。
19. 胡联、汪三贵:《我国建档立卡面临精英俘获的挑战吗?》,《管理世界》2017 年第 1 期。
20. 黄承伟、覃志敏:《我国农村贫困治理体系演进与精准扶贫》,《开发研究》2015 年第 2 期。
21. 李博、左停:《谁是贫困户?精准扶贫中精准识别的国家逻辑与乡土困境》,《西北农林科技大学学报》(社会科学版)2017 年第 4 期。
22. 李小云:《我国农村扶贫战略实施的治理问题》,《贵州社会科学》2013 年第 7 期。
23. 李小云、唐丽霞、许汉泽:《论我国的扶贫治理:基于扶贫资源瞄准和传递的分析》,《吉林大学社会科学学报》2015 年第 4 期。
24. 李小云、张雪梅、唐丽霞:《我国中央财政扶贫资金的瞄准分析》,《中国农业大学学报》(社会科学版)2005 年第 3 期。
25. 刘冬梅:《中国政府开发式扶贫资金投放效果的实证研究》,《管理世界》2001 年第 6 期。
26. 解垩:《中国农村最低生活保障:瞄准效率及消费效应》,《经济管理》2016 年第 9 期。
27. 唐丽霞:《精准扶贫机制的实现——基于各地的政策实践》,《贵州社会科学》2017 年第 1 期。

28. 唐丽霞、罗江月、李小云：《精准扶贫机制实施的政策和实践困境》，《贵州社会科学》2015 年第 5 期。

29. 万江红、苏运勋：《精准扶贫基层实践困境及其解释——村民自治的视角》，《贵州社会科学》2016 年第 8 期。

30. 汪三贵：《中国的农村扶贫：回顾与展望》，《农业展望》2007 年第 1 期。

31. 汪三贵、郭子豪：《论中国的精准扶贫》，《贵州社会科学》2015 年第 5 期。

32. 汪三贵、Albert Park：《中国农村贫困人口的估计与瞄准问题》，《贵州社会科学》2010 年第 2 期。

33. 汪三贵、Albert Park、Shubham Chaudhuri、Gaurav Datt：《中国新时期农村扶贫与村级贫困瞄准》，《管理世界》2007 年第 1 期。

34. 王小林：《扶贫对象精准识别与精准帮扶研究——黔西南案例研究》，《当代农村财经》2016 年第 3 期。

35. 王雨磊：《精准扶贫何以“瞄不准”？——扶贫政策落地的三重对焦》，《国家行政学院学报》2017 年第 1 期。

36. 吴国宝：《中国扶贫开发与全面建成小康社会》，载李培林、魏后凯主编《中国扶贫开发报告（2016）》，社会科学文献出版社，2016。

37. 杨穗：《农村低保与扶贫开发两项制度的有效衔接研究》，载李培林、魏后凯主编《中国扶贫开发报告（2016）》，社会科学文献出版社，2016。

38. 叶初升、邹欣：《扶贫瞄准的绩效评估与机制设计》，《华中农业大学学报》（社会科学版）2012 年第 1 期。

39. 詹国辉、张新文：《“救困”抑或“帮富”：扶贫对象的精准识别与适应性治理——基于苏北 R 县 X 村扶贫案例的田野考察》，《现代经济探讨》2017 年第 6 期。

40. 左停、杨雨鑫、钟玲：《精准扶贫：技术靶向、理论解析和现实挑战》，《贵州社会科学》2015 年第 8 期。

B.4

脱贫攻坚监督和考核评估

谭清香 杨 穗 吴国宝*

摘 要： 监督、考核评估是我国实现脱贫攻坚目标的重要政策工具，也是我国扶贫治理的重要内容和环节。经过多年的探索和总结，我国建立了比较完整的脱贫攻坚监督和考核评估体系，并运用多种不同的相互配合的监督、考核和评估制度和方法，对脱贫攻坚政策和规划的落实情况、扶贫对象识别、政府扶贫绩效、财政专项扶贫资金和贫困退出等进行了考核和评价。当然，实践中也暴露出监督和考评制度与方法以及结果运用方面存在的一些问题，这些问题需要通过相应的制度调整和政策创新来加以解决。

关键词： 脱贫攻坚 监督 考核 评估

监督、考核和评估是公共政策执行和项目管理中重要的内容和环节。在我国正在进行的脱贫攻坚中，科学、客观、及时的监督、考核和评估，更是精准扶贫治理中十分关键的环节。经过多年的探索、总结和完善，我国初步建立了脱贫攻坚的监督、考核和评估制度，开展了对精准扶贫、精准脱贫工

* 谭清香，经济学硕士，中国社会科学院农村发展研究所助理研究员，主要研究方向为贫困、反贫困政策、小额信贷等；杨穗，博士，中国社会科学院农村发展研究所助理研究员，主要研究方向为收入分配、贫困、社会保障；吴国宝，博士，中国社会科学院农村发展研究所研究员、中国社会科学院贫困问题研究中心主任，中国社会科学院研究生院博士生导师，主要研究领域为扶贫、小额信贷、农村发展和农民福祉。

作进展和成效的监督、考核和评估，积累了一定的经验。实践中发现现行监督、考核和评估制度和方法还存在一定的问题，需要在总结和研究的基础上进行完善。

一 监督、考核评估在实施扶贫战略目标和计划中的作用

（一）监督、考核评估在公共政策实施中的作用

在公共政策实施当中，监督是指有关主体对实施过程进行监察、检查、督促和指导，使其结果能达到预定的政策目标；考核评估是指考核主体对照政策目标和任务，采用科学的考核方式，评价政策执行者的工作任务完成情况或政策实施结果在多大程度上实现了预定的目标、资源投入的有效性等情况。二者都是为了及时发现政策执行中存在的问题，促进政策目标的实现。相对来说，前者比较重视政策执行的合法、合规和合理性，后者更加注重通过引导改进绩效、推进工作、提高效率。因此，有效的监督、考核评估对于及时发现存在的问题，找出解决问题的办法，激励先进，惩罚后进，最终实现政策目标，有着十分重要的作用。

监督、考核评估，按实施主体和对象，可分为内部监督和外部监督、内部考核评估和外部考核评估。这里仅讨论内部监督考核和外部评估的优缺点。

内部监督考核的发起人、执行人、评判人和责任人总体上是一致的，这种四位一体的特点也形成了内部监督考核的优势和缺陷①。内部监督考核的主要优势包括：有利于选择恰当的时机，所需信息易于获取，结果应用比较容易。内部监督考核的主要缺陷包括：第一，由于结果会用来追责，内部监督考核存在隐瞒问题的动机和便利性；第二，如果决策者担心监督考核结果

① 吴国宝：《农业公共政策评估的理论和方法》，载李周、杜志雄和朱钢主编《农业经济学》，中国社会科学出版社，2017，第391页。

会对其形成不利的影响，内部监督考核者可能会选择性地使用对其有利或容易解脱的评估信息；第三，由于实施主体和对象有直接的利益关系，内部监督考核者可能对政策执行产生的负面影响加以遮掩或忽视，从而得出不公正的结论。

外部评估是指由政策设计和执行机构之外的专业性机构或人员对政策实施过程、结果、效率和影响进行独立评估①。通常外部评估被认为是独立、客观和专业的。

外部评估的主要优势包括：第一，合格的外部评估是由与政策制定和实施不存在利益关联的机构和人员实施的，能够独立确定评估方案，独立实施评估和对评估对象做出结论，具有独立性；第二，外部评估由于不存在利益关联且面临同业竞争的压力，在评估数据取得和评估结论方面一般能够做到尊重事实和真相，具有客观性；第三，外部评估本身是由掌握评估理论和方法且熟悉评估政策的专业机构和人员实施的，具有专业性。

外部评估面临的主要困难在于信息取得和结果应用两个方面。如果没有政策执行机构的配合，外部评估者很难获得有关政策方面的全面、准确、可靠的信息，这会对评估质量产生影响。此外，外部评估所提出的政策建议，也可能因为不切合实际，可操作性不强，评估过程中缺乏与政策执行部门的沟通等原因，而无法被决策部门和政策执行部门所采纳，从而降低了政策评估的价值。

（二）扶贫政策实施中监督、考核评估制度缺位的教训

扶贫开发与民生民利息息相关，这个领域的职务犯罪后果严重，社会影响极其恶劣。

如何加强对扶贫资金的监管，确保扶贫资金不被挤占、挪用，最大限度发挥扶贫资金的效益，让扶贫对象切实受益，是忠实履行我们党全心全意为人

① 吴国宝：《农业公共政策评估的理论和方法》，载李周、杜志雄和朱钢主编《农业经济学》，中国社会科学出版社，2017，第391页。

民服务宗旨的具体要求，是摆在全国扶贫系统面前非常紧迫而重要的工作任务。

党中央、国务院三令五申，扶贫资金必须管好用好，各级政府也出台了相应的管理办法，对资金的使用程序、范围和监管体制等做出了明确规定。

但是，2013 年审计署对 19 个国家扶贫开发工作重点县 2010 ~ 2012 年财政扶贫资金进行审计之后，发现财政扶贫资金分配、管理和使用中还普遍存在一些违规违纪问题，包括虚报冒领、挤占挪用、管理使用不规范、损失浪费、资金闲置、贪污侵吞等[①]。经推算，19 个县违规问题资金总额为 2.3 亿元，占审计抽查资金（12.4 亿元）的比例高达 18.5%[②]。根据审计部门对这些问题产生根源的分析，扶贫工作监督管理缺失是主要原因之一。

过去扶贫领域的监督力量，主要是财政、扶贫两部门内部监督和审计监督，其他来源的监督比较少。此外，扶贫审计聚焦在扶贫资金管理和使用的合法、合规方面，缺乏对扶贫资金使用的有效性和程序合理性等的审计。

在 2012 年之前，扶贫领域的考核，除了扶贫部门内的工作考核之外，比较制度化的只有从 2007 年开始的财政扶贫资金绩效考核。但是，财政扶贫资金绩效考核自身存在一些问题，如涉及面比较窄，仅限于财政专项扶贫资金；此外，它在指标设计、数据收集、激励制度安排等方面都存在不足。例如，成效指标只考虑了贫困人口减少和收入增长，未包括基础设施和基本公共服务改善，因而与扶贫资金使用的关联度不强；部分数据由各省自报，不同程度地存在上报不及时、口径不统一、不完整和缺乏真实性等问题。因此，扶贫资金绩效考核发挥的作用比较有限。

扶贫考核评估机制存在缺陷，加上监督缺位，以致过去扶贫实践中，常发生问题出现不能及时发现，发现问题不能及时解决的现象。

2012 年，国务院扶贫开发领导小组印发《扶贫开发工作考核办法（试

---

① 审计署行政事业审计司：《19 个国家扶贫开发工作重点县财政扶贫资金审计结果公告答记者问》，审计署网，http：//www.audit.gov.cn/n4/n19/c45329/content.html，2013 年 12 月 28 日。

② 《19 个被审计县已整改问题金额 2.14 亿元，占违规问题金额的 92%》，见国务院扶贫办：《国务院扶贫办高度重视 19 县扶贫资金审计公告》，审计署网，http：//www.audit.gov.cn/n4/n23/c46825/content.html，2013 年 12 月 29 日。

行)》，决定从2012年起试行对省级政府扶贫开发工作进行考核，督促中央和国家机关相关部委贯彻落实《中国农村扶贫开发纲要（2011—2020年)》中明确的工作任务。其中，中央对各省的考核，主要包括组织领导、经济社会发展、扶贫工作实施和扶贫工作管理4部分内容。实行奖优罚劣，为工作决策和资金分配提供依据。

省级政府扶贫开发工作考核试点发现[①]，该考核可起到如下几方面作用：第一，掌握现有的情况，摸清扶贫的底数；第二，通过年度比较，可以监测扶贫的进展，从而把握下一阶段的工作方向；第三，发现存在的问题，以便调整工作重点；第四，通过省间竞争和相互学习来改善扶贫工作。

省级政府扶贫工作考核试点过程中存在的主要问题包括：第一，考核内容是结果还是包括结果和过程；第二，如何根据脱贫攻坚任务目标建立完整的科学合理的指标体系；第三，各指标权重、计分条件对评估结果影响较大，如何科学确定；第四，数据来源多且复杂，既使数据审核复杂化，也影响了指标的解释力；第五，考核结果应用的激励制度安排的力度和强度都不够。这突出地表现在两个方面：一是扶贫工作考核没有将重点县的退出纳入考核激励中去考虑，这样不利于促进各省将扶贫工作的重点放在减少重点县而更多地关注通过提高考核排名获得资金和政策奖励上；二是扶贫工作考核结果与考核地区主管领导的考评关系不大，难以起到激励地方政府承担起扶贫开发主要职责的作用。

二　脱贫攻坚监督和考核评估体系的基本框架和内容

（一）脱贫攻坚监督和考核评估体系的建立过程

进入脱贫攻坚阶段以来，根据不同扶贫目标和管理分工，在总结过去经

① 《19个被审计县已整改问题金额2.14亿元，占违规问题金额的92%》，见国务院扶贫办：《国务院扶贫办高度重视19县扶贫资金审计公告》，审计署网，http：//www.audit.gov.cn/n4/n23/c46825/content.html，2013年12月29日。

验教训的基础上，我国已在扶贫领域逐渐建立了一套监督和考核评估体系。

《中共中央国务院关于打赢脱贫攻坚战的决定》（以下简称《脱贫攻坚决定》）提出了“严格扶贫考核督查问责”的要求。据此，中央发布的《脱贫攻坚责任制实施办法》。该办法明确指出，国务院扶贫开发领导小组负责“建立健全扶贫成效考核、贫困县约束、督查巡查、贫困退出等工作机制，组织实施对省级党委和政府扶贫开发工作成效考核，组织开展脱贫攻坚督查巡查和第三方评估”中央纪委机关对脱贫攻坚进行监督执纪问责；最高人民检察院对扶贫领域职务犯罪进行集中整治和预防；审计署对脱贫攻坚政策落实和资金重点项目进行跟踪审计；各民主党派应当做好脱贫攻坚民主监督工作。从中可以看出，通过加强对扶贫的审计监督、纪律监督、司法监督和民主监督，创设脱贫攻坚督查巡查制度，建立健全有关扶贫考核评估制度，不断推动脱贫攻坚考核监督问责。

下面依次简要描述脱贫攻坚监督和考核评估体系的建立过程。

1. 监督

（1）脱贫攻坚督查巡查。过去扶贫部门也一直在开展扶贫有关政策落实的督查活动，主要特点是以专项督查为主、其他部门很少参与，实施范围窄等。为推动中央脱贫攻坚重大决策部署的落实，开展级别更高、规模更大、范围更全面的综合性督查巡查是必需的。2016 年 7 月，中央出台《脱贫攻坚督查巡查工作办法》，督促中西部 22 个省（自治区、直辖市）党委和政府、中央和国家机关有关单位落实脱贫攻坚工作责任和政策措施。国务院扶贫开发领导小组组织开展联合督查巡查，对重点部门、重点地区有关情况进行全面督促和巡视检查。

（2）扶贫审计。对扶贫资金管理和使用的合法合规审计，一直是扶贫审计的重点和中心工作。近年来，审计部门在加强扶贫资金常规审计力度的同时，不断完善扶贫资金绩效审计，并新增对扶贫政策落实情况的跟踪审计。“十三五”规划纲要明确提出，要建立扶贫政策落实情况跟踪审计机制。2016 年 5 月，审计署办公厅发布《关于进一步加强扶贫审计促进精准扶贫精准脱贫政策落实的意见》。该意见提出“十三五”时期扶贫审计的重点工作内容是：一要跟踪检查扶贫相关政策落实情况；二要监督检查扶贫资金绩效情况，即将绩效理念贯穿扶贫审计始终，循着资金流向从政策要求、预算安排、资金拨付一直追踪到项目和个人，确保扶贫资金安全高效使用。

（3）监督执纪问责。为落实脱贫攻坚监督执纪问责任务，十八届中央纪委六中全会公报明确提出，“严肃查处扶贫领域虚报冒领、截留私分、挥霍浪费行为，为打赢脱贫攻坚战提供有力保障”①。中央纪委书记王岐山在出席2017年7月3日扶贫领域监督执纪问责工作电视电话时，强调纪检监察部门要加强监督检查，强化监督执纪问责，为打赢脱贫攻坚战提供坚强保障②。中央纪委监察部网站还专门为此辟开了一个专栏“巡访31省区市—落实扶贫领域监督执纪问责工作电视电话会议精神情况”，用来公布有关信息。

（4）检察机关、扶贫部门整治和预防扶贫领域职务犯罪专项。为在脱贫攻坚、反腐倡廉建设方面加强部门合作，最高人民检察院和国务院扶贫办联合发布《全国检察机关、扶贫部门集中整治和加强预防扶贫领域职务犯罪专项工作方案》，决定自2016年1月起，在全国范围内共同开展集中整治和加强预防扶贫领域职务犯罪专项工作，为期5年。

（5）各民主党派中央开展脱贫攻坚民主监督。专门对扶贫进行民主监督，是中共中央赋予各民主党派的一项新任务，是各民主党派履行民主监督职能的新领域。2017年10月，中央统战部和国务院扶贫办联合发布《关于支持各民主党派中央开展脱贫攻坚民主监督工作的实施方案》，明确脱贫攻坚民主监督工作的工作原则、对口安排、重点内容、主要形式和工作保障等。

（6）12317扶贫监督举报电话。国务院扶贫办于2014年12月15日开

① 《19个被审计县已整改问题金额2.14亿元，占违规问题金额的92%》，见国务院扶贫办：《国务院扶贫办高度重视19县扶贫资金审计公告》，审计署网，http：//www.audit.gov.cn/n4/n23/c46825/content.html，2013年12月29日。

② 中央纪委：《王岐山在扶贫领域监督执纪问责工作电视电话会上强调为打赢脱贫攻坚战提供坚强保障》，中央纪委监察部网，http：//www.ccdi.gov.cn/special/xfsqs/index.html，2017年7月3日。

通12317扶贫监督举报电话。根据国务院扶贫办行政人事司印发的《关于做好12317扶贫监督举报电话有关工作的通知》，12317电话投诉举报主要受理范围包括“专项扶贫资金管理、分配、使用中的问题，专项扶贫项目实施管理中存在的问题，挤占、贪污、挪用专项扶贫资金的行为，以及扶贫相关政策执行中的违规问题”，受理的问题按分级负责、属地管理原则进行调查处理。

（7）扶贫有关部门的内部督查。在脱贫攻坚领域，有关部门的内部督查主要包括：扶贫开发领导小组成员单位组织行业督查，督促检查本系统、本行业领域落实脱贫攻坚政策措施的情况；扶贫、发展改革、财政等部门开展专项督查。

（8）其他监督。脱贫攻坚的其他监督主要包括：全国人大常委会审议国务院关于脱贫攻坚工作情况报告并进行专题询问、中央巡视、国务院督查、政协监督、媒体监督、群众监督、第三方评估等。

从以上方面可以看出，与过去相比，脱贫攻坚监督的主体更加多元化。

按监督主体与对象关系来看，扶贫监督可分为扶贫系统内部监督和外部监督。除脱贫攻坚督查巡查和扶贫有关部门的内部督查属于扶贫系统内部监督外，其他都归为行政系统外部监督。其中最高人民检察院行使的是司法监督，全国人大常委会行使的是权力机关监督，中央巡视组行使的是执政党监督，人民政协和各民主党派行使的是民主监督、而12317扶贫监督举报电话、群众监督、媒体监督、第三方评估可统称为社会监督。

与此同时，扶贫有关部门即受监督对象也在按照政务公开要求，采取“推进脱贫攻坚决策、执行、管理、服务、结果公开，加强解读回应，扩大群众参与，增强公开时效”等举措，扩大脱贫攻坚社会和群众知晓度、参与度[①]。

监督对象的公开性、主体的多元化及监督内容的广泛性（后面将详细

---

① 国务院扶贫办：《国务院扶贫办2017年政务公开实施工作方案》（国开办司发〔2017〕16号，国务院扶贫办网站，http://www.cpad.gov.cn/art/2017/8/16/art_1747_802.html，2017年4月27日。

述及），从理论上有利于充分体现监督的人民主权原则、经常监督原则和公开监督原则①。扶贫领域内部监督和外部监督的结合，有利于形成全面复合的监督网络，提高扶贫监督的整体效能。

下文将具体讨论脱贫攻坚监督体系的基本框架和内容。由于篇幅关系，主要讨论前五种扶贫监督。

2. 考核评估

（1）省级党委、政府扶贫成效考核。2016 年 2 月，中共中央办公厅、国务院办公厅印发了《省级党委和政府扶贫开发工作成效考核办法》（以下简称《扶贫成效考核办法》），就中央对中西部 22 个省（自治区、直辖市）党委和政府扶贫开发工作成效的考核做出规范，取代 2012 年印发的《扶贫开发工作考核办法（试行）》。与之前试行办法相比，《扶贫成效考核办法》在指标上进行了简化和优化，在方法上做了重大改进，如引入第三方评估。

（2）财政扶贫资金绩效考核。2017 年 9 月，根据精准扶贫、精准脱贫形势需要，财政部和国务院扶贫办对 2008 年印发的《财政专项扶贫资金绩效考评试行办法》进行了修订，制定并印发了《财政专项扶贫资金绩效评价办法》（以下简称《资金绩效评价办法》）。这意味着，财政专项扶贫资金绩效考核制度，在经历了近十年的实践摸索后，越加成熟。

（3）贫困县脱贫摘帽评估。2016 年 4 月，国家出台《关于建立贫困退出机制的意见》。该意见对贫困人口、贫困村、贫困县退出的标准和程序做出了规定，例如，贫困县脱贫摘帽需要通过市、省两级的审核审查和国家组织的专项检查及第三方评估，可统称为贫困县脱贫摘帽评估。

（4）第三方评估。第三方评估，即外部评估，也可视为一种政府外的社会监督方式。前面讨论的省级党委、政府扶贫成效考核及贫困县脱贫摘帽评估，都明确要利用第三方评估机构采集相关考核指标数据并进行评估。作为“局外人”的第三方评估，通过客观、专业的评估，可使各项脱贫数据更加可靠和公正。

---

① 王世雄：《我国行政监督体制的现状与发展趋向》，《政治与法律》2000 年第 6 期，第 48 页。

（5）东西部协作考核。2017 年 8 月，国务院扶贫开发领导小组印发《东西部扶贫协作考核办法（试行）》。该考核的目标是推动参与东西部协作的各省（自治区、直辖市）向深度贫困地区倾斜，进一步加大帮扶力度，促进西部贫困地区如期完成脱贫攻坚任务。

（6）定点扶贫工作考核。《中央单位定点扶贫工作考核办法（试行）》于 2017 年 8 月公布。该考核目的是为了促进中央单位落实帮扶责任，加大帮扶力度，向深度贫困地区倾斜，帮助定点扶贫县如若完成脱贫攻坚任务。

（7）部分行业部门扶贫工作考核。一些扶贫开发领导小组成员单位制定了本行业扶贫工作考核评估制度，如 2014 年 12 月水利部出台《水利扶贫工作考核办法（试行）》（目前正在修订中）①、2016 年 10 月国家卫生计生委和国务院扶贫办联合发布《健康扶贫工作考核办法》。

因此，脱贫攻坚考核评估体系，主要由省级党委、政府扶贫成效考核、扶贫资金绩效评价、贫困县脱贫摘帽评估、第三方评估、东西协作考核、定点扶贫工作考核、行业部门扶贫工作考核等组成。其中后三类考核的实践还比较少，所以在下文的讨论中不做重点分析。

（二）脱贫攻坚监督和考核评估体系的基本框架和内容

根据上述有关文件或制度文本，下文对脱贫攻坚监督和考核评估体系的基本框架、内容进行描述和分析。

1. 监督

（1）监督对象。从监督对象来看，脱贫攻坚督查巡查的对象是中西部 22 个省（自治区、直辖市）党委和政府、中央和国家机关有关单位；扶贫审计的重点对象是集中连片特困地区县和国家扶贫开发工作重点县；纪检监察部门在扶贫领域监督执纪问责的主要对象是有扶贫任务的各级地方、部门和企事业单位及其工作人员；检察机关、扶贫部门集中整治和加强预防扶贫职务犯罪专项工作的重点地区是革命老区、民族地区、边疆地区、连片特困

---

① 李曦：《关于水利扶贫考核机制的探讨》，《水利建设与管理》2017 年第 6 期，第 69 页。

地区；8个民主党派中央开展脱贫攻坚民主监督的对象分别对应8个贫困人口多、贫困发生率高的中西部省区（贵州、河南、广西、湖南、云南、四川、陕西和甘肃）。

由上可知，扶贫领域不同来源监督的监督对象主要是有扶贫开发任务的中西部省份、贫困县、扶贫有关部门及其工作人员。扶贫监督对象存在一定程度的交叉，即使对于同一客体，也可能会受到来源不同的多重监督。

（2）监督内容。从监督内容来看，根据《脱贫攻坚督查巡查工作办法》，脱贫攻坚督查工作以目标为导向，侧重推动各项扶贫政策的落实；巡查工作以问题为导向，着眼于解决干部履职、扶贫资金和项目管理、贫困识别、纪律等方面存在的突出问题，二者合起来对扶贫进行综合性监督。扶贫审计的重点内容包括：跟踪检查扶贫相关政策落实情况，揭露和查处重大违纪违法问题，监督检查扶贫资金绩效情况，监督检查扶贫项目建设运营情况，揭示和反映体制机制制度性问题等。从中可以看出，脱贫攻坚督查巡查和扶贫审计的监督内容都比较全面，相对来说，后者的监督更加深入。

纪检监察部门在扶贫领域监督执纪问责的内容是查处虚报冒领、截留私分、挥霍浪费等腐败问题。检察机关、扶贫部门整治和预防扶贫领域职务犯罪专项工作的主要内容是依法查办发生在扶贫领域、惠农领域的贪污贿赂、渎职侵权等职务犯罪案件，全方位排查职务犯罪风险点。也就是说，对扶贫的监督，纪检监察的重点在于查处违反党和行政纪律的问题；检察机关与扶贫部门的专项合作，侧重对职务犯罪的查办，并推进预防。

各民主党派中央开展脱贫攻坚民主监督的重点内容包括贫困人口精准识别、脱贫、贫困县摘帽、落实脱贫攻坚责任制、重大政策措施执行和扶贫资金项目管理使用等情况。

总的来看，这些扶贫领域监督的内容比较广泛。但不同来源监督的内容各有侧重点，这主要源于它们的监督性质不同。脱贫攻坚督查巡查属于综合监督，扶贫审计属于审计监督，监督执纪问责归为纪律监督，整治和预防扶贫领域职务犯罪专项属于司法监督，各民主党派中央对脱贫攻坚的监督即为民主监督。

（3）监督方法。脱贫攻坚督查巡查工作主要采取“召开座谈会、查阅资料、实地调查、问卷调查、个别访谈和听取汇报、受理群众举报、随机访或者暗访等形式进行”，同时注重运用第三方评估成果。此外国务院扶贫开发领导小组可根据工作需要组织开展省级之间交叉督查和巡查。扶贫审计可采取全面审查结合抽查，检查是否有相关文件和制度，是否合理合法合规，进行账实核对、账账核对等；书面审查结合走访调查，沿着资金分配、管理、使用的各个环节，深入实地获取第一手信息和资料，确保获得真实可靠的信息。

纪检监察部门在扶贫领域监督执纪问责的方法主要有督办查办、专项整治、巡视巡察、监督检查、执纪审查、接受举报、公开通报曝光等。检察机关、扶贫部门整治和预防扶贫领域职务犯罪专项主要方法，包括查办案件，排查犯罪风险点，开展专项预防和专题合作，推进预防犯罪进村到户等方法。

各民主党派中央开展脱贫攻坚民主监督的主要方法是开展考察调研，提出意见建议，参与专项监督评估，加强日常联系，进行政策宣讲等。

从上述描述可以得到这样的印象，即这些对扶贫领域的监督普遍比较重视深入基层和群众，运用灵活多样的方式，试图获得真实可靠的第一手信息。相对来说，审计、纪检监察和司法监督的专业性更强。

（4）组织实施。脱贫攻坚督查巡查由国务院扶贫开发领导小组组织领导，如制定年度督查计划，批准督查事项，组建督查组和巡查组。督查组和巡查组实行组长负责制，分别负责督查和巡查工作的具体实施。有关工作大体分三个步骤进行，依次是制定方案、实地督查或巡查、报告情况。

有关县扶贫审计工作，由各省（区、市）审计厅（局）统筹组织。各级审计机关需要把《加强扶贫审计意见》的具体内容和工作原则，统筹纳入与稳增长等政策措施落实情况跟踪审计、领导干部经济责任审计、财政收支审计等各类审计项目中，实现对扶贫开发政策、资金、项目进行有重点、有步骤、有深度、有成效的审计全覆盖。

扶贫领域监督执纪问责，由各级纪检监察部门负责组织实施，具体程序依开展的监督活动类型而定。

关于集中整治和加强预防扶贫领域职务犯罪专项工作的组织实施，各级检察院和扶贫部门通过成立工作领导小组、联席会议、专门机构，建立对接机制（如在贫困乡镇、村组普遍建立检察联络室或服务站，推行检察官联系贫困村镇和“一村一警”制度，聘请驻村工作队成员或第一书记担任检察联络员或志愿者；实行检察官联系重点扶贫项目制度等），实行年度工作重点和政策策略的动态调整，建立年度工作报告制度，共同召开年度会议等机制进行。

各民主党派中央开展脱贫攻坚民主监督，由中央统战部与国务院扶贫办共同牵头，各民主党派中央分别形成具体工作方案并组织实施。对口省份统战、扶贫部门积极协助做好协调服务、跟踪反馈等有关工作。有关各方建立日常工作联系、信息通报和成果会商机制。

由上可知，脱贫攻坚督查巡查、检察机关和扶贫部门集中整治和加强预防扶贫领域职务犯罪专项工作、各民主党派中央开展脱贫攻坚民主监督等三种扶贫监督力量，都在近两年才出现，均专门建立相应的组织实施机制来保障监督的有效实施，其中检察机关、扶贫部门联合进行的专项工作在这方面的探索相对较多。

以上列出的五类扶贫监督，从实施主体来看，督查巡查、审计、监督执纪问责为行政部门专业监督，检察机关、扶贫部门整治和预防扶贫领域职务犯罪专项则属于行政系统内外联合监督，纪检监察属于内外合一监督。

从监督阶段来看，这些监督主要是事后监督，只有扶贫审计还包括事中即过程监督，检察机关、扶贫部门整治和预防扶贫领域职务犯罪专项还涉及事前即预防监督。

（5）结果运用。脱贫攻坚督查和巡查情况，由国务院扶贫开发领导小组向党中央、国务院报告，并作为省级党委和政府扶贫开发工作成效考核的参考依据。督查情况好的地区和单位，会受到通报表扬；督查和巡查中发现的问题，会被要求整改纠正。有关地区和单位的整改情况向党中央、国务院报告。整改情况能公开的，应当及时公开。涉及违纪违法的，按照有关规定移交纪检监察或者检察机关。

对审计发现的情况和问题，各级审计机关一般会提出有针对性的意见和建议，督促有关地区和部门整改，并依法向社会公告审计发现的问题和整改情况。

纪检监察部门对涉及扶贫领域问题线索进行督办、移交有关部门或直接查办，对未落实扶贫政策、资金和项目等履行脱贫攻坚责任不力的有关部门党组，进行督促整改等。

检察机关、扶贫部门对在集中整治和加强预防扶贫领域职务犯罪专项工作中查处的典型案件及预防成效等，可利用媒体或通过召开新闻发布会等形式进行宣传；检察机关每年向扶贫部门提供扶贫领域职务犯罪线索受理、立案、判决等相关数据；扶贫部门12317举报电话收到的涉及扶贫领域职务犯罪的举报线索，可直接移送同级检察机关；遇有重大职务犯罪线索，国务院扶贫办可直接移送高检院审查办理。

各民主党派中央脱贫攻坚民主监督调研中，针对重点问题提出对策建议，并向当地党委和政府反馈调研情况；形成的调研报告送中共中央、国务院；可利用政党协商、参政议政的各类平台和各种渠道，就脱贫攻坚工作反映情况、提出建议；总结地方开展脱贫攻坚工作的经验做法，发现先进、推广典型。

综上所述，扶贫监督结果的运用主要有以下几种：一是针对存在问题提出建议意见，督促监督对象整改；二是将违法违纪问题线索移交有关部门处理；三是向社会通报公开；四是对好的典型予以宣传；五是作为考核和奖惩的参考依据；六是向有关方面反映情况，提出政策建议等。监督结果运用的好坏，在很大程度上决定着监督发挥作用的程度。

上述重点讨论的五种扶贫监督，既相互区别，又相互联系。它们主要因为内容、方法、主体或组织实施方式不同而相互区别，又因同属于监督而相互联系。另外，扶贫审计、检察、扶贫专项、纪检监察和民主党派等监督发现的问题，可被列为督查巡查的重点；各种监督发现的违规违纪问题，都可作为财政扶贫资金绩效考核、党委和政府扶贫成效考核的参考依据。

2. 考核

现有的扶贫考核制度，根据其性质，可分为工作考核和成效考核两类。工作考核是以工作过程考核为主，兼顾工作效果评价的考核制度，目前包括东西部协作考核、定点扶贫工作考核、水利、健康扶贫工作考核等。成效考核是以工作效果评价为主的考核制度，目前只有省级党委、政府扶贫成效考核和财政扶贫资金绩效考核符合这个特征。

鉴于财政扶贫资金绩效考核从 2007 年起实施至今，经过不断完善，是目前扶贫领域相对较为成熟的考核制度；而省级党委、政府扶贫成效考核，从 2012 年开始试验探索，最终由工作考核转变为成效考核，它也为各行业部门设计本部门扶贫工作考核制度提供重要借鉴，因此下文主要以这两项考核制度为代表，来讨论扶贫考核的基本框架和内容。

（1）考核对象。根据《脱贫攻坚责任制实施办法》，省级党委、政府对本地区脱贫攻坚工作负总责。扶贫开发任务重的中西部 22 省（自治区、直辖市）党政主要负责人向中央签署脱贫责任书，使中央对这些省份扶贫成效进行考核有据可依。根据《扶贫成效考核办法》，省级党委、政府扶贫成效考核的对象是中西部 22 个省（自治区、直辖市）。

财政扶贫资金考核对象，包括享受中央财政专项扶贫资金的中西部 22 省（自治区、直辖市），及由省级独立安排财政专项扶贫资金的东部 6 省，包括辽宁、山东、浙江、江苏、福建和广东。对于中西部 22 省（自治区、直辖市）来说，既接受财政扶贫资金绩效考核也接受扶贫成效考核。

（2）考核内容和指标。一般的考核设计，首先要确定考核的目标，就是确定考核的主要内容和目标值，然后根据考核目标确定考核指标。

省级党委、政府扶贫成效考核的内容和指标包括：第一，减贫成效，包括建档贫困人口减少和贫困县脱贫摘帽计划完成、贫困地区农村居民收入增长 3 个指标；第二，精准识别，包括贫困人口识别、退出准确率 2 个指标；第三，精准帮扶，用群众对驻村工作队和帮扶责任人帮扶工作的满意度指标来评价；第四，扶贫资金使用和管理情况，直接采用财政扶贫资金绩效考核结果。

扶贫成效考核的内容和指标，是围绕精准扶贫、精准脱贫基本方略，针

对打赢脱贫攻坚战的主要目标任务来设置的。这主要体现在以下几个方面：首先，3 个减贫成效指标对应《中共中央国院关于打赢脱贫攻坚战的决定》（以下简称《决定》）提出的总体目标（基本公共服务发展目标除外）；其次，2 个精准识别指标呼应精准扶贫精准脱贫“六个精准”中的两个，即扶持对象精准和脱贫成效精准；再次，精准帮扶指标能部分反映群众对于因村派人精准和措施到户精准的主观评价；最后，财政扶贫资金绩效考核中“精准使用情况”指标（权重占 15%），对应项目安排精准和资金使用精准，即扶贫成效考核通过扶贫资金指标，在一定程度上间接呼应这两个精准的要求。值得注意的是，基本公共服务主要领域改善是《决定》确定的总体目标之一，但它未被纳入扶贫成效考核。

与前几年试行的扶贫开发工作考核相比，扶贫成效考核的内容和指标有较大改进，主要表现在四个方面：第一，内容从关注扶贫工作过程和成效，变为聚焦扶贫工作成效，结果导向更为清晰；第二，减贫成效指标针对脱贫攻坚的总体目标设置，新增贫困县退出指标，替代原来的贫困地区农村居民消费增长指标；第三，其他指标主要围绕精准扶贫精准脱贫“六个精准”来设置；第四，考核指标从 40 多个减少为现在的 7 个，便于理解和操作。

根据《资金绩效评价办法》，财政扶贫资金绩效考核是指对财政专项扶贫资金的使用管理过程及其效果进行综合性考核与评价，主要包括资金投入、拨付、监管和使用成效 4 个基础项，以及调整项（机制创新加分指标和违规违纪减分指标）。值得注意的是，使用成效部分包括 4 个指标，分别是贫困人口减少、年度资金结转结余率、精准使用情况、资金统筹使用成效，其中第 1 个指标评估最终减贫效果，第 2 和第 3 个指标测度资金使用的直接结果，最后 1 个指标评价贫困县涉农资金整合落实情况，包括机制运行、管理制度建设、资金增幅保障、整合资金规模等，因此后 3 个指标主要评价资金整合、精准使用政策的有效性及资金利用效率。

与 2008 年试行办法相比，新的《资金绩效评价办法》在总体结构和内容上有了较大改进，这主要体现在以下几个方面。第一，基本结构更清晰地体现资金使用管理流程。由原来的扶贫成效、管理和使用、评价三大部分，调整为资金投入、资金拨付、资金监管、资金使用成效和调整项（加减分）五大部分。第二，强化省级扶贫资金预算分配合理分规性。在资金投入部分新增“省级预算资金分配的合理性、规范性”指标，考察各省是否按要求制定省级财政扶贫资金管理办法并据以分配资金。中央在2017年初出台新的财政专项扶贫资金管理办法，要求地方跟进制度建设，提高资金分配的合理合规性。第三，明确要加强资金监管，落实扶贫资金监管责任制。新增“资金监管”部分，这凸显脱贫攻坚阶段加强扶贫资金监管的紧迫性和重要性。该部分设置“信息公开和公告公示制度建设和执行”和“监督检查制度建设和执行”两项指标，旨在增加扶贫政策、资金使用和项目分配的透明度，加强部门内部监督和社会监督。第四，鼓励贫困县加强涉农资金统筹整合，扶贫资金精准使用，提高扶贫资金利用效率。在资金使用成效部分，新增“年度资金结转结余率”、“资金统筹使用成效”和“精准使用情况”3个指标；第五，鼓励制度创新。新增加分项“机制创新”，主要评价地方在财政扶贫资金分配、使用、监管等方面的制度创新情况，如支持深度贫困地区脱贫攻坚的办法等。第六，剔除联系不紧密或不再适应脱贫攻坚工作需要的指标。如扶贫成效部分不再包括和财政扶贫资金投入关联不紧密的农民收入增长指标，资金管理使用剔除资金投向（重点县、重点村）、使用重点（整村推进）和年度项目计划完成情况等。总的来看，新的《资金绩效评价办法》在结构、内容和指标设置上更加契合脱贫攻坚的需要。

比较财政扶贫资金绩效考核和省级党委、政府扶贫成效考核的内容，发现只有贫困人口减少这个指标是交叉的，这意味着两种考核之间的指标协调性较高，形成了良好的考核分工，较前几年财政扶贫资金绩效考核与扶贫工作考核之间交叉指标数多达5个的情况有较大改进。但是，财政扶贫资金绩效考核结果，与原来一样，是作为一个整体性指标进入省级党委、政府扶贫成效考核的，因为贫困人口指标发生重合，故二者之间仍然存在衔接问题。一个合理的对策是，在扶贫资金绩效考核结果放入省级党委、政府扶贫成效考核指标前，先剔除其贫困人口减少指标的得分。

（3）考核方法。量化考核的方法主要涉及指标权重、计分条件和方法及数据来源等。

《资金绩效评价办法》对财政扶贫资金绩效考核的各指标权重、计分条件和方法及数据来源都进行了比较详细的规定，为计算各省的得分提供了较为充分的依据。而《扶贫成效考核办法》只列出了省级党委、政府扶贫成效考核各指标的数据来源，并未交代指标权重、计分条件和方法等。虽然各指标都已量化，计算单项结果，进行单项的省际比较不成问题，但各项结果汇总面临权重、计分条件和方法缺失的问题。

通常来说，权重主要反映一项考核的各考核目标的相对重要性。权重在考核指标之间的分配，使得各指标能够量化计分，并汇总一个总得分，便于整体比较。财政扶贫资金绩效考核的权重采用百分制，在资金投入、拨付、监管和资金统筹使用成效 4 个基础项的权重分别为 8 分、10 分、20 分和 62 分，合计 100 分。调整项计分根据各省实际评估情况而变化，其中机制创新指标加分最高 3 分，违规违纪指标减分最高 10 分。各省基础项指标得分加上调整项指标得分即为总得分。从权重在各指标间的分配结果看，权重最高的指标“资金统筹使用成效”为 62 分，即表明贫困县整合财政涉农资金，增加扶贫资源极为重要，因此予以重点引导。

从计分条件和方法来看，在财政扶贫资金绩效考核全部 12 个指标中，5 个是定量指标，其余 7 个均为定性指标。其中定量指标的计分条件和方法都已明确，而定性指标虽然都列出了计分条件，但均未完全列明计分方法，所以未完全量化。例如，精准使用情况指标在指标评价值及得分栏里列明“评价资金使用和项目实施效益，包括：资金安排是否瞄准建档立卡贫困户；项目实施是否与脱贫成效紧密挂钩等，但由于它们涉及主观评价，未进一步明确如何计算得分。其他定性指标也存在类似问题，都需要进一步明确主观评价条件的计分方法。而修订前绝大部分考核指标都实现完全量化，因此在指标量化方面，新的扶贫资金绩效考核方法还需要进一步改进。

省级党委、政府扶贫成效考核的数据主要来源于各省上报、扶贫开发信息系统、国家统计局全国农村贫困监测调查、财政部、国务院扶贫办和第三方评估机构。其中，第三方评估通过采取专项调查、抽样调查和实地核查等方式，对精准识别和精准帮扶指标进行评估。考虑到这两项指标有关数据，需要采取科学的抽样调查技术并和村民面对面访谈获得，引入比较专业、客观、独立的第三方来进行评估，有利于提高数据质量和可靠性，以及公众认可度。

财政扶贫资金绩效考核的数据来源多样，包括各省上报，扶贫开发信息系统、脱贫攻坚督查巡查、财政监督检查、12317 扶贫监督举报中心、贫困县涉农资金整合简报、审计结果、第三方抽查、审计署、中纪委、最高检、审计署、财政部和各省扶贫办等。其中，各省上报数据是最主要的来源，涉及多个指标。因此，审查、核实不同来源特别是省上报数据的工作量会比较大，数据质量控制面临着较大的困难和不确定性。

（4）组织实施。省级党委、政府扶贫成效考核工作由国务院扶贫开发领导小组组织，2016～2020 年期间进行，每年一次。具体由国务院扶贫办、中央组织部牵头，联合扶贫领导小组成员单位，按照省级总结、报告、第三方评估、数据汇总、综合评价、沟通反馈等程序组织实施。

财政扶贫资金绩效考核由财政、扶贫部门分级组织实施，每年一次。财政部、国务院扶贫办负责对各省进行绩效考核，各省财政、扶贫部门负责对省级以下进行绩效考核，根据工作需要，可邀请有关部门或专家参与。

（5）结果运用。按照规定，省级党委、政府扶贫成效考核结果最后由国务院扶贫开发领导小组在内部予以通报。对完成年度计划减贫成效显著的省份，给予一定的资金奖励；对出现 6 方面有关问题（包括未完成年度减贫计划任务；违反扶贫资金管理使用规定；违反贫困县约束规定，发生禁止作为事项；违反贫困退出规定，弄虚作假、搞“数字脱贫”；贫困人口识别和退出准确率、帮扶工作群众满意度较低；纪检、监察、审计和社会监督发现违纪违规问题等）的，由国务院开发领导小组约谈省级党委、政府主要负责人，提出限期整改要求，对其中情节严重、造成不良影响的，实行责任追究。省级考核结果由组织部门存档作为对省级党委、政府主要负责人和领导班子综合考核评价的重要依据。

财政扶贫资金绩效考核结果被列为财政专项扶贫资金分配的重要因素，且如前所述，作为单独一项被纳入省级党委、政府扶贫工作成效考核。

3. 评估

（1）贫困县脱贫摘帽评估。《中共中央国务院关于打赢脱贫攻坚战的决定》提出了“到 2020 年，贫困县全部摘帽，解决区域性整体贫困”目标。为规范贫困退出工作，《关于建立贫困退出机制的意见》（以下简称《贫困退出意见》）明确提出了建立贫困退出机制的指导思想、基本原则、退出标准和程序、工作要求等。根据《贫困退出意见》，贫困县退出需严格执行退出标准和工作流程，即在符合退出标准的前提下，首先由县级扶贫开发领导小组提出退出，然后经市、省两级扶贫开发领导小组审查、公示、上报，再经国家专项评估检查，若通过则最后由省级政府正式批准退出。对贫困县退出的国家专项评估检查，可称为贫困县脱贫摘帽评估。

关于退出标准，《意见》明确，贫困人口退出以户为单位，主要衡量标准为该户年人均纯收入稳定超过国家扶贫标准且达到“两不愁三保障”；贫困县退出以贫困发生率为主要衡量标准，原则上西部地区贫困县贫困发生率降至 3% 以下而其他地区贫困县降到 2% 以下即达到最低要求。从逻辑上看，全县贫困发生率似乎就是指剩余未退出建档立卡贫困人口占全县农业户籍人口的比重。其隐含前提条件是贫困人口识别和退出精准，而后者还是有待评估的事项。对此，国务院扶贫开发领导小组第十七次全体会议审议通过“2016 年贫困县退出评估检查工作方案”，进一步明确 2016 年退出贫困县主要评估检查四项指标，分别为“综合贫困发生率必须低于 2%（西部地区低于 3%）、脱贫人口错退率必须低于 2%、贫困人口漏评率必须低于 2% 和群众认可度必须高于 90%”，任何一项指标不符合条件的，不予退出①。根据国务院扶贫办《贫困县退出专项评估检查实施办法（试行）》（以下简称《贫困县退出实施办法》），综合贫困发生率是指建档立卡未脱贫人口、错退人口、漏评人口三项之和，占申请退出贫困县的农业户籍人口的比重。

贫困县脱贫摘帽评估的对象是中西部各省（自治区、直辖市）申请退

① 《国务院扶贫办就 28 个贫困县脱贫摘帽等情况举行发布会》，中国网，http://www.china.com.cn/zhibo/2017-11/01/content_41822331.htm，2017 年 11 月 1 日。

出的贫困县（包括 832 个国家连片特殊困难地区县和扶贫开发工作重点县）。根据《贫困县退出实施办法》，贫困县脱贫摘帽评估的主要内容包括审查退出程序是否完整、实地评估综合贫困发生率、脱贫人口错退率、贫困人口漏评率和群众认可度四项指标是否符合退出标准，检查脱贫攻坚部署、重大政策措施落实、后续帮扶计划巩固提升工作安排等情况。评估采用书面审核结合实地评估检查的方法，实地评估检查采取抽样调查、重点抽查、村组普查、座谈访谈等相结合的方法进行。

贫困县脱贫摘帽评估由国务院扶贫开发领导小组领导，国务院扶贫办会同领导小组有关成员单位组成评估检查工作组具体组织实施，按照省级报告审核、实地评估检查、综合评议及结果运用等步骤进行。实地评估检查由领导小组委托第三方评估机构开展。

贫困县脱贫摘帽年度任务完成情况，纳入中央对省级党委、政府扶贫成效考核内容。专项评估检查发现违反贫困县退出规定或弄虚作假、搞“数字脱贫”的，按《扶贫成效考核办法》的有关规定处理。符合退出条件的，由省级政府批准退出并向社会公告，不符合退出条件的，由相关地方核查整改。

（2）第三方评估。第三方评估被引入包括扶贫在内的国家重大政策措施贯彻落实情况的评价是最近几年的事。2013 年 9 月，国务院首次引入第三方评估，委托全国工商联对鼓励民间投资“新 36 条”的落实情况进行评估。在听取 2014 年国务院督查第三方评估报告时，国务院总理李克强提出“要用第三方评估促进政府管理方式改革创新”，并指示国务院办公厅“要认真总结经验，使第三方评估今后成为政府工作的常规机制”①。2015 年 11 月公布的《脱贫攻坚决定》中就明确，要“建立对扶贫政策落实情况和扶贫成效的第三方评估机制”。据此，省级党委、政府扶贫成效考核办法和贫困县退出专项评估检查实施办法，都明确了部分指标要委托第三方进行评

① 《李克强：用第三方评估促进政府管理方式改革创新》，中国政府网站，2014 年 8 月 27 日，http：//www. gov. cn/xinwen/2014 -08/27/content_ 2741169. htm。

估。其涉及的第三方通常是政府及其部门之外的高校、科研机构和其他社会组织等。

扶贫第三方评估一般采用专业的实地调查方法来获取数据。根据前述《贫困县退出实施办法》，第三方开展贫困县退出评估时，要采取抽样调查、重点调查、村级普查等多种方式，并遵循明确的具体要求，如抽样调查"按照科学抽样要求，对申请退出贫困县建档立卡户和非建档立卡户进行分层抽样"。

三 脱贫攻坚监督和考核评估的实践

（一）脱贫攻坚督查巡查

2016 年 10 月中下旬，国务院扶贫开发领导小组首次组织开展脱贫攻坚督查巡查。44 个成员单位组成 20 个督查组和 2 个巡查组，分赴 22 个中西部省份，主要采取随机抽查、进村入户、个别访谈、明察暗访、受理群众举报和情况反映等方式进行实地调研。

国务院扶贫办主任刘永富在接受中国扶贫杂志社的专访[①]时介绍，2016 年督查巡查的主要任务是：（1）对签订脱贫攻坚责任书的中西部 22 个省区市开展综合督查，督查重点包括"学习贯彻习近平总书记扶贫开发战略思想情况；贯彻落实中央扶贫开发工作会议、东西部扶贫协作座谈会等重要会议精神情况；工作中的主要困难、存在的倾向性、苗头性问题；涌现的先进典型和工作经验等"；（2）对 2015 年省级党委、政府扶贫成效考核试评估和财政专项扶贫资金绩效考核中反映存在突出问题的省份进行巡查，巡查重点包括"精准识别准确率、精准退出准确率和群众满意度不高的主要原因及整改措施；扶贫资金拨付慢、滞留时间长和贪占挪用扶贫资金、违规安排

① 《发挥督查巡查制度利器作用、促进脱贫攻坚政策落地落实——专访国务院扶贫办主任刘永富》，《中国扶贫》2017 年第 1 期，转引自四川扶贫与移民网，http：//www. scfpym. gov. cn/show. aspx？ id =55075。

扶贫项目等问题的主要原因和整改情况；是否存在责任不落实问题；是否存在干部失职渎职和不作为、假作为、慢作为、乱作为的问题；是否存在弄虚作假搞数字脱贫问题”。

2016 年督查巡查工作开展的一般步骤是：督查组或巡查组先在省级听取全面汇报，然后各成员分头开展实地调研，同县乡村干部、驻村干部和贫困户等进行一对一访谈，实地查看扶贫项目、查阅有关资料等。调研地点采取随机抽样方法，即到省随机抽县，到县随机抽乡，到乡随机抽村，到村随机抽户；调研数量上，每人不少于 3 个村，每村基层干部访谈 5 人左右，入户不少于 3 户。

通过此次督查巡查，国务院扶贫开发领导小组肯定了各地区在贯彻脱贫攻坚决策部署中的投入和成效，包括责任体系基本建立、政策体系日趋完善、投入力度明显加大、“五个一批”积极推进、基础工作不断夯实，但也发现了一些问题，如个别地方扶贫工作中还存在形式主义、建档立卡不实不准、基层基础工作薄弱、部分贫困群众内生动力不足等问题。

对 2016 年督查巡查的情况，国务院扶贫开发领导小组专门向党中央、国务院做了报告，随后又分别向有关省份反馈了情况，并对有关问题提出了整改要求。

2017 年 7 月，2017 年度脱贫攻坚督查巡查启动，其主要任务是“对 2016 年省级党委和政府扶贫开发工作成效考核、中央巡视和民主党派中央监督等发现问题的整改落实情况进行督查，对成效考核反映问题突出的有关省份进行巡查”①。督查巡查组首次邀请各民主党派中央参加。

国务院扶贫办充分利用督查巡查成果，对督查中发现的典型经验进行认真总结、大力推广，对暴露的问题进行分析研究、采取措施，持续强化督查巡查制度，传导压力、增强动力、压实责任、解决问题，从而推动脱贫攻坚事业开创新局面、再上新台阶。

---

① 《国务院扶贫办启动 2017 年脱贫攻坚督查巡查》，中国政府网，http：//www.gov.cn/hudong/2017－07/05/content_ 5208279.htm，2017 年 7 月 5 日。

（二）扶贫审计

扶贫资金是贫困群众的“救命钱”、“保命钱”和减贫脱贫的“助推剂”，一分一厘都不能乱花。党中央、国务院高度重视扶贫审计工作。党的十八大以来，审计部门根据国家实现精准扶贫战略的需要，在进一步加强扶贫资金管理和使用的常规审计力度的同时，不断完善扶贫资金绩效和扶贫政策落实审计，对于改进扶贫资金管理制度、堵塞制度漏洞、查处违法违纪违规行为起到了积极作用，推动了精准扶贫制度的完善。

审计署2015年10月曝光广西马山县违规认定扶贫对象的情况[①]，引起了相关政府部门和社会的热烈反响，推动了包括扶贫对象建档立卡、“回头看”等行动的开展[②]。

在2013年、2016年两次扶贫专项审计基础上，2017年1～3月，审计署组织审计力量对20个省区市的158个扶贫重点县和片区县进行审计，重点检查2016年扶贫政策落实和财政扶贫资金管理使用情况。此次审计调查了1.66万个贫困家庭，抽查扶贫资金336.17亿元，占同期财政扶贫资金的44.05%[③]。

审计结果显示，各地在落实国家精准扶贫、精准脱贫和部署、探索脱贫攻坚的有效途径方面取得了显著的成效。审计也发现了一些问题。第一，精准识别的基础工作不够扎实，有105个县的11.34万名建档立卡贫困人口的基本信息不准确或未及时更新，其中甚至出现了已置办高档轿车、商品房等情况；审计发现个别村干部在建档立卡中存在优亲厚友的现象；19个县的脱贫人口中约有1.7万人未达到国家要求的脱贫条件。第二，部门政策衔接不够或数据不共享，造成教育扶贫、健康扶贫、小额信贷、易地扶贫搬迁、

---

① 《2015年8月稳增长促改革调结构惠民生防风险政策措施贯彻落实跟踪审计结果》，审计署网站，http://www.audit.gov.cn/n4/n19/c75955/content.html，2015年10月8日。

② 《审计掀起问责风暴：怎样揪出“扶假贫”看住千亿扶贫资金?》，审计署网站，http://www.audit.gov.cn/n4/n23/c97117/content.html，2017年6月25日。

③ 《158个贫困县扶贫审计结果》，审计署网站，http://www.audit.gov.cn/n4/n19/c97001/content.html，2017年6月23日。

以工代赈等政策落实不到位。第三，财政涉农资金统筹整合试点由于种种原因推进缓慢，造成19.54亿元资金闲置。第四，扶贫资金阳光化管理要求仍未能得到有效落实，日常监管不到位，骗取套取、违规使用、借机牟利的资金达到3.81亿元，而总体上问题金额的比例为7.93%，涉及金额达26.65亿元。

审计结果反映了各地各部门在贯彻落实扶贫政策中仍然存在理解不够深入、反应不够及时、措施不够有效等问题，而这有助于督促有关地区和部门及时整改，在脱贫攻坚实施过程中发挥了重要作用。

（三）省级党委、政府扶贫成效考核

2015年底召开的中央扶贫开发工作会议强调，要层层签订脱贫攻坚责任书、立下军令状，多个省份的党政领导当时就在会上与中央签下了脱贫攻坚责任书。2016年2月，中央办公厅、国务院办公厅印发《省级党委和政府扶贫开发工作成效考核办法》。该办法规定，考核工作从2016~2020年，每年开展一次省级党委、政府扶贫成效考核，考核内容包括减贫成效、精准识别、精准帮扶和扶贫资金四个方面，具体程序包括省级总结、第三方评估、数据总结、综合评价、沟通反馈。

国务院扶贫开发领导小组在对2015年省级党委、政府扶贫成效试考核基础上，在2017年组织开展了2016年省级党委、政府扶贫工作成效正式考核。考核包括三个部分：一是扶贫开发成效第三方评估，内容包括评估贫困人口识别、退出的精准度和贫困人口对帮扶工作的满意度；二是对22个中西部省份进行省际交叉考核；三是结合各省财政扶贫资金绩效考核，重点对扶贫资金的使用情况、涉农资金整合的情况和扶贫资金的使用效率进行评估。

2017年3月31日，中共中央政治局召开会议，听取了2016年省级党委、政府脱贫攻坚工作成效考核情况汇报，并对脱贫攻坚工作提出要求。2016年考核过程中，中西部22个省区市上报了2016年扶贫开发工作总结，国务院扶贫办从全国扶贫开发信息系统中提取了2016年建档立卡贫困人口和脱贫人口数据，国家统计局提供了全国和贫困地区农村居民可支配收入相

关数据，中央纪委机关提供了22个省区市2016年查处扶贫领域存在问题的有关情况，审计署提供了2016年审计扶贫资金项目情况。按照定性定量相结合、第三方数据与部门数据相结合、年度考核与平时掌握情况相结合的原则，综合考核情况和收集的相关数据，并借鉴各民主党派中央开展脱贫攻坚民主监督调研报告提供的情况，对各省区市2016年扶贫开发工作成效进行综合分析，形成考核评价结果。

考核结果显示，脱贫攻坚首战告捷，全国减少贫困人口1240万人，22个省区市全部完成减贫任务，“两率一度”（建档立卡贫困人口识别准确率、贫困人口退出准确率、帮扶工作群众满意度）都在90%以上，比2015年均有所提高。但是，22个省区市仍然不同程度存在一些问题，有的还比较突出，表现为脱贫质量不高、帮扶工作不实、扶贫举措不够精准、扶贫资金监管有待加强等，个把地区还存在干扰考核评估的情况。

经党中央、国务院同意，对综合评价好的四川、广西、重庆、甘肃、贵州、安徽、西藏、湖北8省（市、区）进行通报表扬，并在2017年中央财政专项扶贫资金分配上给予每省4亿元奖励；对综合评价较差且发现突出问题的4省，约谈党政主要负责同志；对综合评价一般或发现某些方面问题突出的4省，约谈分管负责同志；考核结果送中央组织部，作为对省级党委、政府主要负责人和领导班子综合考核评价的重要依据。在2017年脱贫攻坚督查巡查工作中，对被约谈的8个省份开展巡查，对其他14个中西部省份开展督查。

（四）贫困县脱贫摘帽评估

为规范贫困退出工作，2016年4月中共中央办公厅、国务院办公厅印发《关于建立贫困退出机制的意见》，明确贫困县退出以贫困发生率为主要衡量标准（中部地区贫困县贫困发生率在2%以下，西部地区在3%以下），并完整履行县级提出、市级初审和省级核查公示审定等程序。2017年10月，国务院扶贫办印发《贫困县退出专项评估检查实施办法（试行）》，进一步明确贫困县退出4项指标标准（贫困发生率条件同上、脱贫人口错退率在2%以下、贫困人口漏评率在2%以下、群众认可度在90%以上）和国家评估检查的流程。

2017年11月1日国务院扶贫办举行的28个贫困县脱贫摘帽新闻发布会介绍，2016年全国共有28个贫困县提出申请脱贫摘帽，其中江西省井冈山市、河南省兰考县率先通过国家专项评估检查，分别于2017年2月25日和27日由省级政府批准摘帽，其他9个省区市的26个贫困县也于2017年10月顺利通过国家专项评估检查，由省级政府正式批准退出①。

上述28个贫困县脱贫摘帽评估工作经过了评估试点、方案完善、评估队伍组建、实地评估检查、问题核实等几个阶段。

2017年1~2月，国务院扶贫办委托中国科学院地理科学与资源研究所在江西省井冈山市和河南省兰考县等地开展贫困县退出评估试点工作。评估显示，井冈山市抽样错退率为0.41%，漏评率为0.45%，群众认可度为99.08%，综合测算贫困发生率为1.60%②；兰考县抽样错退率为0.72%，漏评率为0.75%，群众认可度为98.96%，综合测算贫困发生率为1.27%③。这两县市有关指标均达到贫困县退出标准，通过国家评估，由省级政府批准摘帽。

2017年7月12日~8月3日，经过竞争性磋商，中国人民大学、云南财经大学、北京师范大学、西南大学、成都理工大学、华中师范大学和北京民生智库科技信息咨询有限公司等7家单位接受委托，组织760多名师生，对9个省区市剩余26个申请退出贫困县开展评估检查；中国科学院地理科学与资源研究所作为质量总控组，负责统一制定评估实施方案、抽样方案、评估标准、调查问卷、评估技术、评估结果报告大纲等工作规范，统一培训调查员，并派出65名专家全程督导实地评估检查。

---

① 国务院扶贫办：《国务院扶贫办就28个贫困县脱贫摘帽等情况举行发布会》，中国网，http：//www.china.com.cn/zhibo/2017－11/01/content_41822331.htm，2017年11月1日。

② 江西省政府新闻办：《井冈山市退出贫困县新闻发布会在南昌举行》，江西省人民政府网，http：//www.jiangxi.gov.cn/xzx/xwfbh/201702/t20170226_1314550.html，2017年2月26日。

③ 河南省政府新闻办：《3月27日河南省举办兰考县退出贫困县新闻发布会》，中国网，http：//caifang.china.com.cn/2017－03/28/content_9410670.htm，2017年3月28日。

26 个县脱贫困摘帽评估实地调查共抽查行政村 550 个，县均 21 个。抽查村中贫困村，及偏远、边角村占的比例较大，如在 550 个抽查村中，偏远、边角村 320 个，占 58.2%；贫困村 338 个，占 61.5%，非贫困村 212 个，占 38.5%。实地调查 2.68 万户，县均约 1000 户。有效问卷 2.3 万份，其中建档立卡户 1.2 万份，占 52.4%，非建档立卡户 1.1 万份，占 47.6%。县均样本总数量、样本在建档立卡户及非建档立卡户之间的分配比较平衡，符合分层抽样原则，在样本数量上也满足对 4 个有关指标进行有效统计推断的要求。

评估检查结果显示，26 个县中，每个县的综合贫困发生率、错退率、漏评率和群众认可度 4 个指标的结果，全部符合退出条件，由各省宣布退出。

四　完善脱贫攻坚监督、考核评估制度与方法的建议

现在离全面实现脱贫攻坚目标的时间只剩下 3 年，更好地发挥监督、考核评估在促进、保障精准扶贫、精准脱贫目标实现中的作用，及时发现问题，调整扶贫工作的重点和方向，具有不可替代的作用。从过去几年的实践情况来看，现行的监督、考核评估制度的设计和实施仍存在一些问题，需要尽快采取措施加以完善。

（一）根据脱贫攻坚的目标和任务，完善监督和考评的内容

以结果为导向进行脱贫攻坚的监督、考核评估，是我国目前监督、考评制度设计的基本思路和原则，这也符合国际上主流的监测评估做法。以结果为导向设计监督、考评内容和指标，可以更好地聚焦脱贫攻坚的目标和任务，提高监督、考评的有用性和有效性。从近两年脱贫攻坚监督、考评的实践来看，各项考核之间的分工尚不够明确，部分重要考核内容被轻视，考核内容没有充分考虑重点、难点区域和领域脱贫攻坚的特点和需要。

第一，进一步明确脱贫攻坚监督、考核和评估之间的职责分工。监督、考核评估各自承担不同的职能，需要建立明确的职责分工。目前在有些地

区、某些环节不同程度存在脱贫攻坚监督、考核和评估内容重叠和工作交叉的情况，一方面增加了基层扶贫工作者准备和陪同监督检查、考核评估的时间和精力，分散了地方扶贫工作的注意力；另一方面来自不同机构、不同层级的监督检查和考核过多过于频繁，也容易使基层扶贫工作者将工作重心上移来应付检查、考核，而不是扎扎实实沉下去搞精准扶贫。要进一步明确脱贫攻坚监督、考核和评估的职责分工，减少重复交叉的内容和形式，增强监督、考核和评估的严肃性和有效性；努力推进脱贫攻坚中监督、考评数据共享，避免重复调查取据。

第二，要重视贫困地区基本公共服务改善的监督和考核。到2020年实现贫困地区基本公共服务主要领域指标接近全国平均水平，是《中国扶贫开发纲要（2011～2020）》确定的我国扶贫开发总体目标之一，也是《中共中央国务院关于打赢脱贫攻坚战的决定》和《“十三五”脱贫攻坚规划》中重申和坚持的脱贫攻坚目标。然而，在最后确定的考核评估制度中，在财政专项资金绩效考核、省级党委和政府扶贫开发成效考核中都没有列入基本公共服务均等化的考核内容，仅仅在贫困村退出时作为统筹考虑的指标被列上。虽然全国多数贫困村的基础设施和公共服务设施已接近全国农村平均水平，但是也要看到还有部分深度贫困地区基础设施和公共服务还存在不小的缺口，而且这些地区基础设施和公共服务改善的难度很大，没有相应的监督和考核去督促，如期实现基本公共服务主要领域指标接近全国平均水平的目标可能会难以完成。

第三，要进一步体现深度贫困地区脱贫攻坚监督、考评的特点和作用。如在总报告中所讨论的，深度贫困地区的脱贫攻坚受多方面因素交织影响，如果不同步关注基础设施和公共服务与扶贫对象“两不愁、三保障”，不仅基本公共服务主要指标接近全国平均水平的目标难以完成，还会影响贫困发生率这个最主要指标的完成。中央最近发布《关于支持深度贫困地区脱贫攻坚的实施意见》，在时间很短的条件下，完成深度贫困地区脱贫攻坚任务，需要加强深度贫困地区脱贫攻坚的监督、考核。除了要在省级党委、政府扶贫开发成效考核、东西部扶贫协作考核、财政扶贫资金绩效考核中，将

深度贫困地区脱贫攻坚的成效单独列出考核之外，还需要同时关注结果考核和过程考核。

（二）完善考核评估制度，提高考核评估结果的可信度

考核评估的可信性、公正客观性是其生命。中央也一再要求贫困退出结果要经得起历史和时间的检验。而保证考核评估可信的前提是建立并有效实施科学、公正、公开的考核制度、标准和方法。最近两年，我国陆续建立了脱贫攻坚的考核评估制度，但是对考核评估标准、方法和数据来源的规定还比较笼统而且透明度不够。应该在总结前两年考核评估制度实施情况和问题的基础上，进一步完善脱贫攻坚考核评估的制度、标准、方法，规定数据来源，尤其是要公开相关的考核评估标准、方法和数据获取规定。

（三）完善监督、考评结果应用政策

监督、考评的目的是为了改进精准扶贫、精准脱贫工作，促进脱贫攻坚目标和任务完成，因此监督、考评结果的应用尤为重要。目前我国脱贫攻坚的考核评估制度中都明确了结果应用的程序和办法，并且通过通报表扬、资金奖励和约谈等形式得到了一定程度的体现。但是目前我国考核评估结果采取不公开的内部应用的方式，省级党委、政府扶贫开发成效考核、财政扶贫资金绩效考核等都只将结果在内部通报，这种处理方式在较大程度上限制了社会对考核评估结果的知情和监督。以资金奖励的方式来体现考核结果应用的方法虽然与我国扶贫工作机制吻合，但本身也存在不合理性。这实际上使地方党委、政府扶贫上作为的好坏与区域内扶贫对象能分享的资金多寡联系起来，使扶贫开发成效考核结果不够优秀地区的扶贫对象成为扶贫资金减少结果的承受者。尤其是考虑到部分地区脱贫攻坚难度比较小，资金奖励的结果应用方式在某种程度上会拉大省区间可从中央得到的资金的差距。相对来说，加重对扶贫开发成效考核结果排名靠后的省级党委、政府领导的问责，可能给比排名靠前的省份资金奖励更加有效和合理。

B.5

我国产业扶贫的进展与挑战

郭建宇*

摘　要：　产业扶贫是其他扶贫措施取得实效的重要基础，易地搬迁、生态保护、发展教育等脱贫措施都离不开产业扶贫的支撑。为了如期完成产业扶贫任务，发展特色产业、光伏扶贫、乡村旅游、电商扶贫等新措施已成为扶贫实践的新亮点，其扶贫成效体现在：促进区域特色产业体系的初步形成、拓宽贫困地区产品销售渠道、增加贫困人口就业机会。但是，产业扶贫目前依然存在产业重复、隐含供过于求风险、扶贫产业层次偏低、链条较短、新兴扶贫产业发展基础薄弱等问题，进一步提高产业扶贫绩效还需要通过优势特色打造差异化产品、推进产业融合延伸产业链条、夯实发展基础实现。

关键词：　产业扶贫　精准扶贫　特色产业

产业扶贫是贫困地区、贫困人口脱贫的最根本措施，也是不能盲目照搬、随意模仿的措施。产业扶贫涉及人数众多、涵盖一、二、三产业，不仅要解决7000万贫困人口中3000万人口的脱贫问题，而且还是其他扶贫措施取得实效的重要基础，易地搬迁、生态保护、发展教育脱贫等措施都离不开产业扶贫的支撑。因此，我国《国民经济和社会发展第十三个五年规划纲要》（“十三五”规划）将“产业扶贫”列为脱贫攻坚八大重点工程之

---

* 郭建宇，博士，山西财经大学国际贸易学院教授，硕士生导师，主要研究领域为产业扶贫。

首。为打赢脱贫攻坚战，确保到2020年完成农村贫困人口脱贫任务，产业扶贫需要积极探索扶贫新产业、创新扶贫新模式，在精准脱贫中发挥更大作用。

一 产业扶贫政策新措施

精准扶贫方略实施以来，围绕建档立卡贫困人口增收脱贫目标，政府出台系列政策推进产业扶贫：强调发展特色产业脱贫、因地制宜开展光伏扶贫、鼓励实施乡村旅游扶贫、积极推进电商精准扶贫，希望通过发展产业激发贫困地区和贫困人口的内生动力，提高自我能力，如期完成脱贫任务。

（一）强调发展特色产业脱贫

特色产业是部分贫困地区农村贫困人口生活和收入的主要来源，发展特色产业是提高贫困地区、贫困人口自我发展能力的重要举措。特色产业扶贫便是通过引导和扶持有劳动能力的人，开发当地具有比较优势的资源，通过发展特色产业，依靠自己的劳动开创美好生活，实现就地脱贫。

2015年《中共中央国务院关于打赢脱贫攻坚战的决定》提出实施精准扶贫方略，主要内容之一是“发展特色产业脱贫”，具体包括：“制定贫困地区特色产业发展规划；出台专项政策，统筹使用涉农资金，重点支持贫困村、贫困户因地制宜发展种养业和传统手工业等；实施贫困村‘一村一品’产业推进行动，扶持建设一批贫困人口参与度高的特色农业基地。”

为贯彻落实《中共中央国务院关于打赢脱贫攻坚战的决定》，2016年4月，农业部等九部门联合制定《贫困地区发展特色产业促进精准脱贫指导意见》（简称《意见》），提出发展目标：“到2020年，贫困县扶持建设一批贫困人口参与度高的特色产业基地，建成一批对贫困户脱贫带动能力强的特色产品加工、服务基地，初步形成特色产业体系；贫困乡镇、贫困村特色产业突出，特色产业增加值显著提升，品牌产品占比显著提升；贫困户自我发展能力明显增强，确保产业扶贫对象如期实现脱贫。”还明确了八个方面的主要任务，即科学确定特色产业，促进一、二、三产业融合发展，发挥新型经营主体带动作用，完善利益联结机制（鼓励股份合作帮扶模式，推广订单帮扶模式），增强产业支撑保障能力，增加产业扶贫资金投入，创新金融扶持和保险支持政策与机制设计。

农业部还修编《特色农产品区域布局规划（2013～2020年）》，进一步调整特色农产品品种范围和优势区域布局，避免区域重复，推进产业化进程。确定特色蔬菜、特色果品、特色粮油、特色饮料、特色花卉、特色纤维、道地中药材、特色草食畜、特色猪禽蜂、特色水产十类特色农产品，重点予以扶持建设，尽快提高这些特色产品的市场竞争力，培植区域特色支柱产业。

（二）因地制宜开展光伏扶贫

光伏扶贫是通过在光能丰富的贫困地区建设光伏发电站，将所得收益用于建档立卡贫困村和贫困人口的脱贫，实现贫困户、贫困村集体有长期、稳定、可持续的资产性收入的一种脱贫方式。

国家发改委、国务院扶贫办等5部门为切实贯彻中央扶贫开发工作会议精神，于2016年3月发布《关于实施光伏发电扶贫工作的意见》，决定在全国具备光伏发电建设条件的贫困地区逐步开展光伏扶贫工程。

光伏扶贫工程规划“在2020年之前，重点在前期开展试点的、光照条件较好的16个省的471个县的约3.5万个建档立卡贫困村，以整村推进的方式，保障200万建档立卡无劳动能力贫困户（包括残疾人）每年每户增加收入3000元以上”。

重点任务是：准确识别扶贫对象，因地制宜确定光伏扶贫模式，统筹落实项目建设资金，建立长期可靠的项目运营管理体系，加强配套电网建设和运行服务，建立扶贫收益分配管理制度，加强技术和质量监督管理，编制光伏扶贫实施方案。

光伏扶贫的实施对象分贫困村和贫困户两类，即没有集体经济收入或集体经济薄弱、资源缺乏的贫困村，以及无劳动能力、无资源、无稳定收入来源的“三无”贫困户。建档立卡贫困村均可享受光伏扶贫政策。

在实施光伏发电扶贫的意见出台之前，国家能源局已于2015年3月提出光伏扶贫的扶持政策，政策内容是投资补贴和贴息。投资补贴方面：地方政府对户用和光伏农业扶贫项目给予35%初始投资补贴，对大型地面电站给予20%初始投资补贴，同时，国家按等比例进行初始投资补贴配置；贴息方面：户用、光伏农业扶贫项目和大型地面电站均享受银行全额贴息，还贷期则分别为5年和10年。

（三）鼓励实施乡村旅游扶贫

乡村旅游扶贫是在具有一定旅游资源条件、区位优势和市场基础的贫困地区，通过开发旅游资源带动整个地区经济发展、贫困群众脱贫致富的一种产业扶贫开发方式。

2013年底，国务院颁布的《关于创新机制扎实推进农村扶贫开发工作的意见》明确将乡村旅游列为我国国家扶贫开发十项重点工作之一，乡村旅游开始从旅游产业自身小循环真正向国民经济整体大循环转变。2014年，国家发改委、国家旅游局联合出台《关于实施乡村旅游扶贫工程推进旅游扶贫工作的通知》。为了加快实施乡村旅游扶贫工程，充分发挥乡村旅游在精准扶贫、精准脱贫中的作用，国家旅游局、国家发改委等12部门于2016年8月联合制定《乡村旅游扶贫工程行动方案》。这些政策对乡村旅游扶贫进行了明确的战略部署。将目标定为：“十三五”期间，争取通过发展乡村旅游带动全国25个省（区、市）的2.26万个建档立卡贫困村的230万贫困户、747万贫困人口实现脱贫，通过实施乡村旅游扶贫工程，让全国1万个乡村旅游扶贫重点村年旅游经营收入达到100万元，贫困人口年人均旅游收入达到1万元以上。

为此，乡村旅游扶贫需要编制乡村旅游扶贫规划，加强旅游基础设施建设，积极开发乡村旅游产品，加大旅游宣传营销力度，强化乡村旅游扶贫人才培训。

（四）积极推进电商精准扶贫

近年来，随着互联网的普及和农村基础设施的逐步完善，我国农村电子商务发展迅猛，交易量持续高速增长，电子商务已成为促进农村商贸流通、带动创新就业、增加农民收入的重要动力。但从贫困地区来看，由于农村电子商务基础设施建设滞后，电商人才稀缺，贫困群众网上交易能力还较弱，交易规模较小，影响贫困地区农民群众通过电子商务就业创业和增收脱贫。

为了将电商扶贫纳入脱贫攻坚总体部署和工作体系，实施电商扶贫工程，推动互联网创新成果与扶贫工作深度融合，国务院扶贫办、国家发改委等12个部门于2016年11月联合下发《关于促进电商精准扶贫的指导意见》。该意见提出总体目标："逐步实现对有条件贫困地区的三重全覆盖：一是对有条件的贫困县实现电子商务进农村综合示范全覆盖；二是对有条件发展电子商务的贫困村实现电商扶贫全覆盖；三是第三方电商平台对有条件的贫困县实现电商扶贫全覆盖。""到2020年在贫困村建设电商扶贫站点6万个以上，约占全国贫困村50%左右；扶持电商扶贫示范网店4万家以上；贫困县农村电商年销售额比2016年翻两番以上。"还明确九项主要任务：改善贫困地区电商基础设施，推进电商扶贫示范网店建设，对基层传统网点实施信息化改造升级等硬件建设，促进贫困地区特色产业发展，加大电商人才培训，鼓励贫困户依托电商就业创业等电商基础工作；支持电商扶贫服务体系建设，加强东西部电商扶贫产业对接协作，动员社会各界开展消费扶贫活动等外部帮扶措施。

从2014年开始，商务部会同财政部共安排中央资金48亿元，支持256个示范县发展农村电子商务，其中，2014年56个，2015年200个，国家扶贫开发重点县和集中连片特困县为103个，占比44%[①]。专项资金全力扶持

① 商务部：《48亿中央资金支持256个示范县发展农村电商》，中新网，http://www.chinanews.com/cj，2015年11月16日。

中西部地区，特别是革命老区的农村电子商务发展，资金的使用重点向建设县、乡、村三级物流配送体系倾斜，希望通过财政资金的引导，吸引、带动更多企业和社会资本进入农村电商，培育农村电商生态环境。

二　产业扶贫实践新亮点

在新一轮扶贫工作布局中，各省份利用地区特色发展扶贫产业是普遍做法，不同产业各有所长，各种模式尽显其能。

（一）不同产业发挥所长

1. 光伏扶贫

光伏扶贫在实践中主要有四种项目类型。

（1）户用光伏发电项目。主要是利用贫困户自家屋顶、空闲土地等现有资源建设3千瓦~5千瓦的发电系统，可采取余电上网或全部上网两种模式，产权和收益均归贫困户所有。

户用光伏发电项目的优点是：无须投入过多的人力和物力，只需要定期擦洗保养光伏组件即可，这对缺乏技术、缺乏劳动力、缺乏增加经济收入途径的农村贫困人口来说非常适用。

（2）村级光伏电站。以贫困村集体为投资建设主体，利用村集体的空余土地建设100千瓦~1000千瓦的小型电站，产权归村集体所有，收益由村集体、贫困户按比例分配，国家政策要求贫困户的收益占比在60%以上。

村级光伏电站的优点：一是村级电站对电网接入要求较低，基本不存在接入问题，且不需要建设输电线路；二是村级光伏电站规模较小，比较容易协调用地，村内完全能够协调解决；三是可以增加村集体收益，尤其是对于没有集体收入的部分贫困村，这种类型很适合。

（3）集中式光伏电站。企业利用荒山荒坡投资建设，规模大多达到1万千瓦以上，产权归投资企业，企业捐赠一部分股权，股权收益分配给贫困户。

集中式光伏电站的优点是：具有规模大、设备采购成本较低以及度电补贴较高等优势，尤其是对位于西部的贫困地区而言，广袤的土地有利于建设集中式光伏电站。但集中式光伏电站面临电力并网难、前期投资大等困难。

（4）光伏农业大棚。光伏农业大棚是集太阳能光伏发电、智能温控系统、现代高科技种植为一体的温室大棚，不仅可以利用棚顶光伏实现自发自用、余电上网，底下也可种植作物，带来收入。光伏农业大棚是现代化农业与清洁能源紧密结合的产物，既节约土地，又可以将空间立体利用，产生清洁电力，带来双向效益。在此基础上，还衍生出了渔光互补的光伏电站模式。

安徽省在全国率先实施光伏扶贫，安徽光伏扶贫的实施规模、资金投入、建设模式、管护机制以及工作成效等在全国都处于领先地位。截至2016年末，全省已建成的光伏扶贫电站装机总容量94.4万千瓦，其中：户级光伏扶贫电站12.3万户总计36.9万千瓦；村级光伏扶贫电站2915个总计17.5万千瓦；集中式光伏扶贫电站6个总计40万千瓦。已并网光伏扶贫电站装机总容量88.2万千瓦，其中：户级光伏扶贫电站10.6万户总计32.3万千瓦，村级光伏扶贫电站2521个总计15.9万千瓦，集中式光伏扶贫电站6个总计40万千瓦①。

2. 乡村旅游扶贫

随着国内多样化、多层次旅游需求的快速增长，以及基础设施的改善，许多昔日偏远、交通不便的乡村，以其良好的自然生态环境和独特的人文环境成长为新兴旅游目的地，旅游扶贫优势由此不断凸显。全国各地依托乡村自然资源优势，挖掘文化内涵，已经开发出形式多样、特色鲜明的带动贫困户参与的乡村旅游产品，如以农家乐、牧家乐、休闲农庄等为主题的乡村度假产品，还有依托自然风光、美丽乡村、传统民居为特色的乡村旅游景

① 《安徽省光伏扶贫走在全国前列》，中央人民政府网，http：//www.gov.cn/shuju/，2017年2月8日。

区等。

随着“互联网+”的发展，“乡村旅游众创”也在近年迅速发展起来，许多地区涌现出一批具有代表性的乡村旅游创业项目，民宿客栈、艺术村落、精致农业、创意农业、农事体验等新形式层出不穷。

乡村旅游在发展中还充分发挥旅游的拉动、融合、催化、集成作用，更多产业融入旅游中，形成了新业态。比如，河南栾川按照“旅游景区+风情小镇+特色农庄”的发展模式，依托农业产业化基地，“结构调整、土地流转、生态旅游”三篇文章一起做，突出优势土特资源，在景区周边和旅游通道沿线大力发展观光休闲农业，形成旅游、农业综合体。

2016年，乡村旅游游客接待已达24亿人次，占国内游客接待人次的54.4%；营业总收入达4800亿元，占国内旅游总收入的12.2%①。

专栏：旅游扶贫方式

从我国旅游促进扶贫的发展历程和实践成果来看，旅游促进扶贫主要有四种方式。

一是直接参与旅游经营。贫困地区居民直接开办农家乐和经营乡村旅馆，成为第三产业的经营业主，增加非农劳动收入从而脱贫致富。据统计，目前全国已有190万家农家乐和乡村旅馆，形成了10万个乡村旅游特色村，年营业收入达3200亿元。

二是参与旅游接待服务。据山东、陕西、福建、宁夏等省区测算，一个普通村民通过参与乡村旅游接待服务，平均每年可增收1万~2万元。

三是销售农副土特产品。通过出售本地土特产品获得销售收入，既拓展了农产品销售渠道，也增加了销售收入。

四是多途径获得收入。通过参加乡村旅游合作社、土地流转获得租金，

① 《乡村旅游渐升温：数说“旅游扶贫”》，新华网，http://news.xinhuanet.com，2017年6月20日。

如浙江省湖州市德清县西部山区得益于“洋家乐”乡村旅游业态的发展，农民农房出租均价达到每年每户3.5万元，最高7万元。还有，通过资金、人力、土地入股获得分红，如陕西的梁家河村入股文化旅游发展公司，带动村民就业110人，164人脱贫致富，2015年农民纯收入达到1.5万元。

（改编自李金早：《实施旅游扶贫助力全面小康》，2015年10月29日，新华网）

3. 电商扶贫

电商扶贫是利用新技术、新模式助推脱贫攻坚的创新举措。电商扶贫的形式主要有两种。一是直接到户，即通过教育培训、资源投入、市场对接、政策支持、提供服务等形式，帮助贫困户直接以电子商务交易实现增收，达到减贫脱贫效果。其中，最典型的方式就是帮助贫困户在电子商务交易平台上开办网店，让他们直接变身为网商。二是参与产业链，即通过当地从事电子商务经营的龙头企业、网商经纪人、能人、大户、专业协会与地方电商交易平台等，构建起面向电子商务的产业链，帮助和吸引贫困户参与进来，实现完全或不完全就业，从而达到减贫脱贫效果①。

近两年阿里巴巴集团、京东集团、苏宁等著名电商企业把电商扶贫纳入履行企业社会责任的重要议事日程，成为电商扶贫的参与者、实践者和领跑者。

阿里研究院发布的《电商消贫报告（2015）》显示，2014年阿里平台帮助贫困地区节支近200亿元，帮助贫困地区增收近120亿元，覆盖832个国家级贫困县。

京东自2016年1月与国务院扶贫办签署电商精准扶贫战略合作协议以来，在832个国家级贫困县发展合作商6000余家，上线贫困地区商品136个品类300万种，实现销售额200亿元，累计帮扶10万户建档立卡贫困家

① 汪向东：《电商精准扶贫：是什么、为什么、怎么看、怎么办?》，http：//www.sohu.com/a/，2016年12月20日。

庭超过 20 万贫困群体平均增收 2000~3000 元。京东电商精准扶贫战略包含产业扶贫、创业扶贫、用工扶贫、金融扶贫四大策略，并在实际扶贫工作中摸索出“培训→金融→农资→安全→运输→销售→品牌→招工”八大环节的帮扶体系。京东扶贫工作的重心放在打通“农产品进城”的通道，以农特产品、生鲜冷链物流为突破口，帮助贫困地区的优质农特产品以最快的速度传送到城市居民的手中，带动贫困地区脱贫①。

苏宁围绕电商精准扶贫在全国农村市场已布局 2000 多家苏宁易购直营店、400 多家线上中华特色馆，带动回乡创业就业青年超过 1 万人，为 1500 多万农民提供了高效优质的服务，全渠道实现农产品销售超 50 亿元，每个特色馆可向全国消费者提供当地的农副产品、特色工艺品、中华老字号产品，累计惠及 200 多万农民②。

来自商务部的消息显示，2017 年上半年，前三批电子商务进农村综合示范县中的国家级贫困县平均网络零售额达 1.3 亿元，同比增长 67.7%，是全国贫困县平均水平的 2.2 倍。

专栏：贵州晴隆模式

晴隆县地处滇桂黔石漠化集中连片特困地区，是新一轮国家重点扶贫工作重点县，是贵州省的 50 个重点贫困县之一。由于山高、坡陡、谷深，传统的农业生产活动造成晴隆县水土流失严重，喀斯特面积占全县土地面积的 53%，人均耕地仅 0.77 亩，其中坡耕地占 65%。

从 2000 年开始，晴隆创造了退耕还草，集生态效益、社会效益和经济效益为一体的生态畜牧业“晴隆模式”。

2000 年，国家实施草地生态畜牧业产业化科技扶贫项目，晴隆县因地制宜，实施草地生态畜牧业产业化科技扶贫，在陡坡岩溶山地人工种植优质牧草，养殖优质肉羊。草地生态畜牧业养羊方式的转变带来了种植方式的转

① 《京东电商精准扶贫获国家荣誉》，人民网，http://it.people.com.cn/，2017 年 10 月 11 日。

② 《电商扶贫倡议书正式发布》，人民网，http://it.people.com.cn/，2017 年 9 月 17 日。

变，农户愿意把好田好地腾出来种植高产牧草皇竹草。养殖中推广羊粪还田，不但改良土壤，而且缓解草地退化，较好地破解了生态脆弱地区农村贫困与生态退化恶性循环的怪圈，在寻求经济、生态和农民增收博弈中找到一条创新型发展模式。通过种草养畜，发展生态农业，有效遏制石漠化蔓延，生态不再脆弱。如今，在晴隆的山山岭岭，多种牧草共生共荣，绿色逐步覆盖了裸露的石头。裸山、荒山、石山变成了绿水青山，富了农民，美了生态。

截至2015年底，晴隆县已养羊达50余万只，建成88个肉羊基地，成立农民专业合作社107个，发展养殖大户1564户，辐射带动2.41万户10万多人参与种草养羊，户均年收入达3万元。

"晴隆模式"其实是人与自然的和谐统一，因地制宜、以短养长破解了"一方水土养活不了一方人"的难题，走出了一条生态建设、产业发展与扶贫开发相结合的成功道路。

（摘编自王学军：《生态扶贫铸就金山银山》，《慈善公益报》2016年2月23日）

（二）各种模式尽显其能

在实践中，贫困地区积极探索扶贫资源使用方式，动员多种类型主体共同发力带动贫困农户，因地制宜、因户施策精准扶持农户，通过不断创新产业扶贫模式完善利益联结机制，带动贫困人口脱贫致富。

1. 创新资源利用方式

如何提高扶贫资金使用效率始终是扶贫工作面临的一个难题。以前很多地区对贫困户的资金支持要么是直接发放，要么是提供一些牲畜、家禽以促进其发展生产，但是效果都不理想。与此相对应的一种现象是，贫困地区发展起来的具有特色的农业合作社、农业企业等又常常处于缺乏资金的状态，以及一些有发展潜力的农业企业和项目，因为遭遇资金瓶颈无法获得长远发展。为此，《中共中央国务院关于打赢脱贫攻坚战的决定》要求探索资产收益扶贫，“财政专项扶贫资金和其他涉农资金投入设施农业、养殖、光伏、水电、乡村旅游等项目形成资产，具备条件的可折股量化给贫困村和贫困户，尤其是丧失劳动能力的贫困户”。

目前，四川、湖南、湖北、贵州等省份已经先行探索对扶贫资金利用新方式——“资产收益扶持”。各地做法大体类似，即利用财政专项扶贫资金或部分支农资金作为贫困人口的股份，参与专业大户、家庭农场、农民合作社等新型经营主体和龙头企业、产业基地的生产经营和收益分红，以增加贫困人口的财产性收入。资产收益扶贫模式可以产生多方获益的结果：贫困户可以获得分红、就业、技术指导、产品回购等收益；贫困村可以增加集体收益；企业得到土地和资金，缓解发展面临的要素制约；政府通过企业带动贫困户脱贫，推动脱贫攻坚工作。

资产收益扶贫中的资产类型主要包含四种：（1）社会自然资源，包括光伏资源、水电资源、旅游资源、矿产资源等；（2）农户和村集体自有资源或权益，主要指农户的土地、林地的使用权和村集体的土地、林地所有权；（3）扶贫或其他资金，扶贫或其他资金以入股、借贷等形式直接进行投资，不涉及购买或建设等环节；（4）扶贫或其他资金投资生产设施和不动产，并以其入股或出借给经营主体。

2. 多元主体共同发力

在我国扶贫开发过程中，逐渐形成了市场主体、政府、社会组织等多元化扶贫主体，随着精准扶贫方略的推进，部分地区出现党支部、科研院校等组织加盟成为扶贫主体，在脱贫攻坚战中共同发挥作用。

陕西省安康市大河镇大坪村确定“发挥党支部领导核心作用，农业企业、种养大户、合作社带动作用，吸收贫困户融入特色农业产业链”的脱贫思路，探索提出农业产业精准扶贫的四种模式：一是“党支部 + 公司 + 贫困户”的“规模流转”模式；二是“党支部 + 园区 + 贫困户”的“分块倒包”模式；三是“党支部 + 能人 + 贫困户”的“保底代养”模式；四是“党支部 + 合作社 + 贫困户”的“订单种植”模式。这四种模式共吸收贫困户 187 户 614 人融入特色农业产业链实现增收，涵盖了该村建档立卡贫困户的76.6%、贫困人口的91.1%[①]。

吉林省探索出“企业+科研院校+合作社+贫困户”模式：贫困户将享受到的国家的扶贫资金和扶贫项目支持，通过合作组织集中到龙头企业这个载体中，龙头企业再依托扶贫项目与科研院校合作，研发新技术、新产品，并投入生产中创造效益，贫困户从中获得入股分红，实现贫困户年年分红、年年增收，企业发展的双赢美好目标。

湖北省罗田县探索创新“政府+银行+保险+公司+贫困户”五位一体模式，即政府是主导方，银行提供资金、保险化解风险，公司作为市场主体是产业带动方，贫困户脱贫得实惠，五方形成产业扶贫合力，把全县80%的财政扶贫资金用在扶持黑山羊、板栗、电子商务等优势特色产业上。2016年，全县年度产业脱贫1.8万余户，占脱贫总户数的85%[②]。

3. 因地制宜、因户施策

精准扶贫涉及千家万户，扶贫对象的基本情况和发展诉求千差万别。精准扶贫应从贫困村、贫困户的实际出发，立足贫困村现有产业基础，尊重贫困群众的意愿，因地制宜、因户施策，选择适合当地发展的特色优势产业，走一村一品的专业化发展道路。

一般来说，贫困户参与产业扶贫有以下几种途径：（1）直接参与产业发展，在龙头企业或合作社等市场主体的带动下，自己发展种养业；（2）就业，通过在经营大户、龙头企业里打工获得劳务收入；（3）土地流转，将自己承包的土地流转给大户或龙头企业，获得租金收入。实践中，各地针对贫困农户自身情况采取了不同的扶贫措施。

专栏：平泉县因户施策

河北省平泉县采取“扶贫产业园+企业（大户）+贫困户”模式，因户因人施策。“具备劳动能力并有一定业务接受能力”的贫困户，进园区领

① 《陕西安康：四种模式让产业链覆盖贫困户》，《农业部2016年“百乡万户调查”情况反映》第8期，www.moa.gov.cn，2016年5月25日。

② 缪翼：《湖北省罗田县的产业脱贫：耕耘特色发展绿色》，中国农业新闻网，2017年3月20日。

养领种；“具备一定劳动能力、生产经营能力差”的贫困户，务工获得报酬；“无劳力、无资金、无力承担风险”的贫困户，可以入股分红。

贫困户入股本金来自平泉县搭建的“政、银、企、户、保”融资平台，即由政府整合政策资金，金融部门提供贷款，作为贫困户的本金入股园区。为了调动企业带动贫困户脱贫致富的积极性，县政府采取直接对园区补贴和扶持的政策。对新建连片开发集约经营100亩以上，且入驻贫困户20户以上的园区，县财政和县扶贫办按每户6000元标准分别给予基础设施补贴和产业发展补贴，合计每户1.2万元补贴。这样，既缓解企业建设园区的资金压力，又能让想发展特业农业的贫困户参与进来，推进经营主体和贫困户形成利益联结体。

2016年，全县新建食用菌扶贫产业园区4500亩，带动2000贫困户直接参与产业发展，园区或企业务工人员约2000人，累计带动8000名贫困人口稳定脱贫，占全县发展生产和就业脱贫人数的2/3。到2017年3月，全县食用菌基地面积达6万亩，产量达到52万吨，产值达到54亿元，其中10亩以上园区1500个。平泉县历经30余年打造的食用菌产业综合实力位居全国县级第一。

（摘编自缪翼：《平泉：产业与扶贫互促共赢》，《农民日报》2017年3月5日）

三　产业扶贫成效新发展

近年来，我国农业产业扶贫取得了不少进展，截至2016年底，22个扶贫任务重的省份已发展农业龙头企业8.8万家，全国758个贫困县（不含西藏）发展农民合作社44.2万家，1500多万户农户受益，2013～2016年贫困地区农村居民人均收入连续保持两位数增长，年均实际增长10.7%[①]。农业

① 王晓东：《我国贫困地区产业扶贫取得成效》，中国日报网，https：//cn.chinadaily.com.cn，2017年10月16日。

产业扶贫不仅促进了农业经营主体发展，还推动贫困地区特色扶贫产业体系的形成与品牌产品比重的提高。此外，加工业、旅游产业等二、三产业的快速发展也为贫困户提供了更多就业机会，在增加收入的同时，还增强了他们的发展能力。

（一）区域特色产业体系初步形成

在产业扶贫实践中，许多地区根据当地资源优势和市场条件支持、培育一批能带动贫困户长期稳定增收的优势特色产业，初步形成了特色扶贫产业体系。比如，湖南省把发展特色产业作为脱贫工作的重要举措，经过几年的大力扶持，贫困地区初步形成了由“茶叶、水果、中药材、旅游产业”构成的产业体系。茶叶产业以安化黑茶、保靖黄金茶、古丈毛尖、石门银峰、沅陵褐滩茶、桂东玲珑茶为主，水果产业以泸溪椪柑、吉首猕猴桃、麻阳冰糖橙、靖州杨梅为主，中药材产业以大湘西为主，旅游扶贫产业以湘西地区自然景观和民俗文化开发为主，其中湘西自治州结合区域特有的“微生物发酵带、土壤中的富硒带、植物群落的亚麻酸带”生态环境，构建了以湘酒鬼、河溪香醋、龙山百合等为代表的“三带”产业体系。

专栏：丰都县构建扶贫产业体系

重庆市丰都县从2011年开始，积极引导和扶持贫困农户通过发展或参与增收项目增加收入，初步构建了“1+6+X”扶贫产业体系。“1”是指“肉牛”产业，以建设“中国肉牛之都”为目标，引领全县约一半的农户参与肉牛产业化生产，科学饲养面达到50%以上。“6”是指“榨菜、红心柚、林业、烤烟、花椒、有机大米”六大优势产业，依托龙头企业带动形成产+销一体化，树立区域性品牌，对贫困农民脱贫增收的带动作用明显增强。“X”是指各镇乡因地制宜发展龙眼、猕猴桃、黑花生等特色产业。同时，大力发展高山生态旅游，2013年乡村旅游接待游客14.5万人次，实现旅游收入4350万元。两年来，发展外购能繁母牛2.8万头，建立花椒基地

9800亩、核桃基地6000亩、猕猴桃基地4000亩、烤烟基地5500亩、柑橘基地5000亩、高山蔬菜基地5000亩、榨菜基地1.8万亩。扶贫产业促进农村贫困群众的收入稳步提高，贫困群众参与扶贫产业达98.5%，减少贫困人口4.79万人，整村扶贫建设村人均纯收入增长率高于全县人均纯收入的增长率。

（摘编自丰都扶贫办：《丰都县构建“1+6+X”扶贫产业体系》，重庆市扶贫开发办公室官网，http：//www.cqfp.gov.cn/，2014年5月26日）

（二）贫困地区产品销售渠道拓宽

贫困地区特色产业扶贫成效如何，很大程度上取决于农产品的销售数量和销售价格。贫困地区产业趋同、产品加工程度低，以及农产品信息不畅、交通条件落后，导致农产品滞销，严重制约特色农业的发展和贫困户的脱贫致富。

针对贫困地区存在名特优农产品销售困难、销售价格偏低的现象，近年来，各地在扶贫工作中，探索各种销售方式、拓展贫困地区农产品销售渠道，取得了明显成效。销售方式主要有以下几种。

一是在农产品物流中心或批发市场为贫困地区提供直销场地。比如，湖南长沙市大河西农产品物流中心为邵阳市的贫困县免费提供总面积约930平方米的6个门面，用于各贫困县特色农产品的销售。

二是通过定期举办大型农产品展销会，以产销直接见面方式销售。比如，始于2009年、每两年举办一届的中国（山西）特色农产品交易博览会，旨在展示特色农业新成果、新技术，推进特色农产品贸易。2015年，山西省扶贫办与山西省饭店业商会共同发起举办为期三个月的“山西省贫困地区特色农产品农餐对接展销会”，展销会为农餐对接搭建直接平台。

三是鼓励公立学校、医院、大企业等单位与贫困地区签订团购协议。比如，贵州省创新农产品产销对接机制，把全省各类公立学校、公立医院、国有企业等单位的食堂对常用农产品的稳定需求定向传导给贫困户，让市场需求与贫困户农业生产之间构建便捷、稳定的产销流通渠道。

四是通过电商平台来销售。近两年，发展迅速的电商平台为打通贫困地区农产品销售渠道、扩大销售半径带来了前所未有的机遇。

比如，京东集团打造“原产地直采 + 自营”的农产品上行绿色通道，对快速提升贫困地区农产品销售规模有明显效果，农产品质量管理水平得到提升，已实现较高的销售溢价。据统计，京东平台贫困县农特产商品销售额，2017 年第一季度比上年同期增长 158%，第二季度销售额同比增长 156%。名茶、粮油调味、水果占农特产品销售额前三名。在电商帮助下，农特产商品的销售半径超过 500 公里，突破了传统线下零售模式 200 公里的销售半径①。

专栏：阿里巴巴的电商减贫实践

阿里巴巴对贫困地区扶贫的核心思路是用商业模式扶持经济发展，是要通过赋能，使贫困人口具备内生发展的能力，从而达到帮助贫困人群致富脱贫的基本目标，并让贫困人群具备可持续发展的“造血”能力。

马云的总结更为精炼，就是“用公益的心态，加上商业的手法”。2014 年 10 月阿里巴巴发布农村战略，提出“千县万村”计划和“农村淘宝”项目。这是阿里巴巴第一次针对贫困地区农民予以资源上的倾斜和扶持。

经过近 3 年的实践，阿里巴巴逐渐形成了全平台、全生态的电商扶贫体系，也在电商、就业、金融、旅游、教育、健康等多个领域进行了创新，希望借此可以改变贫困地区群众的思维和面貌，提升他们的收入，践行新型乡村治理和绿色生态发展的理念。

阿里巴巴农村战略的发布，推进整个平台的扶贫工作完成了从自发向自觉的转变。过去 10 年，在阿里平台上自发地长出了 1311 个年网销额超过

① 林含：《探索电商扶贫新路径　八百多贫困县网上卖特产》，人民网，http://www.people.com.cn/，2017 年 8 月 3 日。

1000 万元的村庄，被称为“淘宝村”；如今启动农村淘宝项目，在 3 万多个村庄搭建起了电商服务体系，是新的淘宝村的后备力量。

过去 10 年，利用“平台 + 个人”模式，阿里平台上自发地成长起 100 多万农民卖家；如今通过招募和孵化，培育出了 6 万多个扎根乡村的电商服务人员，他们大多为返乡青年，被称为“村小二”或“淘帮手”。

过去 10 年，阿里平台上农产品销售完成了从无到有，从 200 亿元到 1000 亿元的增长；如阿里与贫困县政府合作，已经培育出了 140 个区域农业品牌，巴楚留香瓜、陕州红啤梨、元阳梯田米均已成为网红商品。

（摘自金建杭：《电商扶贫，中国农村的一场社会创新》，阿里研究院，http：//www. aliresearch. com/，2017 年 9 月 1 日）

（三）贫困人口就业机会明显增加

就业是民生之本，促进贫困人口就业是脱贫攻坚的一项重要措施。只有让贫困人口有工作的机会，才有希望真正减少贫困。产业扶贫为贫困人口拓宽了就业渠道，就业机会明显增加：一是通过工业企业、农业龙头企业、农民合作社等经营主体吸纳、带动贫困人口就业；二是通过发展电商、乡村旅游、养老服务等产业吸纳、带动贫困人口就业；三是农村环卫、森林防火、门卫等的就业机会优先照顾贫困人口。其中，引人注目的是乡村旅游快速发展正成为主要的就业渠道，且增强就业人员自我发展能力效果明显，比如，语言沟通能力、服务水平、经营理念的提升等。

2016 年 8 月，国家旅游局发布《全国乡村旅游扶贫观测报告》，报告显示：2015 年观测涉及全国 25 个省市区 111 个建档立卡的试点贫困村，观测对象包括 46532 户 174456 人，其中贫困人口 37869 人。2015 年的观测数据表明，乡村旅游从业人员占从业人员总数的 35%，乡村旅游正在成为农民就业的主要渠道；从事乡村旅游的从业人员占贫困人口从业人员总数的 75%，乡村旅游成为有效吸纳贫困人口就业的主要途径；通过乡村旅游脱贫占脱贫人数的 31%，乡村旅游正成为农村贫困人口脱贫的重要力量；通过发展旅游业，农民人均增收2793元，约占当地农民人均年收入的40%，乡村旅游已成为农民增收的重要增长点（见表1）。

表1　乡村旅游扶贫工程观测点经济指标

指标	2015年	2016年1季度	2016年2季度
乡村旅游接待总人数(万人次)	830.7	247.9	401.9
乡村旅游总收入(万元)	71130.4	25417.7	35330.6
乡村旅游从业人员人均收入(元)	17906.0	5743.5	5833.7
乡村旅游贫困从业人员人均收入(元)	5087.7	2352.5	2288.6
贫困人口脱贫人数(人)	11840.0	9668.0	9546.0
旅游扶贫脱贫人数(人)	3777.0	3874.0	3613.0
旅游脱贫人数占比(%)	31.9	40.1	37.8

资料来源：国家旅游局《全国乡村旅游扶贫观测报告》，2016。

四　产业扶贫面临的问题与挑战

（一）产业重复，隐含供过于求风险

在总人口中仍有一半是农村人口和18亿亩耕地的国情下，我国的农产品供给能力很强，凡是市场需求旺盛的产品，就会诱发大量农户响应价格调节，增加市场供给，最终供过于求，以致不断出现“需求旺盛—价格上升—供给增加—价格下跌—供给下降”的市场波动，给农户带来较大的经营风险。

在目前各地都积极发展产业扶贫项目的情况下，容易出现产业跟风带来的同质化低效竞争，尤其是种植和养殖业，相似产业发展蕴含着供过于求的风险，比如，在晋、冀、陕、甘等省，不少县（区）都在大力发展核桃产业，核桃种植面积显著增加，尽管尚未进入挂果期，但核桃市场价格在2016年已经出现明显下降。与核桃相似的产品还有红枣、水果、蔬菜等。如果出现供给过剩，贫困地区、贫困户将是首批受害者。

专栏：警惕扶贫产业跟风趋同——陕北一贫困村产业扶贫困局警示

陕北黄河沿岸土石山区是全国五大集中连片的红枣产区之一，在新一轮扶贫开发政策的推动下，发展红枣产业成为陕北多地扶贫工作的主要选择。

李家沟村（化名）是陕北一个普通的村落，也是当地重点贫困村，村支书李方圆（化名）说："我们村不在红枣的优产区，土壤和气候条件根本不适合种红枣。优产区的红枣个大、皮光、肉厚，但我们村种出来的个小、皮涩、肉少，在市场上没有什么竞争力。"

但在最近十多年里，这个村却多次被规划为红枣种植区，要"家家户户有枣园"。2011 年前后，县里推广种红枣，每亩补贴 200 元，全村 600 多名村民中很多人响应，但种出来的红枣品质不行，加上村子比较偏远，红枣卖不出去，农民只好留着自己吃。去年县里又要求村民扩大红枣种植面积。"说实话，村里人现在热情不高，现在 1000 多亩红枣基本都烂到地里，还要扩大。"

李志高（化名）家是村里的贫困户，2011 年前后响应号召种植红枣。"我当时种了 3 亩，一方面想着是有政府补贴；另一方面也是认为政府指导的，应该还是会有前景的。"但红枣并没有为李志高带来预想的收益。他说："去年的红枣卖不出去，我根本就没收打。村里人有的把红枣喂羊了，还有的人因为红枣卖不上价，就把树刨了，改种庄稼了。"

李方圆说，很多扶贫项目都是政府给钱，农民种植。农民往往是哪个项目给钱，就上哪个项目，导致很多项目一哄而上，同质化严重。但贫困户经不起这样的折腾，扶贫项目一旦失败就很难恢复元气。

2015 年 10 月底，陕西某市林业局在红枣产销情况通报会上公开的数据显示，2015 年该市红枣种植面积为 170 万亩，产量达到 67.5 万吨，创历史最高水平。但截至当年 10 月底，红枣仅销售了 13.49 万吨，占全市红枣总量的 1/5，销售价格也从前几年的每斤 2 元多一度跌落到两三角钱。

陕北当地一位红枣种植户说："红枣滞销存在多重因素，但不可忽视种植面积剧增、产量不断扩大的因素。去年全国红枣过剩，陕西、新疆、山东、河北、山西等地红枣主产区价格都不同程度下跌，导致红枣市场出现销售难。”

（摘自李华、姜辰蓉：《警惕扶贫产业跟风趋同——陕北一贫困村产业扶贫困局警示》，半月谈网，www. banyuetan. org，2016 年 9 月 18 日）

（二）扶贫产业层次偏低，链条较短

在产业扶贫政策的推动下，多数贫困地区已经实施扶贫产业项目，但是由于土地分散、经营规模小，同时受经济、技术发展水平低等因素制约，贫困地区产业发展总体水平较低，表现为产业层次偏低、产业链条较短，注重产量、忽视质量，注重产品、忽视品质与品牌，依赖种植、养殖等生产环节，缺乏深加工环节。产业链条上只有第一个链条，没有后续链条，即使有一些加工企业，但规模小、技术水平低，也是处于链条的最低端，产品的附加值低，带动农户脱贫致富能力有限。

（三）新兴扶贫产业发展基础薄弱

乡村旅游扶贫、电商扶贫等作为新兴扶贫产业，其发展还面临基础比较薄弱的问题。

受经济基础、市场环境等多重因素影响，贫困地区的乡村旅游生产经营普遍规模小、产品同质化和区域旅游产业同构化现象突出。区位条件、交通设施不佳导致游客进入性差；服务设施不完善、从业人员服务水平低影响旅游品质。这些问题既制约了乡村旅游产业的转型升级，也影响乡村旅游扶贫功能的实现。

电商扶贫面临的主要问题如下。（1）通信网络、交通物流等基础设施落后，贫困地区大多交通条件比较差，高昂的物流费用是制约电商发展的最大因素。（2）人才缺乏，电商需要既懂信息技术，又懂产品营销、包装、仓储、物流等传统业务的人才，农村搞电商缺人才，贫困地区更缺人才。没有人能做电商，电商扶贫只能是水月镜花。（3）对电商认识不足。一些贫

困地区的领导和企业，有的简单认为开个网店在网上卖产品就是电商，有的依赖阿里巴巴、京东等电商巨头来做，还有的地方认为建平台、设电商园区就是做电商等。此外，在电商起步较早的地区，还存在由于缺乏有效制约导致的产品供给质量问题，以及由此带来的消费者对农产品信任度不高的问题，两方面因素直接影响电商的销售。

光伏扶贫存在如下困难：一是如何应对大面积推广光伏电站带来的电力消纳问题；二是光伏组件后期维护费用问题；三是如何保证 20 年长期稳定收益。

除上述存在的问题外，产业扶贫还面临如下挑战。一是部分扶贫产业贫困户参与度低，比如养牛、养猪、养羊等养殖业，又脏又累，还需要经营者有一定资金、懂基本防疫技术，有的贫困群众宁愿打零工也不愿意养殖。另一种情况则相反，虽然一些养殖扶贫项目有贷款、有市场，试点效果也不错，可是贫困户要么是家里缺劳力，要么是家庭负担重，确实无法养殖。

二是产业扶贫效果的可持续性弱。许多种植、养殖业扶贫产业进入门槛比较低，只要产品市场行情好，就会涌现出相同或相似产品，随之便是产品价格下降，由此带来“有产业低收益”的结果，直接影响扶贫效果的可持续性，尤其是在远离都市圈的偏远地区，对市场信息反馈慢、产品销售成本高，解决“增收”问题难度更大。

三是产业扶贫任务实现难度大。经过多年扶贫开发，比较容易脱贫的地区和人口已经解决，剩下的贫困人口大多居住在自然资源贫乏、地理位置偏远的地方，很难找到适合的扶贫产业。而且，这些地区的贫困人口由于文化水平偏低、劳动能力不强，也很难参与到扶贫产业活动中。通过产业精准扶贫在 2020 年底完成预定脱贫任务有一定难度。

五　提高产业扶贫绩效的政策建议

产业扶贫是其他扶贫措施取得实效的基础，是脱贫可持续的关键之举和治本之策，产业扶贫效率直接决定脱贫目标任务的实现进程。为了提高产业扶贫效率，可以通过扩大产品差异化避免产品同质低价竞争；通过产业融合延伸产业链条，拓展农民增收空间；改善基础设施条件，助力扶贫新兴产业的发展。

（一）突出特色优势，扩大产品差异化

随着城乡居民收入水平的提高，生活方式和消费结构发生显著变化，对食品（农产品）质量安全和品牌农产品消费的重视程度也随之提高。农产品消费需求迅速分化，呈现功能化、多样化、安全化的趋势，个性化、体验化、高端化成为农产品消费需求增长的重点，由此形成的市场细分直接影响农业的发展，因此，贫困地区应因地制宜确立具有自身优势或特色的产业发展类别、扶持项目，并根据市场需求结构变化，依靠差异化产品获取市场份额，发挥产业扶贫的最大效应。比如，对畜禽渔等产品的需求，越来越重视健康、绿色、生态，散养、无添加剂、环保的畜禽渔产品，即使价格明显高于同类产品也很受欢迎。还有，同样是发展核桃产业，有的地方种植“纸皮核桃”——皮薄仁多，有的地方种植“把玩核桃”——皱褶多、纹路美，差异化的核桃产品对应不同的细分市场，可以避免同质化诱发的低价竞争。

贫困地区完全可以利用生态环境良好、人工成本较低的优势，围绕“一县一业”“一村一品”，通过产品差异化竞争，积极培育地理标识产品，提高种植、养殖附加值，这样，既可以避免供给过剩带来的“谷贱伤农”问题，又能增强产业扶贫的稳定性。

（二）推进产业融合，努力延伸产业链

所谓产业融合是基于技术创新或制度创新形成的产业边界模糊化和产业发展一体化现象。融合途径主要是通过产业渗透、产业交叉和产业重组等方式，融合的结果是引发产业功能、形态、组织方式和商业模式发生变化。

农村一、二、三产业融合发展，可以采取以农业为基础，向农产品加工业、农村服务业顺向融合的方式，比如兴办产地加工业、建立农产品直销店、发展农业旅游；也可以采取依托农村服务业或农产品加工业向农业逆向

融合的方式，比如依托超市、建立农产品加工或原料基地等[①]。

推进农村一、二、三产业融合发展，有利于更好地延伸农业产业链，让农民更好地参与农产品加工业和流通、旅游等农村服务业，拓展农民的增收空间。要做好一、二、三产业融合发展，应坚持市场在资源配置中的决定性作用，引导农业经营主体在推进农村一、二、三产业融合发展中的主力军作用，并且要从“生产导向”转向“消费导向”，研究不同消费群体的消费行为、消费支出，掌握细分市场的需求特点，进行有效供给。

（三）夯实发展基础，助力扶贫新产业

当前，互联网发展带来的新商业模式、新业态，旅游需求变化带来的乡村旅游，以及光伏扶贫的推进，为扶贫产业发展提供了新空间。但是，800多个贫困县主要分布在自然条件恶劣、传统产业难以发展的地区，贫困地区基础设施建设落后，劳动力文化水平不高，发展新产业面临实际困难。新兴扶贫产业的发展还需要不断改善基础设施和发展环境。

乡村旅游扶贫：在有条件发展旅游业的贫困地区，加快交通基础设施建设，改善旅游的可及性；根据乡村旅游资源特色，综合农业观光、休闲度假、民俗文化等多种功能，拓宽旅游范围，实现旅游业与农业的协同发展。

电商扶贫：基础工作是完善电力、通信、交通等基础设施，重点任务是逐步提高农产品标准化水平，首先完善适应电子商务发展的农产品分等、分级、包装标准。还应提高电子商务信息服务、收购服务、物流配送、纠纷处理等服务的规范水平。

光伏扶贫：光伏系统相对传统电源来说还是一个高成本的发电系统，目前依赖国家的补贴才能持续，因此，推广光伏扶贫不能一哄而上，而应考虑光照资源、电网条件、后期维护、可持续的收益机制等关键问题，审慎推进。特别是在地方财力有限、风电规模较大的中西部地区，更不能盲目跟风。

① 姜长云：《推进农村一二三产业融合发展》，《中国发展观察》2015年第3期。

参考文献

1. 金建杭：《电商扶贫，中国农村的一场社会创新》，阿里研究院，http：//www.aliresearch.com/，2017 年 9 月 1 日。
2. 李金早：《实施旅游扶贫　助力全面小康》，新华网，http：//travel.news.cn/2015-11/06/c_128400951.htm，2015 年 10 月 29 日。
3. 李华、姜辰蓉：《警惕扶贫产业跟风趋同——陕北一贫困村产业扶贫困局警示》，半月谈网，http：//www.banyuetan.org/chcontent/jrt/2016914/209121.shtml，2016 年 9 月 8 日。
4. 王学军：《生态扶贫铸就金山银山》，新华网，http：//news.xinhuanet.com/gongyi/2016-02/23/c_128740899.htm，2016 年 2 月 23 日。
5. 缪翼：《平泉：产业与扶贫互促共赢》，《农民日报》2017 年 3 月 5 日。
6. 姜长云：《推进农村一二三产业融合发展新题应有新解法》，《中国发展观察》2015 年第 2 期。

B.6 中国就业扶贫进展

刘建进　檀学文*

摘　要：本报告对近年来中国精准扶贫中的就业扶贫的整体状况以及相关政策进行梳理概括。首先从劳动就业与农户收入的角度分析就业与减贫之间的关系，然后从中国农村改革以后宏观经济增长、农村劳动力非农就业增加与农村贫困人口减少的历史演变的相关性说明农村劳动力转移就业对减贫的贡献。特别从2010～2015年中国贫困地区农村居民按收入五等份分组的农户人均工资性收入、家庭经营性收入结构变化与相应组的农民人均收入变动的统计数据关系，说明就业对贫困农户减贫的重要贡献意义。报告也从不同就业类型贫困劳动力相应所需要的就业扶贫政策的机制分析解读中国就业扶贫政策，分析评述政府最新的就业扶贫政策的进展。作为案例研究，报告整理了2016年以来“扶贫车间”和劳务协作两项就业扶贫实践。报告最后提出一些针对就业扶贫相关问题的政策建议。

关键词：就业扶贫　农村劳动力就业政策　农民收入结构　扶贫车间　劳务协作

* 刘建进，理学博士，中国社会科学院农村发展研究所研究员，主要研究方向为农村金融、扶贫、农村劳动力转移；檀学文，经济学博士，中国社会科学院农村发展研究所研究员，贫困与福祉研究室主任，主要研究方向为城镇化与农民工问题、贫困与福祉、农业可持续发展等。

一 就业扶贫在脱贫攻坚中的作用

（一）劳动就业、收入与减贫

本报告对于贫困采取基于阿马蒂亚·森的生活质量和可行能力视角的定义，即贫困是福祉或基本能力被剥夺，基本需要不能得到满足（森，1993；王小林，2012）。分析贫困问题可以从发展和福祉的视角出发，贫困是发展不足的结果和表现，意味着福祉水平和生活质量低至社会无法接受的水平。贫困直观地体现为经济贫困，即消费水平不足以满足基本需要。家庭或个人首先要通过劳动创造财富，利用劳动产出来供应和提高自己的生活质量，要么自给自足，要么通过市场交换来满足需要。劳动就业需要能力和机会，机会是外在的，能力则是内在的。对于贫困家庭而言，机会和能力可能都是缺失的，而且两类缺失还存在相互作用，能力不足导致把握不住机会，而丢失机会又使能力得不到发挥和培育。

贫困地区农户在生产资源条件上一般大大弱于其他一般地区的农户，很多农户的农业生产资源不足以获得足够的收入。就业扶贫是精准扶贫的重要方式之一，就是要通过扶贫政策的干预，提高贫困农户就业水平和就业带来的收入效果。基于劳动致富以及人人参与、人人尽力、人人享有的社会主义原则，发展生产扶贫脱贫是精准扶贫的根本性举措，通过培育贫困家庭的劳动就业能力和提供劳动就业机会双管齐下，实现其自我发展脱贫。在方法论上，其他扶贫措施都是对发展生产扶贫的必要和有益的补充。贫困户劳动就业可以区分为家庭农业经营、转移就业、自主创业等形式。本报告的研究对象主要是以转移就业为主的扶贫政策措施和脱贫方式。中国长期坚持的开发式扶贫、以工代赈转移就业、一般性城乡劳动力转移就业都是主要通过创造和实现非农就业的方式带动农村劳动力就业和增收减贫，是人力资本积累、权利保障、机会增加共同作用的结果。

（二）转移就业对中国农村减贫的贡献

尽管贫困的含义是多维的，而且经济贫困也是消费意义上的，实际的贫困测量一直用的是收入指标。根据可得数据，1980～2010年，以2010年贫困标准推算得到的贫困人口从7.65亿人减少到1.66亿人，同期乡村非农从业人员从2448万人增加到2.55亿人。如果以每五年为周期，则可以发现每个周期的贫困人口减少数与乡村非农劳动力增加数呈现高度正相关，相关度高达86%，而非农就业规模又是与经济增长速度密切相关的（见表1）。

表1　中国贫困人口减少与非农就业及经济增长

	贫困人口减少数（万人）	乡村非农劳动力增加数（万人）	人均GDP年均增长率（%）
1981～1985年	10441	4266	9.2
1986～1990年	207	1959	6.3
1991～1995年	10431	4034	11.0
1996～2000年	9239	2458	7.6
2001～2005年	17562	5247	9.1
2006～2010年	12095	5137	10.7

资料来源：贫困人口数据来自国家统计局住户调查办公室《中国农村贫困监测报告（2016）》，中国统计出版社，2016；人均GDP数据引自李培林、魏后凯主编《中国扶贫开发报告（2016）》，社会科学文献出版社，2016；乡村非农从业人员数据来自国家统计局网站，http://data.stats.gov.cn/easyquery.htm? cn = C01。

非农就业的增加直接贡献于农民收入的增长，是引起贫困人口下降的重要动力之一。统计数据显示，2002～2012年，工资性收入在农村居民人均纯收入中的比例从33.9%提高到43.5%；同期，在按照五等份分组的低收入组人均纯收入中，工资性收入占比从26.4%提高到42.5%，意味着差距从比较大到基本消失。仅从低收入组的居民收入结构看，工资性收入占比的提高伴随着经营性收入占比的大幅度下降，同期转移性收入占比增加也比较明显（见图1）。

以上是全国农村低收入群体人口的总体收入变化情况。2010年和2015年贫困地区按收入水平五等份分组的农户人均收入及其来源的情况见表2。

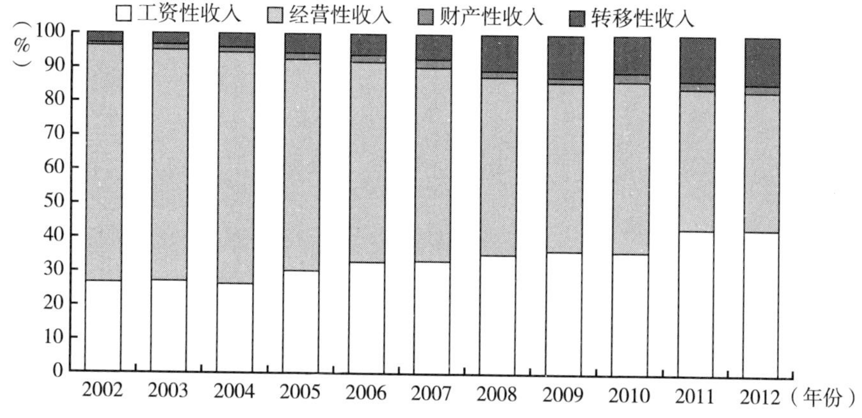

图1　五等份分组的低收入组农民人均纯收入结构变化

资料来源：国家统计局历年《中国农村住户调查年鉴》和《中国住户调查年鉴》，中国统计出版社。

低收入组的农户的收入来源统计数据状况应该基本上与贫困地区的贫困户的情况相当。

如果专门看包括国家扶贫重点县和片区县的贫困地区，可以发现贫困地区的农户收入的提高，特别是低收入群体组和中低收入群体组农户收入的提高，更加依赖工资性收入。统计数据表明，贫困地区的农户，除了最高20%收入组的相对富裕农户，收入增长的最大部分都是来自工资性收入的提高。家庭经营收入的提高占一般农户收入提高来源的近二分之一，但对低收入组农户而言，家庭经营收入提高占总收入提高的贡献微乎其微（见表3、表4）。贫困农户发展产业缺乏必要的投入资金，只有工资性的务工收入能够最有效地提高收入水平。因此，就业扶贫对精准扶贫的作用是非常大的。我们也看到，虽然一般而言，贫困户的家庭人均劳动力数量较少，劳动力文化素质也较低，人均工资性收入水平低一些也是正常的。但是，不同收入组农户间人均工资性收入水平差异似乎过于巨大，很可能反映出低收入群体农户的非农就业程度不充分的可能性比较大，这方面需要根据微观调查数据做进一步的分析研究。因此，还是有必要针对贫困农户的特点，精准设计符合贫困农户促进劳动力就业的有效政策和加大政策的实施力度，让就业扶贫政

策的效果发挥得更好。

值得关注的是，2010～2015年，贫困地区农民人均收入中工资性收入占比从35.9%下降到33.4%，但是低收入组该比例却从32.6%提高到42.9%；同期他们的经营性收入绝对值变化不大，但是占比大幅度下降（见表2～表4）。这表明，转移就业和工资性收入对于贫困家庭增收减贫的相对贡献增大，但是总体贡献仍然比较有限。其结果是，尽管有各种扶贫措施的支持，贫困户的收入水平与居民平均收入水平或高收入组的收入水平差距非但没有缩小，反而趋于扩大。这意味着，虽然非农就业对贫困户脱贫有重要意义，但是其实际贡献需进一步加大，而且也不能放松对其他收入来源的追求，尤其是家庭经营方面。我们知道，家庭经营收入可以分为农业家庭经营来源和非农业家庭经营收入来源两大部分。很有可能这些低收入组的农户的农业资源有限，这可以从转移性净收入水平也较低看出来。如果是农业生产资源的限制使得贫困农户难以从农业生产补贴上获得净转移性收入，那么，加大对贫困农户的非农经营的政策支持力度就显得很有必要。但是，这方面的基本情况还是了解得不够，还缺乏足够的相应数据来获得整体性判断。

表2　2010年和2015年按收入五等份分组的贫困地区农村居民收入水平

单位：元

年份	收入来源	农村居民合计	低收入组	中低收入组	中等收入组	中高收入组	高收入组
2015	人均可支配收入	7653	2273	4853	6687	9000	15450
	工资性收入	2556	975	1713	2416	3212	4462
	经营净收入	3282	641	2022	2728	3769	7250
	财产净收入	93	26	47	72	101	222
	转移净收入	1722	630	1072	1471	1919	3516
2010	人均纯收入	3480	1204	2193	3000	4075	6929
	工资性收入	1248	393	721	1056	1532	2536
	经营净收入	1865	619	1229	1649	2146	3684
	财产净收入	60	21	32	42	67	139
	转移净收入	307	171	212	253	329	570

资料来源：国家统计局住户调查办公室《中国农村贫困监测报告（2011）》《中国农村贫困监测报告（2016）》，中国统计出版社。

表3　2010～2015年贫困地区农村居民及五等份分组低收入组的收入增长来源及其贡献

	收入增量(元)		收入增长贡献来源(%)	
	农村居民合计	低收入组	农村居民合计	低收入组
人均收入	4173	1069	100	100
工资性收入	1308	582	31.3	54.4
经营净收入	1417	22	34.0	2.1
财产净收入	33	5	0.8	0.5
转移净收入	1415	459	33.9	42.9

注：数据由表2计算而得。本表数据是同一指标2015年值与2010年值的差额。

表4　2010～2015年按五等份分组的农村居民不同来源收入增长贡献

单位：%

	农村居民	低收入组	中低收入组	中等收入组	中高收入组	高收入组
人均收入	100	100	100	100	100	100
工资性收入	31.3	54.4	37.3	36.9	34.1	22.6
经营净收入	34.0	2.1	29.8	29.3	33.0	41.8
财产净收入	0.8	0.5	0.6	0.8	0.7	1.0
转移净收入	33.9	42.9	32.3	33.0	32.3	34.6

注：数据由表2计算而得。

（三）就业创业扶贫措施与减贫机制

在实施精准扶贫之前，发达地区的经济发展引导贫困地区劳动力转移就业并实现自发减贫；开发式扶贫措施为贫困劳动力创造了经营机会和就业岗位，转移培训、劳务输出直接促成贫困劳动力与就业岗位的对接。开展精准扶贫与脱贫攻坚以来，就业创业扶贫被置于“发展生产脱贫一批”之下，因此就业扶贫与产业扶贫措施很大程度上是重叠的。另外，就业创业又与职业教育和技能培训密不可分，后者既属于就业扶贫，也属于教育扶贫。随着“十三五”脱贫攻坚规划和人社部相关政策文件的出台，我国逐步形成了目标瞄准、分类施策、多策并举的就业创业扶贫政策体系。根据就业的基本原理，促进转移就业机制在于三个相互联系的环节：首先是通过教育培训，增强人力资本，使劳动力素质达到工作岗位要求；其次，在存在时空、信息隔离的劳动力和工作岗位之间建立联系通道并实现人岗匹配；最后便是为贫困劳动力创造更多的工作岗位，包括可行的创业机会。我们可以将上述三个环节的相应政策分别称为教育培训政策、人岗匹配政策和岗位创造政策。此外，为了实现宏观和微观的稳定就业，就业扶贫还需要各种就业服务政策。现行各种就业创业扶贫政策基本上可以归纳为四类政策机制（见图2）。

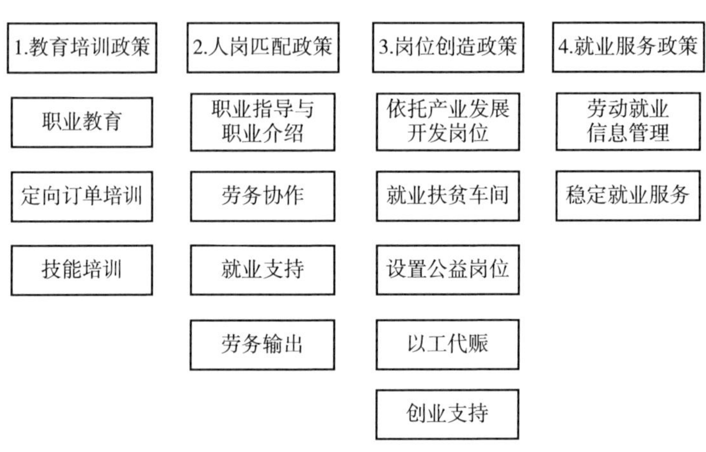

图2　就业创业扶贫措施机制划分

除了参与本地家庭经营的那部分劳动力之外，需要通过就业创业实现增收减贫的农村贫困家庭劳动力可以划分为四种类型。

第1类：可转移或者已转移的常规劳动力；

第2类：待就业的新生劳动力，包括“两后生”[①] 和大学毕业生；

第3类：非自身原因导致无法外出就业的常规劳动力；

第4类：健康、年龄、体力、技能缺失等自身原因导致无法外出的弱劳动力。

① “两后生”指初中和高中毕业未能继续升学的那部分新成长劳动力。

从开发式扶贫转向精准扶贫，对就业创业政策提出了分类施策的瞄准要求，尤其是解决部分不能通过自发市场行为实现就业的第3类和第4类劳动力的本地就业问题，因此本地就业岗位创造政策将是就业创业扶贫政策的重点。从图2分类政策需求看，第1类和第4类政策是各类劳动力都需要的，差别只是在于不同对象的具体方式不同。第2类政策主要针对已转移或可转移劳动力以及新生劳动力，但是其中的就业支持政策也常常在第3类政策中配合使用；第3类政策主要针对需要本地就业的群体，但是其中的创业支持政策也要瞄准前两类劳动力中的潜在创业者。

二　就业扶贫政策的进展

（一）国家就业创业扶贫政策框架

2016年12月2日《人力资源社会保障部财政部国务院扶贫办关于切实做好就业扶贫工作的指导意见》（人社部发〔2016〕119号）的文件是政府相关部门关于实施就业扶贫政策的方向性纲领。文件明确提出了“促进就地就近就业”的工作措施，要求各地要积极开发就业岗位，拓宽贫困劳动力就地就近就业渠道。就业扶贫的目标是通过就业扶贫的工作措施带动促进1000万贫困人口脱贫。东部省份、中西部省份经济发达地区要依托对口协作机制，结合产业梯度转移，着力帮扶贫困县发展产业，引导劳动密集型行业企业到贫困县投资办厂或实施生产加工项目分包。各地要积极支持贫困县承接和发展劳动密集型产业，支持企业在乡镇（村）创建扶贫车间、加工点，积极组织贫困劳动力居家就业和灵活就业。鼓励农民工返乡创业、当地能人就地创业、贫困劳动力自主创业，支持发展农村电商、乡村旅游等创业项目，切实落实各项创业扶持政策，优先提供创业服务。对大龄、有就业意愿和能力、确实难以通过市场渠道实现就业的贫困劳动力，可通过以工代赈等方式提供就业帮扶。除了直接促进就业创业的工作措施外，文件还同时强调注重“加强技能培训”和“促进稳定就业”的工作措施，从提高贫困户劳动力和未来进入劳动力的新生代的人力资本素质、就业制度环境和社会保障政策等方面对贫困农户的劳动力就业给予优惠和倾斜。

以上这些工作措施是很有必要的，因为农村贫困劳动力在进入劳动力市场和竞争起点上都因为客观因素处于弱势，需要政策的干预使他们获得同等的就业质量和机会。

文件在做好实施就业扶贫工作的措施上把“促进就地就近就业”放在了“加强劳务协作”之前，是否表示政府有关部门在注重组织贫困劳动力就业脱贫的工作重点手段上已经从过去主要依靠转移农村贫困劳动力外出到东部沿海发达地区务工转变为更加注重在贫困地区就地转移的方式，还不得而知。但显然这并非不再重视东西部之间的劳务协作等机制措施，而是为了应对近年来出现的新的就业形势变化趋势。

（二）地方就业创业扶贫政策：以湖南省为例

各地方政府根据本地区的劳动力就业特点安排工作部署重点，比如，2017 年 2 月湖南省人社厅、省财政厅、省扶贫办三部门联合下发的《关于切实做好就业扶贫工作的实施意见》，就要求各级人力资源和社会保障部门积极开展区域间劳务协作，签订劳务协作协议，建立长效对接机制。

根据国家人社部的贫困劳动力就业信息平台发布的最新数据，湖南省目前贫困劳动力总量为 151. 86 万人。湖南省政府希望通过就业扶贫的工作措施，争取到 2020 年底实现新增农村贫困劳动力转移就业 35 万人，计划对贫困家庭中 4. 5 万人的“两后生”实现技能培训。对市场上有组织劳务输出业务的机构主体，政府将以购买公共服务的形式，对每成功介绍 1 名建档立卡户的贫困劳动力实现稳定就业 6 个月以上的，给予 200 元的就业创业服务补贴。湖南省财政部门将通过发放 5 项补贴、实施 2 项奖补支持就业扶贫，包括鼓励介绍扶贫对象就业的就业创业服务补贴、针对贫困劳动力的职业培训补贴、转移就业交通补助、对吸纳贫困劳动力就业的用人单位的岗位补贴、社会保险补贴等多项内容。比如，对跨区域（包括跨省、跨市州、跨县区）外出务工的建档立卡贫困劳动力，给予一定的一次性交通补助；

对用人单位吸纳贫困劳动力就业，依法签订劳动合同且实际在岗 12 个月以上，并依法缴纳社会保险费的，按每人每年 1000 元标准给予用人单位岗位补贴，其中贫困地区的企业吸纳当地贫困劳动力的补贴标准提高至每人每年 1500 元。

（三）就业扶贫政策新进展

2016 年 4 月，人力资源和社会保障部与国务院扶贫办正式启动广东、湖南、湖北三省的区域间劳务协作脱贫试点工作。试点时间为 3 个月，试点范围涵盖广东省 4 个市、湖南省 4 个市州 2 个县、湖北省及郧西县的几十万贫困劳动者。

人力资源和社会保障部副部长信长星在 2016 年 8 月召开的粤湘鄂劳务协作试点工作总结会议上表示，要抓紧完善促进贫困劳动者就业脱贫的政策措施，全面推广试点中形成的行之有效的机制、政策、措施，带动全国各地共同做好就业增收脱贫工作。

信长星指出，试点工作经验概括起来主要有五方面：一是必须高度重视、通力合作，这是做好就业脱贫工作的根本保障；二是必须输出地输入地两端同时发力，依托信息化手段精准识别，这是就业脱贫工作的前提；三是必须将稳定就业作为重点，这是实现稳定增收稳定脱贫的关键；四是必须加强劳务协作，这是提高劳务输出组织化程度、促进异地转移就业的重要机制；五是必须多渠道促进就地就近就业，这是促进未就业贫困劳动者就业的有效途径。信长星强调，试点地区的经验做法，对于推动全国开展就业脱贫工作具有十分重要的借鉴意义。

全国就业扶贫经验交流现场会于 2017 年 11 月 9 日至 10 日在江西省赣州市召开。国务院扶贫办副主任陈志刚在会上表示，要将扶贫车间纳入脱贫攻坚规划，作为精准扶贫的重中之重，整合资源，凝聚力量，推动扶贫车间健康发展。陈志刚认为，扶贫车间是就业扶贫的有益探索，短短几年成效显著。扶贫车间也是实现就业扶贫的重要载体和有效抓手，要加大力度，推进就业扶贫向纵深发展，在带贫益贫机制上下功夫，强化支撑保障，努力营造有利于扶贫车间发展的良好环境。以上是关于就业扶贫政策方向性的最新进展的描述。

（四）劳动力转移态势与就业扶贫机制的简要评价

但我们必须看到中国农村劳动力转移的态势这些年出现的变化，以跨地区外出务工方式为主要转移就业渠道的势头已经放缓，农村劳动力转移的方向越来越以就地就近为趋势。2016 年全国农村劳动力转移的 424 万人净增加量中，外出务工者增加量仅为 50 万人，而本地打工者增加量高达 374 万人。这种趋势变化在近几年来越发明显。因此，农村劳动力转移就业促进工作的重点方向的相应调整也是必然的。2010 ~ 2016 年中国农村劳动力转移的整体变动状况参见表 5。

表 5　2010 ~ 2016 年中国农民工转移就业总量变化状况

单位：万人

	2010 年	2011 年	2012 年	2013 年	2014 年	2015 年	2016 年
打工者总量	24223	25278	26261	26894	27395	27747	28171
1. 外出打工者	15335	15863	16336	16610	16821	16884	16934
2. 本地打工者	8888	9415	9925	10284	10574	10863	11237
打工者总量增加	1245	1055	983	633	501	853	424
1. 外出打工者增加	802	528	473	274	211	274	50
2. 本地打工者增加	443	527	510	359	290	579	374

资料来源：国家统计局《农民工监测调查报告》（2010 ~ 2016 年）。

毋庸置疑，中国是基础设施建设强国，规模、数量以及建设速度，都遥遥领先于其他国家。高铁、公路、机场、地铁等基础设施的建设在贯通南北、方便民众、带动就业的同时，对推动地方经济发展起到了巨大的作用。过去的经济发展、出口贸易外向型产品制造业和基础设施工程等建设项目带动了几十年的中国经济高速增长，也带动了农村劳动力外出务工转移就业的巨大需求。过去，农民工转移就业的行业主要是工业和建筑业。但是，随着经济发展进入新阶段，出口外贸拉动经济增长的需求动力不会再重现过去的势头，供给侧去杠杆、去库存、调结构等改革政策措施的实行，以及城镇化进程需要切实化解目前现有的农村劳动力转移进城落户的压力，使得农村劳动力外出就业的增长速度放缓。相反，表5的统计数据表明以本乡镇以内就业为主的本地农民工转移就业的增长却在上升。

2016年中国的外出劳动力就业出现了下降的趋势，从事工业和建筑业的外出务工农村劳动力就业比例和总量都出现了下降。因此，政府就业工作简单依靠过去以跨区域劳动力市场为主的农村劳动力输出模式必须相应调整。

虽然总量上外出务工就业仍然占农民工转移就业的大部分，但是农村劳动力转移就业的增量方向已经转为以就地就近转移为主的方式。实际上，从2008年世界金融危机爆发导致中国沿海地区出口外向型制造业受影响，从而造成外出务工农民工回流以来，人社部门促进农村劳动力转移就业的工作就一直提倡“推进就地就近转移就业”的工作方针。

农村劳动力转移出现的变化有可能有益于贫困地区贫困农户劳动力的就业转移。贫困农户的劳动力中相当一部分因为残疾、病痛，或者需要留守家庭中照看失能和老幼而无法外出务工就业，特别是女性劳动力。转移就业的本地化趋势使得这些原本不易转移的劳动力有可能成为就地转移劳动力。但贫困家庭劳动力在劳动力市场上的竞争仍然处于劣势，需要政府的政策给予倾斜。尤其是对易地搬迁的贫困劳动力，一般他们搬迁后的新居住地的农业生产资源不足，更加需要在转移就业和创业上的帮助。

2016年11月23日国务院发布的《“十三五”脱贫攻坚规划》（国发〔2016〕64号）在“促进稳定就业和转移就业”一节中就提出了“推进就地就近转移就业”工作方针，但是这段内容安排在“开展地区间劳务协作”内容之后。2016年12月2日《人力资源社会保障部财政部国务院扶贫办关于切实做好就业扶贫工作的指导意见》中这两部分内容以“促进就地就近就业”和“加强劳务协作”两段前后顺序方式出现。很难一概而论地判断二者顺序前后与重要性有无关系，“指导意见”与“规划”两个文件性质不完全相同，也许我们可以从未来政府财政预算用于这两方面的具体数据来评判，也许这种评判本身就不一定合适。

三　就业扶贫进展的案例研究

（一）就业扶贫车间①

就业扶贫车间是指在行政村或自然村中新建小型厂房，或利用村级活动场所和闲置民宅，把技术要求不高、劳动强度不大、市场需求稳定的企业的部分或全部产品工序放到村头，让群众在家门口就业的一种扶贫方式。

据不完全统计，截至目前，有扶贫开发任务的中西部22个省份已经建立了2万多个扶贫车间，吸纳贫困人口14.9万人，实现贫困人口家门口就业，对促进贫困人口增收脱贫发挥了积极作用。

扶贫车间就业扶贫的做法始于山东省。从2015年起，山东省鄄城县就开始利用扶贫车间吸纳贫困群众就业。2016年，山东省开展了积极促进就地就近转移就业的工作，探索了以在贫困村开办扶贫车间为载体的就业扶贫新模式。2016年全省已建成就业扶贫车间2720个，吸纳贫困劳动力就业8.9万人。全省通过就业扶贫实现农村贫困人口省内转移就业8.5万人，省外转移就业1.7万人。开展创业助推扶贫行动，启动创业扶贫担保贷款，筹集担保资金约5亿元，对符合条件的自主创业农村贫困人口提供“免担保、免抵押”的创业扶贫贴息贷款。同时，扩大高校毕业生“三支一扶”招募规模，2016年招募扶贫岗位2000余个。

---

① 本部分内容根据作者调查资料信息以及下面媒体收集的信息综合处理。
《山东首创“扶贫车间”就业模式将在全国推广》，新锐大众，http：//www. dzwww. com/shandong/sdnews/201611/t20161117_ 15146757. htm，2016年11月17日。
《江西赣州把“扶贫车间”建到家门口》，《工人日报》、中国青年网，http：//agzy. youth. cn/qsnag/zxbd/201706/t20170622_ 10141018. htm，2017年6月22日。
《赣州：赣县区将实现贫困村“扶贫车间”全覆盖》，客家新闻网，http：//www. ncnews. com. cn/xwzx/dsxw/201708/t20170830_ 1054880. html，2017年8月30日。

中组部副部长、人力资源和社会保障部部长尹蔚民2016年在山东省调研时表示，人社部已经确定下一步要在全国推广山东省首创的“就业扶贫车间”就地就近转移就业模式，以及“粤湘劳务协作试点”区域内劳务协作模式。

据我们获得的调查资料，目前，鄄城县有545个扶贫车间，直接安置和辐射带动了6.7万多农村劳动力在本村范围内就业，其中贫困劳动力有2.7万多人，占全县贫困人口的三分之一，扶贫效果非常明显。同时，扶贫车间也促进了鄄城产业的发展，解决了企业集中在县开发区招工相对困难的问题。仅在鄄城县的制造业企业就租赁了120所扶贫车间，解决了近4万人的就业，使得该行业在鄄城的产值年增长20%以上。

扶贫车间的好经验很快就被其他各地方学习和推广，各地方结合自己的特点也有一定的创新。

全国较大的集中连片特困地区之一的江西赣州市的一些县区为了帮助贫困户实现脱贫，把扶贫车间建到贫困村、贫困户的家门口。赣州市龙南县针对年纪较大、残疾人员较多的情况，为建档立卡贫困户“量身定做”适合贫困劳动力的扶贫车间，办起了就业扶贫福利工厂和加工车间，提供了包括生产仿真花卉、圣诞树、彩灯和加工服装等技术要求低、工序简单的劳动就业岗位，努力实现“就业一人、脱贫一户”。

为使贫困人口符合岗位要求，赣州市大余县的劳动就业部门在贫困村建立了劳务培训基地，对参加扶贫车间生产就业的贫困户劳动力进行定向培训，同时还提供相应的劳动和社会保障服务，为参加培训的农村劳动力在培训期间每月发放300元的培训补贴。

为了帮扶更多的贫困群众在扶贫车间就业，赣州市的上犹、全南等县大力鼓励本地服装纺织、电子产品组装等类型的企业到贫困乡村设点建厂，利用集体闲置土地、房屋等场所创办居家式扶贫车间。地方政府对那些吸纳贫困户就业的企业，除给予水电、房租补贴外，还在小额担保就业贷款、社保补贴等方面予以政策倾斜。

据在扶贫车间就业的某位贫困户劳动力介绍，在车间里做制衣加工和彩

灯制作，一年下来也能有 1 万元的收入。

据某公司企业负责人说：“像我们这种加工型企业需要大量劳动力，自从把车间建到村里之后，招工不再那么困难，生产成本也下降了。”

赣州市的赣县区在 2017 年 8 月已创办扶贫车间 32 个，吸纳 310 名贫困人员就业。2017 年底前赣州市的赣县区将实现所有圩镇和贫困村建成至少 1 个就业扶贫车间，带动贫困户在家门口就业，实现贫困村扶贫车间全覆盖。

目前，山东、河南、江西、安徽、湖南、广西等地都有关于大规模推动扶贫车间发展的报道，仅山东省就有 6000 多个扶贫车间。扶贫车间可以发挥的带动农村劳动力就业的潜力，尤其在发挥精准扶贫的作用方面，不可低估。

跨区域的东西部劳务输出转移协作促进贫困地区农村劳动力转移就业的方式也可以与扶贫车间的方式结合起来，并且通过降低劳务成本使得东部地区的一些劳动密集型企业重新获得国际上的竞争优势。贫困地区的乡村也同时获得非农产业的发展机会，培育各类企业经营人才和技术人才。

（二）劳务协作扶贫

1. 劳务协作试点

劳务协作可谓劳务输出的“升级版”，劳务输出针对的是外出劳动力群体，而劳务协作虽然针对的也是贫困劳动力这个群体，但是要精确瞄准到建档立卡贫困家庭的劳动力，还要提供聘用激励、稳定岗位措施等扶持政策。2016 年 4 月，人社部和国务院扶贫办先后下发两个文件，指导湖南省、湖北省与广东省共同开展劳务协作试点，其中广东为输入地，湖南和湖北为输出地。试点工作机制要求以广东为主，湖南和湖北配合。试点工作在市县层面展开，具体来说，输出地试点县为湖南湘西州花垣县、龙山县以及湖北十堰市郧西县，输入地试点地区为广东省广州、深圳、东莞和佛山四市。劳务协作试点周期为 3 个月，即 4 月至 6 月，试点任务包括：（1）摸清底数，建立两地信息共享机制；（2）开展劳务协作，分类施策，提供精准就业服务，为有务工意愿的贫困劳动力提供有组织的劳务输出机会，并根据岗位需求提供针对性技能培训；（3）采取权益保护、就业激励、技能提升培训、再就业服务等措施提高就业稳定性。

2016 年 8 月，粤湘鄂劳务协作试点总结会议在湖南长沙召开。会议总结认为，劳务协作脱贫试点工作取得了成功，湘西州新增转移就业 2.2 万人，郧西县新增外出就业 8000 余人。湖南构建的“114”劳务协作脱贫模式，即形成一套整体工作机制，建立一个劳务协作脱贫综合信息服务平台，把握精准识别、精准对接、精准稳岗、精准服务四个关键环节，得到会议的肯定，并向全国推介。

2. 劳务协作的推进情况

2012 年 10 月，劳务协作脱贫在湖南全面铺开。首先，形成了跨省、省内、市州内三个层面对接协作机制，输出地和输入地可以采取协商会商或签订合作框架协议的方式对接。省外劳务协作对象还扩展到其他省份，例如湘西州与济南市也签署了类似的劳务协作协议。其次，搭建省级信息服务平台，录入了湖南 490 万贫困人口的基本信息，以及 151.86 万农村贫困劳动力的就业、培训、政策帮扶等信息，可对贫困劳动力就业、失业状态定期跟踪。最后，输出地会同输入地开展一系列协作措施，包括前往输出地举办专场招聘会、前往输入地成立劳务协作服务中心、出台就业补贴等扶持政策、建立技能培训机制等。自 2016 年 10 月至 2017 年 6 月，湖南不仅巩固了已转移 64.04 万贫困劳动力稳定就业成果，还新增 11.85 万贫困劳动力转移就业，带动 21.3 万户贫困家庭脱贫。在 75.9 万转移就业贫困劳动力中，县内转移、省内县外转移和省外转移的比例分别为 28.1%、19.2% 和 52.7%，其中通过政策扶持实现转移就业的占 29.7%。全省各级人社部门总计为贫困劳动力提供职业指导 17.56 万人次，提供职业介绍 17.37 万人次，提供职业培训 6.64 万人次，提供创业服务 3.25 万人次，享受职业培训补贴 4.31 万人次，享受社会保险补贴 3.31 万人次，享受岗位补贴 0.66 万人次，还有 11.51 万人享受各种其他政策扶持。

湖北省基于郧西县经验，在全省范围开展劳务协作扶贫，组织本地产业

园区、省内跨区域和跨省“三个劳务对接”，全省37个贫困县与省内经济发达地区逐一签订对接协议。到2016年底，全省人社部门已帮助18万贫困人口就业。湖北省人社厅将贫困县和贫困人口数量作为分配中央财政转移支付的就业资金的重要依据，还从省级就业专项资金安排2000万元，重点支持贫困县实施农家乐精准扶贫创业项目。开展“春风行动”招聘活动，全省共组织242场精准扶贫招聘会，约3万名贫困人员进场应聘，近7000人达成就业意向。省各级人社部门对企业吸纳贫困人员开展岗前培训，给予岗前培训补贴；缴纳社会保险费，给予社会保险补贴；安排公益性岗位就业的给予岗位补贴。郧西县在广东、武汉等地设立劳务协作服务站，到2017年10月，已实现贫困劳动力输出就业3.7万人。

3. 劳务协作的具体做法

结合多个案例情况，为了推动实施劳务协作，各地的具体做法包括：（1）贫困劳动力信息登记，基于建档立卡信息，组织干部对劳动力的就业情况和需求、意愿等信息重新调查登记；（2）与输入地对接，目前来看，主要采取输入地企业或人社部门到输出地开展专项招聘会的方式；（3）输出地政府部门在输入地设立劳务协作服务中心，为贫困劳动力提供就业服务；（4）提供配套就业支持政策；（5）重视技能培训，包括输出地培训、输入地培训以及“两后生”培训。

4. 劳务协作扶贫若干问题探讨

劳务协作扶贫作为就业创业扶贫的创新方式之一，尚有一些问题待解。首先，为维护劳动就业市场的正常秩序，异地就业服务不应只是贫困劳动力，而应包括全体外出劳动力。一是为了市场公平，二是稳定就业和稳定脱贫的需要。现有数据显示，劳务协作直接成果远远小于劳务输出规模，似乎可以作为一个证明。例如，根据新闻报道，劳务协作试点期间，湖南省湘西州和湖北省郧西县新增转移就业3万人，但是广东省累计接收试点3县贫困劳动者仅381人。与郧西县同属十堰市的张湾区2017年与广州劳务协作的目标任务是新增赴广东省务工农村贫困劳动力仅25人。不过，在相同服务框架下，可以给予建档立卡贫困人口一些特惠支持政策，从而起到就业促进作用。其次，在劳务协作框架下为贫困劳动力推荐就业岗位，应为其提供选择自主权，为此要将跨省、省内及本地的就业信息整合后提供给贫困劳动力，这是对省内各级劳务协作信息平台提出的基本要求。最后，通过劳务协作促进转移就业的对象不仅是有意愿的劳动力，也要包括那些通过引导、培训、服务保障等措施能够焕发就业意愿的劳动力。这在劳动经济学上相当于提高就业参与率，是就业脱贫的有效途径。

四　推进就业创业扶贫的对策建议

（一）以省为平台、市县为单位，建立完善贫困劳动力就业信息管理和公共服务体系

就业创业扶贫要做到精准瞄准和分类施策，以及确保就业权益保障和稳定性，就需要建立完善的贫困劳动力就业信息管理系统，与建档立卡信息管理系统相衔接，录入翔实的劳动力人力资本及就业创业需求信息，作为提供就业创业扶贫政策和基本公共服务的基本依据。该信息系统应当可以记录贫困劳动力享受政策和服务情况、就业创业情况、基本权益保障情况、接受教育培训情况等，并具有分析报表、形势预警等功能。还要围绕贫困劳动力就业，建立统一的就业创业扶贫管理体制，制定就业创业扶贫规划和政策，并提供基本公共服务。扶贫就业管理宜以省为单位建立统一平台，由市县为单位操作实施。

（二）构建县级层面产业扶贫、技能培训和就业创业扶贫协同推进机制

就业创业支持与产业扶贫以及技能培训三者之间具有密切联系，有必要至少在县级层面构建三者协同推进机制。这既可以创造更多的就业机会，又可以为贫困劳动力提供更多的选择机会。首先，县域范围内的产业扶贫和就业创业扶贫有高度的关联性，扶贫产业开发往往带有直接或间接的就业功

能；其次，技能培训与就业机会之间具有互动关系，技能培训有利于促进就业，而就业岗位需求能引导技能培训的方向。协同推进机制可以在脱贫攻坚领导小组的工作体制下开展。对于任何产业扶贫规划措施，均要论证其带动就业的能力，设计带动贫困劳动力就业的机制，并构成就业扶贫规划计划的一部分；劳动力职业技能培训计划和课程设置应紧紧围绕扶贫产业发展和潜在的扶贫就业岗位需求，提高培训针对性和效果；设置就业扶贫车间等岗位开发计划也要与当地现代农业发展规划以及产业扶贫计划相吻合，不要不加筛选地一哄而上。

（三）推动就业扶贫车间规范化、持续性发展

国务院扶贫办已经提出将扶贫车间作为带动贫困劳动力本地就业、实现就业脱贫的重要实现形式和工作抓手，这抓住了就业创业扶贫中完成本地就业脱贫任务的牛鼻子。通过扶贫产业发展和就业支持政策，可以实现一部分贫困劳动力的本地就业，难就难在要使所有有劳动能力和就业需求的贫困劳动力实现就业。扶贫车间是在贫困户家门口提供就业岗位的就业扶贫，是实现就业有困难的部分劳动力就业增收的直接、有效形式。扶贫车间虽然是政府推动的，但是不能搞成行政行为，不能“新瓶装旧酒”。要充分尊重市场规律，实现扶贫就业带动激励机制与企业自主经营有机结合，追求扶贫车间的规范化、持续性发展，要注意以下七点。第一，扶贫车间要规范化，必须是外部经营主体在社会责任和政策激励下做出的自主经营决策；第二，扶贫车间可以因地制宜，把扶贫车间作为企业扶贫和省域内发达地区和贫困地区扶贫协作的有效实现形式，以扶贫车间工作推动企业扶贫和扶贫协作；第三，扶贫车间项目选择要设置环保、产业规划、资源条件及劳动力资源匹配性、企业资质和经济可行性等标准，降低经营风险；第四，扶贫车间要与“三变”改革相结合，适当地实现村级集体资产入股经营并获益；第五，扶贫车间必须坚持瞄准性和益贫性，坚持以贫困劳动力为就业主体，鼓励妇女参与，强化技能培训和励志教育；第六，在有易地扶贫搬迁任务的地方，将扶贫车间工作与移民搬迁后期产业与就业安置有机结合起来；第七，为

扶贫车间建立适当的贫困劳动力就业激励机制和常规的经营管理体制机制。

（四）充分发挥扶贫协作和企业扶贫机制，组织贫困劳动力转移就业

转移就业仍将是贫困劳动力增收脱贫的主要途径，而且对于稳定脱贫有重要意义。贫困劳动力比一般劳动力更多地面临缺少信息和门路、缺少技能、缺少岗位供应、缺少就业公共服务等一系列问题。因此，应当将组织和引导贫困劳动力转移就业纳入就业扶贫工作范围，在自发转移基础上促进更多的有组织转移贫困劳动力输出，可以充分发挥扶贫协作和企业扶贫机制，积极与对口扶贫支援地对接，开展劳务协作，根据可输出贫困劳动力资源状况收集和提供岗位信息。同时，企业扶贫需要正本清源，将向贫困户提供就业岗位作为履行扶贫社会责任的主要方式。为了实现贫困劳动力有序和稳定转移就业，建议县级政府就业创业公共服务部门在外出就业集中地区设立分支性派出机构，就地提供就业服务。

（五）为本地灵活就业贫困劳动力提供支持服务政策

园区就业、转移就业、扶贫车间就业等形式都可算是正规就业。为了实现贫困劳动力就业支持和服务政策全覆盖，有必要将那些基本上是在家附近从事临工短工的本地灵活就业（非正规就业）贫困劳动力纳入服务范围。这类劳动力技能水平更低，从事的岗位都是一些基本的体力劳动，工资水平低且缺少社会保障。尽管如此，他们所从事的工作却对此类群体的日常生计和脱贫具有重要意义，使他们不再依赖社会保障。对于力工类型的农村灵活就业贫困劳动力可以提供两类支持服务政策：一是为其购买工伤保险，二是依据其就业时间提供适当的就业津贴作为奖励性补助，其就业状况可由驻村扶贫工作队和村“两委”共同认定。

参考文献

1. ［印］阿马蒂亚·森：《以自由看待发展》，任赜、于真译，中国人民大学出版社，2013。
2. 王小林：《贫困测量：理论与方法》，社会科学文献出版社，2012。

B.7 易地扶贫搬迁的进展和问题

李 静 杨 穗*

摘 要： 根据“十三五”易地扶贫搬迁规划，近1000万贫困人口需要通过易地扶贫搬迁脱贫。到目前为止，国家发改委和有关部委、金融机构以及22个有易地扶贫搬迁任务的省、自治区都制定并实施了易地扶贫搬迁的政策和措施，取得了很大进展，积累了一些成功经验。但有些地方在执行过程中还存在一些问题。建议在今后采取针对性措施加以解决，确保2020年如期脱贫。

关键词： 易地扶贫搬迁 搬迁规划 地方经验

2015年11月27日，中央召开扶贫开发工作会议，决定实施“五个一批”精准脱贫工程，坚决打赢脱贫攻坚战。“五个一批”中包括易地搬迁脱贫一批，主要是针对居住在生存环境恶劣、生态环境脆弱、不具备基本发展条件的以及居住过于分散、基础设施和公共服务设施配套差的地区贫困人口，有计划地开展移民搬迁。关于易地搬迁，习近平总书记明确提出贫困人口很难实现就地脱贫的要实施易地搬迁，按规划、分年度、有计划组织实施，确保搬得出、稳得住、能致富。

---

* 李静，中国社会科学院农村发展研究所研究员，主要研究方向为农村金融、贫困与福祉、奶业经济；杨穗，博士，中国社会科学院农村发展研究所助理研究员，主要研究方向为收入分配、贫困、社会保障。

一 “十三五”易地扶贫搬迁的目标与任务

2016年9月，为了做好易地扶贫工作，经国务院同意，国家发展改革委会同有关部门编制并印发实施《全国“十三五”易地扶贫搬迁规划》[①]（以下简称《规划》），计划五年内对近1000万建档立卡贫困人口实施易地扶贫搬迁，着力解决居住在“一方水土养不起一方人”地区贫困人口的脱贫问题。《规划》以精准扶贫、精准脱贫为统领，坚持搬迁与脱贫“两手抓”，明确了“十三五”时期推进易地扶贫搬迁的搬迁对象、安置地点、建房标准、搬迁后脱贫途径、投融资模式等。《规划》是各地推进易地扶贫搬迁工作的行动纲领。此后，所涉及的22个省份也相继制定了各自的“十三五”易地扶贫搬迁规划。

（一）搬迁对象

易地扶贫搬迁对象主要是扶贫开发建档立卡信息系统核实的建档立卡贫困人口，约981万人，占2015年底全国贫困人口的17%。搬迁对象主要集中在国家和省级扶贫开发工作重点地区。其中，集中连片特殊困难地区县和国家扶贫开发工作重点县内需要搬迁的贫困人口占72%，省级扶贫开发工作重点县内需要搬迁的贫困人口占12%，其他地区占16%。

迁出对象主要分布在四类地区：一是深山石山、边远高寒、荒漠化和水土流失严重，且水土、光热条件难以满足日常生活生产需要，不具备基本发展条件的地区，这类地区需要搬迁的贫困人口有316万人，占建档立卡搬迁人口总规模的32.2%。二是《国家主体功能区规划》中的禁止开发或限制开发区，这类地区需要搬迁的贫困人口有157万人，占建档立卡搬迁人口总规模的16%；三是交通、水利、电力、通信等基础设施，以及教

① 《发展改革委出台全国“十三五”易地扶贫搬迁规划》，发改委网站，http://dqs.ndrc.gov.cn/，2016年9月23日。

育、医疗卫生等基本公共服务设施十分薄弱，工程措施解决难度大、建设和运行成本高的地区，这类地区需要搬迁的贫困人口有 340 万人，占建档立卡搬迁人口总规模的 34.7%。四是地方病严重、地质灾害频发的地区，这些地区需要搬迁的贫困人口有 114 万人，占建档立卡搬迁人口总规模的 11.6%。

从地区分布看，迁出区域范围涉及 22 个省份，约 1400 个县。其中，西部 12 省（区、市）需搬迁人口约 664 万人，占 67.7%；中部 6 省需搬迁人口约 296 万人，占 30.2%；东部河北、吉林、山东、福建 4 省需搬迁人口约 21 万人，占 2.1%。

此外，考虑到迁出区的自然环境和发展条件具有同质性，还有部分生活在同一迁出地的非建档立卡人口需要实施同步搬迁，这类同步搬迁的人口有 600 多万人。同步搬迁人口可与建档立卡贫困人口共享安置区基础设施和基本公共服务设施，但不享受中央相关住房建设补助资金。

（二）安置地点

根据搬迁需求和可用搬迁方式的分析，在总结以往易地扶贫搬迁经验和教训的基础上，我国确定“十三五”扶贫搬迁采取集中安置与分散安置相结合的方式，其中，集中安置人口占搬迁人口总规模的 76.4%，分散安置人口占 23.6%。

在集中安置人口中，依托中心村或交通条件较好的行政村就近集中安置的占 39%，在周边县、乡镇或行政村规划建设移民新村集中安置的占 15%，在县城、小城镇或工业园区附近建设安置区集中安置的占 37%，依托乡村旅游区安置的占 5%，其他集中安置方式占 4%。《规划》还明确要求，对于集中安置规模超过 200 户 800 人以上的大型安置点，应对选址进行水土资源平衡分析和资源环境承载能力评价。

（三）建房标准

按照“保障基本、安全适用”的原则，建档立卡搬迁户住房建设面积不得超过人均25平方米的标准，这作为一条红线，确保建档立卡搬迁对象不因建房而举债。同时，新建住房结构设计应执行相关建筑规范和技术标准，保证住房质量和安全。

集中安置区住房建设应统一规划，工程实施可采取统建、自建、代建等方式进行。依托小城镇或工业园区安置的，地方政府可酌情采取回购符合面积控制标准的城镇商品住房的方式，但不得回购公租房、廉租房等国家已补助投资建设的住房。依托乡村旅游区安置的，安置规划及住房、基础设施、公共服务设施和商业配套等建设要符合乡村旅游特色，充分考虑旅游发展实际需求，促进安置区与景区和谐统一。《规划》还对配套基础设施、公共服务设施等建设内容，包括建设安置区道路、饮水管网与供配电网、学校及幼儿园、卫生室、其他村级服务设施等做出了明确规定。

（四）搬迁后脱贫问题

通过统筹整合财政专项扶贫资金和相关涉农资金，支持发展特色农牧业、劳务经济、现代服务业等，探索资产收益扶贫等方式，确保贫困人口有业可就、实现稳定脱贫。《规划》还提出了促进搬迁人口脱贫的五条路径：一是发展特色农林业脱贫一批，通过采取补贴补助、技术服务、信息发布、示范带动等扶持政策措施，鼓励引导搬迁农户通过发展特色种植、高效养殖、林下经济、设施农业、休闲农业等产业脱贫。二是发展劳务经济脱贫一批，将发展劳务经济作为持续增加收入的主要途径，加强搬迁人口就业技能培训，努力拓宽就业创业渠道，加强就业指导和劳务输出工作，促进搬迁人口就业脱贫。三是发展现代服务业脱贫一批，扶持搬迁贫困人口从事农副产品营销、餐饮、家政、仓储、配送等服务业，多渠道增加收入促进脱贫。四是资产收益扶贫脱贫一批，探索“易地扶贫搬迁配套设施资产变股权、搬迁对象变股民”的方式，通过将资产量化到贫困人口，增加其财产性收入，带动脱贫。五是社会保障兜底脱贫一批，将符合相关条件的搬迁对象纳入社会保障兜底范围，通过政策兜底脱贫。

（五）投融资模式

根据各地建设总规模、平均工程造价等数据测算，实施981万建档立卡贫困人口易地搬迁需要投资5922亿元，加上同步搬迁人口住房建设投资和土地整治、生态修复等其他费用，“十三五”时期易地扶贫搬迁工程规划总投资约9463亿元。

为充分保障工程建设所需资金，《规划》明确了建档立卡贫困人口易地搬迁的资金筹措来源，一是安排中央预算内投资约800亿元，二是安排专项建设基金总规模500亿元，三是安排地方政府债务资金约1000亿元，四是安排低成本长期贷款总规模3400多亿元（由国家开发银行、中国农业发展银行负责投放，中央财政对贷款给予适当贴息），五是由建档立卡搬迁人口自筹约215亿元。此外，与建档立卡贫困人口实施同步搬迁的600多万人住房建设资金，以及迁出区土地整治、生态修复等其他投资共计约3500亿元，主要由各级地方政府统筹本级财力和相关渠道资金，动员搬迁群众自筹予以解决。

这些资金来源中，除中央预算内投资是无偿使用以外，地方政府债和专项建设基金、中长期贷款都需要市场化运作的投融资主体承接偿还。为此，《规划》明确易地扶贫搬迁投融资模式要按照“中央统筹，省负总责，市县抓落实”的工作机制，由省级政府组建易地扶贫搬迁省级投融资主体并向其购买服务，通过省级投融资主体统一承接地方政府债、专项建设基金、中长期贷款等资金，统一偿还相关债务；市（县）项目实施主体从省级投融资主体承接资金，用于易地扶贫搬迁项目建设。

二　2016～2017年易地扶贫搬迁的进展

我国全国性的易地扶贫搬迁工作始于2001年，2001～2015年，国家发改委累计安排中央补助投资363亿元，搬迁贫困人口680多万人，建设了一大批安置住房和安置区水、电、路、气、网等基础设施，以及教育、卫生、文化等公共服务设施，大幅改善了贫困地区生产生活条件，有力推动了贫困地区人口脱贫、产业集聚和城镇化进程。①

（一）易地扶贫搬迁工作的进展

进入精准扶贫阶段以来，在2016年国家发改委下达了建档立卡户易地扶贫搬迁任务249万人，总投资1093.6亿元，其中，中央预算内投资193.6亿元，其他渠道资金900多亿元。2017年，国家发改委下达易地扶贫搬迁建设任务340万人。截至2017年8月底，全国累计开工易地扶贫搬迁项目1.4万多个，项目开工率达95%，累计竣工项目4000多个，项目竣工率为28%。其中，河北、山西、安徽、福建、河南、湖北、重庆、四川、贵州、西藏、陕西、青海、宁夏13个省（区、市）的开工率达到100%。22个省（区、市）累计承接2016年、2017年易地扶贫搬迁资金约2914.6亿元，其中，中央预算内投资393.6亿元，地方政府债约821亿元，专项建设基金约441亿元，中央财政贴息贷款约1259亿元。各地按照“搬迁是手段、脱贫是目的”的要求，不断加大产业扶持和就业帮扶力度。初步统计，各地已为纳入2017年搬迁计划的159万建档立卡贫困人口落实了帮扶措施，户均帮扶1人以上。②

在所有有易地搬迁任务的22个省份中，贵州的任务最重，需要搬迁的人口最多，达162.5万人，接下来是四川116万人，广西111万人，云南100万人。从各地的情况看，绝大多数地区的易地扶贫搬迁选择了集中安置，并配套产业化扶贫项目。多数地区在“十三五”易地扶贫搬迁规划中都计划用3年的时间在2018年前完成扶贫搬迁任务，在2019年主要用于寻找差距和巩固成果。这样安排主要是考虑到易地搬迁的扶贫对象需要时间准备和开始创收活动。表1是部分地区2016~2017年易地扶贫搬迁情况。

---

① 国家发改委网站，http：//dqs.ndrc.gov.cn/，2016年9月23日。

② 国家发改委地区司：《全国易地扶贫搬迁项目开工率达95%》，http：//dqs.ndrc.gov.cn/fpkf/，2017年9月15日。

表1 2016～2017年部分地区易地扶贫搬迁情况

地区	“十三五”易地搬迁人口数（万人）	其中:建档立卡户人数（万人）	同步搬迁人数（万人）	2016年完成（万人）	2017年计划（万人）
山　西	56	45	11	12.5	15
河　南	31.24	26.04	5.2	9.74	10
内蒙古	30	20	10	8.615	8.5076
山　东	4.6169	1.7	2.9169	1.8989	2.718
湖　南		80		16	33.3
江　西	38.5	17.4	21.1	9.6	
广　西	110	100	10	33	44
四　川	116	116		25	33
贵　州	162.5	130	32.5	45	75
云　南	100	65	35	67.73	24.5
西　藏		2.5		2.5	16.3
甘　肃	73.14	50	23.14	24.9	24
青　海	20.0067	11.8869	8.1198	7.76	5.0144

资料来源：根据国家发展与改革委员会编《全国易地扶贫搬迁年度报告（2017）》（人民出版社，2017年）中的资料以及各省发改委网站中的数据整理。

（二）2016～2017年有关部委对易地搬迁政策的落实

易地扶贫搬迁涉及面广，需要多部门、多机构的配合。如在资金和贴息方面需要财政部门有相应的政策配合，在土地方面需要国土资源部门调整土地利用规划，在金融支持方面需要中国人民银行、国家开发银行、中国农业发展银行的合作。为了支持和落实易地扶贫搬迁工作，从2016年起，各有关部门都积极制定了有针对性的政策措施。

1.财政部

一是积极落实有关易地扶贫搬迁的财政政策。2016年3月，财政部会同国务院扶贫办印发了《关于做好易地扶贫搬迁贷款贴息工作的通知》（财农〔2016〕5号），明确贷款贴息政策；二是加强易地扶贫搬迁工作的督促指导，并针对各地反映的问题和建议，及时研究完善相关政策；三是配合编

制《全国“十三五”易地扶贫搬迁规划》和配合出台《易地扶贫搬迁工作成效考核暂行办法》。

2. 国土资源部

一是调整完善土地利用规划。要求各地在土地利用总体规划调整完善中，充分考虑所在地区扶贫开发及易地扶贫搬迁需要，优先安排脱贫攻坚、社会民生等用地。二是加大新增建设用地指标支持。从 2015 年起，对国家贫困县每县分别安排计划用地指标 300 亩，2016 年加大到 600 亩，专项用于支持易地扶贫搬迁地区扶贫攻坚建设。三是加大城乡建设用地增减挂钩支持。允许开展易地扶贫搬迁的地区将增减挂钩节余指标在省域范围内流转使用，显化土地增值收益，土地流转收益全部返还贫困地区，确保通过增减挂钩让实施扶贫开发及易地扶贫搬迁的农民受益。截至 2017 年 6 月底，全国各级贫困县共使用流转节余指标 13. 17 万亩，流转收益 353. 17 亿元。四是支持有条件的易地扶贫搬迁地区开展历史遗留工矿废弃地复垦利用、城镇低效用地再开发和低丘缓坡荒滩等未利用地开发利用试点，为扶贫攻坚、加快易地扶贫搬迁地区经济社会发展提供有力支持。

3. 中国人民银行

一是制定完善金融支持政策措施，支持易地扶贫搬迁顺利开展。制定了易地扶贫搬迁信贷资金筹措方案，明确易地扶贫搬迁专项金融债发行额度、发行方式、发行期限、支持措施及资金用途等内容。二是加强督促指导，保证易地扶贫搬迁资金专款专用。三是创新金融产品和服务，全面做好安置区生产就业配套金融服务。鼓励金融机构针对搬迁后贫困地区的实际情况和贫困户的实际需求，因地制宜地创新金融产品和服务方式，加大创业担保贷款、扶贫贴息贷款和联保贷款等政策的实施力度，支持贫困户就地就近生产生活和就业创业。同时改进金融精准扶贫政策效果评估制度，提高金融服务的精准度，提升金融服务贫困地区的水平。

4. 国务院扶贫办

一是进一步核实易地扶贫搬迁对象，将易地扶贫搬迁户信息迁移至扶贫开发信息系统，并督促各地对需要搬迁的贫困户进行逐一识别认定，实现了从基本精准到比较精准的转变。二是出台相关政策，与各相关部委合作，对易地搬迁工作中出现的困难、问题等，采取措施，加强监督和指导。三是组织开展调查研究，利用建档立卡大数据平台对规划中的易地扶贫搬迁人口进行统计分析，形成了《全国移民搬迁农户数据分析报告》和《易地扶贫搬迁调研报告》。四是加强政策宣讲和培训工作，准确把握中央精神，确保项目实施不走偏、不走样。

5. 国家开发银行

一是深化银政合作，与19个省（区、市）签订了开发性金融支持脱贫攻坚合作协议，为推进脱贫攻坚奠定了基础。二是坚持“省负总责”，统筹推进搬迁工作。协助有搬迁任务的22个省（区、市）完成投融资主体组建工作，重点就公司治理、主要职责、运作模式、资金整合以及设立方式等为地方政府提出意见建议和咨询服务。三是理顺资金机制，做到精准投放。研究设计了省市政府投融资主体、市县实施主体多方参与的易地扶贫搬迁资金管理机制，建立省、市、县三级资金管理体系。四是简化流程与管控风险并重，确保工作持续发展。五是统一信贷政策，提供优惠信贷支持。实行在专项金融债券发行成本基础上加固定点数的定价政策，为易地扶贫搬迁提供最优惠利率。六是创新支持模式，强化脱贫指导。加大对搬迁安置区后续产业发展的支持力度，确保搬迁群众“搬得出、稳得住、有事做、能致富”。到2016年末，国家开发银行已完成有搬迁任务的22个省（区、市）的贷款承诺4461亿元，发放贷款311亿元。在易地搬迁专项建设基金中，完成21个省（区、市）的专项建设基金审批216亿元，投放专项建设基金199亿元。

6. 中国农业发展银行

一是聚焦精准脱贫，加强组织领导。中国农业发展银行的战略定位为“以服务脱贫攻坚统揽全局、尽心竭力助推全面建成小康社会”，在总行成立脱贫攻坚领导小组，并在所有金融机构中率先成立扶贫金融事业部，实现了贫困地区政策性金融服务全覆盖。二是积极配合地方政府，理顺易地扶贫搬迁运作机制。研究建立地方政府债、专项建设资金、贴息专项贷款等渠道资金的衔接机制，打通省投融资主体与市县项目实施主体之间的资金渠道。

三是适应新要求，及时完善信贷政策。四是积极筹措资金，通过银行间债券市场发行扶贫专项金融债390亿元，普通金融债600亿元，为脱贫攻坚开辟了新的筹资通道。五是加强基础管理，加强风险管控。一方面，聚焦建档立卡贫困人口，精准到人，坚持保本经营，体现优惠扶持；另一方面，全部采取政府购买服务模式，强化风险管控，并加强统计监测。

7. 最高人民检察院

2017年3月，最高人民检察院、国家发改委、国务院扶贫办印发《关于对第一批重点易地扶贫搬迁预防监督项目挂牌督办的通知》，从22个有易地扶贫搬迁任务的省份选择69个项目开展挂牌督办，并要求各级检察机关和发展改革委、扶贫部门坚决贯彻中央的部署要求，把易地扶贫搬迁项目挂牌督办作为推进2017年“扶贫专项工作”的新契机和发力点，进一步加大惩治和预防扶贫领域职务犯罪工作力度，为易地扶贫搬迁项目顺利实施和资金安全提供有力保障。[①]

（三）部分省份的做法和进展

自2016年以来，有易地搬迁任务的22个省（区、市）均成立了易地扶贫搬迁工作领导小组或协调机制，明确职责分工，层层分解落实，完成省级投融资主体组建和运营，并根据当地实际情况陆续配套出台了扶持后续产业发展、税费减免、资金管理、工程项目管理等专项政策，强化工作措施，落实督导问责，加快推进项目建设。到2016年12月底，22个省（区、市）1282个县（区）易地扶贫搬迁项目已全部开工，安置住房、配套基础设施和基本公共服务等建设有序推进，产业发展、务工就业、公益岗位、资产收益扶持、低保兜底等脱贫措施陆续到位，2016年249万人易地扶贫搬迁建设任务如期完成。以下是几个主要省份的主要做法和进展。

1. 贵州的做法与进展

贵州是全国“易地扶贫搬迁”的主要省份，也是搬迁任务最重的省份。

---

① 《最高检、国家发改委、扶贫办联合挂牌督办69个易地扶贫搬迁项目　严查预防5类职务犯罪》，国家发改委网站，2017年3月9日。

2001～2015 年，贵州已经搬迁 104 万农村贫困人口，加上“十三五”期间预计搬迁的 162 万人口，到 2020 年，全省将搬迁 260 多万人口。贵州把易地扶贫搬迁作为脱贫攻坚战的“头号工程”和重中之重，探索形成了“112354”搬迁安置模式，即做实一个基础、建好一项工程、探索两种模式、创新三个机制、落实“五个三”要求、完善四大保障。主要特点：一是以集中安置为主。贵州以有利于就业和脱贫为导向，根据资源条件和环境承载能力，科学选择安置点和安置方式，坚持以城区、产业园区、旅游服务区安置为主，2017 年全省共建设安置点 465 个，安置人口中，县城占 31%，集镇占 41%，产业园区占 13%，旅游服务区占 5%，中心村占 11%，集中安置率 99.68%，分散安置率 0.32%。二是重视安置后的就业和产业扶持。贵州坚持以岗定搬、以产促迁，逐点建立就业脱贫台账，城镇、产业园区和旅游开发区安置的必须确保每户就业 1 人以上，中心村安置的必须确保每户都有脱贫措施。还通过技能培训、创业扶持、信贷支持、公益岗位就业兜底等措施，帮助搬迁群众稳定脱贫。三是强化工程管理，完善保障体系。在搬迁工程中，坚持四个“严控”，即严控建房标准，90.3% 的安置点符合住房建设标准；严控建设成本，城镇每平方米造价在 1500 元左右，中心村在 1200 元左右；严控工程质量、严控工程进度。在保障体系上，构建政策保障、组织保障、资金保障、用地保障四个保障体系。在用地保障体系方面，贵州建立了全国首个城乡建设用地增减挂钩节余指标交易平台并上线运行。2016 年 8 月，全国易地扶贫搬迁现场会在贵阳召开，对贵州易地扶贫搬迁工作给予了肯定。2017 年，贵州计划实施易地扶贫搬迁 75 万人，其中，建档立卡贫困人口 65 万人，同步搬迁人口 10 万人，并对 2016 年各地的易地扶贫搬迁工作进行了考核。

2. 四川的做法与进展

四川也是易地扶贫搬迁任务重的省份。四川易地扶贫搬迁方面的特点有以下三点：一是精细化操作和管理。四川省将易地扶贫搬迁工作纳入绩效考核，实行目标责任制管理，层层签订年度目标责任书。对易地扶贫搬迁工作的各个环节都提出了明确的要求。在全国率先出台了《易地扶贫搬迁自查标准》，从搬迁对象、住房建设、项目建设、补助标准、脱贫措施、资金使用、组织保障、档案管理和政策培训九大方面共20项指标，为各地提供了可操作的标准。二是简化资金使用程序。出台了《四川省易地扶贫搬迁项目资金使用规范》，规范资金管理、优化用款程序、简化项目手续、建立项目审批快速通道，提高了易地扶贫搬迁的工作效率。三是注重后续脱贫发展。根据四川经济特点，提出了搬迁人口脱贫的六条路径，一是发展特色农林业脱贫一批，二是发展劳务经济脱贫一批，三是发展现代服务业脱贫一批，四是金融支持脱贫一批，五是资产收益扶贫脱贫一批，六是社会保障兜底脱贫一批。2017 年，四川省的主要工作有：搬迁安置 33 万建档立卡人口、做好易地扶贫搬迁成效考核、总结推广巴中经验、抓好脱贫攻坚重大工程工作、进一步完善工作机制。

3. 内蒙古的做法与进展

内蒙古在实施易地扶贫搬迁中结合当地的实际情况和农牧业特点，因地制宜地制定了有特色的易地扶贫搬迁政策和措施。主要特点：一是创新机制，提升管理水平。内蒙古在易地扶贫搬迁项目建设中实行“一公开、两参与、一评估、一测评”制度。一公开就是在项目建设地点公开项目内容、实施单位等，实行阳光工程；两参与一是让群众参与项目方案的讨论制定，使其符合群众的愿望，二是参与项目实施过程；一评估就是开展社会稳定风险评估；一测评就是建成后开展群众满意度测评。通过这一制度保证了群众的知情权、参与权和监督权。二是坚持“六个”结合，探索灵活多样的安置方式，即与农村牧区基础设施和公共服务建设工程相结合、与城镇房地产“去库存”相结合、与城镇商品房开发“配建制”相结合、与盘活农村牧区中心村闲置房相结合、与互助幸福院养老院相结合，通过采取嘎查村内安置、新建移民村安置、城镇去库存住宅小区或产业园区安置、乡村旅游区安置、入住幸福院安置、自主安置和货币化安置七种安置方式，稳定实现搬迁户“有房住、有事做、有钱赚、有人养”的目标。三是采取六种增收渠道，保证后续脱贫和增收，分别是发展产业增收、资产收益增收、当地务工增收、进城务工增收、农贸市场提供摊位增收、在服务业就业或创业增收。

2017年，内蒙古采取鼓励搬迁对象向城镇、园区、专业市场转移，坚持以岗定搬、以产定搬。承诺“四不变、两等同、一减免”，即搬迁农牧民原承包耕地、草地、林地、经营权受益权不变、子女进城上学两免一补政策不变、进城后享受农牧区合作医疗政策不变、老人随子女进城后原享受的低保政策不变；子女进城入托、上学和就业享受与城镇居民子女同等待遇；自愿转为非农户口的，除缴纳户口变更工本费外，减免各种行政性收费。

4. 广西的做法与进展

广西也是易地扶贫搬迁任务重、贫困人口多、地理环境恶劣的地区。针对各种困难，广西也制定了相应的政策措施，主要特点如下：一是合理确定筹资方案。首先是按照政府出大头、农户出小头的原则，采取省级“统贷统还、谁贷谁还、谁用谁还”模式。其次是提高住房补助标准，对搬迁户实行区域和县域差异化住房补助标准，将搬迁对象按一般贫困、中等贫困、特别贫困、极度贫困四种情形进行分档补助。同时鼓励搬迁农户旧房拆除，每户给予2万元奖励。二是建立分类安置方式。对有劳动力和创业意愿的引导其进县城、园区、集镇安置，对立足农村发展的、不愿离乡的引导其选择中心村，可就近安置，满足不同对象的搬迁需求。另外，划定红线，人均住房面积不超过25平方米，户均宅基地面积不超过80平方米。三是加大督促检查力度。进行红黑榜通报制度，每月开展一次督查，对进度快和进度慢的市县进行通报，对排名后10位达3次以上的市县进行通报和问责。2017年，广西进一步精准确定年度扶贫搬迁对象，优先安排位于地震活跃带及受泥石流、滑坡等地质灾害威胁的建档立卡贫困人口。

5. 福建的做法与进展

福建具有经济基础好、资金力量强的优势，这一特点在福建的易地扶贫搬迁政策中也有体现。一是细化政策，调动搬迁户积极性。提高省级财政补助标准，在对所有搬迁户由省级财政按人均3000元补助的基础上，从2016年起省级财政对1.94万符合省定标准的搬迁人口再给予每人7000元的补助。提高集中安置区配套设施建设补助标准，在原来基础上再增加2亿元。完善土地增减挂钩收益分配政策，搬迁户按规定开展旧宅基地复垦的，优先

纳入交易，并从增减挂钩收益中给予每户一定的补助。二是将易地扶贫搬迁纳入各地经济社会发展规划。与小城镇发展、工业园区开发、新农村建设、灾后重建有机结合，统一规划、统一建设。集中与分散安置相结合，以集中为主。三是多措并举，精准施策稳定脱贫。通过扶持特色产业和家庭经营脱贫一批，通过引导和组织务工脱贫一批。用好扶贫搬迁金融政策，做好小额担保贷款试点工作。加大对搬迁后贫困户的扶持力度，鼓励搬迁户以租赁、转包、入股等方式将土地、山林等资源流转，增加其财产性收入。2017 年，福建搬迁建档立卡贫困人口 47055 人，同步搬迁贫困人口 52945 人，完善各项政策措施，确保搬迁任务保质保量完成。

三　易地扶贫搬迁后的主要变化

易地扶贫搬迁是针对“一方水土养不起一方人”的四类地区的贫困户所实施的根本性解决方案，2015 ~ 2017 年，一些地区已经完成了大部分的易地扶贫搬迁，并取得了良好的脱贫效果。中国人民大学中国扶贫研究院于 2016 年和 2017 年在湖北、湖南、广西、四川、贵州、云南、陕西、甘肃 8 个省、自治区，16 个县进行了易地扶贫搬迁专题跟踪调研。这一调研对象共计 2185 户、8330 人，其中建档立卡搬迁户 2019 户、7649 人，非建档立卡同步搬迁户 166 户、681 人。覆盖武陵山片区、滇桂黔石漠化片区、秦巴山片区、乌蒙山片区、六盘山片区 5 个片区的 15 个片区县以及 1 个片区外国家扶贫开发工作重点县。其形成的调研报告根据第一手调查资料，分析了全国易地扶贫搬迁的扶贫效果。

（一）提高了农民的收入

易地扶贫搬迁改善了搬迁户的收入来源结构，增加了其收入。2017 年受调查搬迁户人均纯收入比未搬迁户高 18%。不仅如此，搬迁户初步形成了工资性收入、家庭经营收入和转移性收入为主的收入来源结构，尤其是其家庭经营收入比未搬迁户高 64%，初步摆脱了高度依赖外出务工收入的情况（见表 2）。

表 2　未搬迁户和已搬迁户收入结构对比

指标	未搬迁户		已搬迁户	
	水平（元）	构成（%）	水平（元）	构成（%）
人均纯收入	3794.96	100	4482.56	100
工资性收入	1552.33	40.90	1507.96	33.64
经营净收入	932.77	24.58	1528.42	34.10
财产净收入	70.64	1.86	37.64	0.84
转移净收入	1239.22	32.65	1408.53	31.42

资料来源：中国人民大学中国扶贫研究院《2017 年易地扶贫搬迁调研报告》（未公开出版报告），2017 年 11 月。

（二）改善了住房、水、厕、路和通信等条件

易地搬迁大幅度改善了搬迁户的住房条件。据统计，搬迁户新建砖混、砖木结构住房占比分别为 93.75%、5.56%，且住房质量较好。而未搬迁户现居住房屋质量完好和基本完好占比为 31.02%，一般损坏和严重损坏分别为 40.08% 和 28.90%。

搬迁户的饮水安全状况明显改善。受访搬迁户使用自来（流）水农户比例达到 97.69%，而未搬迁户使用窖水、河水、池塘水和其他水源占比仍高达 13.84%。

未搬迁户旱厕或无厕所占比高达 92.45%，搬迁户水冲式厕所比重提高到 82.75%。未搬迁户垃圾随意倾倒、倾倒在固定点、倾倒在固定点无专人处理以及焚烧等非集中处理方式占比为 81.59%，搬迁户为 29.86%。搬迁后环境卫生条件显著改善，生活质量提高。

未搬迁户离最近的柏油路或水泥路的距离小于或等于 1 公里的占比为 65.57%，平均距离为 1.5 公里；已搬迁户这一距离小于或等于 1 公里的占比高达 96.05%，平均距离仅为 0.25 公里，搬迁能够明显改善交通状况和出行条件。

未搬迁户只有 17.73% 使用宽带或移动互联网，搬迁户则为 40.84%。搬迁后通信状况明显改善。

（三）与公共服务机构距离缩短

通过易地扶贫搬迁，显著缩短了与公共服务机构距离，提高了贫困户获得公共服务的方便程度。一是缩短了到村委会的距离。以村内安置为主的云南、四川、湖北、陕西等地未搬迁户平均距离村委会 3.32 公里，已搬迁户为 1.84 公里，距离缩短了 45%。

二是缩短了到最近集市的距离，降低了搬迁户的交易成本。已搬迁户距离集市的交通距离低于未搬迁户 2.71 公里。

三是缩短了上幼儿园的距离，有利于贫困家庭儿童的学前教育。已搬迁户比未搬迁户上幼儿园的距离缩短明显，已搬迁户到最近幼儿园的平均距离为 5.64 公里，与未搬迁户相比，缩短了 4.52 公里。

四是缩短了上小学的距离，基础教育的方便程度显著提高。已搬迁户到最近小学的平均距离为 4.47 公里，比未搬迁户少 2.32 公里。

五是缩短了上诊所的距离，改善了就医条件。已搬迁户到最近诊所的距离为 2.29 公里，只是未搬迁户距离的一半，就医方便程度明显改善。

（四）搬迁户的满意度较高

从搬迁户自评的扶持措施与实际需求符合程度来看，非常符合和比较符合占比分别为 61.11% 和 35.19%，一般、不符合和非常不符合占比分别为 2.55%、0.93% 和 0.23%。证明地方政府采用的帮扶措施有较强的针对性和有效性。从已搬迁户对帮扶措施满意程度来看，非常满意和比较满意占比分别为 67.13% 和 28.70%。各省之间满意度的分布与帮扶措施的针对性高度相关（见图 1），说明只有提高帮扶措施的针对性才能提高搬迁户的满意度。

从搬迁户对新住房选址满意度来看，非常满意、比较满意占比分别为 69.00% 和 24.48%，总体来看对住房选址较为满意。从已搬迁户对新住房面积满意度来看，非常满意、比较满意占比分别为 48.72% 和 20.98%，表明 2/3 的搬迁户是满意的，同时有 1/3 的搬迁户不满意。已搬迁户对新住房

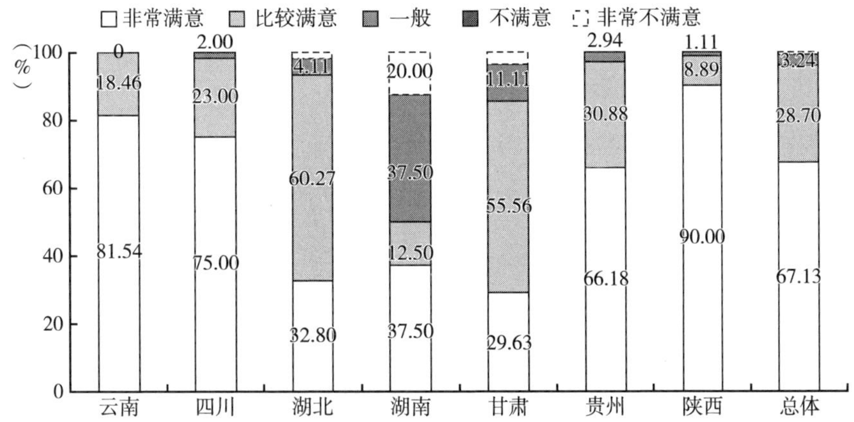

图 1　已搬迁户对帮扶措施满意程度

资料来源：中国人民大学中国扶贫研究院《2017 年易地扶贫搬迁调研报告》（未公开出版报告），2017 年 11 月。

中水、电配套设施的满意度，非常满意、比较满意占比分别为 67.99% 和 22.66%，满意度总体较高。已搬迁户对新住房周边道路基础设施满意度，非常满意、比较满意占比分别为 65.73% 和 21.68%。从已搬迁户对新住房周边垃圾、污水处理设施满意度来看，非常满意、比较满意占比分别为 62.53% 和 23.42%。总体来看均呈现较高的满意度。对已搬迁户对新住房周边幼儿园满意度调查结果，非常满意、比较满意占比分别为 50.36% 和 21.69%。总体来看，搬迁户对帮扶措施和基础设施的满意度最高，对住房的满意度次之，相对不满意的是公共服务，需要重点加强。①

四　易地扶贫搬迁中的一些典型经验

易地扶贫搬迁是“五个一批”的重中之重，它不仅包含了产业扶贫、教育扶贫、健康扶贫、就业扶贫、兜底保障等扶贫内容，在有些地方，通过

① 中国人民大学中国扶贫研究院：《2017 年易地扶贫搬迁调研报告》（未公开出版报告），2017 年 11 月。

机制创新和大胆探索，还与美丽乡村建设、新型城镇化、城乡一体化、生态保护、农业和农村现代化等发展战略结合在一起，使贫困户不仅远离了“穷窝”，还拔掉了“穷根”，实现了稳定脱贫和可持续发展。这些典型经验不仅保证了当地如期脱贫，更为其他地区的易地扶贫搬迁提供了可借鉴的经验。

（一）贵州惠水县“五个三”机制推进易地扶贫搬迁

惠水县属滇桂黔集中连片石漠化贫困地区。“十三五”期间，惠水县计划易地扶贫搬迁3684户、15975人。为解决好这些人“搬出怎么办”问题，惠水县在多方面实现创新，科学统筹易地扶贫搬迁迁出点和迁入地资源，形成了“盘活三地、衔接三保、统筹三就、建好三所、用活三制”的“五个三”机制，助推易地扶贫搬迁后续发展。目前，“五个三”机制已在贵州全省推广。

1. 盘活“三地”，建立助民增收机制

一是盘活耕地。落实搬迁群众继续拥有土地承包经营权、所有权和享受原惠农补贴，土地流转收入归搬迁群众所有政策。成立移民后续扶持发展有限公司，按照“一兜五年、每亩300～400元”流转收储标准，对流转土地统一进行外包流转、开发经营和生态修复。用足“特惠贷”和政府小额贴息贷款等优惠政策，支持龙头企业和各类新型经营主体流转移民群众原承包地。将易地扶贫搬迁迁出点适宜退耕还林的耕地纳入新一轮退耕还林工程。二是盘活林地。按照国家相关政策继续落实国家公益林、集体林地、联户发证林地区划界定以及相关补偿基金分配政策。对有流转价值的林地，由移民后续扶持发展有限公司按每亩30元价格进行流转收储，鼓励搬迁群众流转公益林地用于经营和发展种养业。将易地扶贫搬迁迁出点周围的宜林荒山优先纳入林业生态工程项目，享受植树造林补助政策。三是盘活宅基地。兑现搬迁群众旧房拆除复垦后每户1.5万元奖励，对复垦的宅基地进行分类确权到户后流转，对不能流转的部分进行退耕还林。对形成的闲置、废弃农村集体建设用地及腾出的宅基地，通过土地增减挂钩，换取城市用地指标，产生的相关收益专项用于支持易地扶贫搬迁工作。

2. 衔接“三保”，建立助民增福机制

一是低保衔接。增加低保补助，及时将搬迁到城镇区域安置点的农村低保对象全部转为享受城市最低生活保障。搬迁群众迁入安置点未实现就业前，按照城市最低生活保障标准给予3个月的临时生活救助；3个月后因客观原因家庭生活仍困难的，可申请城市最低生活保障救助。属于农村“五保”人员的转为城镇特困人员。二是医保衔接。搬迁群众自主选择参加新型农村合作医疗保险或城镇居民基本医疗保险，实现应保尽保。搬迁群众进入企业务工且有稳定劳动关系的，按国家相关法律法规参加城镇职工基本医疗保险。对建档立卡搬迁的“十二类”参合群众实行政策内费用全兜底。对同步搬迁的参合群众，在享受现行新农合补偿政策的基础上，自搬迁之日起3年内，门诊报销比例不足90%的按90%补足，住院报销比例不足85%的按85%补足，余下部分按政策解决。对未参保群众，由县内新型农村合作医疗定点机构实行挂账处理。三是养老保险衔接。搬迁群众可自愿选择参加城乡居民养老保险或城镇职工养老保险。60周岁以上的搬迁群众，采取一次性补缴养老保险费或由县财政在原基础养老金70元标准基础上再补助每人每月30元。对企业录用移民户且签订一年以上劳动合同并交纳社会保险费的，按企业为务工人员实际交纳的三险费用的1/2给予补贴，期限为三年。

3. 统筹“三就”，建立助民脱贫机制

一是统筹就学。合理调整安置点周边学校（幼儿园）布局，扩建或新建移民子女学校，满足就地入学需求，并根据入学、入园规模，幼儿园按照1∶10、中小学按1∶17师生比配齐师资队伍。对就读公办幼儿园的，免除保育保教费，由县级财政补助幼儿园1800元/生·年、补助入园子女500元/生·年。对就读县内普通高中、中职学校的，享受国家“两助三免（补）”、国家助学金等政策，对移民普通高中生专项资助2000元/生·年。对在县内就读高中考取二本以上院校的应届毕业生，由县级教育基金一次性给予入学资助4000元/生。二是统筹就业。通过建立已就业台账、就业需求台账、岗位供给台账，绘制就业需求图和供给图，实现每户1人以上稳定就业。设立就业奖励基金，对吸纳建档立卡搬迁群众稳定就业1年以上的企业，给予10万元/人贷款并按基准利率贴息，并一次性给予2000元/人用工补贴。对创办微型企业的搬迁群众，除享受“3个15万元”政策，另可享受最高达10万元、贴息期至少3年的贷款，并减免3年相关税费。自主创业带动两人以上建档立卡搬迁群众稳定就业一年的，由县财政一次性补助创业基金3500元，并给予3年、300元/月的场租补贴。用活“特惠贷”政策，鼓励开办搬迁群众有股份、能就业、有稳定收入的工业企业，每户可用5万元“特惠贷”入股，每年享受不低于3000元的入股分红。三是统筹就医。在移民安置点设置社区卫生服务站，按标准配备医疗办公场地、科室、医疗设备、医务人员。对搬迁户建立健康状况信息档案，建立医疗精准扶贫救助档案，逐人建立管理台账，根据不同病种制定“一人一策”靶向治疗方案，实行“贫进脱出、病进愈出”的动态管理和监测。定期组织县级医院医务骨干到安置点医疗卫生服务机构开展巡回医疗服务。对搬迁群众开设医疗“绿色通道”，提供先诊疗、后付费和“一站式”服务。

4. 建好“三所”，建立助民解忧机制

一是建好经营性场所。成立移民后续扶持发展有限公司，实行“两块牌子、一套人马”管理。公司下设土地经营、不动产经营、劳务服务中心，主导做好和引导搬迁群众后续发展。二是建好农耕场所。在安置点附近流转一定面积的土地，采取统一规划、政府补助方式，开办微田园、小菜园等农耕场所。以3年为过渡时限，吸纳和满足短时间内难以转型、特别是45岁以上搬迁群众的日常生产生活基本需求。三是建好公共服务场所。建设社区服务中心，推行网格化管理，设立移民、人社、公安、民政、卫计等部门的便民服务窗口。在安置点建设集开放性、实用性、多功能性为一体的文化活动广场。建立关爱中心、老年活动中心、幼儿看护中心等综合性场所，对搬迁群众的生活用水执行较一般居民下调20%的优惠价格，免收两年有线电视收视费。

5. 用活“三制”，建立助民管理机制

一是用活集体经营机制。按照“政府主导、企业化管理、贫困户参与、公司保本微利”的模式建立易地扶贫搬迁耕地、宅基地、林地的经营管理机制，做好搬迁群众迁出地“三地”可利用资源的收储、流转、管理和投资开发利用，经营管理迁出地集体建设用地增减挂钩和安置点门面、停车场及政府性资产，落实搬迁群众劳动力就业培训、派出和劳务承接。二是用活社区管理机制。着眼提升社区党组织和社区居民委员会服务群众和管理社区的能力，按照“区域规划、以房管人、重点监控、完善机制”原则，按100户至200户为单元划分，将移民社区内的交通设施、公共场所、消防设施、楼群院落、实有人口等全部纳入网格化管理。三是用活群众动员机制。在易地扶贫搬迁安置点建立“移民夜校”，专门编制《“移民夜校”教育读本》，由教育部门牵头每季度至少组织开展一次社会美德、话党情感党恩、社会法治等为主题的教育活动，引导搬迁群众自发加入社会义务工作群团组织，有序组织搬迁群众力所能及地参与安置点工程建设和社区环境整治，增强搬迁群众“人人为我、我为人人”的主人翁意识。①

（二）四川省巴中市的“三靠五进六不选”经验

近年来，巴中市通过以建“巴山新居”为载体，以“人”的城镇化为核心，将易地扶贫搬迁与“巴山新居”建设、现代产业发展、生态环境治理相结合，编制了《巴中市“巴山新居”十年规划》《巴中市“巴山新居”规划修编（2014—2020）》《巴中市渠江流域灾后重建规划》《巴中市农村土坯房（危旧房）改造规划（2011—2020）》等，注重原住户与移民户、贫困户与非贫困户有机融合，推动“三靠”“五进”“两治理”，让群众搬到好地方、住进新家园，实现了城乡一体，村镇一体。巴中市易地扶贫搬迁的主要特点表现在以下四个方面。

一是确保搬迁对象精准。巴中聚焦安全隐患区、资源匮乏区、基础配套艰难区等，按照“三看、三评、三审”（看区域环境、看扶贫成本、看房屋状况，院户评、村组评、村民大会评，乡镇初审、县区复审、市级审定）原则，最后确定“十三五”期间易地扶贫搬迁户52245户，182479人。

① 《贵州惠水县“五个三”机制助推易地扶贫搬迁后续发展》，多彩贵州网，2017年1月10日。

二是严格执行政策。遵循“三搬三不”（搬得准、搬得顺、搬得富和不超标、不豪华、不闲置）原则，按照“三靠五进六不选”（靠园区、靠景区、靠产业基地；进城区、进集镇、进社区、进乡村旅游区、进中心村和聚居点；有地灾隐患的不选、纳入生态功能区的不选、无发展后劲的不选、基础难改善的不选、上学就医难的不选、群众不满意的不选）的科学安置方式，因地制宜实行集中安置、小组团安置、分散安置等多种住房安置模式。对集中安置区住房，采取统规统建、统规联建、统规代建、统规自建等多种方式实施项目建设。对人口较少、住房面积需求不足的家庭采取预留宅基地或采取“人字形”阁楼设计、预留续建空间，农户稳定脱贫后再自行加建，以满足农户生产生活习惯和长远需求。单人单户安置住房将采取集中建设公寓，与幸福院、养老院共建等方式解决。①

三是尊重和保障搬迁户权利。巴中通过土地调换、一事一议，为搬迁户配置基本生产生活资源，确保有菜地、有发展空间，实现权属随人走、搬迁不失利。在搬迁方式、安置地点等方面，充分尊重群众意愿，做到搬迁方式群众定、安置地点群众议、建设模式群众选、工程质量群众管。

四是增收项目到户。一方面，大力实施“万元增收工程”，发展小种植、小养殖、小加工、小商业等到户产业，帮助搬迁户发展，实现户均年收入1万元以上。另一方面，促进工资性增收。目前搬迁户中，劳动力就业率达95%以上。

（三）湖北省十堰市“六个坚持”模式

十堰市属于连片特困地区，也是国家重要生态功能区和南水北调中线工程核心水源区，承担着生态保护和脱贫致富的双重责任，脱贫攻坚任务十分艰巨。全市贫困人口82.67万人，重点贫困村456个，8个县（市、区）全部为省重点县，其中6个县（市、区）为国家扶贫开发工作重点县，易地扶贫搬迁对象有122983户、362728人。截至2016年底，十堰市累计投入扶贫专项资金25亿元，减少贫困人口36.2万人；扶贫搬迁52759户、146084

① 巴中市扶贫移民局：《巴中市易地扶贫搬迁专项2017年实施方案》，2017年8月9日。

人，十堰市“六个坚持”创新打造易地扶贫搬迁模式获汪洋副总理批示肯定，国家发改委、国务院扶贫办发文在全国推广，其“六个坚持”模式的主要内容包括以下六点。

1. 坚持领导上阵，市县两级同部署

一是层层安排部署。先后召开3次市委常委（扩大）会、1次全市推进会和1次全市现场督战会，对易地扶贫搬迁工作进行专题研究和安排部署。各县（市、区）也分别召开县委常委会、政府常务会、四大家联席会、全县推进会等会议，对易地扶贫搬迁工作进行全面部署。二是市级领导带头调研。围绕解决房屋面积、建房举债、统规统建和新老政策衔接“四大难”问题，市委、市政府组织42名市级领导分赴各自联系点，开展专题调研，释疑解惑，增强基层干部信心。三是“四级联动”宣传培训。实行市宣讲培训到县级领导和市直工作队、县宣讲培训到乡镇和县直工作队、乡镇宣讲培训到村组干部、村宣讲培训到党员群众“四级联动”的办法，对市县乡村4级干部进行分层培训，充分运用各种媒体和有效宣传形式，深入细致地宣传易地扶贫搬迁政策，做到宣传到村、动员到户、明白到人。市县两级先后组织政策培训会20场，镇村两级召开干部群众政策宣讲培训会2000多场，印发宣传资料15万份，入户宣传率达100%。

2. 坚持对象精准，扣好纽扣强基础

十堰在湖北全省率先下发《关于开展易地扶贫搬迁对象精准认定锁定工作的通知》，明确了易地扶贫搬迁对象的认定条件、认定原则、认定方法和工作要求。各县（市、区）在省扶贫办初次分配的搬迁对象规模基础上，按照“宣讲政策、贫困户申请、入户调查、群众评议、村级审核、乡镇申报、县级审批、三榜公示、台账管理”的工作程序，采取“五个结合”（对象认定与搬迁安置规划相结合、与脱贫规划相结合、与宣讲政策相结合、与确定帮扶人相结合、与算好资金账相结合）办法，对有搬迁意愿的建档立卡贫困户进行逐户核实，确保有搬迁意愿的一个不落、不符合搬迁条件的一个不进。搬迁对象锁定后，按照“五个一”的标准（每个搬迁户都有一份申请书、一份基本信息表、一份搬迁协议、一份政策明白卡、一套合法证

件）建立纸质档案，完成信息采集、数据录入和分类登记工作，做到村有册、乡有簿、县有案，一户一档。

3. 坚持规划引领，优化户型守底线

一是“四规同步”抓规划。坚持“十三五”易地扶贫搬迁总体规划、2016 年实施计划、安置点规划和搬迁户脱贫计划四个规划（计划）同步考虑、同步设计、四位一体。二是“三个结合”抓规划。坚持与“十三五”经济社会发展规划相结合、与土地利用和城镇发展等行业规划相结合、与精准扶贫脱贫攻坚相结合，以易地扶贫搬迁规划统领新农村建设规划、中心村建设规划、集中安置区规划、整村推进项目规划、住房户型设计规划、产业发展规划。三是“三个围绕”抓规划。坚持围绕精准识别搬迁对象、围绕村庄建设、围绕产业发展抓规划，以安置点为基本规划单元，统筹考虑村庄布局、基础设施、公共服务、产业发展、生态恢复等内容，在规划层面实现搬迁与脱贫同步、与基础设施配套同步、与公共服务建设同步。四是“四种户型”抓设计。全市先后 4 次召开专题会议研究房型设计，按照人均建房面积不超过 25 平方米和四种户型面积标准（50、75、100、125 平方米），确定了 30 多种房型设计方案供县（市、区）参考。各地在房型设计上充分考虑传统文化习俗，尽量做到简洁、实用、方便，符合群众生活习惯，让群众满意。

4. 坚持科学安置，因地制宜挪穷窝

十堰市按“五个统一、拎包入住”要求，探索出五种具有十堰特色的安置模式。一是拆旧院腾空间集中安置模式。依托农村新型社区建设，安置点尽量选择利用水、电、路、网等公共服务配套完备的老村庄、老院落、老校舍，既避免占用基本农田和耕地，又节约了基础设施配套建设资金，解决了同步搬迁户的需求。二是依山就势保生态连片安置模式。依托美丽乡村建设，依山傍水，分散建房，相对集中连片，统一格调，建设生态宜居安置区。三是进城镇园区就业分散购房模式。依托城镇化建设，引导搬迁户在基础设施和公共服务较好的城镇、园区购买商品房，通过便利就业，改善生活条件。四是依托生产资料和特色产业就近安置模式。围绕致富产业，将安置点选在产业基地周边，发挥龙头企业和专业合作社带动作用，让搬迁户既可流转土地入股，又可在基地务工获取收入。五是公租零租保障房安置模式。对农村特困户和五保户，统一建设产权归集体所有的安全保障房，实行集中安置和供养。

5. 坚持脱贫同步，因户施策换穷业

十堰市在实施“交钥匙工程”的同时，统筹考虑并妥善解决搬迁户的生产生活问题，针对搬迁户致贫原因，一户一规划、分类施策，探索出六种扶持搬迁户后续发展的途径。一是利益联结，藤上结瓜。签订有政府、市场主体、银行机构、保险公司和搬迁户五方参与的协议，制定完善支持政策，大力培育扶贫龙头企业和农村专业合作社，通过土地流转，建设搬迁群众参与度高的特色种养业基地，带动搬迁户通过土地流转得租金、基地务工得薪金、种植养殖产品保护价收购得现金，让其在产业链上稳定增收致富。二是转移就业，劳务输出。大力实行“订单式”“定向式”技能培训，促进搬迁户尽快实现就业；鼓励本地企业优先吸纳搬迁户劳动力就业，对吸纳一定比例且长期稳定就业的企业，适当减免地方税和税收地方留存部分；组织开展易地扶贫搬迁户劳动力务工情况的摸底调查，建立输出地政府与输入地政府、接纳企业的对接联动机制，支持务工人员长期稳定就业。三是入股分红，化解风险。在不改变用途的前提下，将产业扶持和搬迁户贴息贷款资金入股市场主体，获取保底分红加利润提成收益，降低贫困户分散经营的市场风险。四是资产投资，村户受益。在不改变用途的前提下，将搬迁资金、产业扶贫资金、部门整合资金用于光伏发电、建设标准化厂房、修建或购买商业门面等项目，并把项目资产量化分配到搬迁户和村集体，通过资产投资收益增加贫困村和搬迁户收入。五是乡协认领，帮扶脱贫。以乡情为纽带，以扶贫村为单位，以外出创业成功人士、本地致富能手、在职干部职工、离退休老干部为会员，组建互助性的社会组织，通过结对帮扶、捐资助贫、兴办产业、村企共建等方式，帮助贫困群众脱贫致富。六是以奖代补，激励脱贫。鼓励搬迁户积极参与“大众创业”，通过以奖代补、国家税收优惠政策、贷款贴息等方式支持自主创业。

6. 坚持细化节点，完善机制抓落实

一是组织保障机制。市县两级都成立了易地扶贫搬迁领导小组办公室（工作组），建立了主要领导负总责、分管领导具体抓，一级抓一级、层层抓落实的工作机制。二是挂图作战机制。各级各部门按照军事化管理要求，围绕目标任务绘制易地扶贫搬迁作战图，制定时间表，实行挂图作战、看图指挥、梯次推进、按图销号，做到“搬迁对象、搬迁模式、搬到哪里、建成啥样、能否脱贫”五个心中有数。三是协同配合机制。市县两级职能部门坚持“三个纳入”（把易地扶贫搬迁纳入年度重要工作计划、纳入资金安排计划、纳入项目实施计划），打破常规，特事特办，在保证质量、要件齐全（规划建设、工程标准）前提下，开辟绿色通道，简化办事程序，优化审批流程，做到程序服从项目建设进度，提高工作效率。四是项目管理机制。各地出台易地扶贫搬迁项目《工程建设管理办法》和《项目资金管理办法》，坚持项目法人责任制、招投标管理制度（竞争性谈判）、资金限标包干制度、工程监理制度和群众监督等制度，采取“双签”办法（施工单位与镇村签订《安全生产责任书》、与搬迁户签订《工程质量承诺书》），由搬迁群众代表和工程监理单位共同组建质量安全小组，全程参与工程监管；实行新建房屋与搬迁户“一对一”，在房屋动工建设前确定每个搬迁户在安置点的对应房号，防止工程竣工后因住房分配产生矛盾纠纷；对搬迁贫困户实行一户一档，明确档案的 10 项内容，因户规范管理；加大公开公示力度，对凡是在易地扶贫搬迁资金使用上出现问题的，从严追责，通过对项目资金实施严格管理，确保项目施工安全、质量安全、资金安全、干部安全。五是督办问责机制。将易地扶贫搬迁纳入全市重点工作督办内容，成立 7 个专项督查组，一月一督查、一月一通报，对落实不力、工作滞后的单位和责任人启动问责程序。[①]

五　易地扶贫搬迁中存在的问题与建议

（一）易地扶贫搬迁中存在的问题

易地扶贫搬迁是为了解决“一方水土养不活一方人”的贫困问题，通

① 《湖北十堰市以“六个坚持”创新打造易地扶贫搬迁“十堰模式”》，国家发改委网站地区经济司子站，2016 年 10 月 11 日。

过易地扶贫搬迁，达到习近平总书记所说的“拔穷根”。但是有些地方在执行过程中存在着各种问题。从国家审计署的跟踪审计报告中发现比较突出的问题主要表现在以下三个方面：一是建房标准超标，二是迁出易脱贫难，三是相关政策衔接不够。根据国家审计署“2017 年第 2 号公告：2016 年第四季度国家重大政策措施贯彻落实跟踪审计结果”、“2017 年第 3 号公告：2017 年第一季度国家重大政策措施贯彻落实跟踪审计结果”、“2017 年第 6 号公告：158 个贫困县扶贫审计结果”和“2017 年第 31 号公告：2017 年第二季度国家重大政策措施贯彻落实跟踪审计结果”,[①] 发现部分地方在易地扶贫搬迁方面存在一些问题。

1. 脱贫效果不佳，工作推进滞后

如河北省丰宁县易地扶贫搬迁政策落实中存在脱贫效果不佳、工作推进滞后等问题。截至 2016 年底，2015 年底以前已搬迁的 711 名贫困人口仍有 352 人未脱贫，占比达 49. 51%；另外，易地扶贫搬迁工作推进滞后，截至 2016 年底，原计划于 2016 年 10 月中旬完成房屋主体建设的 14 个安置点中仍有 13 个前期审批工作尚未完成。

2. 前期准备不充分，政策不衔接

如四川省古蔺县 2016 年易地扶贫搬迁工程存在前期准备不充分、政策不衔接等问题。72 个新村聚居点中有 68 个在未开展地质勘查、施工图设计、预算编制等前期工作的情况下开工建设；由于各部门搬迁规划缺乏衔接，导致 13 户已享受地质灾害避险搬迁、112 户已享受危房改造政策的农户被纳入 2016 年易地搬迁项目计划中。又如陕西省合阳县百良镇榆林村移民搬迁安置项目计划 2015 年底建成，截至 2016 年底，因供电等配套设施建设缓慢等原因，搬迁对象仍未入住。

3. 审核不严，面积超标，贫困户举债搬迁

陕西省西乡县、云南省施甸县的 3 个易地扶贫搬迁项目安置房建设面积超标；重庆市武隆区 46 户贫困户搬迁房面积超标，建房成本较高，其中有

---

① 详见国家审计署网站。

190 人向银行或亲友借款 271.8 万元用于建房或买房，人均负债 1.4 万元；宁夏回族自治区固原市原州区扶贫办未严格按标准控制房屋面积，默许房地产商捆绑销售附属建筑，有 147 户每户需自筹购房款 10 万元以上，涉及贫困人口 542 人。

4. 选址不科学，论证不充分

湖北省孝昌县 1 个易地扶贫搬迁项目因选址在饮用水二级水源保护区上游被叫停，前期 451.76 万元建设投资面临损失。2015 ~ 2016 年，内蒙古自治区科尔沁右翼前旗、青海省化隆县的易地扶贫搬迁项目采取原址重建的方式，涉及贫困人口 539 人。

5. 搬迁对象不精准

青海省海东市平安区、福建省连城县将 558 名不符合易地扶贫搬迁条件的人口列入 2016 年度搬迁对象。

6. 项目管理不规范，存在安全隐患

2015 ~ 2016 年，陕西省洛南县、青海省海东市平安区、河南省新安县、湖南省新化县的 5 个项目未严格履行竣工验收、项目监理等程序，其中 2 个项目已出现质量问题。

7. 旧房拆除和宅基地复垦执行不到位

截至 2017 年 6 月，由于工作推动不力、补贴不到位等，宁夏回族自治区固原市原州区、云南省巍山县以前年度搬迁项目的旧房拆除和宅基地复垦工作落实不到位，土地集约、节约利用效果不佳。

8. 违规使用搬迁资金

2016 年，甘孜州惠民资产管理有限责任公司违规将易地扶贫搬迁项目资金 36.63 万元用于弥补工作经费。2016 年 ~ 2017 年 4 月，龙州县建设投资有限公司将 205.1 万元易地扶贫搬迁贷款用于建设政务服务中心。

（二）做好易地扶贫搬迁的建议

1. 做好考核评估

对以往的易地扶贫搬迁工作要及时做好评估工作，及时发现存在的问题，追根溯源，落实整改工作。对今后两年的易地搬迁工作要更加认真，确保到 2020 年近 1000 万需要搬迁的人口全部纳入搬迁计划，并全面脱贫。

2. 严格执行建房标准

严控住房面积标准，提高户均补助标准，实现每户搬迁户只需出极少量资金，甚至不出资金就可以住上新房，实现搬迁群众“无负担”。对鳏寡孤独等失去劳动能力的特定人群，可以兴建集体产权幸福院等，确保最困难户一起搬迁“无顾虑”。严格规范资金使用和项目管理，做好旧房拆除和宅基地复垦，不断提高易地扶贫搬迁工作质量和成效。

3. 更加注重贫困搬迁户的脱贫发展工作

可以在“四化同步”战略中谋划易地扶贫搬迁，将贫困人口集中安置点尽量布局在城镇、社区（中心村）、园区、景区附近和公路沿线，便于提供公共服务、创造就业条件。同时，通过多种措施促进安置区产业发展，加大搬迁户就业扶持力度，确保贫困户“搬得出、稳得住、能脱贫、可致富”。

4. 统筹各类移民搬迁政策

统筹生态移民、贫困户移民、同迁非贫困户移民等政策，尽量缓解几类群体享受不同政策带来的矛盾。除搬迁安置住房建设之外，全面考虑搬迁安置区配套的水、电、道路、垃圾、污水处理等基础设施建设，以及学校、卫生等公共服务设施建设，增强贫困群众对搬迁居住新区（点）的归属感和认同感，激发贫困群众的脱贫发展、建设美好生活的内生动力。

5. 总结推广在易地扶贫搬迁方面好的经验和做法

易地搬迁扶贫工作难度大、要求高，不仅需要绣花工夫，还需要各部门通力协作和配合。这方面已有一些好的经验，如巴中的“三靠五进六不选”经验、十堰的“六个坚持”模式、贵州惠水县“五个三”机制，有关地区应在学习这些经验的基础上，结合本地的实际，探索出更好的工作方法和成功模式。

B.8
中国教育扶贫进展

檀学文*

摘　要：本报告建立了一个简要的教育与福祉及贫困关系的分析框架，在此基础上，概括了截至2017年上半年中央和地方层面教育扶贫体制机制建设情况，分六个方面介绍教育扶贫政策措施落实推进情况，并选取海南省和贵州省作为案例，介绍其在教育扶贫领域的典型做法。报告指出教育扶贫总体上成效明显，形成教育资助、基础教育、职业教育"三驾马车"，但是中职教育的规模和质量以及贫困农民教育培训仍是短板。针对2020年教育脱贫攻坚目标，报告提出了确立教育资助的合理标准和持续性机制、推进县域十五年教育基本均衡、缩小高中阶段"职普"不平衡程度、在农民教育框架下推进贫困农民培训以及实施结果导向的教育扶贫效果评价监测的建议。

关键词：教育扶贫　教育福祉　教育资助　中等职业教育

一　教育扶贫内涵与政策措施

（一）教育、福祉与贫困

本研究对于贫困采取基于阿马蒂亚·森的可行能力和生活质量视角的定

* 檀学文，经济学博士，中国社会科学院农村发展研究所研究员，贫困与福祉研究室主任，主要研究方向为城镇化与农民工问题、贫困与福祉、农业可持续发展等。

义，即贫困是福祉或基本能力被剥夺，基本需要不能得到满足（森，1993；王小林，2012；俞建拖，2016）。其中，福祉的基本定义是一个人的生活对其本人来说好的程度（Crisp，2013）；或者说对一个人的生存状态的“福性”（wellness）的评价（森，1993）。贫困观也就是发展观和福祉观，贫困是发展不足的结果和表现，意味着福祉水平低至社会无法接受的水平。因此，贫困不只是收入不足，更是基本能力缺失。就教育而言，由于能力不足导致贫困，从而教育对于扶贫的作用就在于提高能力或综合素质。

比较可知，大部分语境下的能力或素质都是指教育的工具性价值，相当于人力资本（Schultz，1962）。森则对这些工具性价值与人的发展、福祉等直接价值特意加以了区分。他所说的能力乃是广泛地用于“享受人们有理由珍视的那种生活”，其所说的“生活”，不仅指物质生活和精神生活，更具有生命过程的含义，包括政治自由、健康、教育等基本价值（Sen，1993）。从而，教育——包括一切有目的地影响人的身心发展的社会实践活动，对社会来说具有提高人口素质、培育人力资本，传承文化和文明的价值；对个体来说具有社会基本价值和工具性价值双重属性。

1. 教育形成的综合素质具有内在性价值

教育对人而言具有内在价值，如阿马蒂亚·森所说的自由、选择权等具有构成性价值一样。尽管不一定每个人都视教育为基本需要，但是绝大部分人都需要教育，尤其是在未成年阶段。义务教育法就是对这种内在需要的规定和保障，普及学前及高中阶段教育对教育需要的满足予以了延展。教育施加于学生使其成为受过教育的人，从没有文化变得有素质、有教养，综合素质得到提高。教育综合素质更多地体现在社会化、观念意识、言行举止、美感等精神体验方面，其本身就代表一种更好的生命状态。

2. 教育培育的人力资本具有工具性功能

通过教育活动，受教育者可以提升知识水平和劳动就业能力，未来在劳动力市场上会有更好的表现，可以获得更高收入以及获得其“有理由珍惜的生活”的能力。在劳动经济学中，通常用受教育水平代表人力资本水平。人类发展指数（HDI）也采用了以受教育年限为基础变量的教育指数。从基本能力角度看，教育缺失首先就意味着认知和体验世界、社会、生活等方面基本能力的缺失，就是多维贫困中的教育贫困，是一种福祉缺失。此外，教育不足是经济贫困的重要原因，由于人力资本水平低，无法进入更好的劳动力市场，无法赚取更高的收入，也就缺乏获取其所需要的基本生活以及更高水平的能力。作为政策分析，本报告主要从人力资本角度开展教育扶贫研究。尽管教育的两种价值内涵不同，但是其形成的来源以及指代的指标却是相近的或难以区分的，所以这样做不至于产生大的偏差。

（二）教育扶贫主体

教育扶贫是广义扶贫行动的一部分，是在常规教育事业之外开展的贫困地区和贫困儿童教育促进社会行动。凡是在扶贫政策框架下，以贫困地区和贫困家庭儿童乃至成年人接受更多或更好教育为最终干预目标的行动和措施，均可称为教育扶贫。教育扶贫主体很多，大体上可以归为政府、学校和社会力量三类。

1. 政府

政府是教育扶贫最重要乃至决定性的主体。政府分配公共资源，发展农村基础教育，培育和建设农村教育师资力量，制定和实施教育资助、师生结对帮扶和关爱等教育扶贫政策，引导下层级政府的教育部门开展东部地区和西部地区、发达地区和落后地区、城市和乡村之间的教育对口帮扶。教育扶贫涉及的贫困学生规模庞大，只有各级政府作为整体方能承担如此重任，况且发展教育本身就是政府责无旁贷的职责。

2. 学校

学校的教育扶贫角色是多元的。首先，学校是教育扶贫政策措施的执行者，政府实施的教育扶贫政策和其他社会主体采取的教育扶贫行动都要在学校层面落实。其次，贫困地区的部分学校也是新型教育扶贫措施的创造者，受益者首先是本校贫困学生，还有可能被普及推广。最后，东部地区或中西部地区相对发达地区的学校要承担结对帮扶贫困地区薄弱学校的责任，甚至需要作为社会单位结对帮扶贫困村、贫困乡镇的整体脱贫。

3. 社会力量

社会力量是教育扶贫的重要参与者，包括大量国际组织、国际和国内非政府组织、机关和企事业单位、公民个人等。国际组织和公益机构在中国开展教育扶贫有悠久的历史，许多重要的教育扶贫理念、模式就是由他们引入的，如联合国儿童基金会、滋根基金会、上海联劝公益基金会等。中国相继成立了中国青少年发展基金会、中国教育发展基金会等具有明显教育扶贫职能的公益机构。近年来，越来越多的企业将支持贫困地区教育作为履行社会责任的重要形式；大量草根性公益组织根据所在地的教育状况开展相应的教育扶贫行动。企业和公民个人也通过捐款、捐物、捐建、助教等方式帮助贫困儿童。

（三）教育扶贫政策依据

作为大规模社会行动，中国的教育扶贫有比较充分的政策依据。尽管发展农村教育天然地具有减贫功能，本专题所探讨的教育扶贫政策侧重于为扶贫开发目的而专门出台的教育方面的政策，以及有关教育政策中与扶贫相关的条款。中国历来的扶贫开发政策均有教育方面的有关内容。① 早在 1994 年出台的《“八七”扶贫攻坚计划》就提出要改变教育文化卫生的落后状况，基本普及初等教育，开展成人职业技术教育和技术培训。2001 年发布的《中国农村扶贫开发纲要（2001—2010 年）》提出在贫困地区实现九年义务教育，进一步提高适龄儿童入学率；加强基础教育，普遍提高贫困人口受教育程度；实行农科教结合，普通教育、职业教育、成人教育统筹，增强农民掌握先进实用技术的能力。2011 年发布的《中国农村扶贫开发纲要（2011—2020 年）》提出在教育方面要保障扶贫对象义务教育，贫困地区教育基本公共服务主要领域指标接近全国平均水平。至此，教育扶贫政策已经涵盖教育保障、教育事业发展、教育资助、职业教育发展等方面，

---

① 但是中国的教育扶贫最早并不是由政府政策推动的。有据可查的教育扶贫始于 1988 年，由一个成立于美国叫作“滋根”的非营利组织在贵州开始开展的。参见杨贵平（2016）。

但是仍然遵循开发式扶贫思路，没有建立瞄准机制，投入力度和保障程度也不够大。

专门的教育扶贫政策是从2013年7月发布的《关于实施教育扶贫工程的意见》开始的。这份《意见》由教育部等七部门共同发布，是为落实《中国农村扶贫开发纲要（2011—2020年）》《国家中长期教育改革和发展规划纲要（2010—2020年）》的战略部署而制定的。接下来教育扶贫政策文件还有《关于全面改善贫困地区义务教育薄弱学校基本办学条件的意见》（2013年12月）、《国家贫困地区儿童发展规划（2014—2020年）》（2014年12月）和《教育脱贫攻坚“十三五”规划》（2016年12月）。教育扶贫政策体系在《教育脱贫攻坚“十三五”规划》中得到了完整体现，覆盖范围从片区县扩大到全部贫困县（即重点县和片区县）以及全部贫困人口（包括建档立卡贫困人口和非建档立卡的农村贫困残疾人家庭、农村低保家庭、农村特困救助供养人员）。

《教育脱贫攻坚“十三五”规划》的直接依据是《“十三五”脱贫攻坚规划》和《国家教育事业发展“十三五”规划》。《“十三五”脱贫攻坚规划》首次提出教育扶贫概念，以义务教育保障为总目标，包括提升基础教育水平、降低贫困家庭就学负担、加快发展职业教育、提高高等教育服务能力四方面内容。《国家教育事业发展“十三五”规划》从教育发展视角强调教育公平和教育共享发展原则，教育扶贫体现在原则和措施中，其中教育公平包括保障包括贫困家庭子女、妇女儿童在内的弱势群体的平等受教育权利以及缩小城乡、区域、学校之间教育差距；提升教育发展共享水平包括打赢脱贫攻坚战、促进义务教育均衡优质发展、加快发展学前教育、普及高中阶段教育和加快发展民族教育。从这三份文件之间的联系可以更好地看出教育扶贫在扶贫政策和教育政策中的角色定位。

（四）教育扶贫政策措施

根据《教育脱贫攻坚“十三五”规划》以及地方政府教育扶贫实践，

可以将主要的教育扶贫政策措施概括为七个方面。[①]

1. 优先发展贫困农村基础教育

这类政策的要点是改善贫困农村地区的基础教育办学条件，增加基础教育设施供给，其主要政策目标是保障贫困家庭子女接受基础教育的机会和质量，应对区域性整体贫困问题。这类政策属于城乡、区域教育均衡发展和措施的一部分，对贫困地区更加倾斜，以局部普惠方式更多地惠及贫困家庭儿童。

《中国农村扶贫开发纲要（2011—2020 年）》及以前的政策对于贫困地区基础教育发展主要涉及义务教育。2013 年以来，贫困农村基础教育发展力度加大。教育部于 2013 年起开展全面改善贫困地区义务教育薄弱学校基本办学条件行动（“全面改薄”），重点任务是改善贫困地区义务教育薄弱学校基本办学条件，包括基本教学条件和生活设施，大力开展乡村教师队伍建设。[②] 在全国范围内开展的教育对口支援、公益性助教活动也是提高贫困农村基础教育水平的一种方式。贫困农村基础教育的发展范围从义务教育扩展到学前教育和高中阶段教育。一方面，学前教育的发展目标从基本普及学前一年教育到基本普及学前三年教育。另一方面，高中阶段教育到 2020 年要普及。国家通过中央财政经费倾斜支持，要求省、地市、县各级财政增加教育经费投入，保障贫困地区农村基础教育均衡发展目标的实现。

2. 贫困家庭学生教育资助

所有为在校学生提供的、与上学相关的直接资助、补助乃至费用政策均可归入此类。在国家大规模教育资助体系建立之前，社会捐助是教育资助的重要形式。中国青少年发展基金会早在 1989 年就建立了著名的教育救助公益项目“希望工程”。中国扶贫基金会以及大量扶贫类、

① 除此之外，教育机构的定点扶贫、科技扶贫、教育对口帮扶以及针对高校毕业生的就业支持也属于教育扶贫范畴，本报告暂未涉及。

② 《关于全面改善贫困地区义务教育薄弱学校基本办学条件的意见》（教基一〔2013〕10 号）。

教育类公益项目都设有教育捐助项目。教育捐助内容包括捐款、捐物（学具）以及捐献教学设备设施等，其中以为贫困学生捐款、捐物最为典型。

自从2001年国家为西部贫困地区和革命老区义务教育阶段学生提供"两免一补"资助政策以来，我国逐步建立从学前到高等教育的全覆盖的贫困家庭学生政府资助体系。其中，在2007年国家家庭经济困难学生资助政策体系形成，由国家奖学金、国家助学金、国家助学贷款三部分组成，覆盖在校本科学生、高职生和中职生。[①] 2011年秋季学期起，国家按照"地方先行，中央补助"原则，建立学前教育资助政策体系，资助方式和资助标准由省级政府自行制定。从2006年起义务教育对贫困学生实行"两免一补"，此后逐步扩大范围，2017年在城市全部实施，实现城乡统一覆盖。一些地方政府为义务教育阶段贫困学生提供额外的生活费资助。对普通高中家庭经济困难学生国家资助制度建立于2010年，资助面约占全国普通高中在校生总数的20%，其中西部地区占30%。从2016年秋季学期起，免除普通高中建档立卡家庭经济困难学生学杂费。[②] 贫困家庭中职学生除享受国家助学金外，还从2009年起享受免学费政策，此项政策后来扩大为覆盖农村学生的普惠性政策。高校资助政策最为完善，由十余类政策组成，除了国家助学金外，还包括国家励志奖学金、国家助学贷款、高校家庭经济困难新生入学资助、家庭经济特别困难学生学费减免等。

现行教育资助来源以中央财政为主，以地方政府资助和社会捐助为补充。教育资助政策既有普惠性的，如义务教育"两免"、中等职业教育免学费、国家奖学金；也有特惠性的，如义务教育"一补"（寄宿生生活费补助）、地方政府为建档立卡贫困家庭在校生提供的直接教育补助。

3. 加快发展中等职业教育

我国职业教育的发展目标是到2020年形成适应经济发展方式转变和产

---

① 《国务院关于建立健全普通本科高校高等职业学校和中等职业学校家庭经济困难学生资助政策体系的意见》（国发〔2007〕13号）。

② 《关于免除普通高中建档立卡家庭经济困难学生学杂费的意见》（财教〔2016〕292号）。

业结构调整要求、体现终身教育理念的现代职业教育体系，提高教育质量，增强吸引力，面向农业农村。发展职业教育对于教育扶贫具有双重意义，一是数量增长，提高高中教育普及程度，为贫困生提供更多的教育机会；二是结构优化，职普平衡。从教育扶贫角度，发展职业教育的结构优化效应要比数量增长效应更加重要，因为它使教育结构与生源素质结构以及劳动力需求结构更加匹配，而这部分更多地覆盖了贫困家庭子女，使他们更多地、全方位地从教育质量提高、学费减免、助学金、数量增加等方面受益。所有与中等职业学校发展、中等职业学校入学、资助以及实习就业等相关的政策均可归为职教扶贫，其政策目标是多元的。作为职教扶贫措施，主要是促进未升入普通高中的贫困家庭子女接受中等职业教育而不是直接进入社会。免学费政策和贫困家庭子女生活费补贴政策在一定程度上可以促进“两后生”参加职业教育。

4. 贫困家庭子女教育保障

如果说在贫困地区优先发展基础教育为贫困家庭提供了受教育机会，那么还需要专门的政策来保障一些贫困家庭子女把握这些机会，不因各种原因失学辍学，或者得到更多继续就学的机会。这类政策包括各种直接促使或保障贫困家庭子女“应学尽学”地接受教育的政策措施，其主要政策目标是提高贫困家庭子女教育参与率。教育保障政策主要包括普及三年学前教育、义务教育阶段“控辍保学”，以及免费免试中等职业教育和贫困学生中等职业教育资助等。高中及高等教育的资助政策、家庭经济困难学生入学“绿色通道”制度可以避免一部分贫困家庭学生因教育负担而失学。

5. 贫困家庭成人教育培训

凡是与贫困家庭中成年人（学龄后人口）的继续教育和职业技能培训有关的鼓励和促进政策都可归入此类，其主要政策目标是提升农村贫困劳动力的文化素质和劳动技能。成人教育扶贫政策措施包括新型职业农民学历教育、“雨露计划”、“阳光工程”技能培训、农业劳动力转移培训、“两后生”职业技能培训、农民夜校等。这些政策措施由教育部门之外的其他部门执行，但是都是出于提高贫困人口素质和技能的目的，所以都可归入广义教育扶贫政策范畴。

6. 贫困儿童营养健康保障

对贫困儿童的营养干预有利于儿童身体健康，促进智力发育以及良好行为习惯养成，是很有价值的教育扶贫措施。2010 年前后，面向贫困地区儿童的营养改善计划由不同的组织以不同的形式开展起来，比如“一个蛋”项目。[①] 从 2011 年秋季学期起，国家在片区县启动农村义务教育学生营养改善计划试点工作，中央财政提供营养膳食补助，标准为每生每天 3 元。[②] 2014 年 11 月，营养膳食补助标准提高到每天 4 元。2016 年 8 月，国家扩大学生营养改善计划地方试点范围，力争到 2017 年覆盖所有贫困县。[③] 一些省份（如贵州省）将义务教育阶段营养改善计划扩展到学前教育阶段。2014 年 12 月，国务院办公厅《国家贫困地区儿童发展规划（2014—2020 年）》，将义务教育营养改善计划扩展为儿童健康保障计划，包括新生儿出生健康、婴幼儿营养改善和儿童医疗卫生保健三个领域，惠及 680 个片区县从出生到义务教育阶段结束的所有农村儿童。

7. 关爱农村留守儿童、贫困儿童、特殊需要儿童

2007 年底，中组部、全国妇联等机构联合下发《关于贯彻落实中央指示精神开展关爱农村留守流动儿童工作的通知》，由此拉开全国层面关爱留守儿童的序幕。2016 年，国办出台文件，要求加强农村留守儿童关爱保护工作，完善关爱服务体系，加强寄宿制学校建设，满足农村留守儿童入学需求。此外，各地的基础教育发展措施都包含了发展特殊教育，提高贫困地区残疾儿童教育普及水平，直接保障弱势群体受教育权利。

---

① 根据网络资料，2009 年，谷歌公司与中国青少年发展基金会实施了“一个蛋”项目；2010 年，上海联劝公益基金会与国内 9 家民间公益机构于 2010 年底联合发起“一个蛋”项目。

② 《国务院办公厅关于实施农村义务教育学生营养改善计划的意见》（国办发〔2011〕54 号）。

③ 教育部《关于农村义务教育学生营养改善计划实施情况的报告》，2017 年 3 月 2 日。

（五）教育扶贫目标与减贫机制

教育扶贫的基本目标是解决因贫失学和因学致贫的问题。随着教育扶贫力度加大和政策措施日益完善，教育扶贫目标也得以扩展。以贫困学生为中心，可以将教育扶贫目标概括为：多上学、上得起、上好学、促成长。“多上学”是解决因贫困或其他原因不能上学的问题，减少失学辍学，扩大教育规模；“上得起”是解决上学的费用负担问题，避免因贫失学以及因学致贫；“上好学”是指提高贫困地区教育质量；“促成长”是指在常规文化知识教育基础上更加重视贫困学生的身心健康发展。如果将视野从教育领域扩大到整个社会以及贫困人口和家庭的生命周期，可以重新审视教育扶贫目标。让我们回到脱贫概念本身，通过教育扶贫而达到脱贫目标包括三层含义：一是培育教育对于人而言的内在价值，提升贫困人口综合素养或教育福祉水平，摆脱观念和心智的贫困；二是增强贫困人口人力资本水平以获得实现自我发展的内在能力，摆脱能力贫困，可以分解为提升人均人力资本水平和受教育规模两个方面；三是减轻或消除当前因上学导致的经济负担，相当于转移收入或替代支出，摆脱经济贫困。此外，教育扶贫还可以增加消费和改善健康，在教育脱贫中可以视为溢出效应。

可以从上述脱贫机制考察教育扶贫进展及成效。其中，如前文所述，由于测量困难以及缺乏数据，本报告的实证分析将不涉及教育素养方面的进展，而是侧重于人力资本方面。在社会意义上，贫困人口人力资本水平的提升可以从目标群体平均人力资本水平或教育质量、各学段受教育规模或失学辍学减少情况以及贫困劳动力接受成人教育培训效果来考察。如果有毕业后劳动就业市场表现数据，那么贫困学生或劳动力的人力资本水平就可以得到更好的体现。对于教育资助的考察首先要看其金额及变化，其次可以看其占家庭收入或支出的比例，当然这也需要足够的数据支撑。总的来说，可以用贫困家庭未成年人受教育情况、成年人接受教育培训情况以及接受教育资助情况来反映教育扶贫成效。“断穷根”和消除因学致贫这两大任务都是重要的，但是要分清主次，更加注重教育本身（见图 1）。

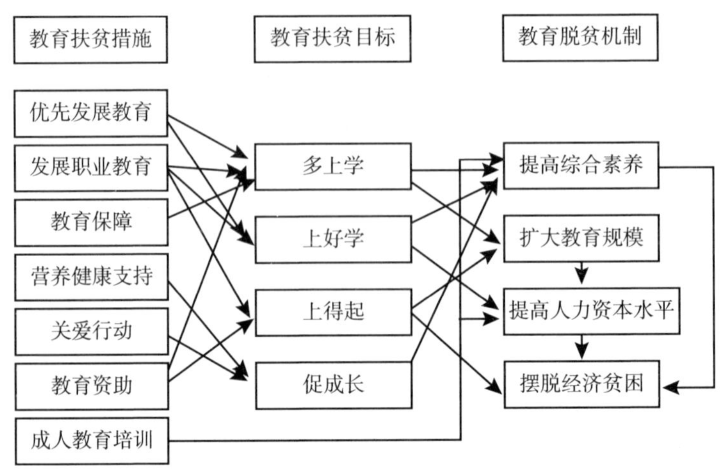

图1　教育扶贫与脱贫机制示意

二　全国教育扶贫总体进展情况

（一）教育扶贫体制机制建设

国家层面的教育扶贫体制机制主要是在国务院统一领导下，由教育部、国家发改委、民政部、财政部、人力资源和社会保障部、国务院扶贫办会同有关部门建立工作协调机制，加强制度设计，研究解决教育脱贫有关重大问题。这个工作协调机制是由2016年12月出台的《教育脱贫攻坚“十三五”规划》所确立的。与2013年《关于实施教育扶贫工程的意见》相比，教育扶贫协调单位中公安部和农业部退出，而民政部加入。教育部、国家发改委和财政部是三家最主要的牵头单位。2017年1月，教育部将定点联系滇西工作领导小组调整为教育部脱贫攻坚工作领导小组，由教育部长任组长，教育部各司局和相关部属单位负责人为成员，以便定期研究解决教育行业扶贫、定点联系滇西、直属高校定点扶贫方面有关重大问题。[①] 可见，国家层面教育扶贫实行的是教育部内部领导小组体制和部际工作协调机制相结合的双重体制。

地方层面教育扶贫工作体制机制的建立一般要早于国家层面。截至2017年上半年，22个有扶贫开发任务的中西部省份中，有17个建立了明确的教育扶贫领导小组体制，大部分成立于2016年，个别的成立于2014年或2015年，如甘肃、四川。大部分领导小组都是在教育厅层面建立，部分省份是由省级政府在教育厅设立，也有几个地方成立的是跨部门的领导或协调机构，如西藏、陕西、新疆等。没有设立专门教育扶贫领导机构的省份，一般都是借鉴国家教育扶贫部际工作协调机制，建立相应的省级厅局工作协调机制。这是因为，在2016年底之前，国家层面并没有设立教育扶贫工作领导小组。在教育扶贫政策框架设置方面，除个别省份外，绝大部分省份都出台了专门的教育扶贫行动计划、实施方案等，有的已经在国家《教育脱贫攻坚“十三五”规划》出台后制定了省级教育脱贫攻坚“十三五”规划或行动方案，或者寻求与国家《教育脱贫攻坚“十三五”规划》的对接。

（二）教育扶贫政策措施落实推进情况

1. 贫困地区基础教育发展情况

十八大以来，各地以县为单位连续实施了两期学前教育三年行动计划。2016年，全国幼儿园达到24万所，比2012年增加了5.9万所，增长32.6%；全国在园幼儿4413.9万人，比2012年增加728.1万人，增长19.8%。学前三年毛入园率达到77.4%，五年提高12.9个百分点，提前完成了《国家中长期教育改革和发展规划纲要（2010—2020年）》确定的70%的基本普及目标，也超过了中高收入国家73.7%的平均水平。小学新生中接受过学前教育的比例达98.4%，比2012年提高2.9个百分点。

九年义务教育普及成果进一步巩固。2016年，全国共有义务教育阶段

① 《教育部办公厅关于教育部定点联系滇西工作领导小组名称调整为教育部脱贫攻坚工作领导小组的通知》（教发厅函〔2017〕7号）。

学校23万所，在校生1.4亿人。小学净入学率达99.9%，初中阶段毛入学率为104%，超过或相当于高收入国家平均水平。义务教育巩固率达到93.4%，比2012年提高1.6个百分点。农民工随迁子女在公办学校就读比例一直保持在80%以上，加上政府在民办学校购买学位达到了86%以上，2017年起随迁子女100%纳入义务教育“两免一补”补助范围。全国通过县域义务教育基本均衡发展督导评估认定的县（市、区）数量达到1824个，占比62.4%；其中贫困县有267个，占贫困县总量的32.1%，所占比例明显偏低。[①] 2016年全国共有特教学校2080所，在校生49.2万人，分别比2012年增加12.3%和29.8%。盲、聋、培智三类残疾儿童少年义务教育入学率提高到90%以上。

高中阶段教育普及水平不断提升。2016年，全国共有高中阶段学校2.47万所，其中，普通高中1.34万所，在校生2366.7万人；中等职业学校1.1万所，在校生1599万人，中职学生占40.3%。2016年，我国高中阶段毛入学率达到87.5%，比2012年提高2.5个百分点，高于中高收入国家83.8%的平均水平。[②]

贫困地区的入学情况低于全国平均水平。以湖南省为例，其全省和贫困地区的学前三年毛入园率分别是78.0%和70.6%，全省和贫困地区义务教育巩固率分别是99.95%和99.88%，全省和贫困地区高中阶段毛入学率分别是90.6%和84.2%。可见，贫困地区与其他地区的基础教育差距主要在学前教育和高中阶段教育，义务教育差距很小。

2. 贫困学生教育保障情况

学前教育和高中阶段教育都不是义务教育，因此其教育保障主要通过改善条件和扩大入学规模来实现。全覆盖的教育资助也被各地视为提高非义务教育阶段教育参与率的重要措施。2012～2016年，学前三年毛入园率提高12.9个百分点，提高到77.4%；而高中阶段毛入学率则提高到87.5%，比

---

① 根据历次县域义务教育发展基本均衡评估名单整理得出。

② 本节数据主要来自教育部“介绍从数据看党的十八大以来我国教育改革发展有关情况”新闻发布会文字实录，2017年9月28日。

2012年提高2.5个百分点。可见，过去的5年里，学前教育入学水平低，但是进步大；高中教育入学水平高，但是提升较为缓慢。根据统计数据，2012～2016年，初中毕业升学率从88.4%提高到93.7%，初中毕业生人数下降，但是普通高中入学人数减少有限，中职学校入学人数减少较多，中职招生比例从47.17%下降到42.49%，职普不平衡程度加大。

从各地教育扶贫政策制定和执行看，大部分省份对于义务教育阶段的教育保障措施主要是“控辍保学”和建立全覆盖的教育资助体系。2012～2016年，义务教育巩固率从91.8%提高到93.4%，提高1.6个百分点。推算可知，应于2012年初中毕业的适龄儿童失学人数148万人，而应于2016年初中毕业的适龄儿童失学人数下降到100万人。但是，正如教育部在新闻发布会上所说，这个成绩与“一个都不能少”的目标还有一定的差距，而且还面临着不少的困难和问题。海南、陕西、宁夏等省份在教育扶贫框架下，教育保障政策更加具体，尤其是强化学龄儿童信息系统建设和入学监控、加强失学辍学发现和劝返工作，避免简单地用资助政策替代入学保障。例如，海南省在2016年11月核查建档立卡义务教育阶段适龄儿童辍学263人，187人被劝返，76人进入中职学校学习。

3. 中职教育发展及扶贫进展

2014年以来，中国职业教育进入大发展阶段，目前已经建成世界上规模最大的职业教育体系，全国有1.23万所职业院校开设了约10万个专业点，年招生规模930万人，在校生达到2682万人。在现代产业和领域，比如现代制造业、战略性新兴产业和现代服务业等领域，一线新增人员70%以上为职业院校的毕业生。全国组建了62个行业职业教育的教学指导委员会，建成约1300个职业教育集团，实施了示范性中等和高等职业学校建设、现代职业教育质量提升计划等重大工程，不断提高“双师型”教师比例。在劳动力市场表现方面，中职学校毕业生就业率常年保持在95%以上，高职超过了90%。

扩大职教规模和提升职教质量本身就具有很强的益贫性。直接职教扶贫措施包括职业教育东西协作、省域内优质学校对口帮扶贫困地区薄弱学校、

逐步分类推进中等职业教育免除学杂费、设立国家及地方中等职业教育助学金、在职业学校设立扶贫班或扶贫励志班等。在地方层面，大部分省份都将职业教育作为教育扶贫的重要领域，对于职业教育的发展基本上是按照国务院关于《加快发展现代职业教育的决定》中“加强（职业教育）基础能力建设”的框架来实施的，包括实施现代职业教育质量提升计划，建立生均拨款制度，改善基本办学条件和提高教师素质，推动优质和一般职教学校对口帮扶和合作办学，加大对农村和贫困地区以及民族地区职业教育支持力度，完善资助政策体系等。各地比较普遍的职教扶贫做法有：依托职教师资力量，大量开展农业和非农业技术技能培训；重点发展面向农村的职业学校以及涉农涉牧专业建设；普遍提高职业教育资助力度等。各地的差别主要在于重视程度、具体实施力度、创新性以及实际成效等方面。

在各省份中，贵州和云南的职业教育发展力度看上去更大。贵州实现职业教育三个“全国率先”，包括首批率先实施免费中职教育、率先编制省级现代职业教育体系建设规划、率先出台省级职业教育条例；推进创新职教培训扶贫“1 户 1 人”三年行动计划，要在三年内实现 120 万农村建档立卡贫困户“1 户 1 人 1 技能”，消除农村“零就业”家庭；实施职教扶贫攻坚行动，连续三年在 10 所省属优质职业院校开办全免费“威宁班”“赫章班”，培养 6000 名学生并帮助实现就业。云南申请 300 亿元国家开发银行贷款用于构建现代职业教育体系，扩大中职教育规模，支持高职院校与有条件贫困地区中职学校共同开展五年一贯制 3 + 2 分段培养，启动实施五年制高职院校招收建档立卡贫困户初中毕业生专项计划，教育资源向深度贫困地区、民族地区、边境地区倾斜。海南省在常规政策措施基础上，创造性地创办教育扶贫移民学校，在中职学校开设面向贫困家庭子女的巾帼扶贫励志班，开办脱贫致富电视夜校。到 2017 年上半年，电视夜校播出 40 期，设立 2700 多个教学点，组织 10 万余人参加课堂学习和讨论，深入传播各项扶贫政策和实用技术。

4. 教育资助落实情况

十八大以来，随着学生资助政策体系的不断完善，逐步形成了以财政投入为主，学校和社会资金为重要补充的“三位一体”资助格局，资助经费投入快速增加，资助规模不断扩大。五年来，我国学生资助金额累计近7000亿元（不含义务教育阶段“两免”和营养膳食补助），年均增幅10.66%。年资助金额从2012年的1126.08亿元，增长至2016年的1688.76亿元，增长了49.97%。其中，财政投入累计达4781亿元，年均增幅7.69%，占资助资金总额的68.48%；学校和社会投入累计达到1251.97亿元，占资助资金总额的17.93%；国家助学贷款累计发放948.93亿元，占资助资金总额的13.59%。全国累计资助各教育阶段学生（幼儿）4.25亿人次。资助学生（幼儿）从2012年的8413.84万人次，增长至2016年的9126.14万人次，增长了8.47%。在资助理念上，实现了从保障型资助向发展型资助的重大拓展；在政策功能上，形成了助困、奖优和引导相结合的政策架构；在资助方式上，既强化精准，又注重保护受助学生尊严，向对其他家庭经济困难学生扩展，探索隐性资助方式。[①] 学生资助工作，呈现受助学生规模、资助金额、财政投入、学校和社会投入“四个持续增长”。[②]

各省份都在国家教育资助政策基础上出台自己的教育资助政策，在落实国家政策基础上制定省内教育资助政策。进一步增加教育资助力度，基本上形成了从学前教育到高等教育全覆盖的教育资助体系。西藏和青海建立了从学前到高中的15年全资助体系。学前教育资助的国家政策是“地方资助、中央补助”，大部分地区采取现金补助形式，标准从每年300元到1000元不等；较多西部省份实施了免除保教费或者免费学前教育政策，包括广西、重庆、四川、西藏、甘肃、青海和新疆。如重庆免费学前教育生年均资助2160元。贵州没有学前教育资助，但是在66个贫困县开展学前教育营养改善计划，资助标准为每日3元，相当于每年资助600元左右。义务教育阶段，大部分省份遵照国家“两免一补”和营养改善政策执行。部分省份提

① 本节数据主要引自陈保生《五年来学生资助工作成效显著》，2017年9月29日，《人民日报》。

② 本部分数据主要来自教育部“介绍从数据看党的十八大以来我国教育改革发展有关情况”新闻发布会文字实录，2017年9月28日。

高了寄宿生生活费补助标准或提供省级补助，如重庆将小学和初中的寄宿生生活费补助标准分别提高到每日 6 元和 7 元，海南为建档立卡小学和中学学生每年分别补助 2400 元和 2900 元。较多省份扩大义务教育营养改善计划实施范围，从片区县向重点贫困县扩展，河南甚至扩大到全省全部建档立卡贫困学生。普通高中阶段，部分省份提高了建档立卡学生国家助学金标准，如重庆和湖南分别提高到每人每年 3000 元和 3500 元；贵州和云南提供省级助学金；还有一些省份采取免除住宿费或书本费政策。高等教育阶段，一些省份提供了较为丰厚的省级补助政策，如四川、贵州、云南、陕西、甘肃等，标准介于每人 4000 ~ 6000 元。

5. 职业技能培训扶贫进展

技能培训扶贫针对广大贫困劳动力具有扶志、扶智的双重重要性。但是一来在农村地区不好组织，二来牵头部门及教育资源分散，因此有其特殊性。目前，大部分地区的做法是依托县级职教中心等教育资源，或者以县级职教中心为主体，联合教育、人社、农业等部门，开展农业新技术培训和农业劳动力转移实用技术培训。各地报告的农民培训规模，从几万人次，到 200 万人次，较多的为全省 100 万人次左右。云南省以农村成人文化技术学校体系和农业广播电视学校系统为农民职业技能培训的主要载体。具体来说，黑龙江省共开展农业和非农业技能培训 925 万人次（近年合计），河南省精准扶贫技能培训 200 万人次，湖北省和甘肃省各级各类职业院校开展各类实用技术技能培训 100 万人次，云南省以农村成人文化技术学校为载体开展各类技能培训 40 余万人次，西藏开展农牧民职业技能培训 4 万人次，陕西省全省县级职教中心举行各类培训 12.3 万人次。以上农民技能培训数据有的未将精准扶贫培训予以区分。例如，陕西省县级职教中心 2016 年培训 12.3 万人次，其中精准扶贫培训 1.7 万人次，占 13.8%。一些地区制定了专门的职业技能培训扶贫方案。例如，河南省在贫困县各遴选一所中职学校，开设精准扶贫技能培训班，年均可培训 1.5 万人次；陕西省也开设了专门的精准扶贫培训班。

6. 儿童营养改善计划实施情况

目前，儿童营养改善计划在全国范围内主要集中在贫困地区义务教育阶段学生群体，首先是以680个片区县为试点，后扩大到扶贫重点县，并根据地方政府意愿扩展到更多的县。根据教育部统计，从2011年至今，中央财政累计安排资金1591亿元用于实施营养改善计划，除了供餐之外，还重点支持了试点地区学校食堂建设，提高学校食堂供餐比例。营养改善计划的实施，使试点地区农村学生上学饿肚子、吃凉饭现象基本消除，学生营养健康状况得到显著改善，身体素质得到明显提升。截至目前，全国共有1590个县实施了义务教育营养改善计划，覆盖了13.4万所学校，受益学生总数达到3600多万人。实施营养改善计划县超过半数，提供营养餐的义务教育学校超过半数，享受营养膳食补助的义务教育阶段学生接近四分之一。根据中国疾病预防控制中心跟踪监测数据，营养改善计划使试点地区学生营养和健康水平明显改善，营养知识水平以及每天吃到三餐的比例均有提高，学生平均身高和体重明显增加，且高于全国农村学生平均增长速度，贫血率和缺课率明显下降。① 此外，儿童营养改善计划也正在向学前教育阶段扩展。2016年秋季，贵州省率先在全部66个贫困县开展学前教育营养改善计划试点，到2017年已惠及66万农村学前儿童。②

（三）教育扶贫典型经验

1. 海南省突出“促成长”目标的教育扶贫经验

海南省长期以来重视教育扶贫，2005年率先开展教育移民扶贫工程，建成38所思源实验学校和教育扶贫移民学校，为边远贫困地区的孩子提供了5.5万个优质学位。2009年起，海南省经济技术学校开始创办巾帼扶贫励志班，得到时任国家副主席习近平同志的肯定，目前已经累计招生约1万人，扩展到全省所有中职学校，由专业班演变为课余班，专门开展励志讲座和其他课余辅导。开展脱贫攻坚以来，海南省立足已有的教育扶贫经验，提

---

① 本节数据主要引自教育部《关于农村义务教育学生营养改善计划实施情况的报告》，2017年3月2日。

② 金妮、杨昌鼎：《贵州学前教育儿童营养改善计划66个贫困县全覆盖》，多彩贵州网，http：//news.gog.cn/system/2017/08/23/016027168.shtml，2017年8月23日。

出“全上学、全资助、上好学、促成长”十二字教育精准扶贫目标，致力于构建以教育资助和农村贫困地区学校建设为基础，精准服务和成长关爱、职教扶贫和就业帮扶为重点，基层教师广泛参与，全覆盖、多层次的教育精准扶贫格局。

如果说全覆盖式资助、贫困地区学校建设、职教扶贫等是大部分地区的通行做法，那么海南省教育扶贫提出“促成长”目标则与教育扶贫内涵更近一步。扶志、扶智“双扶”并举，切实采取措施，促进学生精神层面发展，有利于其顺利进入劳动力市场及社会。在海南省实施的教育扶贫“十大举措”中，能够体现“促成长”目标的措施主要有：（1）构建服务建档立卡贫困家庭学生“两张网”，分别是基层教师组成的“服务网”和由教师和贫困学生一对一结对组成的“关爱网”；（2）将巾帼励志班经验推广为全省中职学校的扶贫励志班，实行选择学校和专业、安排勤工俭学岗位、提供校外实习岗位和推荐就业“四优先”支持，开展“双扶”教育；（3）积极开展就业导向的素质型职业教育，紧密结合就业市场，鼓励参加勤工俭学和顶岗实习，对优秀学生开展正面典型宣传，形成比学赶超的良好氛围，促进贫困学生积极学习，同时让贫困学生的精神风貌和积极进取的态度影响到家长，提升脱贫致富的内生动力；（4）开办脱贫致富电视夜校，结合电视夜校在农村基层设立教学点，要求并组织贫困户参与，将收看电视节目与实地课堂学习讨论相结合，传播扶贫政策与脱贫致富经验。

2. 贵州省技能全覆盖和消除零就业的职业教育扶贫经验

与全国相比，贵州的职业教育起步较晚，但致力于穷省办大教育，在大扶贫“1＋10”政策框架下实施教育扶贫工程，在加强教育资助基础上，突出发展职业教育。贵州率先全部免除中职学费，举全省之力实施教育“9＋3”计划；率先构建现代职教体系，编制贵州省《现代职业教育体系建设规划（2013—2020年）》和出台《关于支持现代职业教育发展的意见》；颁布全国首部省级职业教育条例，规定加强面向贫困地区、少数民族地区的职业教育，向贫困人口提供免费职业教育。贵州职业教育扶贫具有以下突出特点。

扩大职教规模和创新职教办学方式。实施中职学校“百校大战”，扩建校舍和增加学位，推动“学校办到园区去、车间搬到校园来、专业围着产业办、学生就近找工作”，新组建9个职教集团，54所职业院校入驻工业园区办学，校企结合日益紧密。2012年动工建设清镇职教城，已有19所职业院校、6万师生陆续入驻，成为全省“教城互动、产教互动、职教改革、技能培训”的引领区、创新区、示范区，实践了“产业园区+标准厂房+职业教育”的职教办学模式。

开展大规模职业技能培训。依托优质职教学校，组建100个职教扶贫基地，在新型“雨露计划”框架下，实施职教培训扶贫“1户1人”三年行动计划（2015~2017年），农村贫困学子助学“圆梦行动”、农村贫困妇女“三女”（持家女、家政女、锦绣女）培育工程、贫困村致富带头人培训工程、贫困劳动力转移培训行动和农业实用技术培训行动五项行动和工程，计划在3年内对全省120万建档立卡贫困户实现“1户1人1技能”全覆盖，逐步消除农村“零就业”贫困家庭。

在优质职业学校创办精准扶贫班，为贫困家庭子女提供全免费教育并优先保障就业。2015年起，安排贵州轻工职业技术学院等10所院校，每年分别从威宁县和赫章县招收2个班共100名贫困家庭学生，组成精准扶贫班，每年合计招生2000人，提供免学费、统一发放助学金、免除住宿费、书本费、保险费、发放特困生活交通补贴、特别设置专业和优先保障就业等一系列优惠政策。2017年，该政策覆盖范围扩大到5个贫困县，招生名额扩大到4000人。

以内涵建设提高职业教育质量。2016年8月出台《以内涵建设引领中等职业教育持续协调发展的意见》，适度调减中职学校数量和扩大办学规模，坚持规模、速度、质量、效益同步推进，完善办学设施条件，深化校企合作，建立健全中等职业教育质量保障机制，着力提升教育教学水平和人才培养质量，把增强学生社会责任感、创新精神和实践能力作为重点任务贯穿中等职业教育全过程。在已有的中职“百校扶贫基地”的基础上，遴选30个左右的省级示范职教扶贫基地，推动职业教育主动服务全省大扶贫战略。

三 教育扶贫政策初步评价

（一）教育扶贫措施多，资源丰富，成效明显

教育事业领域众多，地区差距大，贫困地区欠账多，从而可以采取的扶贫措施也很多，包括学前教育推进、义务教育“控辍保学”、义务教育“全面改薄”、义务教育县域均衡发展、乡村教师队伍建设、基本普及高中阶段教育、职普平衡和促进中等职业教育发展、全方位的教育资助、学校能力建设、学校生活条件改善（食堂、学生宿舍、营养餐）、高校招生倾斜和中职招生兜底等。另外，教育扶贫资源也非常丰富，除了国家财政大幅加大农村教育投入以及扩大教育资助政策外，省级及以下各级地方都相继出台相应的教育投入和教育资助政策，东部发达省份通过东西部教育扶贫协作机制投入资金和人力物力，社会捐助也有大量资金及各类资源流入教育部门。所以，总的来看，农村贫困落后地区办学条件大大改善，适龄儿童在学比例不断提高，营养改善计划提高了儿童营养水平，寄宿制学校建设和教育资助等政策改善了儿童生活条件，留守儿童以及部分地区的贫困儿童身心健康发展也从关爱行动中得到了积极干预。

（二）教育资助、农村基础教育建设、中等职业教育发展是教育扶贫“三驾马车”

教育资助、农村基础教育建设和中等职业教育发展尤其突出，进展更快，效果更加突出，可以视为当前教育扶贫政策措施的“三驾马车”。教育资助相对较容易操作，各地在国家教育资助政策体系基础上，纷纷出台自己的教育资助政策，基本上覆盖从学前到义务教育以及高中以上教育，而且从建档立卡家庭子女扩大到非建档立卡的五保、低保家庭子女。从广泛覆盖范围看，所能起到的助学和减轻家庭经济负担的作用可能要远大于促进上学和防止失学的作用。农村基础教育条件主要通过县域内义务教育基本均衡项

目、贫困地区“全面改薄”项目以及东西部教育扶贫协作途径得到较快发展，过去“撤点并校”势头得到扭转，寄宿条件得到进一步改善，农村地区最好的建筑是学校成为基本共识。中职教育的发展和免费、面试入学政策则在概率上更多地偏向那些相对贫困家庭的子女，大大降低了他们因为成绩不够好和经济承受能力不足而失学的可能。一些地方将励志教育融入中职学校招生和教育过程，进一步改善了教育扶贫效果。

（三）中等职业教育入学和质量以及成人职业技能培训是教育扶贫的两大短板

从相对进展来看，教育扶贫有两大短板，分别是中等职业教育的入学和质量以及成人职业技能培训。中等职业教育办学条件的改进和入学优惠政策的确为贫困家庭子女接受高中阶段教育创造了条件，一些地区和一些学校也的确看到了明显效果。但是，这并没有改变中职学校入学比例下降的趋势。中职学校招生比例的下降更多地体现在部分地区和部分学校招生不足，尤其是贫困地区县城的职业学校，与大中城市优质学校招生火爆的情况形成鲜明对比。这些职业学校招生不足表明其教育质量以及毕业后的就业形势对学生没有吸引力，其后果不仅是招生不足，也使得职高设置高考班成为普遍现象，不利于职业教育发展。对于教育扶贫中的成人教育和技能培训板块，由于其组织难度，尽管各地都有不少典型经验以及较大的培训规模数据，但是实际效果并不尽如人意。技能培训的师资、内容、组织形式往往难以适应贫困劳动力的实际需要。成人培训的面还比较狭窄，基本都聚焦于职业技术技能，鲜有社会生活教育课程，远未达到素质教育要求，对农村劳动力人力资本和文化素质提升作用有限。

（四）教育扶贫效果评价机制相对滞后

目前评价教育扶贫效果首先是看做了哪些工作，包括投入了多少资金、建成了多少学校或设施、补贴了多少学生、实施了多少项目等，或者至多看增加了多少学生以及减少了多少失学辍学人数。从本专题所建立的教育扶贫基本分析框架看，教育扶贫效果最终要落实到人，即其扶持对象享受政策措施后所产生的效果，包括收入替代情况、受教育情况、人力资本及综合素养提升情况等。如果将贫困视为能力的缺失和福祉水平的低下，那么教育扶贫应当通过能力的培养而实现福祉水平的提升，也就是最终要看扶持对象的心智发展水平提升情况。由于人的素质、能力本身就难以评价，而且教育从完成到转化需要相对长的过程，现实中也缺乏监测评价机制，所以目前对教育扶贫效果的评价也只能使用上述间接但是可观测的指标，这对于教育扶贫本身所应当体现的效果来说是滞后和不足的。

四　打赢教育脱贫攻坚战对策建议

到2020年打赢脱贫攻坚战，教育扶贫需要明确在剩余时间的目标要求。对照教育发展目标，主要是继续推动贫困农村地区基础教育均衡发展，重点是普及学前教育和高中阶段教育，确保贫困家庭应学尽学。考虑到资源有限性和时间紧迫性，教育扶贫应突出重点，不过多提高标准，注重实效性和持续性。

（一）确立教育资助的合理标准和持续性机制

学生教育资助最直接也最容易见效，它将大量资金直接转移支付给贫困学生及其家庭，减缓了因学致贫以及因贫失学，改善了社会公平，对于贫困家庭无可厚非，甚至多多益善。但是，由于教育资助的排他性，获得资助的学生与那些家庭条件接近的非认定贫困家庭学生有着巨大的福利鸿沟，甚至构成新的社会不公平，而且容易忽视改善教育条件、提高师资水平和教育质量等更重要的教育扶贫措施。因此，从教育扶贫资源的优化配置以及教育扶贫的多元目标看，教育资助应当有个合理限度，应当合理地确定教育资助标准而不是水涨船高。学前教育是非义务教育，公立教育费用尚可接受，民办教育的费用则明显偏高。因此，在尽可能普及公办或普惠性民办学前教育的前提下，学前教育免费或提供相应标准的资助是两个可行的政策方向。义务教育阶段“两免一补”和营养计划补助政策基本够用，进一步的资助可以在寄宿生生活费补助基础上给予贫困生适量普惠性生活费补助。中职教育普惠性免学费政策和国家助学金政策已经基本满足需要，但是由于高中阶段生活费用明显增加，可以通过“雨露计划”为贫困生适当提供助学金。普通高中针对贫困学生的免学费和国家助学金政策类似于中职学校政策，因此可以考虑免费提供教科书、励志奖学金等补充政策。大学教育阶段的国家资助政策体系已经比较完善，地方补充资助政策可以考虑教科书补贴、励志奖学金、补充信用贷款等，不宜给予直接高额助学金。

（二）推进县域十五年教育基本均衡

从精准脱贫需要看，贫困地区的教育基本公共服务均等化还应扩展到学前教育和高中阶段教育，也就是基本普及从学前到高中阶段的十五年基本教育以及县域十五年教育基本均衡，前者可以视为后者的一部分，这对于解决区域整体性贫困以及消除贫困代际传递有根本性意义。为此，一方面，要大力增加对贫困地区以及非贫困县的发展薄弱地区的教育投入，包括学校建设和师资建设。另一方面，要分类确定政策重点。对于义务教育，主要是遵循现有政策框架，继续提高义务教育巩固率，完成“全面改薄”工程，继续提高乡村教师整体水平。对于学前教育，主要是加大乡村公办幼儿园建设力度，以民办公助的普惠性幼儿园为补充，尽快实现学前教育设施供给的基本普及。对于高中阶段教育，一是要解决不平衡问题，包括职普不平衡以及普通高中的发展不平衡，改善薄弱高中的办学条件和水平；二是在义务教育阶段注重提升义务教育质量，提高初中毕业生的整体素质，尤其是学业水平排序靠后的薄弱群体，这是提高高中入学率的关键。

（三）缩小高中阶段职普不平衡程度

为了更好地实现高中阶段教育发展目标，必须解决好短板问题，其中职普不平衡是主要矛盾。2016 年，我国职普招生比为 0.58∶1，与 1∶1 的政策目标相去甚远。22 个有扶贫任务的省份中，4 个省份的该比例低于 0.4，8

个省份低于0.5，高于0.7的只有4个省份，最高的安徽省为0.85。2017年初教育部等四部门印发的《高中阶段教育普及攻坚计划（2017—2020年）》较为系统地提出了发展目标、攻坚重点、重点任务以及主要措施，应予以切实推动。中等职业学校招生生源主要有两个，一是部分不适宜就读普高的、学习成绩较差的学生，二是那些流入社会不再上学的初中毕业生。主要手段在于三个方面：首先，根本性措施在于提升中职教育资源和质量，确保其毕业生进入社会后有足够的就业能力；其次是做好中职招生宣传工作，用毕业生就业数据和案例来增强说服力，让学生和家长形成对中职教育的正确认知；最后是用免费教育、资助政策、校企合作等政策适当地引导。

（四）在农民教育框架下推进贫困农民培训

尽管缺乏充分的数据说明，但是农民培训只具备规模上的优势，质量和效果都不是很理想。究其原因，这与农民培训的有效需求和有效供给双不足不无关系，各地的教育扶贫规划和政策体系也没有将其置于足够重要的地位。针对贫困家庭的教育培训是为了减轻当代人在技能、精神、文化上的贫困，也是长期以来有识之士开展的各类乡村教育运动的主题。在居民福祉概念框架下，农民教育应注重提升本已落后的综合素质而不只是狭义的技能培训。因此，农民培训必须寻求系统性新突破，将单纯的职业技能培训全面改造升级为农民教育培训，将职业技能培训置于广义的农民教育框架之下。在《国家中长期教育改革和发展规划纲要（2010—2020年）》中，农民教育从属于现代国民教育体系中的继续教育范畴之下的城乡社区教育。因此，农民教育培训应包含精神文明、文化、道德法制、观念意识、技术技能等各个方面。目前，成人文化技术教育和城乡社区教育工作属于教育部门职能，但是由于涉及面广，非教育部门一家之力所能为，需要教育部门牵头，各相关部门合力为之。在教育脱贫攻坚中，各地相继开展了一些有益探索，如云南省的乡村成人文化技术学校、贵州省的农民讲习所、海南省的扶贫广播电视夜校等。农民教育培训需要创新体制机制、加大力度、提高质量，逐步提升农民参与意愿和效果，并实现以脱贫攻坚为契机发展农村成人教育的目的。

（五）实施结果导向的教育扶贫效果评价监测

各地都还没有意识到该如何评价教育扶贫效果，仅以完成教育扶贫框架下各项政策任务作为评价方法，例如完成了多少教育资助、建成了多少学校和设施、“控辍保学”成果等。这些是必要的，但是很不充分。教育扶贫是一个规模庞大的德政工程，专门开展与教育扶贫目标相适应的效果评价监测是值得的。从扶志、扶智的目标导向看，应当在上述教育扶贫产出的基础上，实施结果导向的教育扶贫效果监测，就是以贫困人口和贫困家庭学生为中心，以他们受教育状况、技能掌握情况、劳动就业改进情况、观念意识和文化素养提升情况等为目标。为保障评价监测效果的公证客观性，可以由教育部门和第三方机构合作开展。

参考文献

1. Crisp, R., *Well-being*, *in Zalta*, E. N. (ed.): The Stanford Encyclopedia of Philosophy (Summer 2013 Edition), http://plato. stanford. edu, 2013.
2. Schultz, T. W., “Reflections on Investment in Man”, *The Journal of Political Economy*, Vol. 70, No. 5, Part 2: Investment in Human Beings, Oct., 1962, pp. 1－8.
3. Sen, A., *Capability and Well-Being*, *in Nussbaum*, M. & A. Sen (ed.), The Quality of Life, Oxford University Press, 1993, pp. 30－53.
4. ［印］阿马蒂亚·森：《以自由看待发展》，任赜、于真译，中国人民大学出版社，2013。
5. 王小林：《贫困测量：理论与方法》，社会科学文献出版社，2012。
6. 杨贵平：《滋根参与贫困农村教育扶贫三十年回顾与前瞻》，《中国农业大学学报》（社会科学版）2016 年第 5 期。
7. 俞建拖：《公共政策视角下的教育与减贫》，李培林、魏后凯主编《中国扶贫开发报告（2016）》，社会科学文献出版社，2016。

B.9
中国生态扶贫政策和实践

吴国宝*

摘　要：中国大多数贫困地区和农村贫困人口分布在生态脆弱地区。在多年的生态治理和扶贫开发过程中，中国逐步建立起了绿水青山就是金山银山的理念，通过技术、组织、制度创新和政策支持，综合运用环境友好产业发展、贫困人口参与生态保护建设和维护、生态补偿和生态移民等生态扶贫形式，把扶贫开发与生态修复保护结合起来，实现贫困地区的可持续发展。

关键词：生态扶贫　生态补偿　政策　实践

生态扶贫，是将生态建设和保护与扶贫开发有机结合起来，实现生态改善和减贫共赢的扶贫方式，也是中国精准扶贫的一种重要形式。本报告简要介绍了中国生态扶贫的概况，分析了中国生态扶贫的政策，重点介绍了中国贵州毕节市开发扶贫与生态建设结合试验、中国亿利沙漠扶贫和中国退耕还林还草工程三个代表性案例，最后概括了中国生态扶贫的主要经验，并就生态扶贫国际合作提出了建议。

---

* 吴国宝，博士，中国社会科学院农村发展研究所研究员、中国社会科学院贫困问题研究中心主任，中国社会科学院研究生院博士生导师，主要研究方向为扶贫、小额信贷、农村发展和农民福祉。

一　中国生态扶贫概况

中国的贫困地区多数地处生态脆弱区。从这个意义上说，中国的生态扶贫，不仅是一种生态建设和保护直接扶贫的方式，而且是将土地可持续管理、适应气候变化和环境友好发展的理念贯穿到扶贫开发过程中，协调贫困地区的经济社会发展与生态环境改善，实现绿色减贫。基于研究任务的安排，本报告只讨论生态建设和保护直接扶贫。

（一）中国生态脆弱区与贫困地区分布

中国的生态脆弱区与贫困地区存在高度的重合。据国家环保部 2008 年 9 月发布的《全国生态脆弱区保护规划纲要》，全国 80% 以上国家扶贫重点县和 95% 的绝对贫困人口分布在生态环境脆弱地区。后续的研究也发现 14 个连片特困区平均生态脆弱性指数与贫困指数之间存在很高的相关性，相关系数（R 2）达到 0. 817，且通过显著性检验。[①]

（二）中国生态扶贫的基本历程回顾

中国生态扶贫的认知、政策和实践，经历了生态破坏与贫困的恶性循环阶段、生态建设与扶贫分离阶段、生态建设保护与扶贫结合阶段。

在 20 世纪 80 年代以前，中国在较长时期内实行“以粮为纲”的农业发展政策，毁林毁草开荒成为比较普遍的形式，造成越穷越垦、越垦越穷的恶性循环。

1986 年以来，中国政府开展了大规模的扶贫开发，同时也在部分地区开展了治理水土流失等生态建设活动。但是在相当长的时期内，生态建设和扶贫是相互分离的。1999 年以来，尤其是退耕还林还草工程大规模推开以

① 曹诗颂、王艳慧、段福洲、赵文吉、王志恒、房娜：《中国贫困地区生态环境脆弱性与经济贫困的耦合关系》，《应用生态学报》2016 年第 8 期。

来，中国政府开始有意识地将生态建设保护与扶贫开发结合起来，实现生态与扶贫的协调推进。

（三）中国的主要生态扶贫形式

中国在实践中探索和形成了环境友好型产业发展、贫困人口参与生态保护建设和维护、生态补偿和生态移民等主要生态扶贫形式。

1. 环境友好型产业发展扶贫

在贫困地区发展环境友好型产业，增加贫困人口的收入，是生态扶贫的一种重要形式。自1986年中国开展大规模有计划扶贫以来，发展依托当地资源环境友好的产业扶贫，一直被作为重要的扶贫增收形式。在中国30多年的扶贫开发中，各地都探索和开展了适合当地生态环境条件的具有较高经济回报的产业和产品，包括林果种植、养殖、特种种养业、生态旅游等，成为贫困农户脱贫致富的重要收入来源。

构树扶贫工程。中科院北方资源植物重点实验室沈世华研究组在收集评价构树基因资源和种质创新的基础上，通过杂交育种结合现代生物技术培育出富含粗蛋白的杂交构树。该树种具有生产能力强、生态效果好、适应面广的特点，在饲料、造纸、生态绿化等方面具有重要的经济和生态价值，已在全国20多个省区的贫困县进行了试验示范。

生态旅游扶贫。贫困地区拥有丰富的生态旅游资源和丰富多彩的人文旅游资源。发展生态旅游正成为全国部分贫困村重要的脱贫形式。据国家旅游局的观测调查数据，在观测涉及的全国25个省（区、市）111个建档立卡的试点贫困村，2015年度有观测对象46532户174456人，其中贫困人口37869人。观测点从事乡村旅游的贫困人员10022人，占贫困人口从业人员总数的75.1%。观测点2015年脱贫人数为11840人，其中通过乡村旅游脱贫人数为3777人，占脱贫人数的31.9%。乡村旅游正成为农村贫困人口脱贫的重要力量。

2. 生态修复扶贫

中国贫困地区多属于水土流失严重的生态脆弱地区或严格禁止开发的生

态功能区。生态修复和建设是国家整体经济社会发展和国家安全赋予这些地区的重要责任。20 世纪 90 年代末期以来，中国政府实施了三北等防护林体系建设工程、天然林资源保护、退耕还林还草工程、京津风沙源治理、岩溶地区石漠化治理、青海三江源保护、水土保持等重点生态工程，以控制水土流失、遏制贫困地区土壤沙化退化趋势、缓解土地荒漠化、石漠化。据国家林业局统计，1998 ~2014 年仅天然林保护工程、退耕还林工程、京津风沙源治理工程和三北及长江流域等重点防护林工程，累计投资超过 5000 亿元，累计造林 850 万公顷。在生态修复建设过程中，各地的贫困地区探索和总结出了生态环境改善与扶贫协同推进的扶贫方式，主要包括：在生态治理中建设基本农田；组织动员贫困人口参与生态保护建设工程；结合国家重大生态工程建设，因地制宜地发展舍饲圈养和设施农业，大力发展具有经济效益的生态林业产业。

长期以来，中国在扶贫开发中一直将结合生态修复、建设基本农田当作重要的扶贫措施。据统计，截至 2013 年，全国累计综合治理小流域 7 万多条，实施封育 80 多万平方公里。全国水土流失面积由 2000 年的 356 万平方公里下降到 2011 年的 294. 91 万平方公里，减少了 17%。通过综合治理，大量坡耕地改造为梯田，并配套农田道路和水利设施，有效地提高了土地生产力。到 2013 年全国共修筑梯田 1800 多万公顷，累计增产粮食 3000 多亿公斤。①

通过民工建勤的方式开展生态治理是中国自 1950 年以来一直采取的方式。1984 年以后很长时期内，以以工代赈项目支持农村贫困地区的生态修复。在生态修复过程中，贫困地区的农民参与生态保护建设工程，获取劳务报酬，在一定程度上增加了贫困农户的收入。随着 1999 年以后退耕还林还草等重点生态工程在全国的实施，贫困地区有更多的劳动力通过参加生态保护建设工程，获得了更多的劳务收入。中国《“十三五”脱贫攻坚规划》要求退耕还林还草等生态工程计划分配向贫困地区倾斜，并且较大幅度提高其

① 水利部：《全国水土保持规划（2015—2030 年）》，http：//www. gov. cn/zhengce/content/2015 -10/17/content_ 10232. htm，2015 年 10 月 17 日。

劳务报酬比例，将进一步增加扶贫对象从参与生态保护建设工程中受益。

结合生态修复，发展具有较高经济效益的生态产业，是生态修复扶贫的重要方式。据统计，过去60年全国水土保持措施，累计实现林产品及饲草等效益约5600亿元。在水土流失治理过程中，各地把治理水土流失与当地特色产业发展紧密结合起来。近十年，水土流失治理区已建成上百个水土保持生态建设大示范区，培育了一大批水土保持产业基地，江西赣南的脐橙、晋陕峡谷的红枣和甘肃定西的土豆等，都已成为当地群众脱贫致富的重要支撑，使群众在治理水土流失、保护生态与环境的同时，取得了明显的经济效益，从而进一步激发了群众治理水土流失的积极性。近十年来全国水土保持治理区人均纯收入普遍比未治理区高出30%～50%，有1.5亿群众直接受益，解决了山丘区2000多万群众的生计问题。

3. 生态保护扶贫

生态保护区内的农民，为了保护生态环境被迫放弃许多正常的生产和创收活动，其所拥有的自然资源和劳动力资源的利用受到很多的限制，成为生态保护区内不少农民的主要致贫原因。通过生态补偿、提供公益岗位等方式，在一定程度上补偿保护区内农民所遭受的损失，增加就业收入，近期已成为相关贫困农户脱贫的重要方式。

2005年10月，中共十六届五中全会公报首次要求政府“按照谁开发谁保护、谁受益谁补偿的原则，加快建立生态补偿机制”。2006年，生态补偿作为重要内容纳入国家“十一五”规划。2016年国务院办公厅发布《关于健全生态保护补偿机制的意见》，中国逐步建立了生态保护补偿机制。

中国根据不同生态保护类型，确定了不同的生态补偿政策。森林生态补偿，主要是完善以政府购买服务为主的公益林管护机制。据统计，2001～2015年，中央累计安排森林生态效益补偿资金986亿元。全国有27个省（区、市）建立了省级财政森林生态效益补偿基金，用于支持国家级公益林和地方公益林保护，资金规模达51亿元。

草原生态补偿，主要是提高退牧还草工程补助标准和逐步加大对人工饲草地和牲畜棚圈建设的支持力度，提高禁牧补助和草畜平衡奖励标准。

2011～2015 年，中央安排草原奖补资金 773 亿元。地方政府筹集和安排了数量不等的奖补配套资金。2010 年，青海省在三江源试验区率先开展草原生态管护公益岗位试点，从业人员 3 万多人，每人每年补助 1.2 万元。

湿地生态补偿，率先在国家级湿地自然保护区、国际重要湿地、国家重要湿地开展试点。2014～2015 年，中央财政累计安排湿地生态效益补偿试点资金 10 亿元。

流域生态补偿，形成了政府主导模式、市场主导模式、易地开发模式等多种补偿模式。采取政府主导模式的，如北京市与张家口市境内水源地之间的水资源保护协作；浙江省杭州市对上游新安江流域的生态补偿和广东省对境内东江等流域上游的生态补偿等。市场主导模式有受益者付费、破坏者补偿、排污权交易、水资源交易等模式。易地开发模式，如浙江省金华市建立了“金磐扶贫经济开发区”，作为该市水源涵养区磐安县的生产用地，并在政策与基础设施方面给予支持。

探索生态保护脱贫，2016 年以来安排 28 万建档立卡贫困人口走上护林员岗位。对生态补偿政策减贫效果的实证研究还比较少。杜洪燕和武晋（2016）基于农户异质性视角，采用均值回归和分位数回归方法，发现现金型生态补偿项目能够显著提高中等收入农户的家庭收入，岗位型生态补偿项目能够显著提高极端贫困户的家庭收入。① 孔令英等（2014）研究发现生态补偿项目的实施能够显著增加贫困牧民收入或就业机会、改善贫困地区的发展环境以及促进贫困地区替代产业和新生产业的发展。②

4. 生态移民

生态移民是应对贫困地区脆弱生态环境人口承受能力低、建设和维护成本高的情况而采取的一种特殊生态扶贫形式。从 2001 年开始，国家发改委安排专项资金，在全国范围内陆续组织开展了以生态移民为主的易地扶贫搬

---

① 杜洪燕、武晋：《生态补偿项目对缓解贫困的影响分析——基于农户异质性的视角》，《北京社会科学》2016 年第 1 期。

② 孔令英、段少敏、张洪星：《新疆生态补偿缓解贫困效应研究》，《林业经济》2014 年第 3 期。

迁工程。截至2015年底，已累计安排易地扶贫搬迁中央补助投资363亿元，搬迁贫困人口680多万人。一些地方根据本地实际，统筹中央财政专项扶贫、扶贫移民、生态移民、避灾搬迁等资金，还增加实施了搬迁工程。通过实施易地扶贫搬迁工程，改变了搬迁对象“越穷越垦、越垦越穷”的生产状况，有效地遏制了迁出区生态恶化的趋势，实现了脱贫致富与生态保护“双赢”。由于易地扶贫搬迁将有专门的报告进行讨论，在此不再赘述。

二　中国生态扶贫政策及其成效

（一）中国生态扶贫政策演变

2000年以前，中国的生态扶贫政策总体上属于生态资源和条件的生产性利用政策。而后才逐渐形成生态产业扶贫、生态保护扶贫等比较完整的生态扶贫政策。

在《“八七”扶贫攻坚计划》时期，中国政府要求林业部门支持贫困地区发展速生丰产、名特优经济林以及各种林副产品，协同有关部门，形成以林果种植为主的区域支柱产业；加快植被建设，防风治沙，降低森林消耗，改善生态环境。水利部门要配合以工代赈项目的实施，加快贫困地区的基本农田建设和小流域综合治理。

在《中国农村扶贫开发纲要（2001—2010年）》中，中国政府明确提出了扶贫开发必须与资源保护、生态建设相结合，实现资源、人口和环境的良性循环，提高贫困地区可持续发展的能力；并开始有意识地将生态保护建设项目安排服务于扶贫开发，提出西部大开发安排的水利、退耕还林、资源开发项目，在同等条件下优先在贫困地区布局。

《中国农村扶贫开发纲要（2011—2020年）》提出，坚持扶贫开发与生态建设、环境保护相结合，充分发挥贫困地区资源优势，发展环境友好型产业，促进经济社会发展与人口资源环境相协调。还提出在贫困地区继续实施退耕还林、退牧还草、水土保持、天然林保护、防护林体系建设和石漠化、荒漠化治理等重点生态修复工程。建立生态补偿机制，并重点向贫困地区倾斜。加大重点生态功能区生态补偿力度，重视贫困地区的生物多样性保护。

中国《“十三五”脱贫攻坚规划》要求坚持绿色协调可持续发展，牢固树立“绿水青山就是金山银山”的理念，把贫困地区生态环境保护摆在更加重要的位置，探索生态脱贫有效途径，推动扶贫开发与资源环境相协调、脱贫致富与可持续发展相促进，使贫困人口从生态保护中得到更多实惠。

（二）中国主要生态扶贫政策

中国的生态扶贫政策，主要涉及扶贫工作考核、生态修复扶贫、生态保护扶贫几个方面的政策。

1. 扶贫工作考核

2014 年中共中央组织部、国务院扶贫办联合下发的《关于改进贫困县党政领导班子和领导干部经济社会发展实绩考核工作的意见》，首次提出对贫困县党政领导班子和领导干部经济社会发展的实绩考核，应体现贫困地区发展的特殊性和主体功能定位，考虑生态环境脆弱等因素。这一调整对于鼓励和保证贫困地区的党政领导结合自身主体功能选择和确定适宜的扶贫开发战略和方式，奠定了重要的制度基础，也在一定程度上为生态扶贫提供了保障。

2. 生态修复扶贫政策

严格来说，中国没有明确制定具体的、专门的生态修复扶贫政策。但是在国家重点生态工程建设和水土保持的有关政策中包含了比较丰富的生态修复扶贫政策思想。这些相关的政策，涉及生态修复扶贫中的产权保护、技术选择、组织安排、资金投入等方面。

中国在 2002 年出台的《退耕还林条例》中，明确提出了谁治理谁受益的产权保护政策。这一政策被应用到许多生态修复活动中。谁治理谁受益的政策，从制度上保证了生态治理所产生的利益由治理人享有。这极大地激发了贫困地区农民参加生态修复、通过生态修复脱贫的内在动力，使各地出现了数量不等的通过参加生态修复脱贫致富的例子。

在生态修复理念和方式上，政府强调坚持人与自然和谐相处，注重遵循自然规律和发挥自然修复能力。

在生态修复策略选择上，政府坚持保护优先、防治结合，注重事前预防保护，做到预防保护与综合治理“两手抓、两手硬”。

在技术路线上，政府坚持以小流域为单元，注重因地制宜，科学规划，实现工程措施、生物措施和农业技术措施优化配置，山水田林路村综合治理。

在资金投入上，政府支持多元化投入，在保证政府投入增加的前提下，注重依靠政策调动市场主体、受益人的积极性。

3. 生态补偿政策

中国政府确定的生态补偿基本政策是：第一，坚持权责统一、合理补偿，谁受益、谁补偿。第二，坚持政府主导、社会参与；第三，坚持统筹兼顾、转型发展；第四，坚持试点先行、稳步实施。

三　中国生态扶贫成功案例及其启示

（一）贵州省毕节市开发扶贫与生态建设结合试验

毕节市，位于中国贵州省西北部，属于乌蒙山腹地典型的喀斯特岩溶山区，山高水险，沟壑纵横，土地零碎，生态脆弱，干旱、洪涝、冰雹、低温等自然灾害频繁。由于自然和历史的原因，这里长期交通闭塞、文化落后、生产力水平低下，形成了“经济贫困—生态恶化—人口膨胀”的恶性循环圈，人民生活极端贫困，人居环境极其艰苦，群众大多住茅草房，甚至是用树枝简单搭起的“杈杈房”，联合国有关机构在此考察时明确界定“这里许多地方已不具备人居条件”。[①] 1987 年，毕节人均生产总值不到 300 元，农民人均纯收入仅 226 元，为全省人均的 52.9%、全国人均的 38%，按当时

① 胡松：《毕节试验区扶贫开发的演进、成效及经验》，《乌蒙论坛》2012 年第 6 期。

国家贫困标准毕节的贫困发生率高达56%；生态环境极差，森林覆盖率仅14.9%，水土流失面积占总面积的52.6%。当时的毕节是贵州省最贫穷落后的地区，是贵州省解决贫困问题和生态问题最难啃的一块“硬骨头”。1988年6月，在时任贵州省委书记胡锦涛同志的建议下，国务院批准建立毕节“开发扶贫、生态建设”试验区，开启了治山治水、治穷治愚探索实践的新征程。毕节作为中国第一个也是唯一一个“开发扶贫、生态建设”试验区，20多年来紧紧围绕“开发扶贫、生态建设、人口控制”三大主题，坚持开发与扶贫并举、生态恢复与建设并进、人口数量控制与质量提高并重，不断深入推进改革试验，经济社会取得了长足发展，初步实现了人口、经济、社会、环境和资源的良性循环。

1. 毕节生态扶贫的主要做法

毕节试验区坚持“开发扶贫、生态建设、人口控制”三大主题，坚守发展和生态“两条底线”，整合各方力量，发挥自身优势，把外部支持转化为内生动力，统筹解决贫困、生态、人口问题，跳出了喀斯特贫困山区“经济贫困—生态恶化—人口膨胀”的恶性循环圈，探索出了人与自然和谐共存的科学发展新路。

一是突出生态建设首要位置，创新生态综合治理模式。在试验区成立之初，毕节人就努力停止人为的生态破坏，将生态资源的高效利用和维护培育有机结合，重点实施石漠化治理、退耕还林、天然林资源保护等系统建设工程，打造生态文明建设先行区。先后实施了世界粮食计划署“中国3356”项目、“长江中上游防护林体系建设工程”、国家植树造林、飞播造林、封山育林、退耕还林、天然林资源保护等林业重点生态工程，以及“长江上中游水土保持重点防治工程”、山区农业综合开发、生态建设示范县等生态建设项目工程，有效遏制了水土流失，优化了生态环境。积极探索生态产业发展新路子，在全国率先创建了“山顶生态林戴帽子，山腰经果林系带子，坡地种绿肥铺毯子，基本农田收谷子，多种经营抓票子”的“五子登科”生态治理和经济发展模式，同步实现绿色增长和经济增收，可持续发展理念逐渐深入人心，资源开发利用和保护并重的体系日趋完善。

二是立足生态资源优势，探索发展扶贫开发绿色产业。毕节是生态环境脆弱敏感地区，又是长江、珠江上游生态安全屏障，承担着维护区域、国家生态安全的战略任务。毕节市走出了“生态建设产业化，产业发展生态化”的产业发展道路。发挥山地气候多样、立体生态优势，大力发展特色林果业、现代生态畜牧业，建设了一批高产、绿色、有机农产品基地，如“3321”特色农业基地建设工程（经济林300万亩、草地生态畜牧业300万亩、蔬菜300万亩、茶叶100万亩、中药材100万亩）、“万亩油药用牡丹”种植工程，还创建了以种植业、养殖业、沼气能源建设为循环圈的农村循环经济模式。利用西部大开发的历史机遇，通过环保绿色发展方式将毕节的煤炭资源和水资源转变为经济优势，推动“黑色煤炭、绿色开发、就地转化、吃干榨尽”，实现乌江流域梯级电站开发，将水能资源转变成宝贵的财富。以百里杜鹃、织金洞、草海等精品旅游景区为龙头，结合当地的民族文化资源，将旅游休闲产业发展成为振兴区域经济、富裕一方百姓的支柱产业。

三是优化人力资源开发，拓宽生态扶贫发展空间。毕节以全面实施基本普及九年义务教育、基本扫除青壮年文盲的“两基”攻坚为重点，建立了“区域合作”“校校合作”“校企合作”“工学结合”等多渠道、多形式、多层次的职业办学体系和现代远程教育网络，大力普及推广基础文化教育和科技使用技术，并组建了毕节学院和毕节职业技术学院，加大城乡居民就业技能培训力度，提升人力资源素质。由政府引导、部门及社会中介组织等共同参与，每年有组织、成建制地向外输出劳动力145万余人，务工收入近36亿元，成为毕节市农民增收致富的重要渠道。

四是坚持改革和开放，持续推进生态扶贫体制机制创新。紧扣破解经济贫困、生态恶化、人口膨胀难题，毕节市突出经济社会发展导向，以改革促发展、以开放促开发。先后开展了土地流转试点、农村产权制度改革、国有林场体制改革、小额信贷扶贫、整合资源整村推进扶贫、小流域生态综合治理等50多项改革试验，不断消除制度性阻碍。建立了“投资不乱，渠道不变，资金捆绑，合成治理，各计其功”的生态建设投入机制；全面开展集体林权制度改革，探索现代林业产权制度，调动了林业生产经营者的积极性，推动试验区林业生态建设逐步向深层次发展；深入实施精准扶贫战略，扎实推进结队帮扶、产业扶持、教育培训、农村危房改造、扶贫生态移民、基础设施建设到村到户行动。大力实施开放带动战略，引进外部力量加快发展，积极拓展生态环境建设对外合作领域，先后引进并成功实施了世界粮食计划署援助“中国3356项目”、世行贷款“贫困地区林业发展项目”等国际援助项目，引入了中石化、中海油、华电等20多家世界或中国500强企业，这不仅带来了资金和技术，而且引进了先进理念和管理经验；充分发挥统一战线参与试验区建设优势，将由各民主党派专家组成的毕节试验区专家顾问组打造成试验区的“智囊团”，为毕节发展献计献策，协调推动落实了铁路、公路、电厂、机场等一大批重大项目建设，组织培训各类人才32.9万余人次，新建或改建各类学校近200所，组织实施“同心”生态建设等“五大工程”，投入2.7亿元建9个“同心新村”。

2. 毕节生态扶贫的主要效果

经过20多年的不懈努力和艰苦奋斗，毕节市初步实现了“让山绿起来，让水清起来，让群众富起来，让生态屏障建起来”的发展目标。

一是生态建设成效明显。自毕节试验区成立以来，到2015年累计完成营造林2000多万亩，治理石漠化900平方公里，毕节试验区森林覆盖率上升到48.04%。由于生态建设工作取得的显著成就，毕节先后获得“全国生态保护与建设示范区”“全国林业生态建设示范区”“全国石漠化防治示范区”“国家集体林业综合改革示范区”等荣誉称号。

二是农民生活水平显著提高。全市农村居民人均纯收入从1987年的226元增加到2015年的6945元，年均增幅超过13%，高于全国平均和全省平均水平的增幅。

三是农村贫困明显减缓。毕节市农村贫困人口从1987年末的345万人（1984年农民人均纯收入200元标准）减少到2015年的115万人（2010年农民人均纯收入2300元标准），贫困发生率从65.4%下降到16.5%。

四是人口数量得到控制。全市人口自然增长率从1988年的19.91‰下降到2015年的6.09‰，少出生150多万人。同时，通过增加教育投入、推进教育综合改革，发展各级各类教育，人口素质显著提升。

3. 毕节市生态扶贫的经验和启示

毕节试验区将生态建设寓于经济建设之中，创造了山、水、林、田、路综合开发，生物措施、工程措施和农耕措施并举的生态经济发展模式，对于石漠化贫困地区的发展具有十分重要的借鉴意义。

第一，正确处理生态建设与开发扶贫之间的关系。发展是解决贫困问题的根本任务，但以牺牲环境为代价的发展是不可持续的。特别是贫困地区大多是水源、河源等生态涵养区，是区域性乃至全国性的生态屏障，一旦损害将难以修复和恢复，必须把不损害生态环境作为发展的底线。“青山绿水就是金山银山”，生态建设可以为扶贫开发注入新的动力，要创新发展思路，牢固树立绿色发展理念，促进经济效益、社会效益、生态效益同步提升。

第二，充分调动政府、企业和社会各方面的力量，统筹开发与保护。大型生态治理和修复项目，资金需求大、技术难度高，需要政府统筹资金、协调各方力量、搭建合作平台，为推进生态扶贫提供服务保障；生态修复后也需要政府参与管护，巩固生态建设成果。生态扶贫的核心目标是促进农户脱贫增收，要大力实施精准扶贫战略，充分调动农户参与保护和开发的积极性，激发困难群众的内生动力，不断提升农户的可持续发展能力。扶贫开发，产业是支撑，要以市场为导向，积极引导企业参与生态建设，发展生态经济，吸纳贫困人口就业，把生态资源优势、人口资源压力转化为经济优势。

第三，全方位深化改革开放，增强贫困地区经济社会发展活力。针对制约本地经济社会发展的突出矛盾和问题，通过改革激发活力、积累经验。把扩大开放摆在更加重要位置，抓住国家对外开放机遇，积极引进外部的人才、企业和项目，增强地方经济发展活力。

（二）亿利治沙扶贫案例

内蒙古库布其沙漠是中国第七大沙漠，总面积 1.86 万平方公里，位于鄂尔多斯高原的北部，20 多年前几乎寸草不生，没水、没电、没路，一年四季风沙不断，被称为“死亡之海”。

20 世纪 80 年代末期，中国亿利资源集团在库布其开启了沙漠治理实践。经过 20 年多努力，亿利集团造林 6000 多平方公里，发展出了集生态修复、生态健康、生态农牧业、生态旅游、生态光能和生态工业为一体的沙漠绿洲经济产业，成为全球领先的生态修复企业，并带动库布其沙区 10 万人彻底摆脱了贫困。亿利集团在库布其沙漠的实践，探索出了一条从“治沙”到“减贫”再到创造生态财富的可持续绿色发展之路，成为中国西部荒漠化地区生态产业扶贫的典范案例和世界绿色发展的顶级样板。2012 年，库布其沙漠生态文明被列为联合国“里约 +20”峰会重要成果向全世界推广，2014 年库布其沙漠生态治理区被联合国确立为“全球沙漠生态经济示范区”。

1. 亿利治沙扶贫的主要做法

亿利资源集团以科技创新为支撑，以生态产业发展为依托，将治沙与企业发展融为一体，不断创新企业与周边农牧民的利益联结机制，积极承担企业社会责任，促进了生态、环境、经济和社会的协同发展，开创出了独具特色的库布其治沙扶贫模式。

一是强化技术创新，打造全球治沙“科技高地”。治理沙漠关键是要找到科学的方法。亿利集团先后投入 10 多亿元用于治沙技术研发，组建了“国际生态科学家联盟”，与以色列合作建立了“生态经济技术研究中心”，先后发明了 20 多项新技术，培育出耐寒、耐旱、耐盐碱的种子 1000 多种，形成了一整套独特的高效沙漠植树和林木养护技术。特别是采用“水气法”种植沙柳、柠条，不仅大幅度降低了种植成本，而且成活率由 20% 提高到 85% 以上，解决了沙漠植树的世界性难题。原先在沙海中挖坑种树，成活率不到 10%，亿利集团采用芦苇和沙柳扎成网格防风固水，使种树的成活率提到了 60%，但一亩地的成本高达 1000 元。为降低成本，亿利集团发明了水枪，利用水的压力来挖抗，成本低、效率高，颠覆了网格化治沙的老办法。如种植沙柳时，先在沙漠中打井并铺设供水管道，用水管在沙地中冲出一个孔洞，插入沙柳枝条，几秒钟就可种植一株，冲孔洞的水分可保树苗的

成活率高达80%～90%，而后根据气候情况，利用供水管道适当浇灌，大部分树苗的根系都可以达到地下水位，形成自我生长的丛林。

二是创新发展思路，将沙漠打造成生态产业发展的乐土。治沙投入大多见效慢，没有产业和效益驱动难以持久。亿利集团因地制宜、就地取材，把沙漠当作资源，把生态做成产业，先后投资300多亿元深耕绿色经济，重点发展了以生态修复、工业、能源、牧业、健康、旅游为主的6条产业链，经济规模已达千亿元，并以沙漠经济反哺沙漠治理，实现了环境与经济的协同发展。通过1997～1999年的努力，亿利集团修建完成了库布其第一条65公里的穿沙公路，显著降低了运输费用，成为当地农牧民走向外面世界的“生命之路”，也为沙漠绿化和沙漠生态产业发展奠定了基础。2000年后，亿利集团启动库布其沙漠锁边林工程，利用丰富的沙漠旱生植物资源，如甘草、锁阳、苁蓉等，建立育苗基地、药材基地、加工基地，形成种植、加工、市场和工贸一体的完整产业链；成立了沙漠健康产业研究所，发展天然健康产业，建成了120多万亩以甘草为主的中药材基地。之后，亿利集团进一步拓宽思路，积极发展沙漠生态经济，从农牧业延伸到沙漠旅游，从制药扩展到光伏发电，并以多元化方式引进外企、国企和民企形成联合投资体，共同做大做强沙漠生态经济，一起推动沙漠绿洲的可持续发展。

三是创新政企合作方式，构建多方共赢发展机制。亿利集团在库布其治沙事业的成功，离不开国家和政府的大力支持，也离不开当地农牧民的广泛参与。国家先后出台林权制度改革政策，颁布了《防沙治沙法》；鄂尔多斯市、杭锦旗等地方政府出台了“谁经营，谁受益，长期不变，允许继承”的政策，这些政策有效调动了个人和企业等各类主体参与治沙的积极性。依靠相关政策支持，亿利集团和政府引入PPP合作模式，构建了“政府引导、企业投资、百姓参与”的多方共赢发展机制。一方面，政府支持农牧民成立合作社，并引导合作社、农牧民家庭与企业签订合作协议，通过土地租赁、分享股权、发展旅游业、发展现代农业等方式让农牧民受益，采用多种方式鼓励农牧民把自己闲置的“荒沙废地”转租给企业，或以沙漠荒地入股企业成为股东，或参与种树获得劳务收入。在库布其治沙扶贫过程中，企业提供种苗、技术指导、产品收购服务，农牧民成立合作社，和企业合作，共享沙漠治理的红利。当地已发展合作社700多个，仅甘草种植就达到220万亩。另一方面，政府通过土地、税收、资金等优惠政策支持企业参与治沙、发展沙漠经济，既治了沙，企业又赚了钱，还带动了周边农牧民增收致富，实现了多赢。

2. 亿利治沙扶贫的主要成效

亿利资源集团探索建立了可持续生态扶贫模式，促进了沙漠增绿、企业增效、农牧民增收。

第一，库布其沙漠生态环境得到明显改善。亿利集团依靠科技创新，造林6000多平方公里，使库布其沙漠近六成区域得到治理，沙尘天气由每年70多次减少至五六次，减少了95%；降水量由几十毫米增加到年均300多毫米，增加了6倍，成为国际治沙的经典案例。昔日没有植被、公路、医疗、通信、教育的蛮荒之地，成为一座生机盎然的沙漠绿洲。全长500多公里的公路横穿库布其沙区，公路两边的沙柳、樟子松、胡杨等树木郁郁葱葱；生物种类增长10倍，天鹅、野兔、胡杨等100多种绝迹多年的野生动植物重新回到沙漠；整个库布其沙漠的沙丘高度较20多年前整体下降了50%，100多万亩的沙漠上出现了生物结皮和黑色土壤，具备了农业耕作的条件，沙漠变良田将有可能成为现实。库布其沙漠的成功治理，还有效遏制了内蒙古和北京沙尘，改善了空气质量，保卫了北京及周边地区的生态安全。据估算，当前库布其沙漠的生态财富价值达4600多亿元。

第二，促进了沙区牧民脱贫增收。库布其沙区群众也是亿利集团沙漠经济发展壮大的重要受益者，农牧民从“生态难民”变成了“生态富民”。20多年，亿利集团累计创造了10多万个就业岗位，每年直接就业1万多人次。农牧民通过转租、入股自己的沙地给企业，到当地相关企业就业，直接从事农业或旅游业从治沙中受益。库布其沙漠地区的农民人均收入由1988年的392元增加到2015年的14000多元。

第三，亿利的治沙扶贫模式得到了推广。亿利集团现有100多支治沙队伍进入内蒙古其他地区、新疆、甘肃等地承接生态环境修复工程；并开始在

“丝绸之路经济带”沿线荒漠化国家和地区积极推进全产业链布局甘草产业，通过建设标准化种植基地，采取利益共享和订单收购等方式，带动当地群众通过种植甘草脱贫。

3. 启示

亿利集团库布其沙漠治理扶贫的实践经验表明，找准路子、用对方法，沙漠也能变成绿洲，漫天黄沙也能变成金山银山。这个案例的主要启示是：实现生态、环境、经济与社会协调可持续发展，关键在于建立政府、企业和群众协同发展的共赢机制。从政府的角度来看，首先，要以市场化为导向，完善体制机制，引导企业通过创新技术不断提升市场竞争力和产业发展效益，带动农户脱贫致富；其次，要完善产权制度，创新政企合作方式，充分调动企业参与治沙扶贫的积极性；要引导企业和农户建立多元化的利益共享机制，要根据不同农户的资源禀赋特征，实施一户一策，做到精准扶贫。

（三）退耕还林还草工程

退耕还林工程是中国政府从国家长远大局出发做出的重大决策，是减少水土流失、减轻洪涝灾害以保证大江大河下游地区人民生活稳定、农民脱贫致富和实现国民经济可持续发展的重要举措。中国是世界上水土流失最严重的国家之一，全国水土流失面积约 360 万平方公里，占国土面积的 37.5%；沙化土地面积已达 174 万平方公里，占国土面积的 18.2%。造成中国水土流失和土地沙化的重要原因是长期以来人们对森林资源采取重用轻管、急功近利、竭泽而渔等做法，盲目毁林开荒，以致沙进人退，生态环境恶化，自然灾害频发。

1999 年以前，中国退耕还林开展了局部试验。1952 年中央人民政府政务院和 1957 年国务院先后颁布了《关于发动群众继续开展防旱抗旱运动并大力推行水土保持工作的指示》和《中华人民共和国水土保持暂行纲要》；1984 年，中共中央、国务院在《关于深入扎实地开展绿化祖国运动的指示》中提出，在宜林地区要处理好农业和林业的矛盾，有计划有步骤地退耕还林；1985 年，中共中央、国务院在《关于进一步活跃农村经济的十项政策》

中指出，山区25度以上的坡耕地要有计划有步骤地退耕还林还牧，以发挥地利优势；1997年黄河出现创历史纪录的断流267天，1998年长江暴发大规模的洪涝，进一步暴露了严重的水土流失对全国经济社会生活的危害。于是，1999年中央政府提出“退耕还林、封山绿化、以粮代赈、个体承包”的政策措施，决定在四川、陕西、甘肃3省率先开展退耕还林试点工作。2000年9月国务院下发《国务院关于进一步做好退耕还林还草试点工作的若干意见》，进一步明确了退耕还林还草试点的有关制度性安排。2002年国务院发布《关于进一步完善退耕还林政策措施的若干意见》、同年还发布了《退耕还林条例》。退耕还林还草工程在北京、天津、河北、山西、内蒙古、辽宁、吉林、黑龙江、安徽、江西、河南、湖北、湖南、广西、海南、重庆、四川、贵州、云南、西藏、陕西、甘肃、青海、宁夏、新疆25个省（区、市）和新疆生产建设兵团的2279个县（含县级单位）展开。退耕还林还草成为迄今为止中国政策性强、投资最大、涉及面最广、群众参与程度最高的一项生态建设工程。

1. 做法和干预

（1）目标和任务调整

退耕还林还草工程内含的目标包括两个方面：一是有效完成退耕还林还草任务，因地制宜选种适宜树种、草种，保证造林种草的成活率和保存率，有效改善项目区的生态环境；二是确保退耕农户长远生计得到有效解决，通过加大基本口粮田建设力度、加强农村能源建设、继续推进生态移民等措施，从根本上解决退耕农户吃饭、烧柴、增收等当前和长远生活问题。

退耕还林还草项目随着2004年国务院《关于完善退耕还林粮食补助办法的通知》的出台，对退耕还林还草的规模和范围做出了调整。大幅缩减了退耕还林的规模，随后又将工程的重点转移到荒山荒地造林，只安排少量任务解决已经完成任务的遗留问题。2014年国家发改委等五部门联合出台了《新一轮退耕还林还草总体方案》，决定到2020年再完成4240万亩退耕还林任务。2015年财政部等八部门又下达了《关于扩大新一轮退耕还林还草规模的通知》，决定从2016年起，国家新一轮退耕还林还草任务安排，重点向扶贫开发任务重、贫困人口较多的省倾斜，并要求各有关省份在具体落实时，要进一步向贫困地区集中，向建档立卡贫困村、贫困人口倾斜，充分发挥退耕还林还草政策的扶贫作用。

（2）基本原则

《退耕还林条例》明确提出退耕还林项目坚持生态优先战略，同时要求退耕还林应当与调整农村产业结构、发展农村经济、防治水土流失、保护和建设基本农田、提高粮食单产、加强农村能源建设、实施生态移民相结合，并确定了以下原则。

①统筹规划、分步实施、突出重点、注重实效；

②政策引导和农民自愿退耕相结合，谁退耕、谁造林、谁经营、谁受益；

③遵循自然规律，因地制宜，宜林则林，宜草则草，综合治理；

④建设与保护并重，防止边治理边破坏；

⑤逐步改善退耕还林者的生活条件。

（3）主要安排

①组织安排。退耕还林还草项目由国务院西部开发工作机构负责综合协调、组织有关部门研究制定退耕还林有关政策、办法，组织和协调退耕还林总体规划的落实；国务院林业行政主管部门负责编制退耕还林总体规划、年度计划，主管全国退耕还林的实施工作，负责退耕还林工作的指导和监督检查；其他部门各负其责。

国家对退耕还林实行省政府负责制。项目实施实行目标责任制，由县级以上地方各级人民政府与退耕还林工程项目负责人和技术负责人签订责任书，明确其应当承担的责任。

②基本要求。退耕土地还林营造的生态林面积，以县为单位核算，不得低于退耕土地还林面积的 80%。

③退耕范围。一是山区、丘陵区：水土流失严重，粮食产量低而不稳、坡度在 25 度以上、农民已经承包或延包的坡耕地。二是平原区：风沙危害严重，粮食产量低而不稳、农民已经承包的沙化耕地。尚未承包到户及休耕的坡耕地、沙荒地，不纳入退耕还林范围，而作为宜林荒山荒地造林。

（4）补助政策

国家根据项目区域和类型，确定和调整退耕还林还草的补贴标准。国家对退耕农户的补贴在退耕还林实施期和巩固期有所区别（沈茂英，2016）（见表1）。[①]

表1　退耕还林工程分阶段补助标准

阶段	国家政策	南方地区	北方地区
第一阶段：启动	2002年《国务院关于进一步完善退耕还林政策措施的若干意见》	粮食：150公斤/亩 生活补助：20元/亩 种苗造林补助：50元/亩 折算②：280元/亩	粮食：100公斤/亩 生活补助：20元/亩 种苗造林补助：50元/亩 折算③：210元/亩
第二阶段：成果巩固	2007年《国务院关于完善退耕还林政策的通知》	现金：105元/亩 生活补助：20元/亩 合计：125元/亩	现金：70元/亩 生活补助：20元/亩 合计：90元/亩
第三阶段：再启动	2014年《新一轮退耕还林还草总体方案》	共补助1500元/亩（包含300元种苗造林费），分3次支付，第一年800元/亩，第三年300元/亩、第五年400元/亩）	

第一个补偿期。

补助期限。原定生态林补8年，经济林补5年，到期后看情况再续补。补助标准：①向退耕户无偿提供粮食。目前实施的标准依流域划分，长江上游地区每亩地每年补助原粮300斤，黄河上游地区每亩地每年补助原粮200斤。从2004年7月31日起，原则上将向退耕户补助的粮食改为现金补助，按每公斤粮食1.40元计算。②向退耕户提供现金补贴。在补贴年限内，每亩退耕地每年补助20元。③向退耕户无偿提供种苗。经费标准是每亩地50元。尚未承包到户及休耕的坡耕地，不纳入退耕还林工程兑现钱粮补助政策的范围，但可作宜林荒山荒地造林，按50元/亩标准给予种苗和造林费补助。④实行“退一还二、还三”甚至更多，即农民除了负责每退一亩耕地造林，还要承担两亩或两亩以上宜林荒山荒地造林种草任务（这部分只给

① 沈茂英：《退耕还林工程的农村扶贫影响与持续性研究》，《四川林勘设计》2016年第1期。

② 按照《国务院关于进一步完善退耕还林政策措施的若干意见》中的规定，补助粮食（原粮）的价款按照1.4元每公斤折价计算。

③ 同上。

予种苗和造林补助)。⑤实行报账制，即农户按规定数量和进度进行退耕还林，林业部门组织检查验收退耕还林的进度、质量及管护情况，农户凭发放的退耕任务卡和验收证明，按报账制办法领取粮食和现金补助。

第二个补助期。

由于有2006年已经到期，而退耕户的长远生计尚无新的出路，2007年8月国务院决定继续补偿一个周期，但补助标准降低了。其中，长江流域及南方地区每亩退耕地每年补助现金105元；黄河流域及北方地区每亩退耕地每年补助现金70元；每亩退耕地每年20元生活补助费。各地可结合本地实际，适当提高补助标准。

新一轮计划期。

国家按退耕还林每亩补助1500元（其中中央财政专项资金安排现金补助1200元、国家发改委安排种苗造林费300元）、退耕还草每亩补助1000元（其中中央财政专项资金安排现金补助850元、国家发改委安排种苗种草费150元)。中央安排的退耕还林补助资金分三次下达给省级人民政府，每亩第一年800元（其中种苗造林费300元)、第三年300元、第五年400元；退耕还草补助资金分两次下达，每亩第一年600元（其中种苗种草费150元)、第三年400元。

2. 效果

据国家林业局的统计，1999~2015年退耕还林还草项目累计完成投资2991.56亿元，其中国家投资2622.77亿元；完成退耕地造林1.39亿亩，荒山荒地造林和封山育林3.08亿亩，惠及1.24亿农民。项目产生了显著的生态效益，也对项目区和受影响农户的经济社会生活产生了深远的影响。

（1）生态效益

据国家林业局调查统计，项目实施以来工程区森林覆盖率平均提高了3个多百分点，全国有林地面积、森林总蓄积量增长分别超过15.4%和10%，工程建设取得十分显著的生态成果。另据估计，长江、黄河中上游流经的13个省、自治区、直辖市，退耕还林工程每年产生的生态系统服务功能总价值超过1万亿元。项目的生态效益体现在以下4个方面。

①产品供给服务。退耕还林工程对提高森林覆盖率、增加森林蓄积量有显著影响，加快了国土绿化进程，减轻了水土流失和风沙危害强度。

②调节服务。主要包括环境净化、固土保肥、涵养水源、沙土化治理四个方面。退耕还林主要通过间接减少农业化肥使用量来实现净化水质、减缓水源污染、保障水源安全的目的和退耕还林树种吸收废弃物的价值；而且，退耕还林地的水土保持价值、土壤有机物含量、土壤肥力以及土壤生物性等特征相比农耕地或荒草地均有提高。此外，退耕还林还具有改善当地降水量、温度以及湿度等小气候变化的作用。

③景观功能。集中体现在景观消遣价值，即为人类提供非物质收益，获得精神满足。

④支持功能。一般是指间接的需要较长时间对人类提供的服务，如初级生产力、固碳制氧、生物多样性等。

（2）经济社会效益

退耕还林不仅有效地改善了生态环境，促进农户增收，而且能够释放农村劳动力，促进劳动力转移，就业结构调整；同时优化要素配置，推进了农业种植结构的变化，进而影响整个产业结构的调整，提高农户生活水平等（见表2）。

表2　退耕还林社会效益评价指标体系及文献统计

状态层	指标层	正向结论	占总文献比重（%）	反向结论	占总文献比重（%）
产业结构调整	产业结构调整	15	6.82	0	0
就业结构调整	就业结构调整	22	10.00	3	1.36
农地利用结构调整	农业种植结构调整	41	18.64	5	2.27
农户生活水平	福利水平	1	0.45	0	0
	生活水平	10	4.55	1	0.45
农户素质	妇女社会地位	4	1.82	0	0
	农户文化素养	6	2.73	0	0
农户环保意识	环保意识	8	3.64	0	0
	生态认知	5	2.27	1	0.45

资料来源：李敏、姚顺波《退耕还林工程综合效益评价》，《西北农林科技大学学报》（社会科学版）2016年第3期。

①生产经营方式。推动传统农牧业转向经济可持续发展新路子，即由粗放经营转向精种、精养，由低产转向高产、高效，从单纯农牧业转向多种经营。

②产业结构。通过优化要素配置加快了农村产业结构调整步伐，主要体现为第一产业与第二、第三产业之间的转移，种植业与林牧产业之间的转变，粮食作物与经济作物之间的转换，以及新型服务业、农林牧渔服务业的产生。

③就业结构。退耕还林对于就业结构调整有显著的正向影响，能够释放农村劳动力，促进农村劳动力在产业间和地域间转移。其中，中高收入阶层农户家庭部分剩余劳动力转向从事第二、第三产业。不过，易福金和陈志颖（2006）认为，退耕还林对于非农劳动力人数的促进作用并不一定显著，但可明显增加他们外出务工的劳动时间。[①]

④农地利用结构。主要体现在由农地向林地的转变，以及土地在不同作物之间的种植结构的变化，由低产低价值向高产且经济优势明显的作物转变。当然，耕地中也有许多未超过 25 度的坡耕地也被退耕，造成了耕地流失。

⑤农户生活水平和贫困。退耕还林不仅打破了农户生产经营的传统均衡状态，还改变了农户家庭的资源禀赋与约束条件，加快了农民脱贫致富的步伐（粮食和生活费补助成为农户收入的重要组成部分），退耕农户尤其是低收入阶层退耕农户生活得到显著改善，他们的补贴收入、林果产品收入和畜牧业收入明显增加。王立安等（2013）对甘肃南部武都区实证调查表明，参与退耕还林项目的绝对贫困、相对贫困和一般农户退耕后在人均纯收入和生计综合能力方面都发生了变化，其中绝对贫困人口受益最大。[②] 据国家林业局的监测，退耕监测农户 2003 ~ 2012 年户均累计获退耕补助 2.04 万元。退耕监测农户贫困发生率，从退耕前 1998 年的 36.14% 下降到 2011 年的 6.56% 。然而，也有研究表明农民的实际生活水平因外出务工支出增加和自给自足的消费模式被破坏而导致农户生活水平改善的能力并未得到显著提升

① 易福金、陈志颖：《退耕还林对非农就业的影响分析》，《中国软科学》2006 年第 8 期。

② 王立安、钟方雷、王静、乔俊杲：《退耕还林工程对农户缓解贫困的影响分析——以甘肃南部武都区为例》，《干旱资源与环境》2013 年第 7 期。

（郭晓鸣等，2005）。①

⑥农户生态意识。主要包括退耕意愿、林木管护意识、环保意识、接受生态补偿意愿和对生态农业的认知等方面。退耕还林极大地增强了广大农民群众对生态与经济发展的辩证关系意识，以及生态建设的紧迫感、责任感。与之相反，有研究认为由于退耕还林对于劳动力的外出就业有促进作用，退耕还林补贴对于林木管护的激励作用逐步下降，造成农户林木管护意识反而下降（刘燕等，2010）。②

3. 启示

第一，坚持生态效益优先，将退耕还林与农村产业和就业结构调整、农业产业化经营、扶贫攻坚相结合，将生态效益、经济效益和农民增收相结合，正确处理好国家、地方、农民三者间的利益关系，是退耕还林还草项目成功的关键。

第二，坚持农民自愿、企业参与、政府引导和支持相结合。

第三，在工程方案、植被配置、组织形式、受影响劳动力就业和退耕后资源的管理与利用等方面，坚持因地制宜。比如在植被配置上，坚持适地适树，乔、灌、草相结合，宜林则林，宜草则草，宜乔则乔，宜灌则灌。

四　加强和改善生态扶贫的政策建议

我国在生态扶贫中积累了不少可供借鉴的经验和教训，也形成了不少有学习价值的案例。这些经验和案例，为提高生态扶贫的效果、改进生态扶贫工作提供了良好的知识储备和实践参考。在打赢脱贫攻坚战的剩余时间内，我国生态脆弱地区的精准扶贫、精准脱贫任务依然很艰巨，需要创新政策和制度，进一步加强和改善生态扶贫工作。

① 郭晓鸣、甘庭宇、李晟之、罗虹：《退耕还林工程：问题、原因与政策建议——四川省天全县100户退耕还林农户的跟踪调查》，《中国农村观察》2005年第3期。

② 刘燕、支玲、徐慧丽、张喜、陈雨沫：《退耕还林对新农村建设的影响研究——以贵州省织金县为例》，《北京林业大学学报》（社会科学版）2010年第2期。

（一）完善生态补偿政策和标准，增加受影响贫困人群的收入

我国的生态补偿政策，经过10多年的实践和研究，已经初步形成了比较清晰的政策方向和框架，明确了“权责统一、合理补偿，谁受益、谁补偿”与“坚持政府主导、社会参与”的补偿原则。但是，有关生态补偿的范围、补偿资金筹集、补偿标准、补偿方式的政策和法律，至今仍不够规范、明确和具体。尤其是对于生态保护区、生态脆弱区内的扶贫对象生态补偿的政策，还存在较大的随意性，不利于生态保护脱贫。应该在调查研究的基础上，进一步明确生态补偿的范围和标准，确定受生态保护政策影响范围内扶贫对象生态补偿和社会保障等干预工具组合使用的方向。一方面提高生态补偿的标准，使生态补偿收入成为受影响扶贫对象脱贫更重要的收入来源；另一方面要综合运用生态现金补偿、提供生态公益岗位和社会保障等干预工具，来帮助受生态保护影响的扶贫对象脱贫。考虑到生态补偿政策的补偿性质，不宜将其作为受影响的扶贫对象精准脱贫的主要工具。因为以生态补偿名义分发的现金，只能以牺牲或贡献为基础。按受影响人群是否扶贫对象来确定补偿标准，将不利于社会稳定和生态环境的持续保护。相对来说，提供生态公益岗位，可能是一种可以精准到扶贫对象的具有更高可持续性的生态补偿形式。此外，对受生态保护影响区域内的扶贫对象，以社会保障的形式提供补偿，具有合理的政策依据，也更具可操作性，可以与生态补偿等结合起来使用。

（二）确定保护性利用的边界和形式，提高扶贫对象的受益水平

对包括生态保护区在内的重要生态功能区和生态脆弱区进行保护性利用，是国际上通行的做法。对这些区域在严格和合理保护的前提下，适当开展科学考察、观光旅游和生态产品的生产与采集，既可以增加区域内居民的收入，也有利于生态系统的研究、保护。当然，这些区域的保护性利用的前提是保护，是以不影响生态系统的稳定和质量为先决条件的，这就需要在政策和管理上确定保护性利用的边界和可能的形式、强度。同时，要采取诸如

资产收益扶贫、征收生态保护费等形式，提高在保护性利用中扶贫对象的受益水平。

（三）探索通过以工代赈形式开展生态扶贫

我国还有数量巨大的生态脆弱区，需要通过加强生态工程建设和生态保护来改善其生态稳定性和生态系统质量。在多年的实践和探索中，我国各地已找到了多种适合不同环境条件的生态脆弱区生态工程治理和建设的有效办法，如水土保持、小流域治理、沙漠治理、生态防护林建设等。从国家生态安全和环境改善的角度看，我国仍将在生态工程建设方面采取积极、有效的干预行动。近十年来虽然我国生态工程建设的投资在不断增加，但是单位生态工程建设投资所增加的就业却在不断减小。这其中固然有机械化程度不断提高和对工程质量要求增加的影响，但是在生态脆弱区或生态工程建设区内仍有大量没有充分就业的劳动力的条件下，忽视生态工程建设的就业作用的做法是不恰当的。在保证生态工程建设质量的前提下，探索通过以工代赈开展生态扶贫的有效实现形式，使生态工程建设惠及受影响区域内的人口，增加生态工程建设投资的就业拉动作用，应该成为我国生态工程建设和保护的一项基本政策。

（四）发挥政府和市场合作的作用，加强生态扶贫

生态环境保护和生态治理，既需要巨大的投资和科学的管理，也需要不断的技术创新。仅仅依靠政府的投入和支持，生态治理的规模、速度和质量会受到限制。多年来我国已经在政府和市场力量合作开展生态治理方面积累了不少好的经验，也初步形成了鼓励和支持市场和社会力量参与生态保护和治理的原则性政策。今后需要继续完善和细化政府与市场合作开展生态保护与治理的政策，探索包括公私合作（PPP）在内的多种政府与市场和社会力量合作开展生态保护与治理的方式，加快我国的生态保护和治理，并使生态保护和治理惠及区域内的人民，实现生态环境保护、参与企业发展和受影响农户福祉提高的多赢。

案 例 篇

Report on Case Studies

B.10

做好“真”字文章

——井冈山精准扶贫的经验与模式

陈成文　陈建平*

摘　要：实证研究的结果表明，井冈山之所以能在全国率先实现脱贫“摘帽”，是因为它在精准扶贫中做好了“真”字文章，在精准扶贫的各个环节上均做到了“真”。从整体上看，井冈山精准扶贫的“真”文章主要体现在发展战略、扶贫举措和扶贫格局三个方面。在发展战略方面，这种“真”具体表现在发展要求、发展方式和发展手段上；在扶贫举措方面，这种“真”具体表现在对象识别、项目安排、资金使用、措施到户、帮扶主体和贫困退出上；在扶贫格局方面，这种“真”具体表现为

* 陈成文，湖南隆回人，江西财经大学首席教授、博士生导师，公共政策与社会治理研究中心主任，主要从事公共政策与社会治理研究；陈建平，湖南隆回人，江西财经大学财税与公共管理学院博士生，主要从事公共政策与社会治理研究。

构建了政府、社会、市场协同推进的“三位一体”的精准扶贫大格局。从本质上看，井冈山的精准扶贫模式是一种以满足需求为导向的“契合型”扶贫模式。这一模式注重了精准扶贫政策与农村贫困人口需求的互补性契合和一致性契合。

关键词：　井冈山　精准扶贫　经验　模式

让贫困人口和贫困地区同全国一道进入全面小康社会，乃是中国共产党的庄严承诺。党的十九大报告中提出了“弱有所扶”的民生建设目标，并强调指出：要动员全党全国全社会力量，坚持精准扶贫、精准脱贫……确保到2020年我国现行标准下农村贫困人口实现脱贫，贫困县全部摘帽，解决区域性整体贫困，做到脱真贫、真脱贫。所谓“脱真贫”就是指精准扶贫的对象必须是真实的贫困人口；所谓“真脱贫”就是指贫困人口真真实实地实现了脱贫，而不是搞“纸上扶贫”“填表式扶贫”“口号式扶贫”。这就是说，要做到“脱真贫、真脱贫”，精准扶贫就必须做好“真”字文章，在“真”上下功夫，从贫困对象的识别到扶贫措施的落实都必须做到“真”。2016年，作为中国革命的摇篮——井冈山在全国率先实现了脱贫“摘帽”。2017年4月，我们对井冈山精准脱贫进行了较为扎实的实地考察，不仅运用随机抽样的方法对一些脱贫村和脱贫户进行了问卷调查，而且运用焦点小组访谈的方法对一些脱贫村和脱贫户进行了深度访谈。实证研究的结果表明，井冈山之所以能在全国率先实现脱贫“摘帽”，是因为它在精准扶贫中做好了“真”字文章，在精准扶贫的各个环节上均做到了“真”。

一　井冈山精准扶贫的主要做法

井冈山的精准扶贫始于2014年。整体看，井冈山主要是从发展战略、扶贫举措和扶贫格局三个方面推进精准扶贫的。

（一）在发展战略上做到“真”

井冈山将发展作为脱贫攻坚的根本，坚持以发展增收带动贫困户及贫困村脱贫致富。一方面，井冈山按照“一户一丘茶园，一户一片竹林，一户一块果园，一户一人务工”的“四个一”产业扶贫要求，重点发展茶竹果产业，全力实施农业产业“231”富民工程（力争在“十三五”期间，打造20万亩茶叶、30万亩毛竹、10万亩果业）。另一方面，井冈山大力发展扶贫产业合作社，实现了贫困户加入产业合作社全覆盖。同时开展“旅游+扶贫”、“电商+扶贫”、资产收益扶贫等多种扶贫模式。从调研中发现，井冈山在发展战略上的“真”主要体现在发展要求、发展方式和发展手段上。

1. 发展要求：“四个到位”

在发展要求上，井冈山确定了“四个到位”。一是政策保障到位。结合实际，井冈山制定出台了《加快农业产业发展助推脱贫攻坚实施意见》，成立了“茶竹果”重点产业发展领导小组，明确了2016~2020年每年的发展目标和任务。为确保发展目标和任务完成，全力实施金融“四轮驱动”，即：担保贷款、贷款贴息、产业保险和现金直补。二是资金扶持到位。井冈山积极整合财政、扶贫等涉农项目和资金5000万元[①]，按照“统筹规划、相对集中、各负其责、各记其功”的原则，将赣南等原中央苏区和特困区产业扶贫资金2239.4万元及资产收益扶贫试点资金1000万元全部用于扶持4163户建档立卡红蓝卡户的产业帮扶。三是资产收益到位。井冈山成立了市金融产业指导委员会，注册了井冈山惠龙宝产业投资有限公司。惠龙宝公司主要负责红卡户（特困户）入股资金的资本运作、资产投资和收益分配等工作。根据贫困户自愿的原则，井冈山所有红卡户以政府扶持的每户1万元产业帮扶资金入股惠龙宝公司。惠龙宝公司对井冈山市金融产业扶贫指导委员会审定的合作企业进行资本运作，股东年收益率按不低于股本金的15%标准执行。四是技术指导到位。井冈山从农业局、林业局等相关部门抽

① 文中的相关数据如未做特别说明，均是截至2016年底。

调技术人员20余人成立技术帮扶工作队，对原产地选择、基地规划、品种选育、基地管理、果实采摘等产前、产中、产后各个生产环节进行技术指导，为农业产业的发展保驾护航。

2. 发展方式：“四个结合”

在发展方式上井冈山坚持了“四个结合”。一是结合美丽乡村建设。通过与美丽乡村建设相结合，井冈山大力实施老乡工程，动员广大农户利用房前屋后、庭院、村旁路旁的空闲地、荒坡荒地、自有林地发展富民产业，既带动了贫困户增收又美化了环境。二是结合撂荒地整治工作。井冈山把消灭撂荒土地与脱贫攻坚有机结合，充分利用撂荒土地发展产业，切实增加贫困群众收入。采取“统一翻耕、统一流转、统一规划、统一种植，按股分红，贫困户全覆盖”模式，在撂荒地种植玉米、大豆、芝麻等经济作物，确保贫困户持续性收益。三是结合全域性旅游概念。井冈山是红色旅游胜地，旅游资源丰富。因此，依靠旅游资源优势，发展“旅游+农业产业”模式是必然的发展方式。具体做法是：依托自然资源和人文资源，按照宜游则游的原则，主动融合全域景区建设，在有条件的乡镇及村组织开发原生态体验、观光采摘、农家乐、垂钓休闲、养生度假等乡村旅游特色产品。四是结合“互联网+”概念。随着“互联网+”时代的到来，电商平台成为产品销售的重要渠道。井冈山顺应时代潮流，完善网络基础设施，积极搭建电商平台，拓宽销售渠道，帮助贫困户把资金、技术、管理“引进来”，把资源、产品、服务“卖出去”。目前，已建立“村邮乐购·农村e邮”电商扶贫站点18个，让井冈山的精准扶贫搭上了互联网的时代快车。

3. 发展手段：“四个一批”

在发展手段上井冈山突出了“四个一批”。一是龙头企业带动一批。即推行“龙头企业+合作社+贫困户”产业扶贫模式。这种模式又分为两种形式：一种形式是以土地资源为依托，贫困户将自家土地流转给龙头企业，帮助企业实现集约经营和规模经营，贫困户再在龙头企业的经营中参与务工并获得相关收入；另一种形式是以“订单”为联结，由龙头企业和贫困村、贫困户签订农产品购销协议，实现“订单脱贫”。二是合作组织吸纳一批。

即推行“农民专业合作社+基地+贫困户”产业扶贫模式。这种模式的基本做法是：首先在政府的主导下建立农民专业合作社，贫困户再以资金、土地、山林资源或劳动力入股等形式参与产业发展，实现资源变资产、资金变股金、农民变股东。三是能人大户联动一批。即推行“能人大户+公司（合作社）+贫困户”或“能人大户+贫困户”产业扶贫模式。鼓励能人大户在本地创业和投资，引导在本地创业和投资的能人大户通过成立合作社进行集约和规模生产，实现本地群众、外出人员和外来人员通过创业和投资带领贫困户脱贫致富。四是“党建+”促动一批。即推行“党员+贫困户”的产业扶贫模式。党员干部尤其是贫困村的党员干部积极发挥资源、智力、信息和管理优势，以贫困村及贫困户为载体，依托企业（或合作社），带领贫困对象挖掘资源，发展特色产业。

（二）在扶贫举措上做到“真”

井冈山以习近平总书记关于“六个精准”的战略论断为指针，从对象识别、项目安排、资金使用、措施到户、帮扶主体和贫困退出六个方面做到了“真”。

1. 对象识别“真”

在对象识别方面，井冈山摒弃了以往贫困识别过程中的“大概印象、笼统数据”，精准聚焦“对象是谁？程度怎样？数量多少？如何分布？”。在具体的识别过程中，井冈山以“村内最穷、群众公认”为原则，严格按照“一访、二榜、三会、四议、五核”① 的程序进行对象识别，确保“精准扶贫、不落一人”。在贫困户建档立卡上，井冈山创造性地提出红卡（特困户）、蓝卡（一般贫困户）、黄卡（2014 年实现脱贫的贫困户）建档立卡办法。在精准“扫描”每一个贫困户的基础上，用三色卡标记不同程度的贫

① “一访”即走访农户；“二榜”即在村和镇张榜集中公示；“三会”即分别召开村民代表大会、村委两会、乡镇场党政班子会；“四议”即通过村民小组提议、村民评议、村两委审核、乡镇场党政班子决议；“五核”即村民小组核对、村两委审核、驻村工作组核实、乡仲裁小组核查、乡镇场党政班子会初核。

困户，做到心中有数，一目了然。在对贫困对象的识别过程中，井冈山严格执行识别标准，不符合贫困标准的一律排除在识别范围之外，符合标准的一个也不落下。井冈山还建立了精准扶贫大数据管理平台。通过大数据管理，确保对每一个贫困户的基本情况一目了然，使致贫原因和脱贫门路清晰可查。通过这一系列精准识别举措，井冈山做到了变“面上掌握”为“精准到人”，共识别出贫困户4638户（16934人），其中红卡户1483户5014人，蓝卡户2218户7787人，黄卡户937户4133人。

2. 项目安排“真”

井冈山深刻领会习近平总书记“项目安排精准”论断的要义，以“十大扶贫工程”① 为抓手，以产业扶贫、安居扶贫、保障扶贫为龙头，让“项目资金跟着穷人走”。在产业扶贫方面，一是推进“产业+”，实现“资源变资产、资金变股金、农民变股东”；二是推进“旅游+”，变“单一为综合、过客为常客、潜力为实力”，如建立了菖蒲金葡萄园、国家农业科技园八角楼园区等一批农业观光项目，吸引了大批自驾游游客旅游观光、采摘体验，让一大批种菜、种果的贫困群众成为受益者；三是推进“就业+”，实现“一户一人务工，全家不再受穷”，如开发公益性岗位、开展免费创业培训项目。在安居扶贫方面，实行拆旧建新、维修加固、移民搬迁、政府代建等建房模式，并构造出“引农出山、移民建镇、特困上楼”三管齐下的新型移民搬迁扶贫模式。在保障扶贫方面，一是推进社会保障扶贫，让贫困群众日常生活不愁；二是推进健康扶贫，让贫困群众看得起病，解决“因病致贫和因病返贫”；三是推进教育扶贫，让贫困群众的子女上得起学。

3. 资金使用“真”

为了提高财政涉农扶贫资金的精准度和使用效益，井冈山加快推进财政涉农资金科学化、精细化管理。井冈山按照投入科学、安排规范、使用高效、运行安全的要求，探索资金整合的有效途径，为脱贫攻坚和农村发展升

① “十大扶贫工程”是指江西省实施的产业发展扶贫工程、就业扶贫工程、易地搬迁扶贫工程、危旧房改造扶贫工程、村庄整治扶贫工程、基础设施建设扶贫工程、生态保护扶贫工程、社会保障扶贫工程、健康扶贫工程和教育扶贫工程。

级提供资金保障。一方面，井冈山整合中央、江西省、吉安市、井冈山市四级财政安排用于农业生产发展和农村基础设施建设等方面的资金；另一方面，井冈山结合脱贫攻坚任务和贫困人口变化情况，将教育、医疗、卫生等社会事业方面的部分资金也纳入整合范围。整合资金以“十大扶贫工程”为平台，精确瞄准建档立卡贫困人口和贫困村。通过统筹整合财政涉农扶贫资金，井冈山形成了“多渠道引水，一个龙头放水”的扶贫资金投入新格局。在扶贫资金的使用过程中，井冈山不断完善资金管理方式，加快资金拨付进度，完善资金项目公示公告制度。为了加大对整合资金使用的监督检查力度，井冈山建立了以审计、纪检监察、财政部门以及“两代表、一委员”为主体的整合资金使用监督委员会，乡镇、村两级同时成立相应的机构。井冈山还积极探索引入第三方监督机制，引导贫困人口主动参与监督，构建多元化的资金监管机制。

4. 措施到户“真”

井冈山认真践行习近平总书记的“措施到户精准”思想。针对不同致贫原因，井冈山“对症下药”，政策因户“滴灌”，做到方略有谱。第一，针对有劳动能力的贫困对象实施“就业/创业”扶贫。通过技能培训、开发公益性岗位等就业扶贫措施，帮助有就业意愿的贫困对象获得合适的工作岗位；通过资金支持和技术服务等创业扶贫措施，帮助有创业意愿的贫困对象发展致富产业。第二，针对劳动能力不足的贫困对象实施资产收益扶贫。井冈山鼓励贫困户，尤其是丧失劳动能力的贫困户，将扶贫资金投入金融、设施农业、工业、乡村旅游等领域，以获得长效收益；同时，支持农民合作社和其他经营主体通过托管贫困户产业基地和吸收农民土地经营权入股等方式，带动贫困户增收。第三，针对因病、因残等支出性贫困对象实施保障扶贫。井冈山按照“摸清底数、区分类型、找准问题、分类施策”的思路，坚持依法救助、托底救急、精准救助、统筹衔接的原则，充分发挥社会保障在扶贫攻坚中的积极作用，编织了一张“覆盖全面、救急解难、托底有力、持续发展”的基本民生安全网。第四，针对居住型贫困实施安居扶贫。井冈山实行拆旧建新、维修加固、移民搬迁、政府代建4种安居扶贫模式，引导贫困移民向中心村镇、工业园区和城区有序转移。

5. 帮扶主体“真”

井冈山认真践行习近平总书记的“因村派人精准”思想。为会聚脱贫攻坚的强大力量，把力量全部引导至脱贫攻坚上来，井冈山加大了脱贫攻坚在乡镇社会经济发展实绩考核指标中的权重（提升至60%）。井冈山将扶贫一线作为培养和考验干部的重要阵地，建立了领导挂乡、单位挂村、企业扶乡的帮扶机制，要求每乡都有市领导和实力企业，每村都有市直单位，每户都有扶贫干部，规定县处级以上领导干部帮扶 3 户贫困户、科级干部帮扶 2 户贫困户、一般党员干部帮扶 1 户贫困户。截至 2016 年底，井冈山市共有 17 位市领导、126 个市直单位、17 家重点企业进驻脱贫攻坚第一线；共选派 112 名科级干部到村担任扶贫“第一书记”、109 名科级后备干部担任“村党组织副书记兼主任助理”；实现了 3000 多名党员干部人人参与脱贫攻坚。为了将党组织的力量挺立在脱贫攻坚最前沿，全力发挥党组织的政治优势和组织优势，井冈山创造性地实施了“党建 + 脱贫攻坚”行动，让党建工作跟着脱贫项目走。井冈山采取“支部 + 企业 + 基地 + 贫困户”“支部 + 移民安置点”等模式，把党组织建在扶贫产业链、移民安置区、专业合作社和龙头企业中，实现了 306 个专业合作社和产业协会、43 个移民集中安置点党的工作全覆盖。

6. 贫困退出“真”

为了实现有序脱贫，杜绝“贫困终身制”，井冈山实行“户有卡、村有册、乡有簿、市有电子档案”，通过数据系统对贫困户信息进行动态管理，及时更新贫困信息。井冈山严格按照国家制定的贫困退出标准，将已经实现脱贫的贫困户和贫困村进行脱贫管理，同时，及时纳入新识别出的贫困对象，做到该退则退、该进则进、该扶则扶，确保“贫困在库、脱贫出库”。井冈山坚决杜绝“数字脱贫”，不搞纸上扶贫、填表式扶贫、口号式扶贫等形式主义，而是将扶贫举措落到实处，切实做到真脱贫。为了做到帮扶措施落实情况明明白白，井冈山为每个贫困户制作了基本信息卡、帮扶工作记录卡、脱贫政策明白卡和贫困户收益卡，并将四卡信息全部录入贫困户的电子档案。通过查询电子档案，便可了解贫困对象的所有信息，包括谁来扶的、怎么扶的、解决了哪些问题、实现了哪些收入。为了做到贫困群众每项实际收入清清楚楚，井冈山分别为红、黄、蓝卡户印制了“贫困户收益确认公示表”，登记并公开每一项实实在在的收入，方便社会监督。“贫困户收益确认公示表”公示公开前都要经过贫困户签字确认。

（三）在扶贫格局上做到“真”

精准扶贫资源配置的方式是多种多样的，既有行政组织配置，也有社会力量配置（包括市场组织配置、社会组织配置和公民个体配置）。也就是说，扶贫开发不是政府“单打独斗”，而是整合一切资源，动员一切社会力量，形成政府、社会、市场协同推进的“三位一体”精准扶贫大格局。

井冈山清楚地认识到，仅靠井冈山政府的有限财力，要实现脱贫，犹如杯水车薪。为此，井冈山充分运用习近平总书记的精准扶贫大格局思想，科学构建了政府部门主导、爱心人士参与、企事业单位支持等多元主体参与的扶贫模式。井冈山动员组织企业和相关人士，通过定点帮扶贫困村、结对帮扶贫困户、认领微心愿、捐献爱心基金、吸纳劳动力就业、开展就业培训等多种途径，帮助贫困村开发优势资源，培育主导产业。先后吸引380名井冈山籍在外发展人士返乡创业，以公司加农户的形式组织生产合作社。通过千方百计借力借帆“开大船”，争取到华润集团1.2亿元投资和江铜集团1亿元捐赠等一系列帮扶资金。井冈山还特地从旅游门票收入和土地出让金中各切出10%，筹措资金成立特殊扶贫基金。此外，井冈山积极推行“志智双扶”，调动扶贫对象的积极性，发挥其主体作用，使贫困对象成为多元主体的重要组成部分。一是通过“扶志”消除思想上的贫困。二是通过“扶技”消除能力上的贫困。三是通过“扶智”消除代际传递的贫困。

二　井冈山精准扶贫的主要成效

经过三年的“啃硬骨头”，井冈山精准扶贫成效显著。2016年底，井冈山贫困发生率降至1.6%，低于国家2%的贫困县退出标准；贫困村从2015年的35个减少到6个，退出率达83%，远高于江西省60%的贫困县退出要求。贫困户人均纯收入由2013年的2600元，增长到4500元以上，基本实现了"农村贫困人口不愁吃、不愁穿，农村贫困人口义务教育、基本医疗、住房安全有保障，农村最低生活保障标准和贫困农户人均可支配收入增幅高于全市平均水平，贫困村基本公共服务领域主要指标接近全市平均水平"，具体情况见表1。

表1 井冈山精准扶贫的主要成效

单位：人，元

序号	主要致贫原因	2014年		2015年		2016年	
		人数	人均纯收入	人数	人均纯收入	人数	人均纯收入
1	交通条件落后	23	2918.3	8	4263.25	7	4523.86
2	缺技术	875	2436.80	365	3996.15	58	6768.19
3	缺劳动能力	1186	2282.41	637	5460.85	157	6122.01
4	缺土地	26	1842.15	18	1998.89	0	—
5	缺资金	378	2535.71	144	4162.48	20	6902.20
6	因病	7632	2419.39	4361	4533.9	875	5970.21
7	因残	1887	2295.25	1157	4886.23	327	7010.52
8	因学	378	2357.39	230	4856.9	15	8001.59
9	因灾	119	2358.67	56	5014.1	13	6781.37
10	自身动力不足	210	2855.48	97	4522.13	22	4196.06
合计		12714		7073		1494	

注：本表根据全国扶贫开发信息系统江西业务管理子系统中的数据整理计算得出。

（一）产业扶贫的主要成效

2016年，井冈山全市新增茶叶种植面积2万亩，毛竹种植面积1.65万亩，果业种植面积1万亩；35个贫困村发展主导产业3500亩，短期效益产业3500亩；共投入产业扶贫资金6942万元，使竹果产业面积达到28.3万亩，覆盖贫困户2320户，户均年增收1500元；"旅游+扶贫"、"电商+扶贫"、资产收益扶贫等模式实现户均增收2000元以上。2016年，井冈山全市接待游客人次和旅游收入均增长10%以上，旅游业吸收贫困户1000多户。目前，井冈山全市共有贫困劳动力8873人，转移就业率达61.16%，其中企事业单位、合作社等转移就业1594人，景区231人，公益性岗位834人，护林员210人，园区企业412人，自主就业创业189人，外出务工1957人。园区企业、外出务工等岗位年工资性收入达2万元以上，实现“一人就业、全家脱贫”。

（二）安居扶贫的主要成效

2016年，井冈山市共投入财政资金近8000万元用于维修拆除危旧土坯房6718栋、新建1802栋，解决了包括2268户贫困人口在内的一大批群众的住房难题。通过城（园）区安置、集镇安置、中心村安置、爱心公寓安置、购房安置实现了贫困人口向中心村镇、工业园区和城区有序转移。城（园）区安置是指引导有劳动能力，尤其是已有家庭成员在县城或工业园区务工的，在县城或工业园区统建的安置点安置。集镇安置和中心村安置是指自身条件稍差或没有离乡意愿的，在乡镇所在地或中心村建设的安置点安置。爱心公寓安置是指对无经济能力搬迁的特困户，政府通过建设“爱心公寓”集中安置。购房安置指依托安置区已有基础设施、空置房屋等资源，鼓励支持搬迁对象购买安置区内闲置的二手房。2015年完成搬迁安置895户4010人。2016年搬迁安置377户1627人，其中，城（园）区安置19户69人，集镇安置147户615人，中心村安置130户529人，爱心公寓安置6户24人，购房安置75户390人。

（三）社会保障扶贫的主要成效

2016年，井冈山新增贫困户低保指标880名，同时贫困户低保标准实现12%的增长。截至2016年底，井冈山已累计发放贫困户低保金1320余万元，红卡户人均享有2340元/年。在医疗保障方面，井冈山实行为贫困户全额代缴“新农合”及医疗附加险费用（井冈山市财政在泰康人寿为所有贫困对象每年缴纳120元医疗附加险），取消乡、县两级住院补偿起付线，将江西省、吉安市重大疾病定点医疗机构住院补偿比例提高到70%，贫困户个人医疗综合负担比例降到10%以内。2016年，井冈山全市大病医疗保险共补偿797人次436万余元；意外伤害保险共赔付1771人次672万余元；医疗附加险赔付148人次120余万元；重症疾病保险赔付23人次34.5万元。对贫困对象的看病、就医和健康问题起到了重要的保障作用，有效遏制了因病致贫和因病返贫。

（四）教育扶贫的主要成效

2016年，井冈山实现建档立卡贫困户子女高考入学帮扶536人次，发放补贴资金58.4万元；通过义务教育寄宿生生活补助政策帮扶159人，金额9.8万元；通过普通高中国家助学金政策帮扶166人，金额19.4万元；共为187名春季和秋季高中红卡户学生全免学费和书本费，共计金额28.0万元。在吸纳社会资本，壮大教育扶贫力量方面，井冈山教育局争取到了武汉和合集团对井冈山市在读贫困户学生总计126万元的资助。在教育基础设施建设方面，井冈山已完成农村学校信息技术基础设施建设，农村学校全面实现“宽带网络校校通”和“宽带网络班班通”。在师资队伍建设方面，井冈山实现农村学校教师轮训全覆盖，2016年培训超过200人次。通过推进校长、教师交流轮岗，落实乡村教师支持计划，开展农村教师到城区学校跟班学习及城区教师到农村下乡支教等活动，井冈山实现了区域内优质校长、教师资源共享，缩小了城乡、校际差距，促进了教育公平。

（五）基础设施扶贫的主要成效

井冈山已实现贫困村生产生活设施大变样。在交通建设方面，井冈山基本实现了城乡客运一体化和交通运输基本公共服务均等化。2016年，公路建设达到40段70.2千米。目前已实现25户以上自然村通村组公路全覆盖。在网络建设方面，井冈山实现了宽带网络基础设施建设向自然村延伸。2016年，4G基站建设58个、管道建设3千米、传输光缆建设70千米、宽带建设8000个信息点，实现了25户以上自然村移动通信网络全覆盖。在水利建设方面，通过对农户较为集中的地方新建集中供水工程，对居住分散农户采

取引山泉水、新建水池、打压水井等方式解决安全饮水问题，确保贫困户饮用安全水。2016 年，井冈山修建堤防 39.9 千米，整治渠道 185.67 千米，整治山塘 13 座，新建或改造拦水堰 39 座，有效解决了贫困地区的农田灌溉问题。在电力建设方面，井冈山完成了贫困村农网改造升级项目。当前，井冈山农村“一户一表”率和智能化覆盖率均达到 100%；农村居民电压合格率超过 98%，全面消除了长期低电压现象。

三 “契合型”扶贫：井冈山精准扶贫的基本模式

井冈山在全国率先脱贫的经验表明，在习近平新时代中国特色社会主义扶贫思想的指引下，它已形成了独具特色的以满足贫困人口需求为导向的扶贫模式。由于这一模式注重精准扶贫战略、举措、格局与农村贫困人口需求的互补性契合和一致性契合，因此，从本质上看它是一种以满足需求为导向的“契合型”扶贫模式（见图 1）。

（一）注重互补性契合

互补性契合强调事物双方之间的互补性或补足性，意味着在事物双方之间，一方拥有另一方所没有的特性或特质，通过这种特性，彼此都能在某些方面满足对方的需求，由此产生出一种互补性契合感。互补性契合主要从供给—需求契合和要求—能力契合两个方面来测量。[①]

1. 注重供给—需求契合

供给—需求契合主要是指精准扶贫政策的供给与农村贫困人口需求之间的契合。[②] 以往的扶贫政策供给较少从供给—需求契合出发，导致政策实施

---

① 陈成文、李春根：《论精准扶贫政策与农村贫困人口需求的契合度》，《山东社会科学》2017 年第 3 期。

② 陈成文、李春根：《论精准扶贫政策与农村贫困人口需求的契合度》，《山东社会科学》2017 年第 3 期。

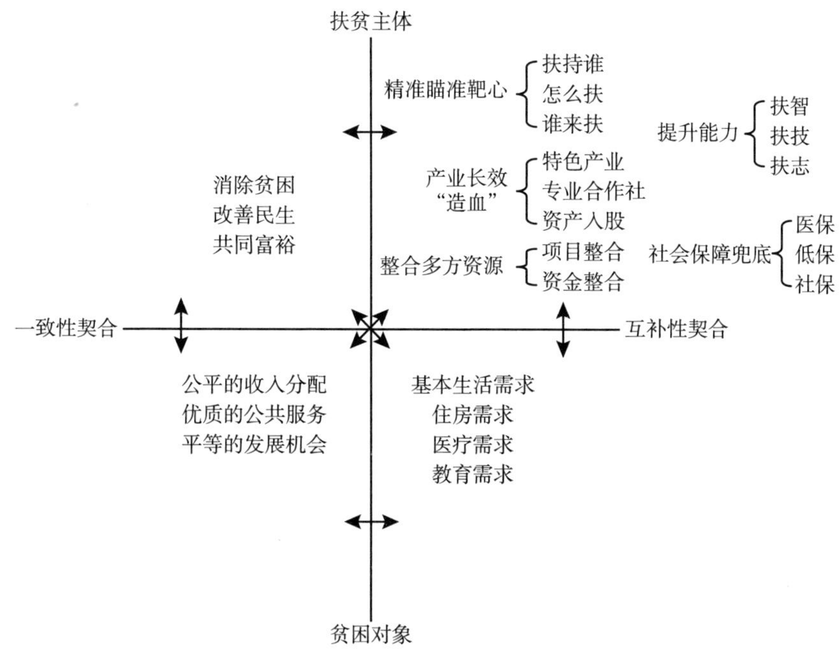

图1　井冈山以满足需求为导向的“契合型”扶贫模式

效果无法达到预期目的。① 这是因为：一方面，以往的扶贫政策难以瞄准真正的贫困对象，导致大量贫困人口漏出；另一方面，以往的扶贫政策难以完全契合贫困根源，导致扶贫成效低下。井冈山现有的扶贫模式以“精准瞄准”、“长效造血”、“整合资源”和“社保兜底”为抓手，不断提高精准扶贫的供给—需求契合度。

一是精准瞄准靶心。这是井冈山实现率先脱贫的关键核心。精准，包含“扶持谁”“怎么扶”“谁来扶”等多方面精准的内涵。以往的粗放型扶贫工作存在一系列问题，如贫困群众底数不清、致贫原因不明、扶贫举措针对性不强、扶贫资金和项目指向不准等。这些问题带来的结果就是扶贫政策供给不能很好地契合真正的贫困人口和贫困人口的真实需求。正因如此，习近

① 陈成文：《从“内卷化”看精准扶贫资源配置的矫正机制设计》，《贵州师范大学学报》（社会科学版）2017 年第 1 期。

平总书记将“对象精准”作为六大精准的首要环节。为了落实习近平总书记提出的“对象精准”，井冈山率先提出“红蓝”两卡识别办法，并在实践中探索实施“三卡”识别、“四卡”合一、“三表”公开等。

二是产业长效“造血”。发展产业是井冈山率先脱贫的根本。“输血”式扶贫只能解决贫困对象的基本生存需求问题。要解决贫困人口的长期发展问题，则必须提高贫困对象自身的“造血”能力。井冈山认识到，脱贫攻坚，一方面是扶业增收，另一方面是扶困解难，两个方面不可或缺。其中，发展产业、增加就业和提高收入，是根本之举。扶贫真正扶到根上，关键是提高困难群众的自我发展能力，实现“村村有主导产业”“户户有增收门路”。井冈山认为，发展产业，不能一蹴而就，更不能盲目蛮干，务必实事求是、因地制宜。因此，井冈山注重激活贫困对象的资源资产，探索了“三变”① 的产业“造血”模式，在产业扶贫过程中依托丰富的土地资源优势，大力发展“茶、竹、果”等优势特色产业，有效增强了贫困对象的“造血”能力。

三是整合多方资源。资源聚焦贫困，是井冈山实现率先脱贫的有力支撑。具体实践中，贫困人口与低保人口不衔接、“扶农”与“扶贫”不衔接、资金项目“大水漫灌”、社会力量扶贫碎片化等问题让井冈山深感资源聚焦贫困的重要性。井冈山在资源聚焦贫困方面总结出两条经验。一是注重涉农政策与脱贫政策之间的衔接与整合。以脱贫摘帽为目标，以减贫成效为导向，实现惠农政策的“普惠式”“区域式”投放向“差异化”“特定化”投放转变。二是注重对口支援和多方协作。通过东西部扶贫协作，党员干部帮扶、爱心人士参与、企事业单位支持，井冈山构建了会聚多方力量的精准扶贫大格局。

四是社会保障兜底。井冈山按照“社会保障兜底一批”的要求，健全完善社会保障、社会救助制度，提高保障水平，编密兜底保障网，重点强化对“无业可扶和无力脱贫贫困人口”的保障。让贫困群众不愁吃、不愁穿、

---

① “三变”即变资源为资产，变资金为股金，变农民为股东。

基本生活有坚实保障，一个都不落、一个都不少地同步实现全面小康。在具体实施过程中，重点实现一个全覆盖，提高三项保障，健全三大体系。第一，严格按照“应保尽保”的要求，推进贫困线和低保线“双线合一”，实施贫困群众低保全覆盖；第二，切实提高贫困群众收入保障、医疗救助保障和养老服务保障水平；第三，健全临时救助体系、社会救助体系和精准识别体系。

2. 注重要求—能力契合

要求—能力契合主要是指精准扶贫政策对农村贫困人口的要求与农村贫困人口能力之间的契合。产业扶持、转移就业、易地搬迁、教育支持等脱贫方式属于开发性扶贫，具有明显的发展性。这种发展性扶贫本质上是以农村贫困人口的发展为核心的社会积极变迁。只有得到农村贫困人口的主动参与和积极支持，这种发展性扶贫才能够获得成功。[①] 在扶贫攻坚中，农村贫困人口的主动参与和支持程度直接决定要求—能力契合的程度。为了提高要求—能力契合度，井冈山突出“志智双扶”，并将其作为战胜贫困的内生动力。物质扶贫固然重要，精神扶贫、文化扶贫更为重要。井冈山认识到“党和政府是扶持我们，并非抚养”，最大的贫困是依赖心态，外部主导的扶贫可能改变这种心态，也可能强化这种心态。因此，井冈山将“扶志”“扶技”“扶智”作为扶贫工作的三个重要方面。

一是通过“扶志”消除思想上的贫困。一方面，井冈山打破固有思维模式，创新资金补助方式，将发放生活补贴转变为发放产业奖补，重点扶持产业发展，引导贫困对象进城务工、自主创业，激发贫困群体自身脱贫致富的原动力，从根本上摆脱“等靠要”的思想观念，彻底拔除贫困的“病根”。另一方面，井冈山加大脱贫攻坚宣传力度，深入挖掘贫困群众依靠自身努力脱贫致富的先进事迹，树立脱贫光荣的鲜明导向。

二是通过“扶技”消除能力上的贫困。提高农村贫困人口就业能力最

① 陈成文、李春根：《论精准扶贫政策与农村贫困人口需求的契合度》，《山东社会科学》2017 年第 3 期。

直接、见效最快的方法就是提升他们的劳动技能。[①] “扶技”即提升农村贫困人口的劳动技能。井冈山因地制宜、因户施策，在尊重个人意愿的基础上，充分挖掘个人所长，对有劳动能力的贫困人口进行技能培训，如讲授农业技术、开展职业教育，使他们都能拥有一技之长。同时，出台多项扶持政策鼓励大众创业，如向有创业意愿且具备一定创业条件的贫困人口开展免费的创业培训和创业指导，向符合规定条件的贫困人口提供创业担保贷款贴息扶持。截至2016年底，井冈山累计发放创业担保贷款560万元。井冈山还积极与园区企业沟通协调，鼓励园区企业对新招聘的扶贫对象开展岗前培训。截至2016年底，井冈山共组织了869名红、蓝卡贫困劳动力参加精准扶贫就业技能培训。

三是通过“扶智”消除代际传递的贫困。井冈山按照“全面改善，精准帮扶，多重资助，不落一生，扶智脱贫”的要求，建立到校、到户、到学生的教育精准扶贫平台，从幼儿园开始全程追踪到大学，按奖、贷、助、补、免等政策给予多元资助。通过内外兼修、“软硬兼施”、多管齐下，阻断贫困代际传递，打通教育扶贫的“中梗阻”。首先，做足外功，提升硬件水平，不断完善农村教学基础设施，增加图书数量，增设教学器材，让学生有个良好的学习环境。其次，勤练内功，提升软实力，主要措施包括：调结构，优化资源配置；抓培训，提升师资水平；提待遇，稳定师资队伍。最后，多管齐下，凝聚脱贫合力，主要措施包括：完善助学体系，疏通帮扶通道；打造“教育+互联网”模式，共享优质教育资源；吸纳社会资本，壮大扶贫力量。

（二）注重一致性契合

一致性契合主要是从价值理念角度来分析精准扶贫政策与农村贫困人口需求的契合问题。只有在精准扶贫政策的核心价值理念与农村贫困人口脱贫的核心价值追求具有内在的一致性时，我国精准扶贫才能有切实提高成效的

① 陈成文：《对贫困类型划分的再认识及其政策意义》，《社会科学家》2017年第6期。

可持续性。井冈山率先脱贫充分彰显了一致性契合的重要性。

从农村贫困人口的需求来看，吃穿不愁、学有所教、病有所医和住有所居固然是他们脱贫的核心价值追求，公平的收入分配制度、优质的公共服务、平等的发展机会也是他们脱贫的核心价值追求。我国精准扶贫政策的核心价值理念是消除贫困，让农村贫困人口共享社会经济发展成果，促进农村贫困地区的可持续发展，最终实现共同富裕。这一核心价值理念体现在社会主义本质和党的历史使命之中，体现在精准扶贫的战略目标之中，也体现在精准扶贫的基本原则之中。[①] 2012 年 12 月，习近平总书记在河北省阜平县考察时强调：“消除贫困、改善民生、实现共同富裕，是社会主义的本质要求，是我们党的历史使命。”[②] 党的十八大以来，党中央把脱贫攻坚纳入“四个全面”战略布局，作为实现第一个百年奋斗目标的重点工作。2016 年 2 月 2 日，习近平总书记在井冈山革命老区茅坪乡神山村考察时指出：“我们要永远珍惜、永远铭记老区和老区人民的牺牲和贡献。加快老区发展步伐，做好老区扶贫开发工作，让老区农村贫困人口尽快脱贫致富，确保老区人民同全国人民一道进入全面小康社会，是我们党和政府义不容辞的责任。”[③] 井冈山牢记这份“义不容辞的责任”，牢记“全面建成小康社会，没有老区的全面小康，没有老区贫困人口脱贫致富，是不完整的”，将“让老区群众过上更加美好的生活”作为自身的使命，各级党员干部带头冲在脱贫攻坚第一线，带领贫困群众一块苦、一块干，共商脱贫致富大计。可以说，正是党和政府这份“义不容辞的责任”以及“让老区群众过上更加美好的生活”的历史使命与井冈山人民脱贫的核心价值追求天然地契合在一起，才使得井冈山在全国率先实现脱贫。

---

① 陈成文、李春根：《论精准扶贫政策与农村贫困人口需求的契合度》，《山东社会科学》2017 年第 3 期。

② 《习近平总书记系列讲话精神学习读本》，中共中央党校出版社，2013。

③ 《牢记责任谋发展　革命老区换新颜》，《中国改革报》，http://www.crd.net.cn/2017-08/08/content_24700412.htm，2017 年 8 月 8 日。

参考文献

1. 陈成文、李春根：《论精准扶贫政策与农村贫困人口需求的契合度》，《山东社会科学》2017 年第 3 期。
2. 陈成文：《从“内卷化”看精准扶贫资源配置的矫正机制设计》，《贵州师范大学学报》（社会科学版）2017 年第 1 期。
3. 陈成文：《对贫困类型划分的再认识及其政策意义》，《社会科学家》2017 年第 6 期。

B.11

贫困县脱贫摘帽案例研究

——兰考脱贫攻坚的基本经验与启示意义*

黄承伟　吕　方**

摘　要：　经过三年多的不懈努力，兰考在全国实现了率先整县脱贫摘帽。本研究从思想体系、政策体系、方法体系和治理体系四个方面，介绍兰考脱贫摘帽的基本经验，并以兰考经验为基础，讨论打赢县域脱贫攻坚战的重大意义、理论方法和经验路径。研究提出兰考成功实现脱贫摘帽的经验，充分体现了习近平总书记治国理政新理念、新思想、新战略，特别是扶贫开发战略思想的指导意义，充分体现了中国共产党领导下中国国家贫困治理体系的政治优势和制度优势，充分体现了精准扶贫、精准脱贫“四梁八柱”顶层设计的科学性和可操作性，充分体现了脱贫攻坚政策“组合拳”与县域社会经济发展实际结合、与贫困村及贫困户内在脱贫需求相一致的治理结构安排的运行成效。

关键词：　脱贫攻坚　脱贫摘帽　兰考经验　县域贫困治理

* 本报告在国务院扶贫办全国扶贫宣传教育中心支持的《兰考脱贫摘帽经验总结研究报告》基础上整理加工形成，部分观点和材料，同时出现在《兰考脱贫摘帽经验总结研究报告》中。

** 黄承伟，国务院扶贫办全国扶贫宣传教育中心主任、研究员；吕方，华中师范大学社会学院副教授。

兰考县地处豫东平原，北依黄河，东临山东，位于九曲黄河最后一道弯，郑州、商丘、菏泽三市交界，是河南通往山东半岛的重要门户，是河南“一极两圈三层”中“半小时交通圈”的重要组成部分。从地理位置来说，可谓中原要津之一，但长期以来，受制于自然地理条件和整个区域发展环境制约，兰考县社会经济发展水平较低，始终难以摆脱欠发达的局面。全县下辖13个乡镇、3个街道，450个行政村（社区），总面积1116平方千米，总人口85万人，乡村人口77.29万人。2002年兰考县被列为国家级贫困县，当时全县有8个贫困乡，160个贫困村，13.2万贫困人口。2011年被确定为大别山连片特困地区重点县时，全县还有131个贫困村，11万贫困人口。2014年4月，严格按照上级“精准识别”规定程序，对全县贫困村和贫困户深入摸底，共识别出贫困村115个，贫困人口7.9万人，其中非贫困村贫困人口占三分之一。[①] 2014年兰考县作为习近平总书记党的群众路线教育实践活动联系点，兰考县委县、县政府向总书记立下了“三年脱贫、七年小康”的军令状。三年间，兰考县深入学习和贯彻习近平总书记扶贫开发战略思想，以及习近平总书记2014年3月18日在兰考县委常委扩大会上的重要讲话精神，坚持按照“精准扶贫精准脱贫”的基本方略，结合县域实际，按照“六个精准、五个一批”的原则，解决好“四个问题”，脱贫攻坚取得了突出成绩。

2017年3月，兰考县和井冈山市相继实现整体脱贫，意味着自20世纪80年代中后期国家开启有组织推进的扶贫开发事业以来，中国贫困县的数量第一次实现了净减少，毫无疑问，中国与贫困做斗争的历史翻开了崭新的一页。应当看到，兰考等县市顺利实现脱贫摘帽，证明了十八大以来，习近平总书记提出的扶贫开发思想，以及在这套思想指引下不断优化与完善的国家贫困治理体系具有很强的科学性和有效性，极大地鼓舞了全国其他贫困县打赢全面建成小康社会决胜期脱贫攻坚战的决心与信心。2017年4月至2017年7月，国务院扶贫办全国扶贫宣传教育中心组织来自全国的十多位

① 兰考县扶贫办编《兰考县基本情况》，2017年6月收集。

专家，先后多次到兰考县实地调研，较为全面地掌握了兰考县脱贫摘帽的主要做法和基本经验。调研结束后，研究团队多次召开专题研讨会，与会专家学者一致认同，深入总结和研究兰考脱贫摘帽经验具有重要的意义，并结合讨论内容形成了研究提纲，此后分组完成了研究报告。本文分四个部分简要介绍兰考脱贫摘帽过程中的思想体系建设、政策体系建设、方法体系建设和治理体系建设经验，并总结其启示意义。

一　县域脱贫攻坚思想体系：兰考如何提升认识?

理念是行动的先导，在科学认识的基础上，才能形成有效的行动。步入新时代，中国扶贫开发事业站在了一个全新的历史阶段，主要表现出几个方面的特点：其一，新千年伊始，中国人均国民生产总值超过 7940 元（约合 945.6 美元），已经达到了总体小康水平，经过十多年的努力，2012 年底，这一数据超过了 40000 元（约合 6175 美元），具备了全面建成小康社会的基础。但是，城乡之间发展不平衡，农村地区，特别是农村贫困地区发展不充分的问题，是制约全面建成小康社会，进而建成社会主义现代化强国的突出短板。打赢脱贫攻坚战，不仅事关全面建成小康社会的真实性，事关人民群众对全面建成小康社会成果的认可，也事关能否快速补齐制约贫困地区、贫困社区发展不充分的短板因素，为全面实施乡村振兴战略打下坚实基础。其二，新时期的减贫形势发生了显著的变动，突出表现在贫困人口的分布特征、致贫因素组合、潜在资源禀赋等诸方面。具体来说，新时期农村贫困人口主要分布在十四个连片特困地区，此类地区多具有自然地理条件的复杂性和社会经济文化的多元性特征，不同片区之间、片区内部不同地点之间、不同社区之间，虽然具有一定程度的共性致贫因素，但同样存在众多的差异。这就意味着有效的减贫治理，需要形成综合性、差异化的政策支持体系，有效回应贫困社区和贫困农户多元化的减贫与发展需求，补齐短板因素，激发内生动能。其三，人民群众日益增长的各类需求与发展的不平衡不充分之间的矛盾，已经上升为新时代中国社会的主要矛盾。实施脱贫攻坚战略，推进

全面的乡村振兴战略，是解决发展不平衡不充分问题的重大战略举措。习近平总书记高度重视农村地区的发展，特别是农村贫困地区的减贫与发展，提出了“两个重中之重”的重要思想。打赢脱贫攻坚战，不仅是补齐全面建成小康社会突出短板的重大战略，也将为全面实施乡村振兴战略，实现城乡统筹，破解发展不平衡不充分问题打下基础。

新时代以来，习近平总书记高度重视扶贫开发事业，多次在重要场合发表长篇重要讲话，多次做出重要指示和批示，这些论述形成了体系完整、逻辑严密、内涵丰富的思想体系，对打赢脱贫攻坚战具有根本性的指导意义。概括起来讲，习近平扶贫开发战略思想主要内容包括如何认识打赢脱贫攻坚战的重大战略意义，如何认识新时期中国农村贫困问题，如何有效治理农村贫困问题，以及怎样构架精准扶贫政策体系，怎么设计贫困治理体系等根本问题。特别是，总书记多次强调，要建立和完善“中央统筹，省负总责，市县抓落实”的扶贫开发管理体制，县级党委和政府承担主体责任，书记和县长是第一责任人，做好进度安排、项目落地、资金使用、人力调配、推进实施等工作。从学理上来看，县域是脱贫攻坚的一线战场，县级政府需要结合国家脱贫攻坚的总体部署和县域扶贫开发工作实际，合理安排工作进度，统筹好人力、财力、政策、项目等各项资源，并具体组织各项工作有序开展。同时，县域脱贫攻坚直接面对老百姓，直接接触群众工作，人民群众能否从国家政策中有实实在在的获得感，是否在扶贫开发过程中增进对国家政策的认同和对执政党的真心拥护，很大程度上取决于县域脱贫攻坚工作做得是否扎实，是否有成效，是否做到扶到了点上、扶到了根上、扶到了心里。兰考县高度重视提升对脱贫攻坚战重大意义的认识和政治站位，将加强理论学习，提升干部认识，进而推动干部作风和能力建设作为脱贫攻坚的基础性工作。

首先，兰考县委县政府领导班子率先垂范，主动学习习近平治国理政重要思想，特别是习近平扶贫开发战略思想。在学习过程中坚持“下足笨功夫”，用兰考县委书记蔡松涛的话来说，县委和县政府班子在学习中，强调原原本本学、认认真真学，力求清晰把握总书记思想的要义，形成完整的认识。以县委领导班子学习中共中央办公厅、国务院办公厅《关于打赢脱贫攻坚战的决定》为例，县委书记带领整个县领导班子，从头到尾，逐字逐句地认真学习体会，并且在学习过程中注重知识体系的延伸和扩展，将全面建成小康社会背景下的脱贫攻坚战，置于执政党对初心的体认，置于新时期治国理政的全局高度，置于市县“两个一百年奋斗目标”的历史高度来理解。通过梳理改革开放以来中国共产党领导下，中国政府主导的反贫困斗争历程，特别是十八大以来习近平扶贫开发战略思想的形成过程，以及中央脱贫攻坚的各项部署，兰考县有效地提升了县级领导班子对于脱贫攻坚重大意义的认识，坚定了打赢脱贫攻坚战的决心和信心。

其次，以多种形式，有效地带动全县干部认真学习、主动学习，做到入心入脑。基层工作开展的好坏，干部是关键，要形成县域脱贫攻坚的合力，统一干部思想是基础。兰考县以多种形式带动全县干部提高认识，鼓励干部认真学习、主动学习，做到科学认识入心入脑。在精准扶贫工作推进过程中，开始阶段基层干部面对成倍增加的工作量，面对政策的发展变动，也出现了不理解、甚至抵触的情绪。随着县级干部政治站位和思想认识水平的提升，进一步在科级干部中统一认识，有利于鼓舞干劲、形成合力。为了达到这一目标，兰考县采取了多方面的举措。一是利用党校干部教育阵地，讲授脱贫攻坚专题党课。专题党课系统地介绍了中国扶贫开发的历程、精准扶贫政策理念的缘起与政策体系的构成、打赢脱贫攻坚战的重大意义、兰考县域社会经济发展和贫困问题的现实情况、工作推进中遇到的难题，以及工作的重点和思路。通过专题党课的学习，参训学员提升了对脱贫攻坚重大战略意义的认识，对县域精准扶贫的政策部署、治理体系、主要问题、工作重点等内容有了全面的认识。二是以会代训，进一步提升认识水平，提高业务能力。仅以2016年为例，全县召开了7次“千人大会”，县乡村干部和驻村工作队员全部参加，针对脱贫攻坚各个阶段的工作任务，细化分工、明确责任，确保压力传导到位，工作落实到位。值得注意的是，“千人大会”的目的绝不仅仅在于营造氛围，除了上面提到的工作部署、传导压力之外，“千人大会”上，县级决策部门直接面向乡村两级干部和驻村工作队对政策意图、政策要求、分工安排进行部署，从而裁剪了政策传达的中间链条，最大限度地降低了政策传达的“失真”。三是发挥标兵示范带动作用，以先进带动后进。在全县驻村工作干部、乡村干部中评选工作认真负责、成效显著、深得群众认可的“标兵”，发挥“标兵”示范带动作用，为全县干部确立努力的方向和学习的榜样。

最后，结合精准扶贫实际工作，以学习指导实践，以实践促进学习。学习的目的是更好地指导实践，反过来，在实践中学习的困惑得以澄清，学到的理论和方法得以巩固和提高。精准扶贫是政策导向、服务导向的，是“实践着”的“以人民为中心”的发展。“以学习指导实践”，指的是通过提高各级干部的政治站位，深刻理解打赢脱贫攻坚战的重大意义，通过系统学习精准扶贫的政策理念和政策体系，指导县域各项工作有序开展，在每个时间节点上，在每个岗位上的工作人员，能够理解自身工作对于整个县域脱贫攻坚大局的作用与意义，能够在实践中有基本遵循，形成工作标准。“以实践促进学习”，包括两个方面的内涵，其一指的是在实践中体认、巩固和深化对脱贫攻坚战略意义、精准扶贫理论方法的认识，其二指的是在各项工作开展过程中遇到了困惑和疑难，以进一步学习的方法，促进工作方式的优化和改善。特别是，在实践过程中，各级干部通过科学运用精准扶贫的工作方法，感受到了国家精准扶贫政策体系和治理体系安排的科学性，感受到了老百姓实实在在的满意和认同。以“精准识别”为例，在工作开展的早期阶段，存在着较为普遍的遗漏和偏差，优亲厚友的现象不仅造成了政策资源难以精准扶持到真正贫困的农户，而且在群众中造成了不好的影响，老百姓对党和国家的政策缺乏认同。在随后几轮的精准扶贫“回头看”和精准扶贫“再回头”纠偏过程中，驻村工作队发现，只要坚持科学合理的标准，主动依靠群众，严守识别程序，不仅可以提高识别的精度，而且老百姓对政策的理解和认同也在同步的提升。通过“精准帮扶”，驻村干部看到了贫困人口生活实实在在的改善，增进了对自身工作价值、精准扶贫工作部署的自信，也进一步激发了干劲，干部作风在实际工作中稳步改善，干群关系也进一步融洽。

通过全面深入的思想建设，全县各级干部对脱贫攻坚重大战略意义形成了科学认识，特别是在结合县情、结合自身工作学习过程中，对本县脱贫攻坚的现实挑战、思路方法逐步形成了清晰而明确的认识。这些思想体系建设，有效地提升了干部队伍，特别是驻村干部对“精准扶贫精准脱贫”基本方略的理解。我们看到，兰考脱贫攻坚的各项部署得以有效落实，思想体系建设发挥了重要的作用。

二　县域精准扶贫政策体系：综合性、差异性地回应减贫需求

贫困的成因具有综合性和复杂性的特征，因而有效的贫困治理，意味着避免资源错配，增进国家减贫政策对于贫困社区和贫困农户差异化需求的供给能力。在新时期国家贫困治理体系新一轮的调整中，在顶层设计层面破解了长期制约国家减贫行动中的“资源错配”问题。一方面，加强中央层面的统筹协调，按照“五个一批”的工作思路，各行业扶贫部门陆续推出了一系列重大政策举措，从基础设施、公共服务、基层组织、产业体系等方面，形成全方位的综合性政策支持体系。另一方面，通过实施“四到县”的改革，赋予县级政府结合县域减贫与发展的实际情况，因地制宜安排项目、安排资金的权限。上述体制机制创新的安排，极大地提升了国家贫困治理的精细化程度。此外，从县域脱贫攻坚的实践场景出发，农村贫困治理需要置于新一轮农村改革、乡村振兴的大背景下予以认识，需要结合国家宏观经济形势的变动所带来的外部发展环境变迁来谋划。细言之，县域脱贫攻坚要用好政策和市场两种手段，通过补齐发展短板、提升内生动能，有效抢抓国家政策和发展环境利好，变现为实实在在的减贫成就。同时将上述内容，统一在以脱贫攻坚统揽社会经济发展全局的规划体系和政策体系中。

兰考县是习近平总书记群众路线教育实践活动的联系点，总书记曾多次亲临兰考，与兰考的干部群众共商减贫与发展的方略。2014 年 3 月 18 日，习近平总书记出席兰考县委常委扩大会，发表了重要讲话，特别是就县域治理做出了重要指示。总书记强调，兰考的减贫与发展，要“把强县和富民

统一起来”“把改革和发展结合起来”，要“把城镇和乡村贯通起来”。总书记的这些思想，对兰考县脱贫攻坚具有很强的指导性。近年来，随着中国经济形势的变动，沿海地区产业加速向中部地区转移，国家推动的脱贫攻坚战略、新型城镇化、农业现代化，为兰考县摆脱贫困、奔向小康提供了重大的发展机遇。如何抢抓这些发展机遇，谋划县域脱贫与发展，如何坚持好“精准扶贫精准脱贫”的基本方略，打赢脱贫攻坚战，实现区域发展与精准扶贫相结合，是兰考谋划县域脱贫攻坚率先思考的问题。兰考县坚持以脱贫攻坚统揽社会经济发展全局，将区域发展与脱贫攻坚有效衔接，按照“六个精准、五个一批”的要求，形成了清晰的发展思路和完备的政策体系。

（一）兰考县以脱贫攻坚统揽社会经济发展全局的做法

以脱贫攻坚统揽社会经济发展全局具有两个方面的意义。其一，确保时间节点打赢脱贫攻坚战是一项十分艰巨的任务，需要整合县域资源，有力推进；同时有效的贫困治理需要对贫困社区和贫困人口的减贫与发展需求形成综合性的政策回应，在县域内统筹专项扶贫、行业扶贫和社会扶贫的资源、政策，有利于形成综合性的政策支持体系，从而有效地推动贫困治理。其二，县域的减贫与发展，需要统筹推进政治、经济、社会、文化和生态文明建设，贯彻创新、协调、开放、绿色、共享的新发展理念，在工作推进过程中要坚持四个全面战略布局，从而以脱贫攻坚统揽社会经济发展全局，有利于各领域工作形成系统化推进的局面。从兰考脱贫摘帽的实践经验来看，脱贫攻坚统揽社会经济发展全局体现在三个层面。

首先，对接外部发展机遇，以产业体系建设和整体布局安排为抓手，统筹推进脱贫攻坚和县域发展。解决发展的不平衡不充分问题，是县域脱贫攻坚和社会经济发展的根本问题，其中产业体系建设无疑是关键。在“五个一批”政策体系中，产业扶贫是最根本的，扶产业才是扶根本，对于那些具备劳动能力的贫困人口，通过改善发展环境、形成政策支持体系，提升发展能力，促进其积极参与县域发展，并在此过程中实现稳定脱贫，是打赢脱贫攻坚战的基本举措。兰考的产业体系安排，生动地体现了脱贫攻坚与县域经济发展之间的辩证关系。一方面，围绕脱贫攻坚目标的实现，通过产业带动的方式促进贫困人口增收脱贫；另一方面，贫困农村地区劳动力、土地、资本等潜在的生产要素得以激活，结合技术创新手段，劳动生产率得以提升，为应对经济下行压力，促进县域经济繁荣和产业体系进一步优化、完善提供了有力支撑。总体而言，兰考的产业体系布局遵循三个方面的准则。其一，坚持产业发展能够带动贫困人口有效参与，促进其脱贫增收。其二，产业体系安排能够契合地方特色优势资源禀赋，符合国家的产业政策导向。其三，产业体系发展符合产业体系优化与完善的一般规律，补齐制约产业提质增效的短板因素。以此实现强县与富民的统一，脱贫攻坚与县域发展的统一。具体来说，兰考在深入研判外部发展环境和深耕地方特色资源、发展优势的基础上，摒弃盲目承接沿海地区产业转移的发展道路，确立了家居制造、食品加工和战略性新兴产业 3 个主导产业，坚持招大引强，突出龙头带动，不断培育壮大特色产业体系，经过不懈努力与探索，逐渐形成了城乡统筹、一、二、三产业融合发展的产业布局。调研中，笔者发现各贫困村产业发展效果明显，特别是已经逐渐吸引外出务工人口回流，通过配套的技术培训，许多贫困户进入县城和乡镇务工，留守人口借助农村土地制度新一轮改革、普惠金融政策、产业扶贫政策等多重利好，发展家庭生产，拓展收入来源，实现了稳定脱贫。兰考以产业体系建设促进脱贫攻坚的规划布局，有效地破解了区域发展和脱贫攻坚相结合的难题，促进了城乡统筹发展。产业体系吸纳劳动力能力强，对贫困人口发展生产的带动效应显著，注重通过制度改革强化产业发展与贫困人口的利益联结机制，较好地解决了产业扶贫的益贫性问题。在脱贫攻坚过程中，不仅贫困人口增收效应明显，而且县域产业链条更加完整，竞争力稳步提升，真正实现了“强县与富民”的统一。

其次，将脱贫攻坚与推进县域新型城镇化建设有效结合，实现“把城镇和乡村贯穿起来”。在县域脱贫攻坚过程中，城镇化对于带动贫困人口脱贫增收具有重要意义。一方面，在县域的范围讲城镇化，主要包括三个体系，即县城、中心乡镇和一般乡镇。城镇体系的空间结构与产业体系的空间结构有紧密的耦合关系，城镇发展一方面是产业发展的延伸，同时对于产业发展也会有促进作用。县域内城镇建设水平的高低，直接影响地方产业发展水平和质量，合理的产业布局与合理的城镇化推进模式，共同作用于县域可持续发展内生动能的成长。兰考的城镇化，体现了将“把强县和富民统一起来”和“把城镇和乡村贯通起来”的理念与要求，中心城区产业聚集区布局带动了能力强的龙头企业。乡镇主要依据当地资源禀赋和发展优势，安排配套产业，并着力补齐乡镇基础设施短板，发挥其更好连接城市与农村，促使乡镇发挥连接区域市场、全国市场，贯通城乡的作用。城镇化与农业产业化同步发展，对农村贫困地区产生了较好的带动作用。一方面，农村贫困社区的各类生产要素得以在市场机制的配置下提升效能，获得更多的经济效益；另一方面，城镇发展带来的非农就业，为贫困人口特别是中年农村留守人口提供了就业岗位和收入。

总体来说，兰考在谋划脱贫攻坚统揽社会经济发展全局的过程中，高度重视城镇化对脱贫攻坚促进作用的发挥。按照总书记“把城镇和乡村贯通起来”的要求，坚持同步推进城乡统筹发展与脱贫攻坚，形成了以中心城区为核心，以中心镇为重点，以一般乡镇为支点的新型城镇化发展思路。县域城镇化体系与县域产业体系发展的经济规律高度契合，在推进城镇化建设的过程中，有力地促进了产业体系对贫困人口脱贫增收的带动作用。经过不懈努力，城区面貌明显改观，得到了群众的广泛认可，为产业发展和招商引资提供了良好环境，吸纳了大量农村贫困人口进城安家落户，同时也为农村留守人员扩大生产规模、增加收入创造了更加有利的条件。中心镇建设，突出服务配套产业，带动贫困人口就业，服务农村分散种养殖业发展，为贫困农户就业、创业提供了有力支撑。

最后，补齐公共服务短板，织就农村社会安全网。在县域范围来看，优质公共服务资源向中心城区聚集，农村地区，特别是农村贫困地区公共服务体系建设相对滞后，严重制约着对贫困群体需求的有效回应。因此，总书记提出对于困难群众要“格外关注、格外关爱、格外关心”。2015 年底，习近平总书记在中央扶贫工作会议上的讲话中，明确提出“精准扶贫”过程中要解决好四个问题。在回答“怎么扶”的问题时，总书记提出要坚持“五个一批”的减贫战略，其中发展教育脱贫一批、兜底保障脱贫一批和易地移民搬迁脱贫一批等几项内容，都涉及补齐公共服务短板的要求。兰考县着力推进兜底保障式扶贫工作，特别重视教育扶贫和健康扶贫的工作。三年脱贫攻坚期间，教育、医疗卫生的公共服务短板快速补齐，基层教育、医疗机构的服务能力显著增强，有效地解决了贫困人口“因病致贫、因病返贫”和“因学致贫”问题，为阻断贫困的代际传递发挥了重要作用。兜底保障体系不断完善，特殊困难群体的供养和服务水平明显提高。

（二）兰考精准扶贫的政策体系建设

兰考在县级“精准扶贫”政策体系设计中体现了“三级精准”的理念。首先，把国家和省级的政策落实到位。十八大以来，中央层面“精准扶贫”的政策体系逐步完善，涉及“精准扶贫”的战略意义、目标体系、专业扶贫、行业扶贫、社会扶贫、重点领域、改革措施、工作方法等多方面的内容。省级政府根据中央的总体部署，结合省域脱贫攻坚工作特点出台了一揽子政策文件。将中央和省级的各项政策结合县域实际细化部署、分工协作，是县域“精准扶贫”工作的基本内容。其次，根据县域脱贫攻坚的形式、特点，谋划一批有针对性的政策，特别是以问题为导向，破解县域精准扶贫工作所面临的难题，是兰考谋划的“第二级精准”。具体来讲就是，对已脱贫户，实施保险、产业扶贫、外出务工补助、大学生补贴等6项政策，确保其稳定增收不返贫。将这类群体作为产业扶贫的重点，配套多项金融扶贫措施跟进，使其成为脱贫致富奔小康的主体。对一般贫困户，除落实以上6项政策外，增加医疗救助、中小学教育救助、光伏扶贫3项政策，确保贫困户不因学因病致贫。对兜底户，除落实以上9项政策外，兜底人员全部纳入低保，60岁以下人员给予临时救助，人均土地不足1亩按每亩收益500元差额补助，确保兜得起、稳得住。最后，对特殊困难家庭、重点户、难点户，形成“一对一”的帮扶。

从公共政策的一般原理来看，行政层级越高，制定的政策往往倾向于解决普遍性问题，解决共性问题，解决基本认识论和基本方法论的问题。基层工作除了细化落实上级政府的各项改革、各项政策，还需要应对实际工作中遇到的各种“特殊案例”。以医疗保障为例，目前农村医疗保障体系逐渐形成了以新型农村合作医疗制度为基础，医疗保险和医疗救助为补充的三层保障体系，对于大多数群体健康需求的保障都能够发挥较好的作用，但个别案例，如地方病、罕见病，既有的保障体系可能难以有效“兜底”，就需要我们因地制宜地做出“精准”回应。再如，在精准识别过程中，虽然有一整套规范的技术手段和操作规程来保障识别精准，但现实中，仍然会遇到政策安排难以和实际情况有效对应的现象，通过“一对一”的精准帮扶来解决这样一些问题，就成为必然要求。而恰恰是这些细微之处，能够体现出“执政为民”的情怀与担当，体现出“以人民为中心”的发展理念。

三　县域精准扶贫的方法体系：因地制宜解决好“四个问题”

“精准扶贫精准脱贫”基本方略的内涵非常丰富，对于县域脱贫攻坚战具有很强的指导意义。大致而言，在精准扶贫精准脱贫的过程中，需要坚持做到“六个精准”，以“五个一批”为指引，解决好“扶持谁、谁来扶、怎么扶、如何退”这样“四个问题”。

长期以来，贫困人口底数不清、情况不明，是制约国家减贫干预精细化、精准化程度提升的根本问题。解决好“扶持谁”的问题，找准贫困人口，掌握减贫与发展需求，并在此基础上形成科学合理的扶持方案，无疑是“精准扶贫精准脱贫”基本方略的要义所在。2014 年，被誉为精准扶贫“一号工程”的“建档立卡”工作在全国铺开。按照“建档立卡”的工作要求，县级层面的“精准识别”，需要严格按照国家贫困标准，结合地方贫困实际，形成具体的识别方案。从各地经验来看，贫困识别是否科学、规范，很大程度上决定了老百姓对精准扶贫工作的认可与满意度。兰考县高度重视“精准识别”工作，制定《兰考县扶贫开发建档立卡工作实施方案》，坚持实事求是原则，以农户收入为基本依据，统筹考虑住房、教育、医疗等情况，按照农户申请、民主评议、公示公告和逐级审核的方式，整户识别、精准到户，建档立卡。[①] 经过第一轮识别，全县共识别出贫困村 115 个，贫困人口 7.9 万人。与全国各地的情形比较类似。由于在第一轮识别过程中，经验积累不足，干部认识和工作能力不强，识别的准确度并不理想。为此，兰考县严格按照国家、河南省关于建档立卡贫困人口的标准条件，采取“四议两公开”的方法，对全县的贫困人口先后开展 4 次精准再识别。本着实事求是、有错必纠的态度，结合“两不愁，三保障”的要求，坚持“应进必进，应出必出，应纠必纠”的原则，逐村、逐户、逐人“过筛子”，集中将精准识别结果及时录入贫困户建档立卡信息系统。同步建立“一户一档”，为实现精准脱贫奠定基础。此外，兰考县自我加压，县委县政府督查局组织 170 余人，对全县建档立卡贫困户精准度进行暗访式、网格式、地毯式督查，对脱贫攻坚工作边督查整改、边反馈交办，并对整改情况进行“回头看”，确保脱贫攻坚工作的实效。[②]

如何将国家精准扶贫的各项支持举措有效传递到贫困社区和贫困农户，从而切实保证“两不愁三保障”目标的实现，是精准扶贫取得实效的关键。从既往的扶贫开发实践来看，在政策资源传递的过程中出现了一定程度的偏差现象。研究者发现“精英俘获”现象较为普遍。为了更为有效、精准地传递各类国家政策资源，解决好“谁来扶”的问题至关重要。按照中央层面的顶层设计，兰考县在全县后备干部队伍中遴选“驻村工作队”，选配“第一书记”。2014 年，兰考县成立驻村扶贫工作领导小组，实行县级领导分包乡镇（街道）、科级干部当队长、科级后备干部当队员的驻村帮扶机制。2015 年，对 115 个驻村扶贫工作队进行充实调整，在全县抽调 345 名后备干部和优秀干部派驻 115 个贫困村，同时建立驻村工作管理机制。针对非贫困村缺乏帮扶的问题，2016 年，从各乡镇（街道）抽调 335 名优秀干部驻村专职从事基层党建和扶贫工作，确保每个贫困村都有帮扶工作队、每

① 兰考县委办公室：《干字当头、精准发力，全面加快脱贫致富奔小康步伐》，内部资料，2017 年 6 月 20 日。

② 兰考县扶贫办：《抓好精准识别，着力解决“扶持谁”的问题》，内部资料，2017 年 3 月 20 日。

个贫困户都有帮扶责任人，做到不脱贫不脱钩，不拔穷根不撤队伍。坚持把脱贫攻坚作为锤炼干部、转变作风的主战场，评选表彰70名“驻村扶贫工作标兵”，提拔重用驻村干部或一线扶贫干部124人次。[①] 值得一提的是，兰考县在“驻村工作队”以及“第一书记”选派和管理过程中，形成了全链条的制度体系。其一，明确脱贫攻坚主战场是培养、选拔、任用干部的主要渠道，形成明确的用人导向，对于精准扶贫工作实绩突出的后备干部，优先提拔任用。其二，强化驻村干部的能力建设，主要包括精准扶贫“应知应会”的多次轮训、农村工作知识和技能培训等。在培训过程中，注重“标兵”作用的发挥，注重实践经验与创新理念的分享和扩散。其三，理顺基层关系，压实各主体责任，形成合理机制。明确乡村两级党委书记是脱贫攻坚的第一责任人，驻村工作队是“帮扶责任人”，并且赋予驻村干部在扶贫规划形成、扶贫项目实施、政策资源分配中一定的决策权。通过这些制度安排，驻村干部、乡镇干部、村两委形成了分工协作的合力机制。其四，扁平化政府管理体系，切实发挥好“干部下乡”的作用。在访谈中，县委组织部和督查局的同志，不约而同地谈起，兰考的驻村干部，不仅是政策的宣传员、服务的快递员，同时还是政府的信息员、政策的实验员、实践创新的发起者。通过畅达的信息反馈管理，脱贫攻坚一线的实际情况，得以及时地反馈到县级管理部门，有利于政策的持续优化。对此，兰考县委书记蔡松涛坦言，兰考县很多重要的政策创新、体制机制创新，都来自基层的探索和创造。

贫困社区和贫困人口的需求具有多样性、多层次性，因而有效的贫困治理，意味着贫困治理重心下移，以贫困社区和贫困农户真实的致贫因素组合和资源禀赋为基础，形成分类支持的政策体系，精准回应差异化的需求。在新时代“精准扶贫精准脱贫”的顶层设计中，“五个一批”的思想深刻体现了上述贫困治理的基本原理。所谓“五个一批”，不局限于产业扶贫、教育

---

① 兰考县扶贫办：《因村精准派人，着力解决“谁来扶”的问题》，内部资料，2017年3月20日。

扶贫、健康扶贫、生态扶贫等几个方面，重要的是其所体现的精神实质，即政策安排以需求为中心，提升政策供给对多元化、差异化需求的有效回应。在脱贫攻坚的实践中，各地结合地方实际进一步丰富和发展，形成了丰富的地方经验。

精准扶贫精准脱贫，不仅要找准政策对象，开对治理贫困的“药方”，有序有效地传递政策资源，更要把好“精准脱贫”关卡，让精准扶贫的成效经得起历史和人民的检验，赢得人民的认可。“精准脱贫”意味着通过有效的政策干预，解决好贫困人口“两不愁三保障”问题，严格按照退出标准、退出程序，跟老百姓一起算账，让贫困农户对脱贫“认账”。同时还意味着要提升内生发展动力，推出后续政策支持，让脱贫成效稳定长效，提升贫困社区和贫困农户的自我发展能力。兰考县高度重视“精准脱贫”工作，按照国务院办公厅《关于建立贫困退出机制的意见》和《河南省贫困退出实施办法》，结合实际情况，制定了《兰考县贫困退出工作方案》。贫困户退出方面，组织乡镇（街道）、村两委、驻村工作队、包村干部、帮扶责任人等工作力量，严格按照“1+2+3”的贫困户退出标准和相关程序，实施贫困户有序退出。贫困村退出方面，在省定贫困村退出“1+7+2”标准的基础上，自我加压，增加了脱贫发展规划、帮扶规划、标准化档案建设、兜底户精神面貌改观、政策落实5项内容，形成了“1+7+2+5”退出标准体系，并组织8个调查核实组、3个督查组、3个调研组，逐村逐项开展贫困村退出调查核实工作。贫困县退出方面，2016年10月25日，聘请中国科学院地理科学与资源研究所作为第三方，对兰考贫困退出进行预评估，综合评估得出：兰考的退出可行度为95.68%，可以稳定退出。12月28日，河南省扶贫开发领导小组对兰考贫困退出进行了省级核查，并于2017年1月9日将退出情况进行了公示。2017年1月9日至21日，国务院扶贫办对兰考先后开展了省际互查、第三方抽查、普查、核查四次调查核实工作。2月4日至5日进行第三方复核。2月23日，国务院扶贫开发领导小组向河南省扶贫开发领导小组反馈兰考县退出专项评估情况。结果显示，抽样群众认可度98.96%，综合测算贫困发生率1.27%。2月27日，河南省政府批准兰考县退出贫困县序列。3 月 27 日，河南省政府正式宣布兰考县脱贫摘帽。[①]

概言之，精准扶贫精准脱贫，需要在减贫作业的全链条中贯穿精准思维。县级是脱贫攻坚的一线战场，精准扶贫精准脱贫基本方略贯彻的成效好坏，直接决定了脱贫成效的好坏。兰考县在准确把握精准思维、精准方法的基础上，结合县域减贫与发展的实际情况，因地制宜地形成了精准扶贫精准脱贫的制度体系和操作规范，这些恰恰是取得脱贫摘帽成绩的基本经验之一。

四　县域贫困治理体系：协同性与执行力的提升

打赢脱贫攻坚战是一项复杂的系统工程，有了准确的思想体系、完善的政策体系、科学的方法体系，还需要建立有效的治理体系。具体而言，治理体系包括两个方面的内容：其一，按照专项扶贫、行业扶贫、社会扶贫三位一体的“大扶贫”工作格局，统筹各类资源，协调各参与主体的行动，形成脱贫攻坚的合力。其二，抓好政策落实，解决好政策落实“最后一公里”问题，保证各项政策举措落到实处、取得实效。兰考在脱贫攻坚过程中，将脱贫攻坚与县域治理体系和治理能力的提升、与县域全面深化改革相衔接，以持续的体制机制创新为脱贫攻坚保驾护航，在此过程中，县域治理体系和治理能力现代化水平也有显著的改善和提升。其具体经验主要体现在四个方面。

其一，抓好党建扶贫，充分发挥中国特色减贫道路的政治优势和制度优势。党的领导是中国特色社会主义事业赢得一个又一个胜利的决定性因素。过去 30 多年间，中国减贫治理取得了举世瞩目的重大成就，一个基本的经验是始终坚持党建工作对扶贫开发的引领和带动作用。兰考县在加强党的建设，赢得县域脱贫攻坚阶段决定性胜利方面，开展了深入细致的工作，形成

① 兰考县委办公室：《干字当头、精准发力，全面加快脱贫致富奔小康步伐》，内部资料，2017 年 6 月 20 日；兰考县扶贫办：《严格标准程序，认真解决“如何退”的问题》，内部资料，2017 年 3 月 20 日。

了宝贵的经验。一方面，如前文所述，加强干部队伍的思想建设、作风建设和能力建设，以党的群众路线教育和弘扬焦裕禄精神为抓手，提升全县干部对打赢脱贫攻坚战重大战略意义的认识，促进干部队伍推动精准扶贫工作开展的能力建设。形成县、乡、村三级联动的责任体系，逐级明确分工，压实责任。另一方面，通过新时代的“干部下乡”，把优秀干部选派到贫困村担任第一书记，做到贫困村驻村工作队全覆盖，在脱贫攻坚的第一线培养干部、磨炼干部。此外，正如习近平总书记指出的，扶贫开发不光是给钱给物，还要给个好支部。兰考县大力实施村级组织“双提升工程”，夯实村级党组织凝聚人心，会聚力量，引领发展的能力，把村级党组织建设成为脱贫攻坚的红色堡垒。壮大贫困农村集体经济，提高村集体经济对贫困人口脱贫增收的带动水平，提高贫困社区村级公共物品的供给能力。上述举措，为打赢脱贫攻坚战提供了有力的政治保障。

其二，用好政府、市场、社会三种机制、三种资源，形成县域脱贫攻坚的巨大合力。贫困治理是一项复杂的系统工程，有效的贫困治理需要充分发挥政治优势和制度优势，需要实现政府各部门的协同、联动，需要增进政策供给对差异化需求的有效回应，需要综合运用政府、市场和社会三种资源、三种手段。兰考在脱贫攻坚过程中，缜密布局，科学谋划，形成了合理、高效的脱贫攻坚治理结构。政府、市场、社会主体，各司其职、各就其位，三种资源得到充分挖掘，三种机制得到合理应用。最为广泛地凝聚了资源、力量，形成了各主体互相补位、有序参与的格局，为取得脱贫攻坚战的胜利奠定了治理结构的基础。而这种治理结构的安排，统一在县域脱贫攻坚统揽社会经济发展全局要求的贯彻中，各部门、各主体围绕打赢脱贫攻坚战，各尽其责，形成了强大的合力。

其三，通过体制机制创新，为精准扶贫精准脱贫工作有效开展破除障碍。十八大以来，以“精准扶贫精准脱贫”为理念基础，国家贫困治理体系经历着密集的调整。这一轮调整的根本指向在于提升国家减贫行动对于贫困社区、贫困人口多元化、差异化需求的有效回应的能力。围绕着这一目标，各领域全面深化改革，形成了诸多创新。具体到县级，通过全面深化改革的思维框架，为精准扶贫精准脱贫营造有利的制度环境，有众多的议题有待深入破解。兰考县脱贫摘帽的实践充分体现了创新发展和全面深化改革的思维。例如，在国家层面“四到县”改革的基础上，兰考县将资源配置的重心进一步下沉到村级，从信息经济学的理论视角来看，相对于高层级的决策者而言，基层组织掌握着更为完备的“在地信息”，更为熟悉地方的特色、优势，更接近老百姓的发展偏好，因而决策重心下沉，有利于增强政策供给对政策需求的回应性，避免资源错配现象的发生。但同时还应当看到，将决策重心下沉，并不必然意味着政策资源能够精准对接贫困人口的需求。地方行动者以及基层决策者的偏好，很大程度上会影响政策资源分配的过程，从而导致精英俘获或执行偏差的现象。为此，兰考在授权给乡村两级组织的同时，制定了涉及审计、监理、第三方评估、执纪问责等系统完备的管理办法，在“放活”的基础上，实现管理好、服务好。同时，狠抓精准识别工作，提升贫困识别的精度，通过有效的监督和管理，结合群众广泛参与，确保政策资源得到合理的使用。上述体制机制创新，为实现滴灌式扶贫作业提供了有力支撑。此外，在金融扶贫、光伏扶贫、资产收益扶贫、资本市场扶贫、构树扶贫等领域，兰考也有众多创举，限于篇幅，不再赘述。

最后，政策执行是各项政策安排是否取得实绩的关键。从既有经验来看，政策执行的“最后一公里”问题，成因颇为复杂，或因为政策设计本身的不合理，或因为政策调整触动各方利益遭遇或隐或显的抵触，或因为相关配套改革不够到位，或因为难以形成有效的激励机制。兰考县通过督察体系改革，为打赢脱贫攻坚战提供了强有力的支撑。具体来说，兰考在原有县委督查室、政府督察办等机构的基础上，成立新的督查局，并赋予督查局进度检查、目标考核、督查调研、督查协调等九项职能。兰考县委县政府善用督察、会用督察，以督察体制改革为脱贫攻坚保驾护航。与所有部门、乡镇签订脱贫攻坚目标责任书，明确各级干部、驻村工作队的工作职责，经常性地检查和督促，注重督查成果的应用。督察工作覆盖了精准扶贫精准脱贫的全领域、全链条，有力地保障了各项工作的及时高效落实。特别是，在督察调研的基础上，形成督察报告，为县委县政府，及各行业、各部门相应的政策调整提供了决策参考，促进了县级精准扶贫精准脱贫政策的优化与创新。

总之，兰考县通过加强党建引领，用好政府、市场、社会三种资源、三种机制，不断破除体制机制障碍，提升县域政策执行力等工作，提升了县域贫困治理体系和治理能力的现代化水平，为打赢脱贫攻坚战提供了政治保障、资源保障、能力保障和执行力保障。

五　总结与讨论：兰考脱贫摘帽的理论与实践意义

经过不懈的努力，兰考于 2017 年 3 月实现了整县脱贫。三年间，兰考累计 7 万余人脱贫，其中 2014 年实现脱贫 5063 户，19360 人；2015 年实现脱贫 10843 户，37556 人；2016 年实现脱贫 5310 户，12675 人。兰考成功实现整县脱贫摘帽的经验表明，十八大以来形成的习近平扶贫开发战略思想具有很强的科学性和指导性，以习近平扶贫开发战略思想为指引，以精准扶贫精准脱贫为基本方略的国家减贫治理体系是非常有效的，得到了实践的证明和检验。兰考成功实现整县脱贫，得益于科学的指导思想和顶层设计，得益于兰考因地制宜贯彻“精准扶贫精准脱贫”的基本方略，得益于兰考在思想体系、政策体系、方法体系、治理体系建设方面付出的不懈努力，得益于兰考人民的不懈努力和奋斗。随着兰考、井冈山相继实现脱贫摘帽，中国减贫史翻开了崭新的一页，这意味着自 20 世纪 80 年代以来，中国贫困县总量第一次实现了净减少。站在全面建成小康社会的决胜期，进而建成社会主义现代化强国的历史性时间节点上，兰考整县脱贫摘帽，无疑坚定了全国人民在中国共产党带领下摆脱贫困、全面建成小康社会，进而建成社会主义现代化强国、实现中华民族伟大复兴的信心。

兰考县取得这样突出成绩的主要经验在于几个方面。其一，坚持习近平扶贫开发战略思想的指引。兰考县委县政府高度重视理论学习，坚持原原本本学，认认真真学，力求全面深入地掌握习近平扶贫开发思想的源流脉络、逻辑与方法，强调坚持结合实际学，通过学习促进各项工作能力不断提升和优化。其二，坚持以脱贫攻坚统揽社会经济发展全局。按照总书记要求，为

确保打赢脱贫攻坚战，在县域社会经济发展工作中，凸显脱贫攻坚的统揽地位，在规划体系，特别是产业规划、县域城镇化规划、县域社会经济发展规划等诸方面都有充分体现。同时，以打赢脱贫攻坚战为目标，深化各领域的配套改革，以四个全面的战略布局为脱贫攻坚保驾护航，深化各领域改革，如县与乡镇之间事权关系改革、督察体制改革等。其三，坚持“精准扶贫精准脱贫”的基本方略。按照习近平扶贫开发思想的要求，结合县域脱贫攻坚实际，扎实推进“六个精准”“五个一批”，解决好“四个问题”，完成了扶贫开发的精细化、滴灌式管理。在产业选择、项目安排、政策扶持诸方面，依据贫困社区和贫困人口的需求，将外部的发展利好环境、政策支持与贫困农户的发展意愿更好衔接。其四，注重发挥好政治优势和制度优势。将脱贫攻坚作为中心工作，通过全面从严治党，践行党的群众路线，弘扬焦裕禄精神，教育干部、锻炼干部，将干部培养和选拔的“学校”和“考场”设定在脱贫攻坚的第一线。推进乡村基层治理体系建设，配套贫困村村级组织，提升村两委的战斗力。其五，在深入推进脱贫攻坚的过程中，着力破除各种体制机制障碍，扫除形式主义问题，以问题为导向，以体制机制改革为方法，提升整个县域贫困治理体系的治理能力。其六，注重创新发展，基于兰考发展内外部环境特点的整体研判，积极利用好各类政策支持，将良好的外部发展环境转换为实实在在的脱贫成效，提升内生动力。特别是，立足农业现代化发展趋势和农村社会转型实际，创造性地将各种新技术、新理念、新思维、新业态应用到脱贫攻坚实践中，形成了新兴产业扶贫体系、新型金融扶贫体系、资本市场扶贫等创新经验，收到了良好效果。

兰考县脱贫摘帽的成功经验，不仅对于其他县市破解县域脱贫攻坚的难点问题提供了有价值的参考范本，更具有重大的理论贡献。基于兰考县脱贫摘帽的经验，能够发现中国减贫道路的强大效能与生命力。改革开放以来的近40年时间里，中国逐渐探索出一套独具特色的贫困治理道路。有别于全球其他国家和地区的一般经验，中国的贫困治理在指导思想、政策体系、治理体系等方面有诸多重要的创新，为解答全球减贫治理领域众多基础性问题，提供了中国方案。以贫困瞄准为例，以兰考县为样本，可以发现，新时期中国精准扶贫精准脱贫的治理体系实现了贫困识别、政策瞄准的“中国奇迹”。按照国际通行的识别方法（主要有家计调查和参与式财富评估），所能达到的贫困识别精度都只有60%左右，而中国的精准识别，稳定地实现了贫困识别精度超过90%。这其中的体制机制及其背后的深层理论逻辑，值得深入总结，伟大的实践必将为重要的理论突破贡献经验。再如实现精细化的减贫作业，提升减贫政策干预对贫困人口需求的回应能力，同样是减贫研究领域的基本问题，也是世界性难题，而中国在脱贫攻坚阶段形成的经验，可以说较为有效地解答了这一问题。类似的中国减贫治理奇迹，还能够列举很多。特别是，当我们跳出经验视域的局限性，整体性地看中国减贫治理道路，就会发现二战以来发展中国家摆脱贫困的探索中，西方主导的现代化理论无法提供有效答案，而中国的成功无疑贡献了值得借鉴的经验。

B.12
贵州大扶贫模式及其进展

檀学文*

摘　要：本报告以贵州省为对象，开展省级脱贫攻坚做法和成效的案例分析。贵州作为贫困程度最深的西部省份，长期以来持续不断地开展扶贫开发试验示范，从2012年起开展全国扶贫开发攻坚示范区创建，从2015年起率先开展脱贫攻坚行动，明确确立大扶贫战略，并在实践中不断丰富和完善大扶贫模式。本报告概括了2016年以来贵州大扶贫在易地扶贫搬迁、三变改革、深度贫困地区脱贫攻坚、企业集团整体帮扶贫困县、强化产业扶贫投入统筹机制、强力推进脱贫攻坚六个方面取得的进展。最后从确定和坚持脱贫攻坚思路和战略、增加投入、分层分类施策等五个方面提出了贵州大扶贫模式的借鉴意义。

关键词：大扶贫　脱贫攻坚　贵州　案例

一　贵州脱贫攻坚成效

由于自然、历史、经济、社会、文化等诸多因素的影响，贵州省是中国贫困面大、贫困程度深、扶贫攻坚最为艰难的地区。1985年，在当时标准之下，贵州农村贫困人口规模1500万人，贫困发生率高达57.5%。到2010

* 檀学文，经济学博士，中国社会科学院农村发展研究所研究员，贫困与福祉研究室主任，主要研究方向为城镇化与农民工问题、贫困与福祉、农业可持续发展等。

年，随着贫困标准的提高，在现行标准下，贵州农村贫困人口依然高达1521万人，贫困发生率45.1%，双双高居全国第一，属于整体性深度贫困地区；贵州农村贫困人口占全国贫困人口总量的9.2%，贫困发生率是全国平均水平的2.62倍。国家14个集中连片特困地区中，贵州省就占了3个，分别是武陵山片区、乌蒙山片区和滇桂黔石漠化片区，共有65个片区县，片区贫困人口几乎占全省贫困人口的95%。

2012年以来，贵州省的农村脱贫速度明显加快，不低于甚至有些年份远远高于全国农村平均减贫速度。2011～2016年，贵州贫困人口从1149万人下降到402万人，减少了65.0%；同期，全国贫困人口从12238万人减少到4335万人，减少了64.6%（见表1）。贵州省贫困地区农村贫困人口规模由2015年的507万人减少到2016年的402万人，减少了105万人。

表1　2011～2016年全国及贵州农村贫困人口及减少数量

单位：万人，%

区域	科目	2011年	2012年	2013年	2014年	2015年	2016年
全国	农村贫困人口	12238	9899	8247	7017	5575	4335
	减贫人口	—	2339	1652	1230	1442	1240
	贫困发生率	12.7	10.2	8.5	7.2	5.7	4.5
贵州	农村贫困人口	1149	1019	853	623	507	402
	减贫人口	—	130	166	230	116	105
	贫困发生率	33.4	26.8	21.3	18.0	14.7	11.6

资料来源：国家统计局住户调查办公室编《2017中国农村贫困监测报告》，中国统计出版社，2017。

在农村脱贫工作取得显著成效的同时，自2012年以来，贵州省每年的农民人均可支配收入的增长速度都超过了全国平均水平，贵州农民人均可支配收入占全国平均水平的百分比也逐年上升。2016年，全国农民人均可支配收入增加8.2%，而贵州增长了9.5%（见表2）。同期，贵州省66个贫困县农村居民人均可支配收入7693元，增长10.5%，高于全省平均水平1个百分点。这意味着贵州扶贫开发攻坚工作和农村发展实现了同步协调发展。

表 2　贵州省与全国农民人均可支配收入变化

单位：元，%

区域	科目	2011 年	2012 年	2013 年	2014 年	2015 年	2016 年
全国	收入水平	6977	7917	9430	10489	11422	12363
	收入增长率	—	13.5	19.1	11.2	8.9	8.2
贵州	收入水平	4145	4753	5898	6671	7387	8090
	收入增长率	—	14.7	24.1	13.1	10.7	9.5
贵州占全国百分比		59.4	60.0	62.5	63.6	64.7	65.4

资料来源：国家统计局住户调查办公室编《2017 中国农村贫困监测报告》，中国统计出版社，2017。

在贵州贫困地区农民可支配收入结构中，工资性收入和经营净收入占主体部分且非常接近，财产性收入仍很低，可忽略不计；转移净收入增长最快，而且增加额大于经营性收入的增加，但是绝对值增加最多的是工资性收入（见图 1）。2016 年，贵州贫困地区农民人均可支配收入增加了 729 元，其中工资性收入、转移性收入、经营性收入贡献率分别为 56.9%、32.5%和 13.9%。由此判断产业扶贫政策以及社会保障类政策已经在贫困地区脱贫增收上发挥了作用。

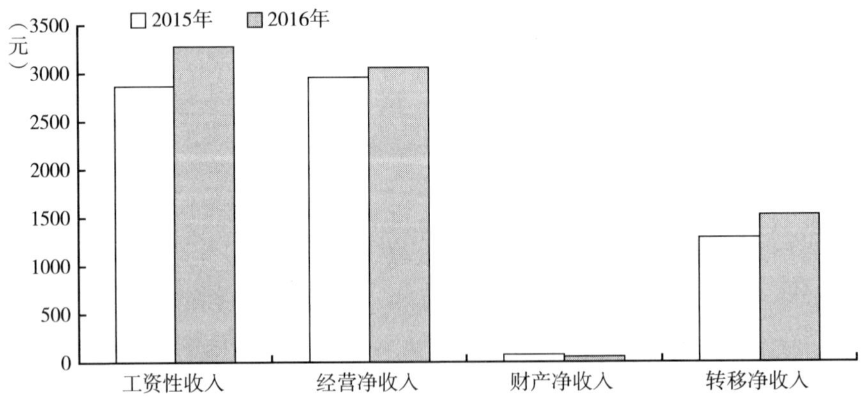

图 1　贵州贫困地区 2015 年和 2016 年农民人均可支配收入构成

资料来源：国家统计局住户调查办公室编《2017 中国农村贫困监测报告》，中国统计出版社，2017。

二　从毕节试验到大扶贫：贵州扶贫开发试验示范探索历程

作为长期深度贫困和生态脆弱地区，贵州省几乎从开展扶贫开发工作伊始就开展扶贫开发试验示范，直至今日。[①] 从最早的毕节试验区到后来的西部大开发与扶贫开发的有机结合以及扶贫开发攻坚示范区创建，近年来在示范区创建基础上，围绕脱贫攻坚，形成了大扶贫模式，初步形成了在贵州这样贫困程度较深、生态条件脆弱的西部地区打赢脱贫攻坚战的实现路径。

（一）毕节试验区探索

与国家扶贫开发进程相一致，贵州省自1986年起建立扶贫开发体制，实施开发式扶贫。长期以来，贵州省就有探索有效扶贫开发模式机制的风气。1987年，在确立开发式扶贫体制后不久，在时任贵州省委书记胡锦涛同志的积极推动下，贵州省计划在深度贫困的毕节地区设立“毕节地区开发扶贫、生态建设试验区”，探索统筹解决人口膨胀、生态恶化、人民贫困问题。该试验区经国务院批准在1988年成立。到2016年，毕节试验区累计减少贫困人口562万人，贫困发生率从65.4%下降到17.9%，实现了人民生活从普遍贫困到基本小康，生态环境从不断恶化到明显改善的历史性跨越。在开发扶贫、生态建设和人口控制这三大主题的引导下，毕节试验区形成了以下基本经验：一是在扶贫目标上将区域发展与贫困户脱贫相结合，坚持全面小康与扶贫开发两大使命同步推进；二是在产业选择上注重生态保护，坚持加快发展与生态保护两条底线共同坚守；三是注重夯实发展基础，坚持交通网络与城镇建设两个工程一起抓；四是大胆试验，鼓足干劲，形成

① 除了报告中提到的试验示范外，还有安顺“多种经济成分共生繁荣”试验、黔西南“星火计划、科技扶贫”试验、麻山瑶山扶贫开发试验等。可参考《贵州省减贫志》（贵州省地方志编纂委员会，2016）。

并发扬攻坚克难的“威宁精神”，坚持改革创新与构筑“精神高地”两大动力齐头并进。

（二）西部大开发实践

2000年国家实施西部大开发战略以后，贵州省制定实施省级2001～2010年扶贫战略规划，将贫困人口脱贫作为实施西部大开发的重要内容，纳入全省的西部大开发战略的总体规划，首次尝试扶贫开发与区域发展联动战略。贵州省经济和社会发展取得了显著成就，但依然面临交通基础设施薄弱、生态环境脆弱、产业结构单一、城乡差距较大、社会事业发展滞后、贫困面广量大等问题和困难的挑战，“欠发达”特征依然突出。2010年，胡锦涛总书记对贵州做出“要继续抓紧抓好扶贫开发，探索扶贫开发的新途径新方式”的重要指示。同年6月，温家宝总理在西部大开发工作会议上强调武陵山片区、乌蒙山片区等六大集中连片特殊困难地区是全国扶贫攻坚的硬骨头，是推进西部大开发的重点难点。时任贵州省委书记栗战书提出“扶贫开发是贵州最大的民生，扶贫攻坚是‘第一民生工程’”，并发出“向绝对贫困发起全面总攻”的动员令。这个扶贫开发角色定位一直延续到后来的扶贫开发攻坚示范区创建以及脱贫攻坚当中。贵州省在西部大开发中探索的“区域发展带动扶贫开发、扶贫开发促进区域发展”的发展思路先后写入2012年发布的国务院《关于进一步促进贵州经济社会又好又快发展的若干意见》和《关于加快创建全国扶贫开发攻坚示范区的实施意见》。

（三）全国扶贫开发攻坚示范区创建

2012年1月，国务院发布《关于进一步促进贵州经济社会又好又快发展的若干意见》（国发〔2012〕2号），指出贫困和落后是贵州的主要矛盾，加快发展是贵州的主要任务；明确提出贵州省要创建全国扶贫开发攻坚示范区，按照区域发展带动扶贫开发、扶贫开发促进区域发展的新思路，创新扶贫开发机制，以集中连片特殊困难地区为主战场，全力实施扶贫开发攻坚工程，为新时期扶贫开发工作探索和积累经验。2012年10月，贵州省以省委省政府名义发布《关于加快创建全国扶贫开发攻坚示范区的实施意见》(黔党发〔2012〕26号)。该《意见》依据前述国办2012年2号文件精神,将贵州省定位为全国贫困问题最突出的欠发达省份,加快发展是贵州的主要任务,扶贫开发在社会经济发展中始终处于优先地位。示范区创建遵循“区域发展带动扶贫开发、扶贫开发促进区域发展”思路,坚持“三化”兴“三农”,以“三片六山”为主战场,总体目标是把贵州建设成全国多民族聚居、欠发达省份扶贫攻坚后发赶超的示范区。贵州扶贫开发攻坚示范区建设着力开展体制机制创新。在扶贫开发体制上,示范区创建要点包括发挥党政主导作用和党建扶贫,确立和发挥贫困群众主体作用,实行扶贫工作双线考核和发挥考核激励作用,发挥人大和政协的监督、支持作用等。在扶贫开发机制上,重点包括创新扶贫对象瞄准机制,瞄准片区和贫困人口;创新财政资金使用机制,探索财政专项扶贫资金有偿使用、滚动发展;创新重大事项推进机制,创建扶贫攻坚示范县;创新以集团帮扶为龙头的大扶贫推进机制;创新完善贫困退出激励机制等。

贵州省实施扶贫开发攻坚示范区创建以来,形成了丰富的脱贫攻坚方法和经验,各项举措不断推进和深化。已有大量文献对脱贫攻坚的“贵州模式”进行了总结(杜萍,2015;刘子富,2016;黄承伟、叶韬、赖力,2016等)。贵州省2012年以来的脱贫攻坚成效显著,因此将贵州看作脱贫攻坚“省级样本”已经成为基本的社会共识,对该模式或样本的内涵也已有很多讨论(如黄承伟,2016)。一般认为,贵州模式取得成功的关键因素在于其通过体制机制创新,充分发挥了集中力量办大事的社会主义制度优势和政治优势。

(四)大扶贫:贵州脱贫攻坚总体模式

贵州扶贫开发攻坚示范区创建始于2012年。三年以后,也就是2015年,中央提出打赢脱贫攻坚战的新的、更高的目标要求。扶贫开发攻坚示范区创建的第二阶段也差不多是脱贫攻坚的开始时期,从而将示范区创建形成的一些经验做法直接用于脱贫攻坚工作,并继续进行完善和深化。在早前的

研究中，我们将贵州省创建扶贫开发攻坚示范区的总体模式概括为“大扶贫”模式。这是对贵州扶贫开发各项经验做法的总体性概括和描述，它能涵盖各类地方性具体实践模式，又不是这些具体做法的简单加总。总体模式有助于形成对贵州经验的总体性认识，而且可以起到提炼示范、超前引领意义。大扶贫不仅是扶贫开发攻坚示范区创建的成果，更成为当前贵州省开展脱贫攻坚的总体模式。2016 年 9 月，贵州省人大出台《大扶贫条例》以替代《扶贫开发条例》，以地方法规形式确定了大扶贫战略格局。

贵州大扶贫模式包含且远远超越了一般意义上的“三位一体”扶贫格局，是指当地党委、政府真正将扶贫开发作为一项中心工作，从组织保障、资源和人力投入、方式方法创新等各方面予以全力保障和推进。大扶贫意味着扶贫开发在党委、政府工作当中处于中心地位，如党的基本路线以经济建设为中心一样。在方法论上，贵州大扶贫格局的确立是以对当地社会经济发展主要矛盾的认识为依据的。如前所述，贫困和落后是贵州的主要矛盾，加快发展是贵州的主要任务，从而必然要将扶贫开发置于与经济发展同等重要的位置。贵州省对此更进一步，将脱贫攻坚与社会经济发展有机结合，以脱贫攻坚统揽社会经济发展全局，将脱贫攻坚置于中心工作的中心。

根据已有的分析，贵州大扶贫模式的具体内涵蕴含于各级和各地丰富的政策和实践中，可以从七个方面进行概括①：（1）统筹规划，以脱贫攻坚统揽社会经济发展全局，党政同责，建立从省到村的五级责任链，构建网格化、立体化扶贫政策体系；（2）全力投入，包括组织资源投入、人力投入、财力投入、社会资源投入等，如五级书记抓扶贫、设立大规模扶贫投资基金、为所有贫困户配备帮扶责任人、吸引大型企业集团整体帮扶贫困县等；（3）创新驱动，充分发挥基层首创精神，上下联动，将行之有效的创新做法提炼推广；（4）同步小康，追求贵州省与全国其他地区以及省内贫困地区和人口一道实现小康；（5）精准帮扶，同时体现在扶贫思路和扶贫措施

---

① 在前述研究中，大扶贫内涵是从六个方面进行总结的。本报告将其增加为七个方面，将未予讨论的生态保护和绿色发展纳入其中。

上，将“六个精准”演变为“八个精准”，并在每个专项扶贫领域把工作做细做实；（6）绿色发展，在石漠化治理、发展山地生态农业、生态移民搬迁等方面都有体现；（7）攻坚克难，举全省之力，直面石漠化、生态移民搬迁、极贫乡镇等“硬骨头”（课题组，2017）。

三 贵州大扶贫实践新进展

2016年，贵州实现建档立卡贫困人口脱贫105万人，在省级党委和政府扶贫开发工作成效考核中被列为“综合评价好”的省份，得到党中央肯定和国务院通报表彰。同期，贵州完成易地扶贫搬迁入住43.16万人①，其中，建档立卡贫困人口8.19万户，35.23万人，占中央下达计划任务的135.5%、省计划任务的101.8%，工作成效居全国首位，受到国务院激励表彰。贵州在2016年取得的脱贫成效与其在推进大扶贫模式上的进展是分不开的。

（一）易地扶贫搬迁方面大力推广“五个三”搬迁安置模式

贵州省把易地扶贫搬迁作为脱贫攻坚的“当头炮”和重中之重来抓。瞄准“一方水土养不起一方人”的地方和贫困发生率在50%以上的自然村寨，精准识别出全省“十三五”需搬迁建档立卡贫困人口130万人，同步搬迁人口32.5万人，共需搬迁162.5万人，其中建档立卡贫困人口中需搬迁贫困人口所占比例为20.9%。

贵州省易地扶贫搬迁的做法可以概括为“七个坚持”：（1）精准识别搬迁对象，坚持以贫困自然村寨整体搬迁为重点，整体搬迁贫困自然村寨3200个；（2）坚持就业导向，以城镇、产业园区、旅游服务区集中安置为主；（3）牢牢控制搬迁标准和成本，坚守不因搬迁负债、不因搬迁影响脱贫的底线；（4）采取培训就业、“三变”、社保等配套措施，确保搬迁与转

① 指2016年计划搬迁任务，入住信息截至2017年6月3日。

移就业并举、安居与乐业并重、搬迁与脱贫同步；（5）坚持省级统筹统管、统贷统还易地扶贫搬迁资金，让市县乡政府集中精力抓实施；（6）坚持运用大数据推进易地扶贫搬迁，实行挂图作战、精准督战；（7）坚持责任链紧扣任务链，以问责追责倒逼担责尽责（国家发改委，2017）。

在地方层面，各地纷纷探索易地扶贫搬迁的实践形式，其中黔西南州和黔南州的做法比较典型。黔西南州易地扶贫搬迁规划人口 26.2 万人，相当于建档立卡贫困人口的 60.6%，完全称得上脱贫攻坚的重中之重。因此，黔西南州较为系统地探索扶贫搬迁的落实方式，将其概括为“四方五共、七个搬迁”。其中，“四方五共”是一种系统工作方法，由政府、群众、工商联盟（企业）和社会力量这四类主体组成联动平台，对搬迁工作实行共商、共识、共建、共享、共担。在“四方五共”工作方法基础上，对于贫困户做到“七个搬出”，即搬出渴望、搬出文化、搬出产业、搬出倍增、搬出尊严、搬出动力、搬出秩序，每个“搬迁”都有对应的工作措施。黔南州重点提炼和推广从该州惠水县实践中形成的“五个三”工作机制，主要是搬迁后的生计保障和后续发展机制。“五个三”分别是指：（1）“三地”，盘活承包地、林地、宅基地资源，促进权益保护和增收；（2）“三就”，落实就业、就学、就医问题；（3）“三保”，实施低保、医保和养老保险转移衔接；（4）“三所”，建设经营性服务场所、农耕场所和公共服务场所；（5）“三制”，用活集体经营机制、社区管理机制和群众动员机制。其中的一项关键措施是成立移民后续扶持发展有限公司，收储、整理和流转土地，经营管理集体建设用地增减挂钩事务和安置点门面、停车场及政府性资产。惠水县“十三五”期间计划搬迁 3684 户、15975 人，2016 年已经完成三分之一。

2017 年以来，贵州省在总结各地实践经验的基础上，确立“七个坚持”原则，紧紧围绕对象识别、安置方式、住房建设、生计保障和后续发展四大领域，开展搬迁安置工作。其中，对于搬迁后的生计保障和后续发展，省政府重点推广惠水县“五个三”经验，要求面向全省推广（国家发改委，2017）。

（二）“三变”改革及其扶贫应用不断普及

“三变”即资源变资产、资金变股金、农民变股东，2014 年以来在贵州六盘水市率先探索实践。“三变”改革坚持规模化、产业化、市场化发展，让农民从传统单一的农业收益中突破出来，提高其在土地增值收益中的分配比例，实现快速增收。具体包括：一是土地流转入股增加农民收入。大力推动农村土地资源向园区、大户、企业集中，使土地资源转化为农民股权和股金，进而实现股权收益。二是通过资金入股分红增加农民收入。村集体和农民将财政产业扶持资金、劳动力技术、集体和个人资产折价入股，按照所持股份参与分红。三是通过创业就业增加农民收入。积极把农业园区、龙头企业、农民专业合作社作为农民群众创业就业的平台，不断提升其工资性收入。“三变”改革以来，六盘水市共有 119.16 万亩承包地、45.18 万亩集体土地、8.58 万亩集体林地、2.55 万亩集体草地入股经营主体，共整合涉农资金 6.79 亿元成为股金，共有贫困户 11.16 万户 33.17 万人参与成为股东，通过股权收益带动 22 万人脱贫。改革推进中还形成了“三变 + 城市资源 + 扶贫”“三变 + 金融 + 扶贫”“三变 + 旅游 + 扶贫”等创新模式，在一定程度上超越了农村改革领域。在六盘水市委书记李再勇眼中，“三变”可以作为深化农村改革总体思路，以农民为主体，通过股权纽带把农村各种资源要素整合到产业平台上来，创新农业经营体制机制，促进农业产业结构调整，拓宽农民增收致富渠道，激发农村发展内生动力（李再勇，2016）。2015 年 9 月 21 日，贵州省委召开改革领导小组会议，研究全省“三变”改革推广方案，在全省试点推广。

2016 年以来，“三变”改革在很大范围得到推广应用。首先，“三变”改革思路写入 2017 年中央一号文件，鼓励各地积极开展探索试验。其次，“三变”改革在全国各地的农村集体产权制度改革工作中得到采纳应用；再次，“三变”改革在各地的精准扶贫工作中得到应用；最后，在贵州省，“三变”改革思想和做法正日益密切地纳入各项扶贫改革举措。除了产业扶贫、金融扶贫、资产收益扶贫举措中已经很好地融入“三变”机制外，易地扶贫搬迁中也将“三变”当作一个经常性机制。“七个坚持”中，第四条就是将“三变”作为重要的辅助配套措施，促进搬迁户安居乐业；“五个三”做法中，第一项、第四项和第五项都与“三变”有关，都是为了盘活好、经营好和分配好贫困户的土地等经济资源。

（三）深度贫困地区脱贫攻坚工作迅速推进

2016 年，作为脱贫攻坚“攻坚克难”的具体体现，贵州省开始开展深度贫困地区脱贫攻坚工作。根据综合考量，贵州确定黔西南州晴隆县、册亨县、望谟县，毕节市威宁县 4 个最困难县；威宁县石门乡、晴隆县三宝乡等 20 个极贫乡镇。2016 年 9 月，贵州召开全省极贫乡镇定点包干脱贫攻坚启动部署会议，正式启动极贫乡镇定点包干脱贫攻坚工作。由省委常委、省政协主席、省人大党组书记、省政府副省长等 20 位省领导分别带领 1 支队伍，组建极贫乡镇脱贫攻坚指挥部及前线工作队，投入大量资金、资源，开展定点包干脱贫攻坚。

2017 年 8 月，在习近平总书记在深度贫困地区脱贫攻坚座谈会上的重要讲话发表以后，贵州省再次召开全省深度贫困地区脱贫攻坚工作推进大会，发布《深度贫困地区脱贫攻坚行动方案》。根据该方案，贵州省正式确立了 14 个深度贫困县，维持 20 个极贫乡镇，确定 2760 个贫困发生率在 20% 以上的深度贫困村，允许各市（州）自行确定本级极贫乡镇。对于深度贫困地区脱贫攻坚的指导思想，在坚持精准扶贫基本方略和大扶贫体制基础上，重点解决突出制约问题，以重大工程和到村到户帮扶措施为抓手，加大政策倾斜力度，集中力量攻关。

为此，贵州在今后的 4 年期间，将已经规划的建设项目在深度贫困地区提前实施，将农村普遍适用的项目工程优先在深度贫困地区实施，并为深度贫困地区制定了七大措施：（1）开展农村公路“组组通”三年大决战，合计里程 9.7 万千米；（2）实施产业扶贫三年行动计划；（3）加大力度推进易地扶贫搬迁；（4）加快推进危房改造和建立农村住房保障机制；（5）开展贫困劳动力全员培训和就业促进；（6）加快推进健康扶贫；（7）加快推进旅游扶贫。贵州省为此建立深度贫困地区脱贫攻坚指挥长制度和联席会议制度，由省领导担任14个深度贫困县脱贫攻坚总指挥长或常务副总指挥长，主要抓顶层设计和检查督促工作。贵州新任省委书记孙志刚指出，基础设施建设、易地扶贫搬迁、产业扶贫和医疗教育住房“三保障”是需要重点打好的“四场硬仗”。[①]

（四）企业集团整体帮扶贫困县脱贫取得实绩

贵州省高度重视社会扶贫工作，形成了培育多元化的社会扶贫主体、构建激励机制与责任机制相结合的制度体系、创新社会力量参与方式等做法，在中央单位定点扶贫、国有企业对口帮扶贫困县、民营企业参与扶贫开发等方面都有明显进展。共有31家中直单位与贵州省建立了定点扶贫联络和交流机制。自毕节试验区开始，民主党派和工商联系统参与扶贫开发自成特色。12家实力较强的国有企业结对帮扶12个扶贫开发重点县。实施民营企业“千企帮千村”精准扶贫行动，到2017年初已有1393家民营企业（含商会、协会组织）结对帮扶1702个贫困村。

大型企业集团整体帮扶贫困县是贵州的特色做法，两年以来取得了明显的成效，其中最为典型的例子包括恒大集团整体帮扶大方县、万达集团整体帮扶丹寨县、茅台集团整体帮扶道真县。这三个大型企业集团在对口帮扶工作中结合企业和贫困县特点，认真履行社会责任，采取了不同的措施和路径，都取得了重要实质性进展。恒大集团从2015年12月1日开始结对帮扶贵州省毕节市大方县，计划三年无偿投入30亿元，到2018年底实现大方县18万贫困人口全部稳定脱贫。为此，恒大集团专门成立集团扶贫办公室和大方扶贫公司，实施了产业扶贫、易地扶贫搬迁、教育扶贫、就业创业扶贫、特困群体生活保障等一揽子措施，建设了一大批新村和一个奢香小镇，建设一座职业学院和一批中小学校和幼儿园，以市场化机制引进一批龙头企

① 《贵州省深度贫困地区脱贫攻坚工作推进大会召开》，多彩贵州网，http：//news.gog.cn/system/2017/08/07/015966970.shtml，2017年8月7日。

业经营扶贫产业。截至2016年底，已帮助大方县约8.05万人实现初步脱贫，占总脱贫人口的45%（恒大帮扶大方指挥部办公室，2017）[①]。详见本书恒大集团整体帮扶大方县案例研究报告。万达集团早在2014开启企业包县的整体帮扶模式，具体帮扶措施经过一年多时间的摸索，形成了长中短期结合、领域相对集中的帮扶特色，在2016年贵州省脱贫考核中排名第2。万达集团对丹寨县的帮扶没有铺大摊子，而是针对需要，累计投入15亿元，实施了3个大型项目，分别是投资3亿元的贵州万达职业技术学院、投资7亿元的丹寨万达旅游小镇和投入5亿元成立的丹寨扶贫专项基金，后者每年可产生5000万元收益用于分配给丹寨县特殊困难人群。丹寨县贫困人口规模为3.86万人，相对较小。贫困人口中老弱病残者居多，当地潜在的扶贫主导产业（如土猪、茶叶等）面临市场剩余、环保等问题，所以万达帮扶模式中放弃直接的农业发展措施是可以理解的。茅台集团对口帮扶道真县的资金投入虽然没有前两个案例那么庞大，但是采取的是全方位融入式扶贫方式，采取“交通推动、金融撬动、产业带动、教育促动”帮扶措施，提供相应资金；集团公司60个基层党组织对道真县48个贫困村进行为期3年的全覆盖式结对帮扶，干部职工走访贫困群众1万余户；提供贫困大学生助学金和开展创业资助等。2016年道真县经济指标评测优异、贫困人口大幅减少、贫困发生率大幅降低，并在全省党委、政府抓脱贫攻坚成效考评中排名全省第1。[②]

（五）不断强化和创新扶贫产业投入统筹机制

为解决扶贫资金投入瓶颈，贵州省在增加财政专项扶贫资金、行业扶贫投入，整合财政涉农资金基础上，不断创新和扩大扶贫资金来源，最鲜明的特色有两个。一个鲜明特色是从政府主体角度，重点开展投融资产品

---

① http://www.gzdafang.gov.cn/tmzf/rdzt/hdfpzl/191979.shtml；由于帮扶成效显著，恒大集团2017年起增加投入50亿元，将整体帮扶范围由大方县扩大为毕节市。

② 《茅台集团与道真县对口帮扶工作座谈会召开》，糖酒快讯网，http://spirit.tjkx.com/detail/1039579.htm，2017年5月24日。

创新，利用资本市场增加扶贫资金投入。在金融扶贫方面，以铜仁市大金融扶贫探索为范例，开展以国开行为代表的开发性金融支持扶贫产业合作，各政策性银行和涉农商业金融机构纷纷开展金融扶贫业务，人民银行为各金融机构提供扶贫再贷款。在投资方面，首先由铜仁市主导设立铜仁武陵山扶贫投资发展基金，总规模为500亿元，主要投向铜仁乃至整个武陵山片区的脱贫攻坚项目；其次是由省政府发起设立贵州省脱贫攻坚投资基金，基金总规模3000亿元，由财政资金和金融机构募资组成，目前下设产业子基金、极贫乡镇子基金和高速公路子基金，重点用于扶贫产业和基础设施建设投资。另外一个鲜明特色是社会扶贫投入。除了根据东西协作机制增加对口支援投入外，企业扶贫的资金投入也有极大的增长。例如，恒大集团在毕节市的扶贫投入达到80亿元，万达集团在丹寨县的直接扶贫投入达到15亿元。茅台集团在贵州全省的扶贫投入，尽管没有明确统计数据，合计应达数亿元。

（六）持续开展大扶贫推进行动，践行绣花功夫和攻坚克难精神

脱贫攻坚重在实践行动，因此贵州省特别强调下“绣花功夫”和攻坚克难的理念，持续以强大声势推进脱贫攻坚。2015年12月、2016年6月、2017年5月，贵州省先后三次召开全省大扶贫战略行动推进大会。第一次推进大会的主要任务是推动脱贫攻坚各项决策部署，第二次推进大会是为了深入贯彻习近平总书记视察贵州重要讲话精神和对脱贫攻坚的重要指示要求，第三次推进大会是为了总结脱贫攻坚“春季攻势”成效经验，推动全年的脱贫攻坚行动。在第三次推进大会上，时任省委书记陈敏尔提出要开展脱贫攻坚“大比武”，比责任担当，比路径方法，比干部作风，比精神状态，比群众获得感。“大比武”将会起到宣传典型、提振士气、总结和推广成功经验做法的作用，是脱贫攻坚推进行动的一部分。2017年8月，在习近平总书记在深度贫困地区脱贫攻坚座谈会上的讲话发表后，贵州省及时召开了深度贫困地区脱贫攻坚工作推进大会，提出把深度贫困地区脱贫攻坚摆在更加突出的位置，深入推进大扶贫战略行动。在具体工作，贵州省在

2017 年还分别从 3 月和 9 月开始开展为期 3 个月的春季攻势行动和秋季攻势行动，着眼于解决脱贫攻坚面临的各种重点、难点问题。

四　贵州大扶贫模式的启示意义

贵州省通过一系列扶贫开发试验示范，在脱贫攻坚中快速行动，形成了较为稳定、成熟的大扶贫模式，在扶贫脱贫工作中取得了明显的成效，很多方面走在扶贫工作的前列，很多经验被全国各地借鉴。除了“四看法”精准识别、“三变”资产盘活和收益变现、“五个三”易地搬迁后续扶持等具体经验可以借鉴外，贵州大扶贫模式整体上有以下特点值得关注、借鉴。

（一）确定和坚持清晰、稳定的思路和战略不动摇

脱贫攻坚是一项系统性的中长期工程，涉及千万人的切身利益，事关区域性长期稳定发展，又是缺少成熟经验的政府主导性工作，因此必须尽快形成清晰而稳定的思路和战略，并长期坚持不动摇，才能更好地对基层的扶贫实践起到很好的指导和支持作用。如果上层的指导思想和工作思路不清晰，或者经常变化，那么必然对基层工作造成困扰，很多地方的扶贫工作都面临这种困境。相反，贵州省的大扶贫实践提供了一个勤鸟先飞、坚持既定的发展思路和方向不动摇的范例。2015 年 12 月 29 日，中共中央国务院《关于打赢脱贫攻坚战的决定》在中央扶贫开发工作会议之后发布。而在此之前一个多月，贵州省在 10 月 16 日——国家扶贫日的前一日，就发布了省级《打赢扶贫攻坚战的决定》；在中央决定出台数天之后，贵州省又出台了《关于落实大扶贫战略行动坚决打赢脱贫攻坚战的意见》，既是对中央“决定”的落实，又是对本省“决定”的延展，由此确立了大扶贫战略，并在随后的实践中对其不断丰富和具体化，而且更重要的是一直明确地予以坚持和不动摇，成为全省上下扶贫行动的指南针和“定心丸”。

（二）要真投入，大投入

脱贫攻坚这块“硬骨头”越往后越难啃。贵州的做法表明，对于脱贫

攻坚必须要舍得“下本钱”，要敢于投入，要真投入和大投入，而且这是可以做到的。脱贫攻坚投入是全方位的，包括人、财、物各个方面。贵州确立以脱贫攻坚统领经济社会发展全局，建立党委、政府共同负责的脱贫攻坚领导体制和工作体制，建立五级党委、政府责任链，扶贫第一书记和扶贫工作队对所有贫困村全覆盖，帮扶责任人对所有贫困户全覆盖，为脱贫攻坚提供了充分的组织、制度、人才保障。在资金方面，贵州建立了包括财政专项扶贫资金、行业扶贫资金、整合的财政支农资金、社会资金、金融资金、政府投资基金在内的完整的投入机制，确保精准扶贫有钱可用。“大扶贫条例”还对扶贫资金投入保障和增长机制以及使用方式予以明确规定。

（三）要分层分类施策，精准施策

精准扶贫首先要分析好贫困现状和致贫原因，然后针对致贫原因和贫困程度分类施策、精准施策。贵州的做法较好地体现了这个原则。精准扶贫并不是措施到户了事，而是要分多个层次。总体上看，贫困现象可以划分为区域性整体贫困、村庄层面的贫困、户和人层面的贫困。区域和村域层面的贫困主要通过区域发展的方式来解决，包括提供基础设施和基本公共服务，促进产业发展等。前者包括高速公路建设、通村通组公路建设、“四在农家”项目等，对于缓解区域性贫困发挥基础性和普惠性作用；产业发展对于减贫既有基础性作用，也有到户的带动作用。针对户层面的致贫原因而采取的精准扶贫措施也分为两个层次，在微观层面，针对千家万户面临的因病致贫、因学致贫、缺技术、缺资金等贫困现象，分别采取针对性扶持措施；在宏观层面，从行业发展角度，提供区域性整体解决方案，例如发展农村基础和公共卫生事业，建立普惠性社会保障体系。对于到户最为困难的产业扶贫措施，贵州通过“三变＋”、园区带动、对扶贫产业投资设定带动贫困户要求等方式加以解决。

（四）要用市场化方式主抓产业扶贫

贵州《打赢脱贫攻坚战的决定》将产业扶贫列为精准扶贫十项行动的

第一项，《关于落实大扶贫战略行动坚决打赢脱贫攻坚战的意见》也将产业扶贫列为六大攻坚战之一。扶贫产业不是孤立地发展，而是在贵州现代山地特色高效农业发展的总体思路下开展，以打造扶贫攻坚示范县、扶持扶贫特色优势产业、建立扶贫产业园区为抓手。两年以来的实践表明，贵州对于产业扶贫，一是高度重视，没有知难而退，而是迎难而上，这可以通过大力发展扶贫产业园区、设立大规模扶贫产业基金来体现；二是强调市场化方式，通过塑造大的产业环境、以市场化方式引进扶贫产业经营企业、扶贫措施重点关注企业对农户的带动机制的方式，确保扶贫产业的良性运行。贵州扶贫产业子基金遵循“政府主导、企业主体、市场运作、风险可控”原则，政府不向出资人承诺损失担保和最低收益，投资必须以建立贫困户带动关系为条件。恒大集团为大方县引进的扶贫龙头企业都是自负盈亏、风险自担。

（五）要真抓实干，攻坚克难

脱贫攻坚难在“啃硬骨头”，贫困人口不断减少，但是贫困县、贫困片区（区域性整体贫困）长期存在，区域性贫困和剩余的贫困人口就是越来越难啃的骨头。对此，要秉持毛泽东思想中“战略上藐视敌人、战术上重视敌人”的战略策略思想，即使屡败屡战，也要迎难而上。贵州全省上下将脱贫攻坚当作头等大事，认定大扶贫战略不动摇，瞄准脱贫目标，将每一项扶贫措施当作重中之重认真抓好。贵州定期举行春季和秋季攻势行动，择期召开大扶贫行动推进大会，创新方式方法解决重点难点问题，通过严格考评奖勤罚懒，为脱贫攻坚成效显著的优秀人才提供成长和上升空间，通过“大比武”机制发现人才和经验，通过上下结合的方式将成功的做法和经验快速推广，集中人财物力主攻省内深度贫困。这一系列做法体现了真抓实干、攻坚克难的精神，使其不再是扶贫宣传口号。

贵州脱贫攻坚可能还有更难的路要走，还有400万人口的脱贫任务和120万人口的易地扶贫搬迁任务，还有60多个贫困县需要脱贫摘帽，对已经脱贫的上千万贫困人口要实现稳定脱贫和发展致富。因此，贵州需要坚持既定的大扶贫战略、思路、方式方法，继续鼓足干劲和知难而上，同时继续探索完善大扶贫模式，主要包括：拓展和完善扶贫云，真正发挥大数据的识别、管理和监测功能；建立和完善贫困人口的动态进入和退出机制，探索接近扶贫标准的相对贫困保障机制，真正贯彻扶贫济困和社会公平目标精神；着力构建产业扶贫、易地扶贫搬迁的长效机制；在扶贫攻坚中探索农村集体产权改革、乡村振兴、农业和农村现代化等基本农村发展问题的解决方案。

参考文献

1. 杜萍：《创新扶贫开发模式——以贵州省黔西县为例》，《理论视野》2015 年第 9 期。
2. 贵州省地方志编纂委员会编《贵州省减贫志》，方志出版社，2016。
3. 国家发改委编《全国易地扶贫搬迁年度报告》，人民出版社，2017。
4. 黄承伟主编《脱贫攻坚省级样本：精准扶贫精准脱贫贵州模式研究》，社会科学文献出版社，2016。
5. 黄承伟、叶韬、赖力：《扶贫模式创新——精准扶贫：理论研究与贵州实践》，《贵州社会科学》2016 年第 10 期。
6. 中国社会科学院农村发展研究所、贵州省社会科学院联合课题组：《大扶贫：贵州创建扶贫开发攻坚示范区模式研究》，《贵州社会科学》2017 年第 7 期。
7. 李再勇：《“三变”：深化农村改革的哲学实践与思考》，2016 年 1 月 25 日《六盘水日报》第 1 版。
8. 刘子富：《贵州模式——探索开发扶贫新路》，《当代贵州》2016 年第 14 期。

B.13

产业扶贫的广西经验*

莫光辉**

摘　要：　产业扶贫是我国脱贫攻坚战中“发展生产脱贫一批”的主要模式。产业发展是贫困人口脱贫致富和实施乡村振兴战略的主要支撑。近年来，广西积极探索产业扶贫模式，积累了龙头企业带动模式、合作社（家庭农场）带动模式、能人带动模式、旅游扶贫带动模式、村级集体经济带动模式、示范园区带动模式、党建带动模式、混合带动模式等产业扶贫实践经验。本文对广西产业扶贫实践经验进行了梳理，并提出了脱贫攻坚战中产业扶贫的发展建议。

关键词：　产业扶贫　产业富民　广西经验

一　广西产业扶贫的基本情况

2016年7月18日，习近平总书记在与宁夏回族自治区固原市泾源县大

* 本文为莫光辉主持的国家社科基金项目“滇桂黔石漠化片区精准扶贫绩效提升机制研究”之精准扶贫绩效提升机制研究阶段性研究成果之七。除特殊注明外，文中数据来源于2017年9月19日在广西南宁市上林县召开的广西产业扶贫暨贫困村村级集体经济发展工作现场推进会典型案例材料和广西壮族自治区人民政府副主席张秀隆在全区产业扶贫暨贫困村村级集体经济发展工作现场推进会上的讲话稿，以上材料由广西壮族自治区扶贫办项目处提供。特此致谢。

** 莫光辉，博士，副研究员，广西大学广西创新发展研究院副院长，广西大学中国贫困治理与社会政策研究中心主任，硕士生导师，主要研究方面：扶贫与乡村振兴。

湾乡杨岭村村民座谈时指出，发展产业是实现脱贫的根本之策。[①] 要因地制宜，把培育产业作为推动脱贫攻坚的根本出路。党的十九大报告强调：到2020年，我国现行标准下农村贫困人口实现脱贫，贫困县全部摘帽，解决区域性整体贫困，做到脱真贫、真脱贫。在剩下三年的时间里，全国每年需要脱贫1000万人以上，这些需要脱贫的贫困人口绝大部分生活在集中连片特困地区、国家扶贫开发重点县、少数民族边远山区、边境地区等深度贫困地区，致贫原因复杂多元，脱贫攻坚压力更重、难度更大。精准扶贫方略实施以来，广西各级党委、政府对脱贫攻坚工作高度重视，始终坚决贯彻落实党中央、国务院决策部署，特别是按照习近平总书记提出的“扶持谁、谁来扶、怎么扶、如何退”四个主要问题设计脱贫攻坚路线图；建立“1+20”脱贫攻坚体系，针对新形势下扶贫工作的实际和特点，先后出台了28个相关配套文件，广西壮族自治区党委书记、自治区主席同时担任自治区扶贫开发工作领导小组组长，设立了综合协调、资金政策、产业开发、基础设施、移民搬迁、公共服务、组织保障7个自治区扶贫开发领导小组办公室专责小组；各地市、县（区）也分别设立了扶贫开发领导小组办公室专责小组，从有关单位抽调人员专职办公，全面统筹脱贫攻坚产业发展、基础设施建设等各项扶贫开发工作。其中，在产业扶贫方面，广西壮族自治区扶贫开发领导小组办公室产业开发专责小组包括21个厅局单位，由广西农业厅牵头开展工作。2015年以来，广西积极探索产业扶贫模式，积累了龙头企业带动模式、合作社（家庭农场）带动模式、能人带动模式、旅游扶贫带动模式、村级集体经济带动模式、示范园区带动模式、党建带动模式、混合带动模式等产业扶贫实践经验。在产业扶贫的过程中，广西因地制宜选择适合贫困地区发展的特色优势产业，在每个县重点打造2~5个特色产业，并在1000个贫困村组建完善1381个农民专业合作社，投入扶贫产业开发的财政、金融资金超过160亿元，林下养殖、水果种植、乡村旅游等一批“短

① 《习近平宁夏考察第一天：长征永远在路上》，人民网，http://politics.people.com.cn/n1/2016/0719/c1001-28565976.html，2016年7月19日。

平快”增收项目有效带动了贫困群众脱贫致富。[①] 2016 年，广西脱贫攻坚成效显著，实现了 111 万贫困人口脱贫的任务，脱贫人数排全国第一位，减贫速度达到了 25%，减贫速度在全国排第二位；实现了 943 个贫困村、4 个贫困县摘帽，2015 年确定的脱贫攻坚目标任务全面完成。[②]

产业扶贫是我国脱贫攻坚战中“发展生产脱贫一批”的主要模式，产业发展是贫困人口脱贫致富和实施乡村振兴战略的主要支撑。对于当前精准扶贫精准脱贫的脱贫攻坚战而言，产业扶贫如何做到更为精准有效？产业扶贫如何与乡村振兴有效结合？产业扶贫如何更好地激发贫困人口的脱贫增收能力和企业发展的空间？产业扶贫如何实现产业富民？这一系列的问题需要我们对以往产业扶贫实践经验和问题进行有效梳理，提出精准扶贫视域下的产业扶贫路径优化策略。基于此，本文对广西产业扶贫实践经验进行了归纳梳理，并提出了脱贫攻坚战中产业扶贫的发展建议。

二　广西产业扶贫的主要模式

（一）龙头企业带动模式

龙头企业带动模式就是龙头企业在贫困村建立产业扶贫基地，通过企业资金、技术、人才、市场、信息等方面的优势带动当地贫困群众脱贫致富。在推进脱贫攻坚战的进程中，进一步广泛组织、引导、支持民营企业参与新一轮农村扶贫开发，为贫困地区社会经济发展搭建企业奉献爱心平台，实现企业与贫困村互利双赢，对于创新开展扶贫工作、增强社会扶贫力量、完善社会大扶贫格局有显著作用。2016 年以来，贺州市钟山县引进天怡食用菌

① 广西扶贫信息网：《全区 2017 年脱贫攻坚推进大会暨业务培训会在南宁召开》，http://www.gxfpw.com/index.phpm = content&c = index&a = show&catid = 29&id = 37523，2017 年 4 月 8 日。

② 广西扶贫信息网：《绘就贫困地区新画卷——广西精准扶贫决胜小康综述》，http://www.gxfpw.com/index.php? m = content&c = index&a = show&catid = 29&id = 38086，2017 年 5 月 20 日。

有限公司投资300万元在公安镇大田村建成黑木耳制棒厂1家，厂房面积1500平方米，购置智能袋装自动化生产流水线一条，养菌棚面积12000平方米，年生产菌棒150万棒。在该公司的辐射带动下，全县12个乡镇共种植黑木耳300亩，其中110户贫困户种植200亩，非贫困户种植100亩；黑木耳总产量27万公斤，总产值1350万元，亩均纯利润1.2万元；农民通过种植和在基地务工，增加收入530多万元，带动200多户贫困户增收脱贫，取得了明显的经济、社会效益。天怡食用菌有限公司带动贫困户脱贫致富的主要做法如下。

1. 政府加大对龙头企业的政策扶持力度

2016年，钟山县出台了《钟山县2016年食用菌（黑木耳）产业扶贫实施方案》，方案明确了贫困户种植黑木耳可享受财政贴息贷款以及财政补助3000元/亩的政策扶持。2017年，又出台《钟山县2017～2020年黑木耳产业扶贫实施方案》《钟山县农村信用合作联社食用菌种植贷款管理办法》等文件，在原有扶持政策基础上，新增以下扶持政策：（1）非贫困户（包括个人和经营主体）种植黑木耳2～25亩的，可享受财政贴息贷款4万～50万元；（2）对年产100万棒以上的制棒厂和连片种植30亩以上的基地，县政府视财力情况在水、电、路等基础设施建设方面给予扶持；（3）2017年建设的7家制棒厂，县政府扶持基础设施建设计划安排资金500多万元。

2. 依托龙头企业示范带动发展

2016年以来，钟山县把天怡食用菌有限公司、富强雅瑶华香农业发展有限公司作为黑木耳种植龙头企业，辐射带动12个乡镇种植户特别是贫困户种植黑木耳，增加收入，加快脱贫摘帽步伐。2017年，为解决木耳棒供应问题，由钟鼎农业发展有限公司（县政府独资企业）与昭平县天润黑木耳有限公司共同出资1亿元（钟鼎公司出资9000万元，天润公司出资1000万元）成立钟山县天泽菌业科技发展有限公司，建设木耳棒制棒厂6家，年可生产菌棒5400万棒。另外，还扶持富强雅瑶华香农业发展有限公司建设木耳棒制棒厂1家，年可生产菌棒450万棒。7家制棒厂的建设，解决了钟山县种植黑木耳菌棒供应问题，为黑木耳产业发展奠定了坚实的基础。目

前7家制棒厂已全部完工，即将投入生产。

3. 创新经营模式，保障各方利益

一是保底收购产品。食用菌公司通过“公司+金融机构+贫困户（种植户）+基地”的模式，保底以每公斤50元收购产品，解决农民群众生产后顾之忧。二是保障技术指导。食用菌公司建立明确的技术人员巡回制度，确保种植户能按技术要求完成菌棒下地、田间管理、摘晒木耳等工序。三是借力增加村级集体经济收入。村委发动农户种植黑木耳每棒可获得服务费0.05元作为村集体收入，服务费由食用菌公司支付。

4. 积极宣传动员，提高贫困户创业热情

钟山县各乡镇通过召开签约工作布置会、进村入户宣传动员等方式激发农民群众种植黑木耳的热情。截至2017年9月，钟山县黑木耳种植户共签约5000亩，贫困户签约达到4000亩。

（二）合作社（家庭农场）带动模式

合作社是有一定经营能力和共同产业基础的不同市场主体组建而成的生产经营组织。家庭农场则是家庭式生产经营组织。合作社在组织形式上能够有效地把分散的家庭农场联合起来，形成更大范围、更大规模的农民联合组织，有助于促进生产与市场的有效对接，提高不同产业在生产、流通、消费全过程的组织化程度，带动贫困人口脱贫致富。百果丰水果专业合作社位于玉林市福绵区福绵镇宝岭村，是一家以各类特色水果种植为基础，集现代特色农业种植和休闲旅游观光为一体的专业合作社，成立于2014年，注册资金为250万元，是玉林市福绵区百果丰水果种植科普示范基地。柑橘产业是玉林市福绵区政府顺应形势要求大力发展的扶贫产业之一。百果丰水果专业合作社成立后，加快了当地柑橘种植产业化、规模化进程，带动了周边贫困村、贫困户进行产业开发，主要做法有如下几种。

1. 推进“合作社+基地+农户”经营模式，发挥示范引领作用

百果丰水果专业合作社的主导产业是柑橘种植，主栽品种有沃柑、皇帝柑、沙塘桔等晚熟柑橘。采取“合作社+基地+农户”经营模式，辐射带动了1000多户种植户加入柑橘种植行业，拓展面积4200亩，辐射面积10000亩，种植户年平均纯收入1.89万元。

2. 强化技术保障，夯实产业基础

百果丰水果专业合作社现有职工100人，其中管理人员10人，聘任专家顾问1人，柑橘专业技术人员5人，为柑橘标准园建设提供了有力的技术保障。合作社与广西大学、广西农业科学院生物技术研究所、玉林市科学技术情报研究所、农产品安全检测中心、农药检定站等科研院所保持密切沟通和联系；同时，合作社不断派专人到外地学习、引进柑橘的先进种植技术，还聘请专家顾问来当地进行培训和推广先进的种植技术、管理方法，保障了合作社技术和产销方面的信息可以得到及时更新和补充。

3. 深化“产业+扶贫”模式，助力贫困户脱贫致富

百果丰水果专业合作社带领周边贫困户以土地入股、劳动力入股、扶贫资金入股等方式参与企业发展，增加贫困户的工资性收入、财产性收入、股份分红等，使企业和贫困户达到双赢。配合福绵区安排扶贫发展资金110.5万元，购买柑橘果苗用于扶贫工作，在镇石、安田、岭肚、东高、五金、化山、苏立、和平、长发、麦垌10个贫困村实施了优质柑橘种植项目，其中种植春橘322亩32200株、香桔240亩24000株、贡橘193亩19300株、沃桔1177亩117700株，合计1932亩193200株。

4. 加强建设，打造农旅结合的特色休闲农业示范区

为了加快玉林市福绵区柑橘产业的发展，百果丰水果专业合作社2017年以来不断加强基础设施、标准体系、市场主体等方面的建设，拓展产业发展空间，将百果丰水果专业合作社打造成集水果种植、休闲养生度假、民俗体验等功能于一体的现代特色农业示范区。农旅结合的特色休闲农业示范区建设有效地促进了合作社发展。

（三）能人带动模式

能人带动模式就是通过贫困村已经先富起来的经济能人带领当地贫困群众脱贫致富。相对而言，经济能人在产业种养、市场开拓、信息获取、技术

应用等方面具有较强的优势和经验。通过支持经济能人做大做强，树立脱贫致富经济能人典型，发挥经济能人的示范辐射作用，能较快带动周边村民脱贫致富。实践表明，经济能人致富典型的示范和带动，能让不少贫困村的面貌焕然一新。出生于1969年的宋玉军是右江区阳圩镇六丰新村村民，虽然只有初中文化水平，但从2000年就开始担任村两委干部，在2014年的六丰新村两委换届选举中当选村支书、主任，作为党员中的唯一村组干部，宋玉军带领村民开展脱贫致富建设。依托六丰村宋氏养殖农民专业合作社，宋玉军动员贫困户入股联合创建六丰村国海种养农民合作社，扶持有意愿发展网箱养殖的贫困户发展网箱。第一期于2016年2月启动，带动贫困户25户，发展网箱140个，总投资300万元，产值达360万元，利润60万元。宋玉军先后获得了右江区“十佳农民”“美丽家庭”“最佳支书”等荣誉称号。宋玉军带领村民脱贫致富的主要做法有如下几种。

1. 重视基础设施建设，村容村貌大为改观

宋玉军把全村在家的群众召集到一起商量如何建设家园，并提议要按照“城市+农村”双结合的新构想改变农村旧貌。通过与村民商议，计划建成33户规格一致却又别具特色的小洋楼，建设人畜分离的各户杂物房，村内主干道、进屯道路水泥路硬化，人行步道，景观花架等。建设方案得到村民一致同意后，宋玉军多次召集村中各户户主进行集体商量讨论，帮助文化程度低的贫困户设计建房图纸，最终做出了统一的面积、大致户型而又外形各异的决定。在建设过程中，宋玉军亲自带着拮据的家庭争取银行贷款，甚至以自己经营多年的渔业生意为困难户做贷款抵押。出于节约成本而又最快完成建设的打算，宋玉军在为自家建房拉运砖头、水泥等材料时，主动问询大家的购买预算，通过统一算、一起买、一起运的方式减轻了村里其他农户跑上跑下的负担。

2. 突破常规，带头发展特色养殖业

2005年百色水库下闸蓄水后，宋玉军发现了商机，开始大胆创业，充分依托百色水库丰富的水面资源，2007年大力发展网箱养鱼业。网箱养鱼技术要求高，为了掌握技术，宋玉军多次向畜牧兽医专家请教，并购买了不少有关网箱养鱼的技术书籍自学。不论天晴还是下雨，他始终在湖面上打拼，通过几年的钻研，终于琢磨出一套自己的养鱼技术。凭着自己的执着与拼搏，宋玉军一步步闯出了一条依靠科技、勤劳致富的路子，由一个普通农民，逐步成为小有名气的“养鱼专家”。如今，宋玉军已成为当地远近有名的养鱼致富能人。从2007年至今，他的网箱从10个变成60个，从最初的小心投入到现在年投入总值100多万元，他的致富道路在他不断地努力经营下日渐明晰，投资的规模也越来越大。

3. 共同致富，不忘帮扶“穷乡亲”

2014年6月3日，宋玉军注册成立了宋氏养殖农民专业合作社，注册资金150万元，会员从最初的6户发展到现在的60户，主要从事水产养殖、水产品销售、水产养殖技术服务。目前，已累计投资400万元，网箱养殖面积达80亩（其中投饵养殖面积30亩、生态养殖面积50亩），建成标准化养殖网箱475个。养殖品种主要有鳙鱼、罗非鱼、斑点叉尾鱼、大口鲶、鲈鱼、黄颡鱼等，养殖辐射阳圩村能源点、华村、孟沙村百伟屯、平况屯等村屯，年产量达到400吨，年产值达400多万元。

（四）旅游扶贫带动模式

旅游扶贫带动模式利用当地旅游资源，充分发挥旅游业在脱贫攻坚战的拉动能力、融合能力，带领当地贫困群众脱贫致富。旅游扶贫也可以延伸为区域特色产业新业态。以旅游发展助推农民脱贫，让旅游带动农民致富。旅游扶贫为当地贫困户提供了就业岗位，让贫困户在家门口解决就业问题，实现增收。通过调研发现，旅游扶贫有利于通过市场化的机制扶贫，在保护当地美好生态环境的同时，有利于改变贫困地区的封闭状态，促进贫困地区人口在物质上和精神上双脱贫。近年来，龙胜县在旅游扶贫工作中积极探索，龙脊景区大寨村的旅游扶贫模式尤为典型。大寨村曾是龙胜县典型的贫困片区之一。2003年正式发展旅游业以来，群众收入连年翻番，全村293户1204人，绝大部分过上了小康生活。2016年龙胜县旅游直接从业人员已达2.5万人，间接从业人员达5万人，全年共接待游客647.57万人次，旅游总消费达到66.58亿元，大部分群众直接或间接享受到了旅游发展带来的红利。在2016年旅游扶贫成果分红仪式上，大寨村全村共同分红473万元，最多一户领到了4.35万元。龙胜县龙脊镇龙脊景区大寨村旅游扶贫模式的主要做法有如下几种。

1. 打造特色旅游品牌

通过挖掘当地深厚的民族文化底蕴，结合不同地域、时段、民族等多种元素，因地制宜策划、举办“龙脊梯田文化节”“开耕节”“红衣节”“晒衣节”“辣椒节”等系列民族节庆活动，丰富旅游内涵，打造人文特色旅游品牌。

2. 贫困群众入股开发乡村旅游资源

为切实带动景区内的群众早日脱贫致富，让更多的群众参与旅游开发，政府组织动员群众以梯田景观资源为股份，与公司签订旅游发展协议，共同发展旅游。在平安、龙脊、大寨三个核心村，公司每年将门票收入的7%返还给各村的旅游管理委员会，由其给群众分红。大寨村2014年分红297.2万元，2015年分红403万元，2016年分红473万元。

3. “公司+贫困户”助力贫困群众家门口就业

索道公司、运输公司、电瓶车观光专线公司、保洁公司等根据各自的特点和经营范畴，优先招聘当地贫困群众就业，特别是鼓励和支持贫困群众从事旅游业，在保障贫困群众切身利益的前提下开展旅游经营活动，取得了良好的效益。2016年，仅龙脊公司吸收当地贫困群众就业达120多人，保洁公司吸收贫困群众就业60多人。

4. 当地特色土特产搭上旅游顺风车

县政府不定期开展导游业务培训，发动当地贫困群众开展导游服务；开发项目，让群众从事抬轿和背包服务，打扫景区卫生、管理景区秩序等工作；鼓励群众开发销售罗汉果、红薯等土特产，民族刺绣等旅游产品；鼓励周边群众为旅馆饭店种养、提供土特食材。同时还辐射带动周边的群众经营农家乐、小旅社等，扩大了贫困群众受益面。

（五）村级集体经济带动模式

村级集体经济带动模式就是通过多种方式发展村级集体经济，辐射带动贫困群众受益。村级集体经济是统筹城乡发展的重要经济基础，是巩固党在农村执政基础的重要保证，也是必须补齐的脱贫攻坚短板。开展脱贫攻坚战以来，南宁市邕宁区大胆创新，积极探索集体经济模式，不断推动新型村级集体经济发展，形成了稳定的集体经济收入，逐步实现了民富村强。2016年12月，邕宁区顺利通过了广西壮族自治区脱贫摘帽核验，17个贫困村实现了脱贫摘帽，包括原计划于2017年脱贫的那云村，提前一年超额完成脱贫攻坚计划任务。

1. 整合资源，用足政策，夯实集体经济基础

对照贫困村脱贫摘帽“十一有一低于”标准，邕宁区组织力量对村级集体经济进行了深入的调研摸底。针对无村集体经济收入或集体经济项目单一、收入少、缺乏后劲的贫困村，制定了详细的发展规划，并在政策上予以倾斜。修建了一批道路和水利设施，改善了生产条件，带动了集体经济加快发展。

2. 开阔思路，培育实体，创新集体经济模式

新型农业经营主体是带动村集体经济发展的新型实体。邕宁区充分利用各种合作组织促进农民增收，累计成立农民专业合作社200多个，涉及57个行政村，覆盖率达78.1%。如百济镇红星村通过土地流转入股组建了南宁市坛里现代生态农业专业合作社，为种植户提供沃柑产前、产中、产后的肥料购置，育苗，田间生长期间管理技术指导及销售服务等，通过合作社经营每年可增加集体收入2万元。

3. 加强指导，盘活资产，促进集体经济增长

对农村集体山林、水库、因撤并学校而闲置的校舍进行了集中清理，并指导各村采取合作经营、承包等方式盘活变现，增加集体收入。如新江镇东营万头养猪场，团阳村将约300亩的集体土地整片发包给公司建立大型养猪场，既增加村集体经济收入，又带动当地发展养猪业，成功打造了新江镇十里养殖长廊。

4. 加强引导，流转土地，扩大集体经济规模

大力引导、推动土地流转，实现土地效益提升和规模经营并进，通过土地流转发展休闲观光农业，提高农业产业化水平，为村级集体经济增加收入。如蒲庙镇那贵坡流转了集体土地1489亩，成功打造了“七彩那贵”生态旅游示范村。

5. 力辟蹊径，借助科技，提高集体经济效益

利用互联网、新兴科学技术等手段，发展现代信息和新兴科技产业，增加集体经济收入。如百济镇红星村发展电商扶贫，在有效推进精准扶贫工作的同时也为村集体带来了一定经济收益；华联村光伏发电项目，设备产生的电力除供应本村需要外，还出售给南方电网公司，每月可产生收益约980元。

（六）示范园区带动模式

示范园区带动模式是依托产业园区载体发展特色产业，把现代特色农业示范区（简称园区）创建与贫困农民增收脱贫紧密结合起来，通过创建园区、引进企业、流转土地、合作经营、金融扶持、较好地解决了产业发展、企业获利、贫困农民增收脱贫问题。示范园区带动模式有利于增强贫困村和贫困户脱贫致富以及可持续发展能力。示范园区带动模式是产业扶贫模式的深化。防城港市上思县不断加大产业扶贫工作力度，以“企业＋基地＋贫困户”利益联结产业增收模式，带动贫困地区发展产业和带动贫困户增收脱贫。上思县长德现代生态农业示范区建设于2013年，占地面积为2万亩，项目建设期为5年，总投资2亿元。目前示范区已完成澳洲坚果、台湾凤梨、新品沃柑种植2000亩，生态立体种养400亩，水果采摘园200亩。共流转2500亩土地，涉及农户200户，按土地流转400元/亩·年计算，平均每户年增加租金收入5000元。同时，雇用当地的贫困户到示范区从事种植管理工作，每人每年增收18000元。防城港市上思县实施的示范园区产业带动“企业＋基地＋贫困户”利益联结产业增收模式的主要做法如下。

1. 创新产业扶贫方式，提高产业扶贫效果

充分发挥公司资金、技术、人才等优势，村集体的本地优势（人脉、资金、本地管理）及贫困户的土地、劳力、资金等各方优势，让它们相辅相成，最终实现产业发展、公司赢利、贫困户脱贫。通过实施“一十百千万”产业扶贫工程（即一个项目，带动十个贫困村，发展百户贫困户加入，增加千人就业，打造万亩基地），把10个贫困村400多户贫困户挂靠、联结到产业链上，抱团精准扶贫，探索出“公司+基地+贫困户”的利益联结产业增收模式，增加贫困户“造血”功能，使他们通过自身努力实现稳定脱贫和持续致富。一是企业与农户签订合作经营协议，实行标准化委托种养，带动周边农户及贫困户发展坚果、牧草种植和黑山羊、鸡养殖，统一由长德公司提供种苗、幼仔和技术指导并按市场价格回收，帮扶农户持续稳定增收致富。二是带动土地流转。通过土地流转，农户获得每亩400元/年的租金收入。三是带动转移就业。聘用当地的农户为示范区种植管理工人，并常年提供大量长工、短工、临时工岗位，每人每月可增收约1500元，实现种田产业、照顾家庭、务工挣钱“三不误”。

2. 将贫困户融入致富产业链，提高脱贫效果可持续性

因地制宜选好选准产业，推行“生态+”模式，实现基地“短+中+长”结合。推行“旅游+”模式，把基地种养殖、观光旅游、休闲娱乐等有效融合，实现“一二三”产业的有效衔接，多种融合，增强产业链效力，带动贫困村、贫困户发展产业实现脱贫增收。通过成立上思县长德种养专业合作社，重点扶持10个贫困村发展台湾凤梨种植、台湾泥鳅养殖、小龙虾稻田套养等基地。建立合理的“公司+合作社+农户”利益联结机制，每个贫困村投入20万元入股到基地变成股金，按照协议合作期限为10年。前三年，每年获得投入总股金10%以上的股金分红，即获得20000元以上的收益；第四年开始，按照基地投入成本将股金折价为一定已建设好的基地面积，并转由贫困村自主经营，实现股金变资产，有效地增加了村集体经济收入，示范带动了村级产业的发展。

3. 提高资金使用效益，降低生产经营成本和风险

强化风险防范意识，规范约束各方责任，要求风险共担，利益共享。对于企业，要求其必须通过对“一二三”产业的融合，发展多种产业经营，来增加自身规避风险的能力；对于政府，要因地制宜地选择好产业基地，并进行规模控制。同时要求经营主体必须在银行有抵押物，才能引导农户以受托方式把小额扶贫贷款资金支付给其作为流动资金进行经营。上思县400户贫困户以小额贷款入股形式（每户获得小额扶贫贷款5万元，共计2000万元）委托支付给上思县长德现代生态农业示范区作为流动资金经营。根据《新增资本入股协议》，入股期间每户贫困户每年将获得8%的分红收益。通过小额贷款带动入股分红，贫困户降低了生产经营成本和风险，每户每年获得4000元收益。

（七）党建带动模式

党建带动模式就是在产业扶贫中，重视发挥基层党组织和广大党员的先锋模范作用，扎实开展基层党建与精准扶贫工作，使基层党建工作真正地融入扶贫、服务扶贫、推动扶贫。在脱贫攻坚战的过程中，不断夯实党组织建设，特别是重视发挥基层党组织的政治优势、组织优势和资源优势，增强基层党组织联系群众、服务群众、凝聚群众、造福群众的功能，激励和帮助困难群众更有信心、有决心、有恒心地实现脱贫致富，对于贫困地区和贫困人口脱真贫、真脱贫具有引领作用。梧州市苍梧县太平村党旗领航脱贫，通过“公司+党支部+合作社+贫困户”的模式，实现了规模养殖，抱团取暖。目前，太平村养猪场占地4600多平方米，生产商品肉猪2000头/批次，年出栏肉猪2批共4000头，年产值达到800万元，纯利润40万元，贫困户每户每年可增收1万元以上。太平村两委班子党建扶贫的主要做法如下。

1. 发挥党员在脱贫攻坚中的先锋模范作用

为了消除贫困户的顾虑，太平村于光宝等15名党员和经济能人发起，于2016年6月6日成立了苍梧县京南镇发宝养殖专业合作社，并积极发动和吸纳易维武、于勇强等21户贫困户抱团加入合作社。同时，盘活村集体资产，利用7亩多村集体闲置土地，建立京南镇太平村养猪场。

2. 多方筹措资金，发动贫困户积极参与

为解决养殖场建设资金，村两委班子千方百计，通过向上级申请支持、争取公司投资、利用贫困户小额信贷等各种渠道，共筹集了139万元的建设资金。其中向县委、县政府申请扶贫产业资金48万元；争取苍梧县供销社企业联合总公司入股投资10万元；由易维武、于勇强等17户贫困户通过申请扶贫小额信贷，每户3万元入股合作社；发动村内党员和经济能人入股，共筹集了资金30万元。

3. 规范养猪场运转流程

太平村养猪场采用企业全程指导服务、合作社全程运转的模式进行管理。由通达农牧科技有限公司派出技术人员，以“梧州通达自动化养猪操作规程”为标准，开展全程跟踪“一条龙”服务，从种苗供应、技术指导、饲料、兽药供给及成品猪实行保护价回收，保证养猪场运转顺畅。京南镇发宝养殖专业合作社每年从通达公司购进猪苗，严格遵照饲养管理制度和消毒、免疫措施来开展生产，每年组织成员到通达公司参观学习，召开生猪养殖技术培训班，有效帮助贫困户掌握生猪养殖实用技术，提高养殖效益。

4. 建立养猪场风险制度

为把风险降到最低，京南镇发宝养殖专业合作社与通达公司签订“公司+农户”生猪代养协议书，明确了生猪养殖疫病防控和最低保护价回购。合作社按照协议书要求，做好养猪场消毒、免疫等工作，控制养殖中出现的疫病风险。同时，通达公司实行最低保护价回购，无论生猪市场发生怎样变化，只要合作社生猪出栏均重125千克左右，出售生猪每头就可获得代养费85元，确保了合作社养猪分红和贫困户经济收益。

5. 制定利益分配方案，实现共建共享

京南镇发宝养殖专业合作社经过召开成员大会，制定年度财务预决算、盈余分配和亏损弥补等方案，明确合作社收益分红。年纯利润抽出5%用于合作社正常开支，并抽出10%纳入太平村委集体收入，预计每年可增加村集体收入4万元。

（八）混合带动模式

混合带动模式就是在一个产业扶贫点或在扶贫产业链上，政府支持、龙头企业带动、贫困户参与等的多种模式混合融合发展模式。近年来，梧州市以发展生态养殖为手段，立足实际，紧扣市场，积极推进稻螺综合种养业发展，通过制定规划、打造示范，以点带面等措施，打造一个210亩稻螺生态示范点，带动全市发展稻螺综合养殖面积1000多亩，平均亩产值5500元以上，直接或间接带动500多户贫困户实现经济增收。如梧州市龙圩区通过“一田两用，稻螺双收”混合带动模式发展稻螺生态综合种养助推脱贫攻坚，主要做法如下。

1. 加强领导，部门联动

一是加强组织保障。梧州市成立了以副市长为组长、以市农委、发改委、财政局等主要部门负责人为副组长的推进梧州市稻田综合种养工作领导小组。二是明确职责，协调推进。制定了《关于印发2016年梧州市推进稻田综合种养业发展实施方案的通知》（梧农委〔2016〕6号），明确了发改委、财政、水利、农业等部门的职责，各尽其责，齐抓共管，通力合作，共同推进稻螺生态综合种养业发展工作。

2. 广泛宣传，转变观念

稻螺综合种养历史悠久，但受限于科技、设备设施落后及市场因素，其经济效益低下，不被群众看好，传统稻田种养业经历了由兴旺到衰落的过程。当前，随着科技的不断进步及生态文明建设的推进，现代稻螺综合种养的经济效益与生态效益逐步凸显。为扭转群众对稻螺综合种养的旧观念，梧州市结合业务技术培训、科技特派员服务、扶贫工作队工作，广泛宣传稻螺综合种养对经济增收及稳定粮食生产等的意义，为推进稻螺生态综合种养营造群众基础。

3. 因地制宜，市场切入

梧州市是典型山区城市，山多地少，水田多分散于山冲之中。近年来，随着农村务工人员外出及农村人口老龄化，农村剩余劳力少，造成水田闲置荒种，这种现象正在加剧。这不利于耕地保护，影响粮食安全生产，更不利于农民经济增收。单一种稻效益低，农民积极性不高，有效的解决办法就是加快推进稻田综合种养业发展。为找准推进稻田综合种养业的切入点，梧州市组织业务部门从市场调查着手，摸清了梧州市田螺消费市场较旺，但田螺绝大多数是靠湖北、湖南等外地供应的市场情况，立足山区水田荒种的实际，决定推进稻螺综合种养业。

4. 因势利导，打造典型

近年来，梧州市龙圩区群众在各级渔业部门宣传引导下，发展稻田养殖田螺的积极性非常高。龙圩区政府高度重视，决策到位，结合脱贫工作出台政策，扶持培育出广平镇佰宝养殖农民专业合作社、广平镇兴业水产畜牧养殖合作社、广平镇帝兰专业合作社、广平镇长丰专业合作社和新地镇思贤专业合作社等 8 家合作社发展稻螺养殖，示范带动龙圩区发展稻田养螺 2000 亩。为抓好稻螺示范，打造特色，梧州市因势利导，将龙圩区田螺产业升级提档，指导龙圩区在广平镇乶金村建设了 210 亩的稻螺综合种养示范基地，打造稻田养螺生态循环模式，树立了稻螺综合种养典型。

5. 以点带面，示范带动

梧州市积极争取自治区资金和技术支持，协调广西水产科学研究院专家帮助龙圩区进行规划设计，打造龙圩区示范点。同时，通过报纸、电视等媒体加强宣传，增强辐射示范效应，示范带动梧州市其他县（市、区）稻螺综合种养发展。

6. 技术跟进，服务到位

一是组织渔业部门开展市县两级培训，市级与各县（市、区）联合或单独举办稻螺技术培训，提高养殖户技术水平；二是通过现场教学、参观等方式使农民群众对稻螺综合种养树立了信心。同时，结合脱贫攻坚产业指导小组专家指导和贫困县科技特派员工作，加强技术服务与指导，及时解决稻螺养殖技术难题，为稻螺种养业提供技术保障。

三　广西产业扶贫实践经验的启示

（一）大力推进农业龙头企业、合作社、家庭农场等新型农业经营主体建设

在产业扶贫的过程中，要推动合作社向联合社方向发展，包括专业合作、股份合作以及横向、纵向合作的联合社，形成利益联合体，通过利益机制提高农民的组织化程度，增强合作社等市场主体带动贫困农户发展生产的动力。引导贫困农户、合作社、家庭农场通过“公司＋合作社（家庭农场）＋贫困农户”等形式与农业龙头企业结成紧密的利益连接体，分享农业全产业链价值。

（二）选好选准贫困地区扶贫特色产业

通过调研发现，现在全国各地都很重视产业扶贫，在产业发展步骤上有点急于求成，盲目突击发展了很多产业，但有规模效益的少，缺乏集聚效应，在市场经济下，很难做大做强，很难形成市场竞争力，也很难带动贫困群众稳定增收。有地方在发展特色产业的过程中，不顾当地土质、气候等实际和市场需求情况，发展产业时盲目一哄而上，导致农产品同质竞争泛滥，这样不仅影响困难群众增收脱贫，还挫伤了贫困群众进一步发展生产的积极性。因此，各地产业扶贫要因地制宜，选择适合当地发展的主导产业，将有限的资金、技术等资源用在发展产业的刀刃上，防止乱撒胡椒面。

（三）加强产业扶贫的科技支撑

当前，全国各地正在深入推进农业供给侧结构性改革，从注重数量为主，向数量、质量、效益并重转变。要充分发挥科技的引领支撑作用，全力

助推产业扶贫的开展。一是建立产业扶贫技术专家库。发挥好科技特派员、专家学者和基层农技人员的作用，广大专家要深入田间地头开展技术指导和培训，为扶贫产业发展把脉问诊，帮助解决产业发展中存在的技术难题。二是加大针对贫困群众的产业技术培训力度。要制定计划，加大产业技术培训力度，确保每户贫困户中至少有 1 名劳动力能接受专门培训。三是因地制宜组织编写产业技术规范或教材。全国各地的地理、气候、环境各有差异，同一品种在不同地方所需要的技术可能有所不同，如桂南和桂北葡萄种植技术就有所区别。各地要发挥本地农技人员的作用，组织编写适于当地的产业技术乡土教材或技术规范，更好地指导本地特色产业发展。

（四）建立有效的利益捆绑机制与精准共享机制

结合精准扶贫理念，将贫困户与产业发展精准捆绑，并精准共享发展成果。利益捆绑机制就是精准地将贫困户与企业进行捆绑，并确保产业扶贫中的多元主体按照实际情况承担相应的权利和义务，确保参与各方拥有对应的积极性和参与性。在这一方面，需要注意调动政府、贫困户与企业的积极性，形成多方积极共同参与，相互帮助，为了项目发展与脱贫目标努力合作的良好局面。如在精准识别和精准帮扶的过程中，做好挂点干部与贫困户的对接，由干部直接负责到户、到人，并对其脱贫绩效实施考核，将考核结果与晋升荣誉等激励机制精准结合。而对于企业，应该摸清市场主体的经济实力、经营能力和诚信情况，以协议、合同等明确扶贫“责、权、利”并加强监管，确保龙头企业与农户形成真实的利益共同体，以体现精准扶贫的内涵。另外还要确保扶贫产业的成果精准共享到贫困人口中。让贫困人口能从产业发展中获得应有的收益。政府应给予一定的政策优惠，如减税或补贴补偿，让企业与合作社拥有相对于社会其他企业的优势，从而协调好参与各方的利益关系。

（五）发挥龙头示范带动作用

实践证明，发展产业扶贫，需要发挥好农业龙头企业的带头作用。如扬翔集团通过“一十百千万”精准扶贫模式，从贵港市港南区辐射至周边市县，带动2.3万贫困人口通过生猪养殖脱贫致富。这种集团“作战”的养殖新模式，打破了以往贫困户各自为战的旧藩篱，使加入合作社的贫困户同时获得股金分红、土地流转、投工投劳三重收益，很有推广价值。产业扶贫需要注重在贫困地区加快建设一批农村产业融合发展园区和孵化园区，培育和引进有社会责任感的农业龙头企业参与产业扶贫，并建立完善农业龙头企业和农民利益联结机制，让农业企业和贫困群众都成为受益者，使农业企业逐渐成为产业扶贫的生力军。

（六）发挥好农民专业合作社的带动作用

产业发展需要实现组织化，以整合优势资源和增强抵御市场风险能力。贫困村农民专业合作社能改变农民以往单打独斗闯市场的状况，形成规模化经营，让农民抱团取暖、抱团发展。特别是对于地处偏僻、交通不便的贫困村，龙头企业往往不愿意投资，只能依靠农民专业合作社带动贫困户发展产业。贫困村在组建农民专业合作社时，核心在于注重合作社组建后的规范持续运行，若只是名义上把农民专业合作社组建起来，而没有发挥带领群众脱贫致富的作用，也等于没有组建。当然，贫困村农民专业合作社得以发展，离不开各级政府的资金和政策扶持、技术指导、农产品推介等多种服务支持。

（七）做好做强农产品的市场销售网络

产业扶贫要真正取得经济效益，产品市场销售环节非常重要。目前，很多地方产业扶贫还处于农产品低端阶段。由于加工滞后，大量农产品集中上市，容易造成农产品市场饱和、价格下跌，直接影响贫困农民脱贫增收。因此，需要高度重视农产品市场销售链条的优化组合。一是加快农产品加工业发展。各地要立足原料优势，大力发展产地加工，尽可能把原料“红利”留在产地。要延伸农业产业链，推进传统粗加工向精深加工拓展，提高产品附加值。要不断完善和落实用地、税收、财政、金融等各种扶持政策，引入一批规模以上企业，建设一批农产品加工基地，扶持一批农产品加工项目，培育一批小微企业，推进一、二、三产业融合发展。二是抓好仓储冷链物流建设。大力发展仓储冷链物流业，既可以保证农产品品质，还可以缓冲上市时间，实现部分产品错峰上市，提高比较效益。要大力实施特色农产品产区预冷工程，重点推进一批农业产区冷库建设，开展冷链标准化示范。要加强商贸流通、供销、邮政等系统物流服务网络和设施建设与衔接，加快完善县乡村物流体系，畅通山货出山、鲜货保鲜的“最后一公里”。三是抓好区域农业品牌建设。品质品牌关系到产业长远发展，需要通过整合区域内的优势特色品牌，培育、打造一批区域特色明显、市场知名度高的农产品区域公用品牌和名特优农产品品牌，全面提升农产品整体品牌形象在国内外的知名度和影响力，提高农产品的市场附加值。四是大力发展农村电商。积极发挥“互联网＋扶贫”的作用，加快贫困地区宽带网络等信息化基础设施建设，打通贫困地区与外界联系的“高速通道”，拓展农产品流通渠道，解决农产品销售难、流通贵的问题。五是实现农旅融合发展。做强民族特色文化和生态健康旅游产业，依托国家A级旅游景区、休闲农业与乡村旅游区等旅游景区景点，强化扶贫产业与旅游产业的对接，挖掘打造创办一批特色产业文化艺术节，通过景区、文化艺术节助推贫困户生产的刺绣、纺织、编织等手工艺产品以及绿色农产品销售，实现农旅融合发展。

（八）产业扶贫需要有效对接贫困人口持续发展能力

通过产业扶贫“授人以渔”，帮助贫困人口增强“我要脱贫”的内生能力。习近平总书记在深度贫困地区脱贫攻坚座谈会上的讲话中指出：要改进工作方式方法，改变简单给钱、给物、给牛羊的做法，多采用生产奖补、劳务补助、以工代赈等机制，不大包大揽，不包办代替，教育和引导广大群众用自己的辛勤劳动实现脱贫致富。因此，在产业扶贫的过程中，需要有效激发贫困群众通过产业发展增强自我内生发展能力。要重视把“授人以鱼”和“授人以渔”有效结合起来，通过送专家、送信息、送技术等手段在产业扶贫的过程中不断增强贫困群众脱贫致富能力，使贫困群众知晓国家政策、了解多彩世界、获取最新资讯、增长知识才干、掌握实用技术，帮助贫困群众获信息、长知识、会技能、懂技术，有效激发贫困人口积极主动参与脱贫攻坚的巨大热情，增强贫困人口稳定脱贫、持续致富的能力。

B.14 政企合力整体脱贫攻坚的典范

——恒大集团整体帮扶大方县案例研究

李静 韩缙*

摘 要： 本报告梳理了恒大集团帮扶大方县的主要做法，在此基础上探讨恒大与政府合作的机制及对贫困户的帮扶机制，并评估恒大对大方县整县扶贫的效果。结果表明，恒大帮扶大方县在扶贫领域创新性地实现了政府与企业的合作，其扶贫效率远远好于目前以政府为主体的扶贫模式，实现了贫困户、合作企业、大方县以及恒大自身的多赢，为稳定脱贫和可持续发展做出了科学的机制设计和长远的制度安排。根据对恒大整县帮扶的效果、机制以及创新性分析，本报告认为恒大模式是可以复制和推广的。

关键词： 恒大集团 大方县 社会扶贫 产业扶贫 帮扶机制

自2015年12月1日决定整体帮扶大方县以来，恒大集团（简称恒大）的整县扶贫已成为中国扶贫乃至世界扶贫领域的一个创举，在公益慈善事业中也是一项前所未有的创新。为了深入了解恒大模式的创新性及其效果，以及恒大经验对扶贫领域和公益慈善领域的可推广性及可复制性，笔者于2017年8月12～14日到大方县，与大方县有关领导、恒

* 李静，中国社会科学院农村发展研究所研究员，主要研究方向：农村金融、贫困与福祉、奶业经济；韩缙，贵州省社会科学院农村发展研究所副研究员，主要研究方向：农村经济。

大有关负责人、中禾恒瑞集团负责人等进行了深入访谈，形成了以下的调研报告。

一 恒大帮扶大方的背景

（一）贵州省以及毕节市是全国脱贫攻坚最难的地区，也是扶贫开发攻坚示范区

贵州省是我国贫困程度最深、扶贫任务最重的地区，面临着脱贫和小康社会建设同步进行的压力。贵州（2012 年）和毕节地区（1988 年）也是国家的扶贫开发示范区，其脱贫攻坚的做法和经验要为贵州自身如期脱贫、建设小康社会做出贡献，更要为我国其他地区尤其是贫困地区提供宝贵的经验和借鉴。

2015 年的数据显示，贵州省贫困发生率比全国平均水平高 8.2 个百分点，其中贫困县平均贫困发生率为 16%，最高达 28%。实现到 2020 年全省农村贫困人口全部脱贫，任务十分艰巨。其中大方县全县 110 万人口中，贫困人口还有 18 万人，贫困发生率为 16.4%。国务院《关于进一步促进贵州经济社会又好又快发展的若干意见》（国发〔2012〕2 号）明确提出贵州省要“按照区域发展带动扶贫开发、扶贫开发促进区域发展的新思路”来创建全国扶贫开发攻坚示范区。目的是通过示范区的建设来探索一条扶贫开发与区域发展相互结合的发展道路，为国家提供扶贫开发与区域发展联动的实践经验，从而向全国其他落后及贫困地区做示范并推广。

大方县位于毕节地区，而毕节地区属于我国 14 个集中连片特困地区之一的乌蒙山区，是乌蒙山区的贫中之贫，困中之困，也是贵州省最贫困的地区。2010 年乌蒙山贵州片区人均国民生产总值仅相当于贵州省人均水平的 66%，全国人均水平的 30%。1988 年，国务院批准建立毕节“开发扶贫、生态建设”试验区。多年来，党中央、国务院对毕节的脱贫攻坚给予了强大的支持，社会各界也对毕节进行了定点支援。从毕节试

验区筹建开始，中央统战部协调民革、民盟、民建、民进、农工党、致公党、九三学社、台盟 8 个民主党派中央，全国工商联，中央国家机关多个部委和试验区专家顾问组长期参与试验区建设。中央统战部还组织协调北京、天津、河北、辽宁、上海、江苏、浙江、福建、山东、广东 10 省（市）统战部门，携手对口帮扶毕节的深圳市，长期坚持不懈地参与支持试验区建设。

2014 年 5 月 15 日，习近平总书记做出重要批示，充分肯定了毕节试验区改革发展取得的显著成绩，赋予了毕节为全国贫困地区全面小康社会建设探路子、作示范的历史重任，把试验区建设提到一个新的战略高度。

2015 年 11 月底，中央扶贫开发工作会议召开。12 月 1 日，恒大集团响应中央号召，在全国政协支持鼓励下，结对帮扶大方县，计划 3 年无偿投入 30 亿元，直接派一支 287 人的队伍到扶贫一线，通过一揽子综合措施，到 2018 年底助力大方县 18 万贫困人口全部稳定脱贫。

（二）社会力量特别是企业已成为中国扶贫攻坚的重要力量

随着中国改革开放事业的发展，中国社会已积累了巨大的财富，中华民族乐善好施的美德也同步发扬光大，社会力量已成为中国扶贫的重要力量。社会扶贫包括社会组织扶贫、企业扶贫、公众志愿者组织扶贫。到 2014 年底，全社会捐赠总量达到 1046 亿元，这一数额已超过当年政府扶贫投入的财政和金融资金。其中，企业仍是我国最大的捐赠主体，捐赠量占总量的 69.23%（中国社会科学院社会政策研究中心，2015）。在帮扶大方县以前，恒大已累计为民生、扶贫、教育、环保、体育等慈善公益事业捐款超过 42 亿元，公司被授予中国最佳企业公民、全国爱心捐助奖、中国最具社会责任感房地产企业等多项荣誉，被国务院授予“全国脱贫攻坚奖”，并连续七届荣膺中国慈善领域最高政府奖“中华慈善奖”。帮助大方县整体脱贫，正是恒大集团探索走共同富裕道路的延续。

中国政府高度重视社会扶贫，并鼓励和支持企业参与扶贫。在中国扶贫攻坚进入精准扶贫的新阶段，2014 年 6 月，国务院扶贫办根据《关于创新机制扎实推进农村扶贫开发工作的意见》（中办发〔2013〕25 号）关于“创新社会参与机制”的要求，制订了《创新扶贫开发社会参与机制实施方案》，以动员全社会力量参与扶贫开发，形成政府、市场、社会协同推进的大扶贫工作格局，要求“建立和完善广泛动员全社会力量参与扶贫开发的制度，构建包括定点扶贫、东西部扶贫协作、军队和武警部队扶贫以及各民主党派、工商联和无党派人士、企业、社会组织、个人参与的中国特色社会扶贫工作体系”。

2015 年《中共贵州省委贵州省人民政府关于坚决打赢扶贫攻坚战确保同步全面建成小康社会的决定》（黔党发〔2015〕21 号）也要求：“实施社会力量包干扶贫行动。加快形成专项扶贫、行业扶贫、社会扶贫有机结合、互为支撑的‘三位一体’大扶贫格局，聚合各类资源实现全省 9000 个贫困村‘一对一’帮扶全覆盖。用好对口帮扶力量，完善联络协调机制。用好各类企业力量，深入开展国有企业‘百企帮百村’活动。鼓励有条件的企业设立扶贫公益基金和开展扶贫公益信托。鼓励支持各类企业、社会组织、个人参与扶贫开发。”

在以往的社会扶贫和企业扶贫中，主要的方式是间接扶贫，即捐钱捐物给政府和目标群体，很少有直接地参与。另外，在目前政府主导的精准扶贫工作中，有些社会组织和企业不知道如何参与，如何与政府合作。这个时候，恒大和万达等企业勇敢站出来，可以说是对社会扶贫尤其是企业扶贫的创新之举。

二　恒大集团帮扶大方的主要做法及进展

2015 年 12 月 1 日恒大集团决定整体帮扶大方县，无偿投入 30 亿元资金，派出 287 人的队伍，从六个方面参与大方县的脱贫攻坚工作，即产业扶贫、易地搬迁扶贫、发展教育扶贫、吸纳就业扶贫、贫困家庭创业扶贫、特困群体生活保障扶贫。这六个方面所投入的资金见图 1。自结对帮扶大方县以来，在各级党委、政府的高度重视和大方县各族干部群众的艰苦努力下，各项精准扶贫措施全面展开，已取得阶段性成果。到 2017 年 7 月，103 个重点援建项目全部竣工交付，总建筑面积约 400 万平方米。其中，移民搬迁安置区、学校、医院等 80 个重点工程 70 万平方米，产业扶贫项目 330 万平方米。六大帮扶措施覆盖 80% 的贫困人口，扶助 8.05 万人初步脱贫，完成总脱贫任务的 45%。

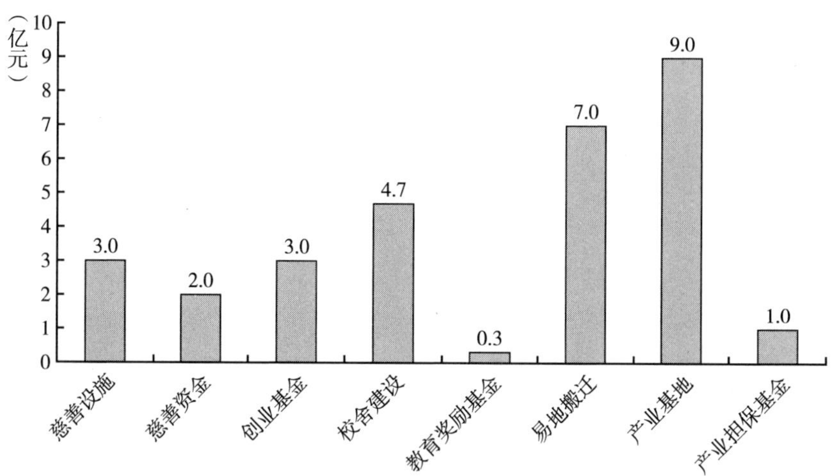

图 1 恒大大方扶贫资金构成

资料来源：恒大大方扶贫管理公司提供。

（一）产业扶贫

目前，已建成蔬菜、肉牛、中药材、经果林等产业化基地 458 个，投入使用 378 个。其中，育苗中心 22 个，蔬菜大棚 10223 个，10.6 万亩蔬菜大田基地；引调基础母牛 8509 头，建成并投入使用 6 个扶贫牛超市，287 个肉牛养殖基地，从加拿大引进 18 万支优质种牛冻精，改良当地土牛 1.8 万头，从澳大利亚引进 6700 头种牛建立大型种牛繁育基地，建成并投入使用 10 个总规模 1 万头的纯种安格斯牛育种场；建成 5.6 万亩丹参、天麻等中药材基地和 4.4 万亩油用牡丹、皂角等经林果基地；向合作社捐赠 800 台各类农机具；已引进 43 家上下游龙头企业。为贫困

户提供产前、产中、产后的服务；设立恒大产业扶贫贷款担保基金 1 亿元，担保总额 10 亿元，已为 316 个蔬菜、肉牛等专业合作社发放贷款共计 4.3 亿元。

（二）易地搬迁扶贫

目前，50 个恒大新村和 1 个民族风情小镇——奢香古镇已竣工交付，安置 3500 户共计 14000 人。在恒大集团建设的新农村，家私家电等基本生活用品配备齐全，贫困户可拎包入住，每户配建 2 个蔬菜大棚，同时配备肉牛养殖、乡村旅游等作为“第二产业”，民族小镇配建商业街，同时就近配建农牧基地，确保贫困户“搬得出、稳得住、能脱贫、能致富”。

（三）发展教育扶贫

发展教育扶贫，是拔除穷根的关键。治贫先治愚，扶贫先扶智。恒大集团通过建学校、强师资、设基金的方式全方位填补当地教育资源缺口。已建成 11 所小学、13 所幼儿园、1 所完全中学和 1 所职业技术学院，其中，11 所学校 2017 年春季已开学，其余则于秋季开学投入使用。另外，与清华大学合作引进优质教育资源，目前远程教学平台已投入使用，共培训 340 名教师及管理干部。设立的恒大大方教育奖励基金，已奖励资助偏远山区优秀教师 200 名、贫困家庭优秀学生 300 名。

（四）吸纳就业扶贫

吸纳就业扶贫属于见效最快的脱贫方式，“一人就业、全家脱贫”。针对贫困家庭实际情况，恒大集团通过组织职业技能培训，吸纳贫困家庭劳动力到恒大集团及战略合作企业就业。目前，已培训 16500 人，吸纳就业 13331 人，就业人员年人均工资达 4.2 万元。

（五）贫困家庭创业扶贫

创业扶贫，是脱贫致富最有效的路径之一。为鼓励和支持贫困户创业，激发其脱贫致富的内生动力，恒大集团设立了3亿元的“恒大大方贫困家庭创业基金”，于三年内分期分批通过贴息和奖补等形式鼓励贫困家庭创业，帮助3万人脱贫致富。目前，已扶持创业户13302户，发放资金5290万元。

（六）特困群体生活保障扶贫

慈善事业，是脱贫攻坚必不可少的组成部分。恒大集团援建的1所慈善医院、1所养老院、1所儿童福利院已竣工交付。2亿元的“恒大大方慈善基金”为孤寡老人养老就医、困境儿童生活学习和贫困家庭就医提供补助。另外，为14140名特困人群每人购买一份固定收益的商业保险，以补足当地低保标准与脱贫标准之间的差额，助其直接脱贫。同时，组织恒大集团员工“一助一”帮扶全县农村留守儿童、困境儿童和孤儿共计4993人。恒大具体的扶贫措施及成果见表1。

表1　恒大集团“六个一批”帮扶情况

产业扶贫	蔬菜基地91个,蔬菜大棚10223个,10.6万亩,户均2.5亩,人均增收4100元
	肉牛基地287个,肉牛15209头,18万支种牛冻精,改良土牛1.8万头,户均3头,人均收入4000元
	中药材及经果林基地30个,共11万亩,人均收入5500元
易地搬迁	50个恒大新村和1个民族风情小镇——奢香古镇,安置3500户14000人
教育扶贫	11所小学、13所幼儿园、1所完全中学和1所职业技术学院;培训340名教师及管理干部;奖励资助200名山区优秀教师、300名贫困家庭优秀学生
就业扶贫	培训16500人,吸纳就业13331人,就业人员年人均工资4.2万元
创业扶贫	3亿元创业基金,计划帮助3万人脱贫致富。已扶持创业户13302户,发放资金5290万元
保障扶贫	1所慈善医院、1所养老院、1所儿童福利院已竣工交付;为14140名特困人群每人购买一份固定收益的商业保险;恒大集团员工“一助一”帮扶全县农村留守儿童、困境儿童和孤儿4993人

资料来源：恒大大方扶贫管理公司提供。

三　恒大集团在大方的帮扶机制

（一）恒大与政府的合作机制

1.组织保障机制

为了保证公开透明，恒大将无偿投入的30亿元资金捐给贵州扶贫基金会，再由贵州扶贫基金会捐给恒大大方扶贫基金会，由恒大成立资金管理公司运作。这些资金完全用于恒大在大方的各种扶贫项目。恒大在大方的员工的工资、日常开销、办公经费等由恒大公司自己出。除了出资金，恒大还出人才，专门成立了集团扶贫办公室，设立了大方扶贫公司，全集团287名“志愿军”主动请缨，带领4000多人的扶贫队伍扎进大方。

在毕节和大方方面，地方政府全力支持恒大，毕节市委、市政府每年抽调100名优秀干部到公司扶贫办挂职，一起办公，共同推进扶贫攻坚。大方县成立精准扶贫指挥中心，负责与恒大的统筹工作。

为了更好地提高扶贫的效率，恒大方面成立综合协调室，政府方面成立扶贫指挥中心，恒大与大方县委县政府联合设立了政企联席会议的运作机制。这一政企联席会议的特点是：贯彻和落实国家的扶贫政策，在政策落实中明确各自的分工与任务。联席会议制度主要负责沟通双方的信息、面对的问题以及实际解决方案。在开始的磨合时期，联席会议基本是天天召开，随着合作步入正轨，目前联席会议召开的次数明显减少。

2. 资金和项目方面的合作与分工

（1）在项目的选择上，一般是政府提出需求，恒大进行复核，双方共同调研和协商，复核后双方共同制定实施方案，由恒大实施项目。在精准识别和贫困户建档立卡方面，政府与恒大一起下乡，同时恒大自己也建立了贫困户的档案，目前恒大覆盖的贫困户占大方县贫困户的80%。

（2）在项目的实施上，双方形成方案后明确各自的任务，进行合理分工。如在易地搬迁方面，大方政府负责“三通一平”等基础建设，企业则利用援建资金完成房屋建设、装修和简易家具置办；企业负责慈善医院、儿童福利院、养老院的前期修建，政府则负责后期运营相关工作。在蔬菜大棚和中药材基地项目的建设上，政府负责流转土地，由恒大实施建设和招商引资。

（3）在扶贫资金管理上，恒大与政府的资金各自独立，各自负责，封闭运行，没有交叉。政府负责的部分由政府提供资金来完成，恒大负责的部分由恒大的资金来完成。

（4）在项目的后续管理上。恒大实施的项目完工后，所形成的资产全部交给政府管理，恒大不要任何一部分资产。交给政府的资产一部分产权归属政府，如学校、医院、部分产业基地等，一部分归属贫困户，如易地搬迁形成的房屋、部分蔬菜大棚的产权等，项目的后续经营由恒大引入的 43 家上下游企业经营管理，政府不直接经营管理。

（二）恒大与上下游企业的合作机制

到目前为止，恒大为了保证扶贫项目的可持续发展，先后引入 43 家上下游企业。这 43 家企业多是恒大的战略合作伙伴，或者是恒大集团内部企业。这些企业的分布如图 2。恒大筛选合作企业注重三个因素：一是能带动多少农户？需要合作企业拿出相应的带动方案；二是企业是否注重社会责任？要求合作企业不能只考虑利润；三是企业的长期行为，要求企业也要承担一部分基础设施建设，以防止企业的短期行为，从而保证项目的可持续发展。

恒大与这些企业的合作主要在以下两个方面展开。

一是就业扶贫：恒大对大方县贫困户的劳动力进行就业培训，在他们掌握一定的相关技能后，安排到恒大和恒大引入的上下游企业就业，通过这种方式，恒大已培训 16500 人，已安排就业 13331 人。

二是项目合作：由于恒大在 2018 年就将完成整体帮扶大方的任务，为了保障项目的后续管理和可持续发展，恒大将产业扶贫基地和奢香古镇建设好以后，将产业扶贫基地和奢香古镇的使用权交由贫困户和合作社进行生产，

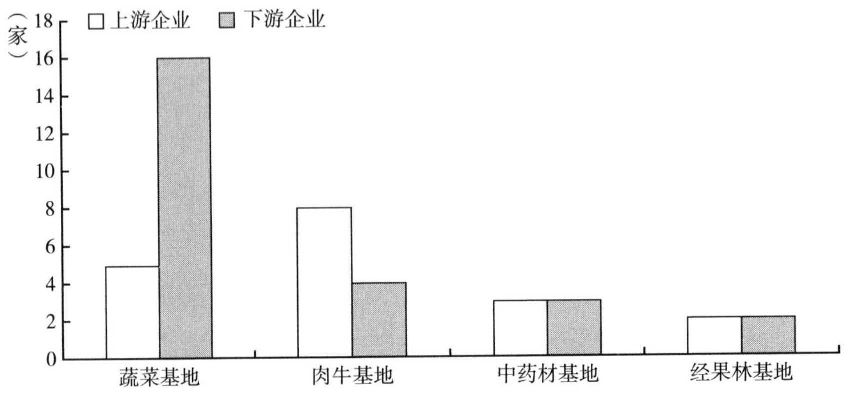

图2　恒大引入的上下游企业分布

资料来源：恒大大方扶贫管理公司提供。

经营和管理交由43家企业，由他们按市场化原则进行经营和管理。恒大建设的这些资产的产权归县政府和贫困户所有，经营管理权归43家公司所有。这些公司与政府签订的合同期长达20年，以保证扶贫项目的可持续发展。

（三）恒大对贫困户的帮扶机制

1. 产业扶贫的农户受益机制

在产业扶贫方面，主要是由政府统一流转土地。流转后的土地，由恒大进行投资建设，如蔬菜大棚、中草药基地、肉牛养殖基地等，建设好以后，根据贫困户的意愿，将贫困户统一纳入恒大引进的上下游龙头企业所建立的供销体系，由龙头企业统一育苗、统一指导、统一提供化肥农药地膜等、统一在指定时间根据订单收购。种苗费用、购牛费用由恒大集团按照龙头企业提供的台账将费用补助给贫困户。其中，中药材种苗补助限5亩以内，蔬菜大棚2个（每个240平方米），肉牛3头以内全额担保和贴息，每繁殖成活一头牛犊奖励2000元。如果贫困户成立合作社，恒大对合作社也有相应的补助。经过一年多的实践，种植蔬菜贫困户平均获得约1万元，收入来自三个部分：一是卖菜所得约2000元；二是在合作社务工的工资所得，约7000元；三是土地流转和年底分红所得约1000元。

2. 易地搬迁新村的管理运行机制

易地搬迁最大的问题是搬得出，是否住得稳？恒大在这方面建立了相应的保障机制，以保障易地搬迁的贫困户搬得出、住得稳。具体的运行机制是：在资源管理方面，盘活“三地”助民增收，即盘活承包地、林地、宅基地，实现资源变资产，资产变股金，农民变股东；在兜底保障方面，将低保、医保、养老保险三项进行衔接，保障贫困户的基本福祉；在教育医疗方面，统筹就学、就医和就业，以提高贫困户的人力资本；在村民日常活动空间方面，在建好住房的同时，配套建设了经营场所、农耕场所、服务场所，方便了村民的生活、生产；在社区管理方面，建立了一套社区管理运行机制，具体有集体经营机制、社区管理机制、群众动员机制。

3. 就业与创业机制

恒大对贫困户的劳动力进行免费的符合市场要求的技能培训，对于外出务工的劳动力主要进行建筑等方面的技能培训，并将这些劳动力输送到恒大内部企业或相关企业就业和创业；对于在本地就业和创业的贫困户，主要进行相关农业技术、实用技能培训，以方便贫困户掌握相关的经营技能和生产技能。

4. 社会保障机制

为了保障扶贫效果的可持续性和稳定性，恒大设立了四个长期运行的基金：分别是产业担保基金 1 亿元、教育奖励基金 0.3 亿元，创业基金 3 亿元、慈善基金 3 亿元，用于保障产业扶贫、教育扶贫、就业创业扶贫和兜底保障扶贫。

四　恒大大方整县扶贫带来的效果

（一）贫困户的受益情况①

恒大集团结对帮扶大方县实施精准脱贫，主要通过“六个一批”，分三

① 恒大帮扶大方指挥部办公室：《恒大结对帮扶大方县工作月报》，2017 年 7 月 6 日。

年帮助大方实现全县贫困人口全部稳定脱贫。计划2016年帮扶11个乡镇60个村，2017年帮扶13个乡镇80个村；2018年帮扶5个乡镇35个村。到2017年6月，已经完成的工作及贫困户的受益情况如下。

1. 产业扶贫

种植产业覆盖贫困户7.92万人，养牛产业带动贫困人数4.33万人。其中，蔬菜基地开工106个，建成91个。蔬菜基地帮扶的贫困户平均每户种植蔬菜面积为2.5亩，年人均纯收入超过4100元；肉牛基地开工287个，建成257个。该基地帮扶的贫困户，户均饲养肉牛3头，年人均纯收入超过4000元；中药材及经果林基地开工35个，建成30个，所帮扶贫困户的土地流转收入、务工收入、分红收入合计年人均纯收入超过5500元。

2. 易地搬迁扶贫

结合新型城镇化和新农村建设，恒大集团积极建设产业依托的新农村。目前，50个恒大新村已建成并交付，共安置2500户10000人，而县城扶贫安置区——奢香古镇业已竣工交付使用，安置1000户4000人。

3. 吸纳就业扶贫

视贫困家庭具体情况，恒大集团组织职业技能培训，吸纳贫困家庭劳动力到恒大集团及战略合作企业就业。目前已培训和吸纳就业人员分别达16500人和13331人，就业人员年平均工资4.2万元。

4. 发展教育扶贫

恒大集团通过建学校、强师资、设基金，全方位填补当地教育资源缺口。11所小学、13所幼儿园、1所完全中学和1所职业技术学院共计26所学校中，3所幼儿园、8所小学2017年春季已投入使用，其余15所学校9月1日开学投入使用。另外，与清华大学合作引进优质教育资源，建成远程教学平台，完成340名教师及管理干部的培训。设立的恒大大方教育奖励基金，已奖励资助200名偏远山区优秀教师、300名贫困家庭优秀学生。

5. 贫困家庭创业扶贫

恒大集团设立了3亿元的“恒大大方贫困家庭创业基金”，三年内分期分批，以贴息和奖补等形式鼓励贫困家庭创业，帮助3万人脱贫致富。目前，已扶持创业户达13302户，共支出5290万元。

6. 特困群体生活保障扶贫

恒大援建的1所慈善医院、1所养老院、1所儿童福利院已竣工交付。设立了2亿元的“恒大大方慈善基金”，为孤寡老人养老就医、困境儿童生活学习和贫困家庭就医提供补助。另外，为补足当地低保标准与脱贫标准之间的差额，帮助特困人群实现直接脱贫，为14140人购买人均一份的固定收益商业保险。同时，组织集团员工“一助一”帮扶该县4993名留守儿童、困境儿童和孤儿。

（二）大方县的受益情况

1. 促进了地方经济的发展

恒大通过30亿元巨额投资以及引进的43家龙头企业，为地方经济发展引入了活力和增量，带动了建筑业、商业、农业、畜牧业、餐饮业、住宿业、快递业、交通运输业等多个行业的快速发展，这是恒大通过示范效应、拉动效应、产业效应发生作用的结果。根据大方县政府统计，2017年大方县经济在上半年（1~7月）取得了快速增长，呈现出一片繁荣景象。

（1）规模以上工业：全县规模以上工业实现增加值26.68亿元，同比增长11.3%，1~7月，累计发电30.32亿度，同比增长34.7%；累计生产水泥68.57万吨，同比下降5.9%；规模以上工业企业实现销售产值77.54亿元，同比增长34.9%。

（2）固定资产投资：1~7月，全县完成500万元以上投资总额88.3亿元，同比增长20.9%，其中，房地产开发投资完成15.8亿元，同比增长34.65%，商品房销售面积21.1万平方米，同比增长60.33%。

（3）商业：1~7月，全县限上消费品零售总额完成4.06亿元，同比增长50.3%；限上批发业实现销售额3.86亿元，同比增长37%；限上零售业实现销售额3.36亿元，同比增长59.4%；限上住宿业实现营业额4235万元，同比增长44.7%；限上餐饮业实现营业额702万元，同比增94.8%。

（4）税收收入：根据税务部门提供，1~7月，全县实现税收收入6.72

亿元，同比下降3.72%。其中，国税完成3.88亿元，同比增27.75%；地税完成2.84亿元（剔除“营改增”完成情况），同比增长3%。

（5）金融信贷：7月末，全县金融机构各项存款余额195.88亿元，同比增长35.45%。其中，个人储蓄存款余额110.83亿元，较2016年同期增长18.16%。各项贷款余额103.06亿元，同比增长27.37%。其中，短期贷款42.43亿元，较2016年同期增长11.51%，中长期贷款60.63亿元，较2016年同期增长41.45%。金融机构人民币存贷款余额增速32.66%，存贷比为52.62%①。

2. 促进了政府工作效率的提高

一是提高了政府的工作效率。贵州省明确一名省领导牵头，省、市、县三级和恒大集团共同参与、多方联动，研究恒大结对帮扶工作的重大事项，及时解决困难和问题，推动帮扶工作精准落实、高效运转。贵州省任命恒大集团副总裁姚东为毕节市副市长（挂职），毕节市抽调100名优秀年轻干部到恒大大方扶贫管理有限公司工作，确保工作无缝对接。这些年轻干部在恒大也学习到了恒大的奉献精神和工作效率，有的年轻干部已经得到了提拔。二是带动了会风的转变。以前政府的会议时间一般是半天，4～5小时才能结束，与恒大合作后，政府的会议通常只需要1～2个小时就可以结束，节约了大量时间。三是带动了文风的转变。以前的政府文稿通常要有个帽子，长度一般是4～5页，现在是直奔主题，长度只需要1～2页纸。四是提升了大方县的整体扶贫速度，形成了以“恒大速度”创造“大方奇迹”。

（三）合作企业的受益情况

恒大引入的43家龙头企业，是按市场原则与恒大进行合作的。通过与恒大合作，企业实现了扩张和做大做强。一是形成了稳定的供货基地。由于贵州气候条件好，农产品品质好，地利集团、中禾恒瑞等公司都与大方县政府签订了20年的长期合作协议，中禾恒瑞甚至要把公司的重心转移到贵州。

① 中国贵州大方政务门户网站：http：//www.gzdafang.gov.cn/。

二是减少了市场风险。由于恒大为贫困户承担了贷款风险，修建了基础设施，免除了贫困户的主要风险，从而使这些企业与农民的合作风险也得到了大幅度的降低，保证了企业的稳健经营。三是开拓了市场。通过与恒大和大方政府的合作，这些龙头企业得以在贵州、西南地区和华南等地开拓市场。四是受恒大精神的影响，这些企业也积极为当地扶贫事业出力，促进了公益事业的发展。五是大方县当地企业也主动出力参与扶贫。大方县 305 名企业家自愿担任 298 个村的名誉村主任，帮助村民脱贫致富。

（四）恒大集团自身的受益情况

1. 打造了一支精兵强将的队伍

恒大集团为了帮扶大方专门成立扶贫办公室，具体负责集团扶贫工作及其他公益事业，副总裁姚东兼任扶贫办主任；从全国 8 万名员工中抽调 287 名精兵强将，带领 3000 多人的专业扶贫队伍常驻大方，成立了恒大大方扶贫管理有限公司，下设产业扶贫部、易地搬迁扶贫部、吸纳就业扶贫部、发展教育扶贫部、特困群体生活部、工程部、行政人事部、综合计划部、总工室、监察室等 19 个职能职责健全的部门开展工作。这些干部职工很多是刚刚毕业的大学生，以前不了解农村。在大方的工作，对他们的人生观、价值观形成了很大的影响，并激发了他们的奉献精神。很多职工主动要求到困难和艰苦的一线去。恒大在大方的部门通常周六周日没有休息，也没有加班费，职工都是在自愿地奉献。通过一年多的扶贫工作，恒大形成了一支特别能吃苦、特别能战斗的人才队伍。到 2017 年 7 月底，恒大集团已从这支队伍中提拔了两批干部共 33 人，有的破格提拔了 2 ~3 级，有的破格提拔了 3 ~4 级，这些人才被恒大集团输送到全国各地分公司。恒大在大方的扶贫队伍已成为恒大的黄埔军校和人才基地。

2. 树立了良好的品牌和社会形象

恒大集团整体帮扶大方的行动，在中国乃至全世界都是一个创新之举，这一创新之举得到了中央领导、政府部门、全国各界的关注和重视，在房地产企业中树立了一个全新的形象。特别在是贵州省和毕节地区，恒大的扶贫之举已经深入人心，形成了“精准扶贫、恒大率先，精准脱贫、大方争先”的社会共识。

五　恒大整县帮扶的创新性分析

（一）恒大直接扶贫是国内甚至国际上公益领域的一个创举，开辟了企业扶贫的先河

企业扶贫是中国社会扶贫的一个重要组成部分，但以前企业扶贫并没有找到一个好的参与机制，一般只是捐钱捐物，有的通过公益组织，有的通过当地政府进行，包括万达整体帮扶的丹寨小镇也只是出钱，没有人力和团队的直接投入。恒大的直接扶贫，开辟了企业扶贫的先河。以往的企业公益性扶贫不论是通过政府进行，还是通过公益组织进行，企业对扶贫对象是否精准，扶贫过程如何开展都很少关注，更不会负责具体项目建设，最后是否实现了预期目标，企业往往很难把握。恒大集团一改过去局部式、间接式、单一式社会帮扶为整县式、参与式、立体式、滴灌式社会帮扶，变间接帮扶为直接参与，直接投入人力、物力、财力，亲自参与扶贫的全过程。不仅参与贫困户识别、贫困原因分析，还参与项目设计、项目施工、项目管理、后期发展等，直到整县脱贫。

恒大以公司目标管理和考核的公司化方式进行扶贫，相继成立了扶贫总公司和各个县的分公司。这些公司虽然是恒大的一部分，但都不以赢利为目的，只为完成扶贫目标。从扶贫公司的使命看，这些公司的运营可以归于社会企业的范围。因为这些企业符合社会企业的主要标准：一是公司的收入不是从市场取得的，而是由总公司无偿提供的。二是公司不以赢利为目的，它唯一的目的就是帮助大方整体脱贫。三是遵循资产锁定原则，即所形成的最终资产也归政府和农户所有。

恒大把公司管理中的目标管理和责任考核方法直接运用于扶贫，这是恒大的创新之举。恒大将大方县 2020 年整体脱贫工作任务层层分解为各个阶

段的具体目标，然后分工落实到各个团队和个人，进行目标管理和责任考核，这种方式极大地提高了扶贫工作的效率，节约了时间成本和资金成本。恒大的直接帮扶行为，充分发挥了企业市场意识强、注重可持续性发展的特点，从而保证了项目建设的高效和后续的可持续性。因此，恒大的直接扶贫比以往的企业间接扶贫更精准、更高效。实践证明，恒大的直接帮扶已经取得了高效的成果，总建筑面积约400万平方米的103项重点工程已全部竣工，其中移民搬迁安置区、学校、医院等80个重点工程70万平方米，产业扶贫项目330万平方米；六大帮扶措施已覆盖80%的贫困人口，帮助大方县约8.05万人实现初步脱贫，占总脱贫人口的45%。这一效率被誉为“恒大速度”。

扶贫工作是目前我国农村工作的重中之重，恒大的直接扶贫证明了企业可以进入扶贫这一传统的政府工作领域和公益领域，也证明了政府工作的一些职能和具体工作可以由企业或与企业合作完成。在我国未来进一步转变政府职能、市场机制发挥更大作用的情况下，企业除了基础设施建设中的PPP模式，还可以在扶贫、公共服务等其他领域展开合作。恒大的扶贫为社会扶贫和企业扶贫指出了新的方向。

（二）在扶贫领域创新性地实现了政府与企业的合作

恒大在大方县的扶贫是一种政府与企业的合作行为，这在政府扶贫工作中也是一个创举。其合作机制是通过政企联席会议的方式实现的。这一机制的特点是：政府负责的部分由政府通过行政手段贯彻和执行，恒大负责的部分由恒大通过市场行为和企业管理行为贯彻和落实。虽然在开始初期需要一定的磨合，但现在已经合作顺利，一个高效协作机制已经走上了正轨。恒大与大方县政府各有分工，又有合作。大方县政府充分发挥政治和制度优势，负责项目审批、土地协调、基础配套、数据统计，确保帮扶资源精准对接建档立卡贫困户。而恒大企业则充分发挥决策执行效率高的特点，负责相关项目运行和管理，确保工作计划快速推进。“恒大速度”的背后是政企协作的“大方速度”。以首批10个幸福村和奢香古镇为例，大方政府负责“三通一平”等基础设施建设，恒大集团以援建资金负责房屋建设、装修和简易家

具置办事宜；大方政府负责搬迁贫困户的核准和新居分配，恒大则根据清单逐户走访核实。如果没有恒大管理团队的助力，仅靠政府的决策和执行程序推进，或是仅有恒大管理团队执行，政府不支持，快速地推进如此庞大的金额和众多的项目，是不可能的。这种政企合作模式的扶贫效率远远高于目前以政府为主体的扶贫模式的效率。这种效率不仅表现在资金节约上，而且比政府速度更快。比如，易地搬迁项目，恒大给贫困户建的小别墅，造价只有20万元，同样的别墅政府建造则至少需要30万元，原因是政府建造必须通过公开招投标进行，而恒大通过内部管理和决策就可以高效进行，节约了交易成本。另外，政府的扶贫是由不同部门执行的，如“六个一批”是由六个职能部门分头执行，而恒大则是集团内综合考虑，分工执行。这种政企合作、优势互补的模式可在“万企帮万村”行动乃至脱贫攻坚战中复制和推广。

（三）政企合作模式的扶贫效率和效果远远好于目前以政府为主体的扶贫模式

第一，恒大的直接扶贫活动活化了农村的存量资源，使农村已有的资源得到了开发和利用。从人力资源看，农民的闲置劳动力得到了充分利用，农民的劳动积极性得到了提升。从山地资源看，通过“三变”改革，这些以前闲置的或低效的土地资源和山林资源得到了开发和利用，转变为经济发展的物质资本。从资金方面看，以前政府投入的资金和金融机构投入的资金基本上是各自运行，效率很低，恒大的介入，使各方面的资金和资源整合在一起，形成了扶贫开发和经济发展的合力。一是提高了大方县扶贫资金总量，恒大投入30亿，与政府的扶贫资金实行分工合作，大幅度提高了大方县扶贫开发工作的力度；二是与金融机构的资金结合，扩大了金融机构扶贫贷款的投放量，如恒大设立1亿元的恒大产业扶贫贷款担保基金，担保总额10亿元，已为316个蔬菜、肉牛等专业合作社发放贷款4.3亿元。

第二，恒大的帮扶不仅直接提供了项目资金支持，还带动了相关资源和企业的加入。目前，恒大已协调引入43家上下游企业，在大方的总投资已超12亿元。恒大集团将联合上述企业在大方县打造20个绿色、有机蔬菜种植核心区、30 个中草药标准化种植核心区和 50 个优质肉牛养殖核心群。可见，企业直接参与扶贫，不仅给钱给物，而且还可通过发挥自身的资源渠道优势引入更多社会力量共同参与产业扶贫，这种方式比物质帮助更重要。

第三，恒大的直接帮扶避免了“精英俘获”。扶贫领域的“精英俘获”指的是本应该瞄准贫困人口的扶贫资源、项目资源却被村庄内的富裕精英群体获得，或者是被应该传递和分配给贫困村的项目资源、资金和利益等被富裕村获得，从而导致扶贫瞄准性差、扶贫任务难以落实等问题。“精英俘获”不仅扭曲和异化了扶贫工作的应有目标和原则，而且加剧了村庄内部的社会分化，进而造成贫困的固化，或者说形成了一种阻碍贫困人员跨越其结构性位置的力量。“精英俘获”在我国以往的扶贫开发工作中屡见不鲜。恒大的直接介入，使扶贫资金和资源精准地帮扶贫困户，阻挡了“精英俘获”的机会，从而避免了“精英俘获”，提高了扶贫的效率和效果。

第四，恒大的直接参与不仅避免“精英俘获”，还带动了乡村精英投入扶贫和经济发展。例如在恒大的带领下，大方县当地企业也主动出力参与扶贫，大方县 305 名企业家自愿担任 298 个村的名誉村主任，帮助村民脱贫致富。另外，一些在外务工和经商的成功人士也因恒大扶贫创造的新的商业机会，而返乡投入产业扶贫工作。如大方县理化乡国立种养殖专业合作社的负责人刘海，是理化乡法乐村人，早年外出广州打工，凭着自己的勤恳和坚持，从普通员工一直做到经理层。2013 年，他回贵阳创业，开办了一家汽车电子贸易公司，成为原公司在贵阳的代理销售商。2015 年，在国家扶贫开发和恒大集团结对帮扶大方县的大背景下，刘海开始着手自己的第二次创业。在恒大集团和村委的共同扶持下，刘海成立了大方县理化乡国立种养殖专业合作社。共有由恒大集团援建的 95 栋大棚，贫困户以自己的大棚入股，占 47% 股份，由刘海负责经营。合作社盈利后，每年年底按 47% 的比例给贫困户分红。即使在不盈利的情况下，合作社也按第一年 800 元，第二年 1000 元，第三年及三年以后 1200 元的标准，给贫困户发放保底收益。合作社目前主要种植西瓜、甜瓜、番茄、辣椒、茄子、黄瓜、西兰花等果蔬品种。合作社慢慢步入正轨，刘海又开始了新的布局。他以同样的方式在百纳

乡拿下 48 个大棚，在黄泥塘乡拿下 192 个大棚。百纳乡的 48 个大棚已经种下了 2. 2 万株西瓜。“我的计划是将规模扩大到 500 个大棚，发展中高端蔬菜产业，并形成自己的品牌，带动当地更多的贫困乡亲脱贫增收。”

（四）恒大将企业和企业家引入产业扶贫，保证了产业扶贫的高效率和持续稳定发展

长期以来，中国农村扶贫一直坚持产业扶贫和开发的道路，鼓励贫困户发展种养业，但是，产业扶贫最大的问题是产业发展中存在着巨大的市场风险和自然风险，所导致的问题有：一是农民无法承受自然风险和市场风险，导致大多数的产业扶贫项目失败，有的甚至导致农民负债和破产，反而加剧了农民的贫困。二是一些农业产业化企业以扶贫的名义进入产业扶贫领域，其行为由于缺乏约束，主要目的却是套取国家资金，与农民的合作关系不紧密，农民的利益得不到保证。而恒大的扶贫由于是纯公益的扶贫行为，将所有的利益制度化地给了贫困户、政府和相关企业，在根据市场规律因地制宜地设计产业项目的同时，还引入了 43 家成熟的上下游企业合作进行产业扶贫。企业家是具有经营风险（包括市场风险和自然风险）的职业，在产业扶贫中引入企业家，就是成功地化解了产业扶贫中的市场风险和自然风险，从而使贫困户从市场风险和自然风险中解脱出来，实现稳定的收入和可持续发展，从而实现稳定的脱贫。

这里有必要重新检讨产业扶贫政策。其政策设计是：针对有劳动能力的那些贫困户，通过政府扶持、小额贷款、技术支持等，通过发展产业，一般是种养业等，摆脱贫困。然而多年来的产业扶贫经验说明产业扶贫的失败率比较高，一般地区的失败率在 70% 左右，高的则可能达到 90% 以上。[①] 原因何在？最主要的原因是市场风险，即贫困户不能适应市场的变化和波动，有的项目可能短时间内会有效，但是从长期看，则基本上是失败的。这说明，有劳动能力的农户并不一定有经营能力，甚至就是因为没有经营能力才

① 这是作者多年来在贫困地区调研和座谈时得到的印象。

会陷入贫困的。在农业走向市场化和国际化的今天，贫困户甚至一般的小农户是无法面对市场风险的。而产业扶贫政策的潜在含义则是有劳动能力的贫困户一定有经营能力。目前，很多贫困户参与产业扶贫的积极性不高，应该是多年来经验教训的结果，他们不应被诟病为观念落后、没有积极性、不知感恩等。

从恒大产业扶贫中我们可以看到，贫困户获得的最大收入部分不是经营收入，而是工资性收入。恒大在产业扶贫方面最主要的产业有两个：一是蔬菜基地，二是肉牛养殖。其采用的模式都是“上下游企业+合作社+贫困户+基地”的供产销一条龙扶贫模式。恒大帮扶的种植蔬菜贫困户平均获得约1万元，收入来自三个部分：一是卖菜所得约2000元；二是在合作社务工的工资所得，约7000元；三是土地流转和年底分红所得约1000元。也就是说，贫困户的经营性收入只占20%，工资性收入占70%，分红收入占10%。从肉牛产业扶贫的数据看也是如此，如恒大三十三村的配套产业是肉牛养殖场。贵州恒茂源农牧发展有限公司与三十三村的搬迁贫困户组成合作社，采用“公司+合作社+贫困户”运营模式，发展肉牛养殖产业。恒大集团和县政府出资（政府出资负责“三通一平”，恒大出资建设养殖场）建设养殖场确权给贫困户，并引进企业，组织贫困户成立互助合作社，每户从牛超市贷款购买3头牛，交由专业养殖公司代养，购牛的贷款由恒大集团和县政府担保并全额贴息3年。贫困户按户均3亩种植高产牧草出售给公司。贫困户每年从公司获取代养收益4800元（固定分红收益每头牛每年1600元），牧草销售收入3600元。除此之外，贫困户可以到养殖场做饲养员，每个月工资2100元。也就是说贫困户的年收入33600元中，工资性收入占75%，经营性收入只占10.7%，分红收入占14.3%。从中可以看到，在产业扶贫中，贫困户并不是经营者，而是农业工人。贫困户所能得到的最大利益不是经营性收入，而是工资性收入。

由恒大产业扶贫可以得到的启发是：不要反对工商资本下乡，工商资本下乡和企业家下乡是脱贫攻坚、实现供给侧结构性改革和乡村振兴不可或缺的重要因素。供给侧结构性改革的核心是改变国家的农业补贴政策，按市场规律发展农业，重塑中国农业的竞争力。按市场规律发展农业，必然面对市场风险和自然风险，而这对于目前主要是小农经营的中国农业来说，是无法承受的。在中国农业规模化经营和家庭农场还没有充分发展的今天，鼓励工商资本下乡进入农业产业化扶贫和发展，是一个明智之举，应让有劳动能力的贫困户更多地成为农业工人，而不是成为直接面对市场的经营者。资本下乡方面要解决的问题是正确处理政府与企业、企业与农民的关系，应通过制度创新来解决企业的短期行为和政府责任问题。

（五）科学决策，运用大数据，突出精准帮扶

恒大集团结合大规模入户调查，基于大数据，实现对大方县建档立卡贫困人口的精准识别，采取“社会捐款+财政扶贫资金+担保基金+贴息基金+风险补偿基金+产业基金+创业基金+以奖代补”模式，以及“职业教育+订单培训+双向选择”对症下药、精准帮扶。

第一，注重扶贫对象精准识别。恒大集团充分发挥大数据作用，将实地走访贫困户收集到的信息汇总到大数据库中，完成全县建档立卡贫困人口数据系统59693户176506名贫困人口的精准统计，从中得出贫困人口乡镇、贫困人口年龄段、各年龄段人群劳动能力、55岁及以下特殊困难群体“农户属性”结构、贫困留守儿童年龄及监护情况分布等详细信息。例如，恒大根据产业扶贫工作的要求，设计了《产业扶贫群众意愿征求表》。组织4个工作组56人，对2016年第一批帮扶的11个乡镇60个贫困村进行调查摸底，初步统计总贫困户9232户28831人，需就地产业扶持贫困户5352户。在就业扶贫方面，制定了《恒大集团结对帮扶大方就业摸底调查实施方案》，对全县建档立卡贫困户中18～45岁愿意外出务工者进行摸底统计。累计调查42085人，其中8983人有意向到恒大务工。

第二，注重资金投向精准使用。恒大计划3年内投入扶贫资金30亿元，通过产业扶贫、易地搬迁扶贫、吸纳就业扶贫、发展教育扶贫和特困群体生活保障扶贫等一揽子综合措施，到2018年底实现大方县贫困人口全部稳定脱贫。主要内容：一是产业扶贫10亿元，3年扶持1000个互助合作社，建

设1000处特色农牧业基地，并引进、培育龙头企业形成产业化经营，帮助5万户13万名贫困人口稳定脱贫。在产业扶贫中，恒大集团明确要求贫困农户入股占比必须达到85%，种养殖大户、农技人员、村两委等非贫困户可以入股，但不能超过15%。在10亿元产业扶贫资金中，有1亿元设立“恒大产业扶贫专项贷款担保基金”，为贫困户提供贷款担保，解决贫困户入股资金困难的问题。二是易地搬迁7亿元，将新型城镇化和新农村建设与易地搬迁扶贫结合，建设有产业依托的安置区共计50处，完成2万名贫困群众的易地搬迁。三是发挥恒大自身优势吸纳就业扶贫。为贫困家庭中有外出就业需求的青壮年劳动力组织职业技能培训，三年在恒大物业、园林、酒店等下属企业和战略合作企业创造了3万个就业岗位。四是教育扶贫。出资5亿元新建13所幼儿园、11所小学、1所完全中学和1所现代职业技术学院。同时，设立“恒大大方教育奖励基金”，以奖励优秀贫困学生和优秀教师。五是对特困群体实施生活保障扶贫。出资5亿元新建慈善医院、敬老院和儿童福利院各1所。同时，为特困群体每人购买一份商业保险。组织恒大集团8.6万多名员工对留守儿童、困境儿童和孤儿实施“一助一”结对帮扶。六是创业扶贫。设立创业基金3亿元，鼓励贫困户创业和就业。到目前为止，恒大所有的扶贫项目已顺利进行，完成了总脱贫任务的45%，六大帮扶措施的覆盖率达80%，帮扶8.05万人实现初步脱贫。

（六）恒大为稳定脱贫和可持续发展做出了科学的机制设计和长远的制度安排

恒大对贫困户的扶持，不是在原有基础上的增量扶持，如在原有基础上的修修补补或增增减减，在健康扶贫中的一般救助和补助，在产业扶贫中的给贫困户种子化肥等，而是进行了全新的机制设计，致贫和返贫的风险点都得到了重视和预防，并制定了相应的保障措施。这彻底改变了贫困户原有的贫困模式，使贫困户脱离了原有的贫困循环，进入了一个新的发展模式和发展循环。在产业扶贫中，采用了“上下游企业+合作社+贫困户+基地”的供产销一条龙的扶贫模式，避免了贫困户直接面对市场风险和自然风险，

保证了贫困户收入稳定，还设立了贷款担保基金，为缺少资金的贫困户提供贷款担保。在创业扶贫中，恒大设立了创业基金，以贴息和奖补等形式鼓励贫困家庭创业，降低了贫困户的创业风险；在健康扶贫和保障扶贫中，恒大援建了1所慈善医院、1所养老院、1所儿童福利院；为阻断因病致贫，设立了2亿元的“恒大大方慈善基金”，扶助孤寡老人养老就医、贫困家庭就医和困境儿童的生活、学习。另外，为14140名特困人群人均购买一份商业保险，填补当地低保标准与脱贫标准的缺口，帮助他们直接脱贫。同时，组织集团员工“一助一”帮扶全县农村留守儿童、困境儿童和孤儿，帮扶人数达4993人。在教育扶贫方面，恒大建立了幼儿园、小学、中学、高中、技术培训学校等，满足了贫困地区的教育需求。在教学质量上也通过与清华大学的合作和教师培训制度使孩子的教育得到保证，阻断了因学致贫。在易地搬迁方面，配套公共设施和产业发展措施，使贫困户搬得出，住得稳，富得快，避免了易地搬迁中的搬得出、住不稳的问题。

根据恒大与大方双方的协议，恒大在2020年完成扶贫任务后将结束在大方的一切活动。扶贫活动结束后，扶贫效果是否可持续？是否会出现返贫？为此，恒大做出了相应的制度性安排，一是建立了四个长期性的基金，分别是慈善基金2亿元、创业基金3亿元、教育奖励基金0.3亿元、产业担保基金1亿元，这些基金的运营时间都为20年。二是将扶贫过程中形成的公共固定资产转移给政府，由政府成立相应的公司进行管理和市场化运营。三是将产业扶贫建设的产业基地的产权转移给贫困户和贫困户组成的合作社，形成产权明晰、分配合理的机制，同时引入上下游公司，与农民签订长达20年的合同，以保证产业扶贫的可持续性。四是在易地搬迁中，为每个易地搬迁点设立两个产业扶贫基地，将易地搬迁与产业扶贫结合起来。

因此，恒大的扶贫是高质量的扶贫，使贫困户一举摆脱了贫困的恶性循环，跳出了返贫、低水平脱贫、不稳定脱贫的陷阱。这些措施彻底改变了大方县的贫困面貌，可以有效阻断贫困的代际传递。不仅实现了整体的全面的脱贫，还为乡村的全面振兴和可持续发展打下了基础。在调研中，我们实地看到，移民新村的贫困户的精神面貌焕然一新，他们重新树立了对生活的信心。

六 恒大模式的可复制性分析和相关建议

（一）恒大模式的复制和推广

恒大在大方的扶贫工作在短时期内就取得成功。2017 年 5 月 3 日，恒大集团决定将在大方的经验复制到整个毕节地区，对整个毕节地区实行整体帮扶。毕节市包括纳雍县、威宁县、赫章县、织金县、黔西县、金沙县、七星关区、金海湖新区和百里杜鹃管理区共 6 县 3 区。恒大计划到 2020 年帮扶全市 92.43 万贫困人口全部稳定脱贫。具体做法如下。

1. 无偿投入80亿元整体帮扶毕节市

加上帮扶大方县的 30 亿元，共计无偿投入 110 亿元的扶贫资金。这 80 亿元追加的帮扶资金的投向是：产业扶贫 55 亿，易地搬迁扶贫 25 亿，具体分配计划见图 3。

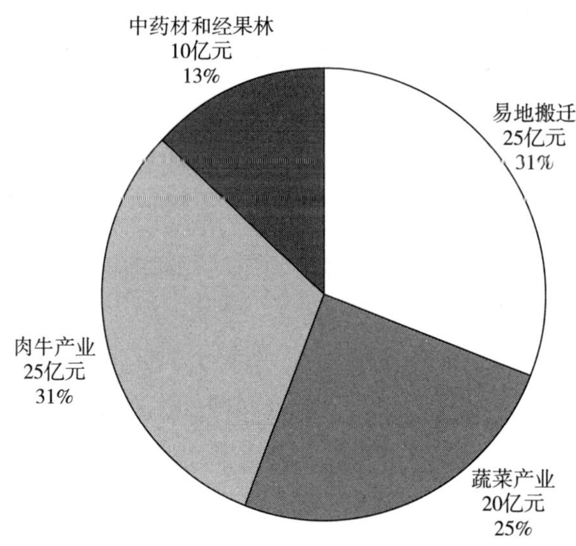

图 3 恒大整体帮扶毕节 80 亿元资金计划投向

2. 派出2108人的扶贫队伍

相比扶贫资金的投入，一支能吃苦、能奉献、能打硬仗，能出思路、能出管理、能出技术、能激发当地干部群众内生动力的优秀扶贫团队更为重要。为此，恒大从全集团系统选拔优秀的扶贫干部（321 名）和本科以上学历的扶贫队员（1500 名），加入大方原有的287 人的扶贫团队，组成更大的扶贫队伍，派驻到县、乡、村，做到工作到村、包干到户、责任到人，不脱贫不收兵。

3. 复制、推广帮扶大方县的经验和做法

（1）易地搬迁扶贫。毕节市6 县3 区的深山老林中还有3. 02 万户共计13. 29 万名贫困老百姓。这些地方路不通、电不通、水不通、房子不遮风雨，必须实施搬迁扶贫。按照恒大的计划，与政府合作把他们一次性全部移民搬迁到县城内，总投入为25 亿元。2017 年7 月中旬，9 个易地搬迁安置区共计300 万平方米全面开工建设，预计2018 年9 月30 日前全部竣工交付。

（2）产业扶贫。发展蔬菜、肉牛、中药材、经果林等特色产业，同时引进、培育一批上下游企业形成产业化经营，帮扶20. 3 万户共67 万名贫困人口实现脱贫。该计划总投入为55 亿元。

蔬菜产业：计划投入20 亿元，建设15 万栋蔬菜大棚，50 万亩高山冷凉蔬菜基地。2018 年12 月31 日前完工交付，帮扶7. 6 万户25 万名贫困人口稳定脱贫。

肉牛产业：计划投入25 亿元，建设1000 个肉牛养殖基地、50 万亩饲草基地、100 万亩饲料基地，2018 年6 月30 日前完工交付；进口5 万头优质种牛，引进10 万头基础母牛及200 万支国外优质冻精，2018 年12 月31 日前完成。帮扶9. 1 万户30 万贫困人口稳定脱贫。

中药材和经果林产业：计划投入10 亿元，建设50 万亩丹参、天麻等中药材基地，50 万亩茶叶、核桃等经果林基地，2018 年12 月31 日前完工交付，帮扶3. 6 万户12 万贫困人口稳定脱贫。

（3）就业扶贫。组织职业技能培训，通过引进的上下游企业就地吸纳一批、恒大下属企业吸纳一批、恒大战略合作伙伴吸纳一批，帮助毕节市 5 万贫困家庭劳动力实现就业。一人就业，全家脱贫。

（二）恒大模式可复制性分析

根据对恒大整县帮扶的效果、机制以及创新性分析，我们认为恒大模式是可以复制和推广的。

1. 恒大投身扶贫的精神可复制可推广

企业扶贫是社会扶贫的重要组成部分，2014 年企业投入资金已接近或超过政府的财政投入。在 2020 年国家完成精准扶贫的任务后，政府有必要回归其基本职能，从直接的扶贫工作中脱离出来，对于以后的相对贫困，应更多地通过社会扶贫来实现。企业扶贫和公益组织是其中的主要力量。不论是企业，还是公益组织，都可以学习恒大的社会责任感和奉献精神。

2. 政企合作模式可以复制

恒大与大方县政府合作扶贫产生了“恒大速度”和“大方奇迹”，这一合作模式可以向全国其他地区推广，而且这一政企合作模式不仅可以应用于扶贫领域，在其他领域，如美丽乡村、特色小镇、新农村建设、公共服务等方面都可以复制和推广。

3. 恒大的直接扶贫模式可以复制和推广

恒大的整县扶贫是通过设立的恒大大方扶贫公司来直接进行的。在扶贫工作的各个方面，完全按企业的项目管理和考核等方式进行。任何一家企业，包括国有企业，都可以在企业的社会责任方面学习恒大的做法，改变以往的间接扶贫做法，直接投入具体的扶贫工作。这方面的复制和推广应该是没有任何困难的，不同的只是范围大小、领域多少的问题。

（三）相关建议

1. 恒大可以利用成功经验带动更多的企业参与扶贫

恒大目前已经将在大方的经验复制到整个毕节地区，在脱贫攻坚已进入目前的决胜阶段后，恒大可以利用自身的影响力，带动更多的企业加入脱贫攻坚的队伍，可以派出相应的团队将恒大的经验和做法向愿意加入的企业传授和推广。

2. 大方县以及毕节市政府应认真总结这一政企合作模式

一方面通过政企合作提高脱贫攻坚的效率和效果，另一方面，将这一模式进行科学总结和推广。各地方和各级政府都可以借鉴恒大—大方的政企合作模式，不论是在脱贫攻坚领域还是在其他领域。

参考文献

1. 李培林、魏后凯主编《中国扶贫开发报告2016》，社会科学文献出版社，2016。
2. 中国社会科学院农村发展研究所课题组：《贵州扶贫攻坚示范区建设研究》，2016年12月。
3. 贵州省委政研室、省扶贫办联合调研组：《毕节试验区扶贫开发情况调研报告》，2015年12月。
4. 恒大集团：《结对帮扶大方县进展情况》，2017年7月10日。
5. 恒大集团扶贫办公室：《恒大帮扶大方县大事记》（第一册），2015年11月28日至2017年1月31日。
6. 恒大集团扶贫办公室：《恒大帮扶大方县大事记》（第二册），2017年2月1日至2017年7月10日。
7. 恒大帮扶大方指挥部办公室：《恒大结对帮扶大方县工作月报》，2017年7月6日。
8. 友成研究院：《再思社会企业》，2017年10月16日。

Abstract

Precision-Targeting Poverty Alleviation (PTPA) is the thematic and fundamental strategy for poverty reduction in China recently. The PTPA strategy and approach was figured out by the CCP and central government of China based on its unique political and institutional strengths and the judgement about the macro economicalsituations since 2013, characteristics of poverty and causes of poverty, as well as the challenges ahead of realizing the planned campaign against poverty by 2020. The PTPA approach developed and tested in China composes of four related supporting and intervention systems according to the research of CASS's team. They are (1) governance and policy system which can support the implementation of whole process precision targeting poverty alleviation; (2) methodologies for identifying the eligible poor, supervision and monitoring of the process of poverty alleviation, checking and evaluation of the reliability of the graduation of the poor households, villages and counties; (3) a package of interventions and ways for poverty alleviation which can deal with varied types of poverty; and (4) resources inputs and mobilizations required for ensuring realization of the planned campaign against poverty by 2020. In addition, many local best practices have been explored on precision targeting poverty alleviation.

The PTPA approach in China has proved to be effective and workable in poverty reduction according to the tentative research results of the team. China has made significant achievement in reducing the number of poor population, improving the physical infrastructure and social services in the poor communities and dropping of the number of designated poor counties since 2013 given the adverse macro economical situations facing to poverty alleviation in the country. The practice of PTPA approach and strategy in China, based on the tentative studies, has made contributions to development of the theories for poverty reduction in the world on identification of eligible poor, social cost-benefit principle based choices of poverty reduction interventions, governance and resource mobilization in the poverty reduction campaign. In some sense, the PTPA is a new contribution of China to the course of poverty reduction in the world. In addition, the practice of PTPA has also contributed to the progress of social governance in China.

The report also warns of the challenges and risks involved in the campaign against in China. These are (1) a part of regions might fall behind of the national progress in poverty reduction without extra efforts made in the coming years; (2) there are difficulties ahead of reduction of the poor population that are supposed to escape from poverty through resettlement; and (3) there are high risk of low-income households returning to poverty. Finally, the report recommends policies and measures to be made, including insisting in the proved mechanisms and supporting policies for the PTPA, increasing the inputs and improving the utilization efficiency of resources allocated and mobilized for poverty reduction, taking effective actions to cope with the poverty reduction in the poor areas with higher depth of poverty, and caring for the effects of chronic fatigue syndrome owing to long term and high pressure working on poverty reduction and possible moral hazards in the process of the war against poverty.

Contents

Ⅰ General Report

Abstract: Precision-Targeting Poverty Alleviation (PTPA) is the theme of current strategy for poverty reduction in China and the fundamental approach to the war against poverty of the country. The report defines the current PTPA adopted in China as one typology of targeting poverty alleviation with focus on targeting at whole process of poverty alleviation, on which an analytical framework has been figured out. The practice and performance of China's current PTPA have been elaborated and discussed in the area of identification of eligible poor, governance structure and capacity for poverty alleviation, input and mobilization of resources for poverty alleviation as well as developed alternative ways for poverty alleviation. Efforts are made to discuss the achievements made in reduction of poor population, improvements in basic public services, exits of nationally designated poor counties, and to discuss and evaluate the contribution of China's practice in the PTPA to the theory for poverty reduction in the world and to the innovation of governance in the country. The report analyzes the challenges facing to the war against poverty in China in the race of poverty reduction to achieve the goal of eliminating all poor population under the recent official poverty line, in particular in poverty reduction in the poor areas with higher depth of poverty and of the poor population that are supposed to escape from poverty through resettlement, as well as the high risk of low-income households in returning to poverty. Finally, the report recommends policies and measures to be made, including insisting in the proved mechanisms and supporting policies for the PTPA, increasing the inputs and improving the utilization efficiency of resources allocated and mobilized for poverty reduction, taking effective actions to cope with the poverty reduction in the poor areas with higher depth of poverty, and caring for the effects of chronic fatigue syndrome owing to long term and high pressure working on poverty reduction and possible moral hazards in the process of the campaign against poverty.

Keywords: Precision-Targeting Poverty Alleviation; Campaign Against Poverty; Governance of Poverty Alleviation

Ⅱ Report on Special Studies

Abstract: As the basic strategy of China's poverty reduction, precision-targeting poverty alleviation isn't made in one step. It rises to the theory level based on the continuous exploration and experiment of the long-term practice of China's poverty reduction. This report has combed the characteristics of each stage of China's poverty reduction policy system systematically, and outline the evolution path of China's precision targeting poverty reduction policy system. We find that the establishment of the precision targeting poverty reduction policy system actually permeates every step of the historical evolution of China's poverty reduction policy. It has continuations of the effective experience of the past, and also innovations based on the actual conditions of the country.

Keywords: Precision-Targeting Poverty Reduction; Policy System; Historical Evolution

Abstract: During the last three decades of combatting poverty and promoting development, China has established a three-tier targeting mechanism of poverty alleviation, identifying status of poverty at county, village and household level, successively. In 2014 China initiated the precision poverty alleviation strategy, contending that precise identification of the poor is a prerequisite for success. Bearing the problem of inaccurate identification in mind, the government set up the information system of poverty alleviation and development and took "looking back" measures to verify the information concerning status of poverty. These institutional innovation and pragmatic policies aim at getting those who should retreat retreated and those who should enter entered, which lays a solid foundation for precision poverty alleviation. The predicament of imprecise identification of the beneficiaries has since been effectively addressed thanks to the endeavors in recent years, while further advances in areas such as identification techniques and incentivizing the stakeholders are to be envisaged thereafter.

Keywords: The Eligible Poor; Targeting; Precise Identification; Dynamic Modification

B. 4 Supervision, Monitoring and Evaluation of the Implementation of the Campaign Against Poverty

Tan Qingxiang, Yang Sui and Wu Guobao / 119

Abstract: Supervision, monitoring and evaluation has been the important policy instruments for ensuring the implementation of the campaign against poverty in China. They are also important components for the governance of poverty reduction of the country. China has developed a complete and well functioned system for supervision, monitoring and evaluation of the program of poverty reduction after years tests and studies. Varied institutions and methods for supervision, monitoring and evaluation have been in place for the supervision and evaluation of the implementation of concerned policies, the identification of the eligible poor households, the performance of CCP secretary and governments in poverty reduction, the effects of earmark funds for poverty reduction as well as the exits of poverty. Some problems still exist in the designed institutions and methods as well as the application of the results, which should be addressed rightly.

Keywords: The Campaign against Poverty; Supervision; Monitoring; Evaluation

B. 5 The Progress and Challenge of China's Poverty Alleviation by Industrial Development

Guo Jianyu / 149

Abstract: Poverty alleviation by industrial development is the vital foundation of other poverty alleviation measures. Any kind of poverty alleviation activities, such as relocation domicile of resident, ecological protection and education development, depend on the development of various industries. Due to completion of it on schedule, it is new emphases that developing characteristics industries, photovoltaic industry, country tourism as well as e-commerce. The achievements of poverty alleviation by industry represent in three aspects: first of all, it promotes formation of regional characteristic industries system; secondly, it broadens the sales channel of products manufactured in depressed area; last but not least, it increases employment opportunities for poor. Nonetheless, nowadays, there still exist problems with poverty alleviation by industrial development, such as the risk of over-capacity caused by industry duplication, low level of industrial development and limited industrial chain, and weakness foundation of new industry. For a further improvement of poverty alleviation by industry, it is necessary to enhance product diversity by characteristics, promote industrial combination to extend industrial chain, and tamp the foundation to help emerging industries.

Keywords: Poverty Alleviation by Industrial Development; Precision-Targeting Poverty Alleviation; Featured Industries

Abstract: This report describes and comments on the over-all profile and the relevant policies of poverty alleviation by employment in rural China. Based on the mechanism analysis of rural off-farm employment's income effect, and the statistical correlation analysis of the rural off-farm employment income with the rural poverty reduction after the rural reform, the roles of employment transfer of the rural agricultural labor in the rural poverty reduction are addressed. With the incomes and income sources data comparison among different income quintile household groups, the important role of the waged employment is re-affirmed with rural households surveyed empirical data in the poor areas. This report also makes comments on several types of employment promotion policies needed for poverty reduction, and describes recent policy development trends. As case study, two employment promotion practices prevailing are presented, which are "workshop for poverty reduction" and "labor service coordination" . Policy suggestions are discussed based on case studies.

Keywords: Poverty Alleviation by Employment; Rural Employment Policy; Rural Resident Income Structure; Workshop for Poverty Alleviation; Labor Service Coordination

B. 7 The Progress and Problems of Poverty Alleviation by Relocation

Li Jing, *Yang Sui* / 195

Abstract: According to the plan of the poverty alleviation by relocation during Thirteen-Five period, there are nearly 10 million poor people needed to be relocated. So far, the National Development and Reform Commission and the relevant ministries, financial institutions, and 22 provinces have formulated and implemented lots of policies and measures in relocation. Great progresses have been made and some experiences have been gained. However, there still exist several problems. Pertinent measures have been suggested in this report in order to achieve the poverty reduction goal in 2020.

Keywords: Poverty Alleviation by Relocation; Relocation Planning; Local Experiences

B. 8 The Progress of Poverty Alleviation by Developing Education in China

Tan Xuewen / 224

Abstract: Based on a brief analytical framework on relationship between education, well-being and poverty, the report summarizes the establishment of systems and institutions, policies and measures taken for poverty alleviation by developing education, and the progress of the various policy measures across the country in six aspects. Obvious effects have been seen, and the educational funding, development of basic and secondary vocational education could be viewed as *Troika* of poverty alleviation in the field of education, but the scale and quality of vocational education, and training for the poor adults are the weakness. Five countermeasures are proposed to advance poverty alleviation by educational development in the rest years by 2020.

Keywords: Poverty Alleviation by Developing Education; Educational Well-being; Educational Funding; Secondary Vocational Education

Abstract: Most poor counties and poor rural population in China are living in ecologically fragile areas. During the process of ecosystem conservation and management as well as poverty alleviation over years, China has built up an important idea by which good ecosystems are in themselves valuable property of the country and regions. Three major forms of poverty reduction by ecosystem conservation and management, i. e. , developing environmentally friendly economies, ecological rehabilitation and ecosystem conservation, have been developed my means of innovations in the area of technology, organization and institution as well as policy supporting. These forms help to combine ecosystem conservation and management with poverty reduction.

Keywords: Poverty Reduction by Ecosystem Conservation and Management; Eco-compensation; Policy; Practice

Ⅲ Report on Case Studies

Abstract: The results of empirical research show that, the reason why Jinggangshan has been the first one to be removed from "poverty county" in China is because it has done "real article" in targeted poverty alleviation, "real" in all

aspects of targeted poverty alleviation. On the whole, the "real article" in Jinggangshan's targeted poverty alleviation is mainly embodied in three aspects: development strategy, poverty alleviation measures and poverty alleviation pattern. In the development strategy, this "real" is embodied in development demand, development mode and development means; in poverty alleviation measures, this "real" is embodied in object recognition, project arrangement, funds use, measures to households, support subjects and poverty withdrawal; in the poverty alleviation pattern, this "real" is embodied in constructed a "Trinity" pattern of targeted poverty alleviation coordinated by the government, society and markets. In essence, the model of targeted poverty alleviation in Jinggangshan is a "fit type" model of poverty alleviation, which is guided by the demand. This model focuses on the complementarity and consistency of the targeted poverty alleviation policy and the needs of rural poor people.

Keywords: Jinggangshan; Precision-Targeting Poverty Alleviation; Experience; Pattern

Abstract: After 3-years hard efforts, Lankao has successfully lifted the whole county out of poverty. In this study we describe Lankao's successful story in four dementions, that is how Lankao understand the importance of poverty alleviation; how Lankao construct the policy system; what method has been adopted in combating poverty, and how Lankao implement the policies. The successful story of Lankao, manifested the validity of the Xi Jinping poverty alleviation thoughts, and showed the political and institutional advantage of China's national poverty-alleviation system.

Keywords: Campaign Against Poverty; Removal of a County from Poverty List; The Successful Story of Lankao; County-Level Poverty Reduction System

Abstract: Guizhou, one of the most deep poverty-struck western province, is taken as a case example of campaign against poverty in recent years. Relying on continuous and successive poverty alleviation experiments, Guizhou ininitated a *Grand Poverty Alleviation Strategy* since the end of 2015, when the central government called for a countrywide campaign against poverty then. This report summarizes the progress of poverty alleviation actions in Guizhou under the framework of *Grand Poverty Alleviation* in six aspects, and concludes five points which could be learned by other provinces in their work of poverty alleviation.

Keywords: Grand Poverty Alleviation; Campaign Against Poverty; Guizhou; Case Study

Abstract: Poverty alleviation by industrial development is the main mode of poverty reduction by developing production in China. Industrial development provides major support for the poor population to be lifted out of poverty and become rich while implementing the strategy of Rural Revitalization. In recent years, Guangxi actively explores the pattern of poverty alleviation by industrial development, and has formed such models as *driven by dragon-head enterprises*, *driven by cooperatives or family farms*, *driven by competent people*, *driven by tourism*, *driven by village collective economy development*, *driven by demonstration industrial park*, *driving by Party construction*, and *driven by hybrid factors*, etc. This report combs the practical experience of poverty alleviation by industrial development in Guangxi, and provides suggestions on developing industry for poverty alleviation in the

Campaign against Poverty.

Keywords: Poverty Alleviation by Industrial Development; Enriching the People by Industry; Guangxi's Experience

B. 14 A model forthe Government and Enterprise Working Together on Poverty Alleviation

—the Example of Hengda Group Helping Dafang County as a Whole

Abstract: This report combs the main practices of Hengda Group helping Dafang County as a Whole to exit from the list of Poverty County. On this basis, the cooperation mechanism between Hengda Group and the County government and the benefiting mechanism for the poor households are discussed. Then we evaluate the poverty alleviation effect of this case example. Result show that in the case of Hengda Group helping Dafang County as a Whole, the cooperation between the government and the enterprise in poverty alleviation has been truly realized, and the poverty alleviation efficiency in this case is far better than that in the prevailing government-dominant patterns. This pattern is beneficial to the poor households, the cooperating enterprises, the Dafang County and also the Hengda Group itself. In the case, scientific mechanism design and long-term institutional arrangement have been made in the cooperation between the government and the enterprise so as to achievestable poverty reduction and sustainable development. It is concluded that the pattern of Hengda Group helping Dafang County as a Whole can be replicated and popularized.

Keywords: Hengda Group; Dafang County; Poverty Alleviation by Social Forces; Poverty Alleviation by Industrial Development; Helping Mechanism.

✧ 皮书起源 ✧

“皮书”起源于十七、十八世纪的英国，主要指官方或社会组织正式发表的重要文件或报告，多以“白皮书”命名。在中国，“皮书”这一概念被社会广泛接受，并被成功运作、发展成为一种全新的出版形态，则源于中国社会科学院社会科学文献出版社。

✧ 皮书定义 ✧

皮书是对中国与世界发展状况和热点问题进行年度监测，以专业的角度、专家的视野和实证研究方法，针对某一领域或区域现状与发展态势展开分析和预测，具备原创性、实证性、专业性、连续性、前沿性、时效性等特点的公开出版物，由一系列权威研究报告组成。

✧ 皮书作者 ✧

皮书系列的作者以中国社会科学院、著名高校、地方社会科学院的研究人员为主，多为国内一流研究机构的权威专家学者，他们的看法和观点代表了学界对中国与世界的现实和未来最高水平的解读与分析。

✧ 皮书荣誉 ✧

皮书系列已成为社会科学文献出版社的著名图书品牌和中国社会科学院的知名学术品牌。2016 年，皮书系列正式列入“十三五”国家重点出版规划项目；2012~2016 年，重点皮书列入中国社会科学院承担的国家哲学社会科学创新工程项目;2017 年,55 种院外皮书使用“中国社会科学院创新工程学术出版项目”标识。

S 子库介绍
Sub-Database Introduction

中国经济发展数据库

涵盖宏观经济、农业经济、工业经济、产业经济、财政金融、交通旅游、商业贸易、劳动经济、企业经济、房地产经济、城市经济、区域经济等领域，为用户实时了解经济运行态势、把握经济发展规律、洞察经济形势、做出经济决策提供参考和依据。

中国社会发展数据库

全面整合国内外有关中国社会发展的统计数据、深度分析报告、专家解读和热点资讯构建而成的专业学术数据库。涉及宗教、社会、人口、政治、外交、法律、文化、教育、体育、文学艺术、医药卫生、资源环境等多个领域。

中国行业发展数据库

以中国国民经济行业分类为依据，跟踪分析国民经济各行业市场运行状况和政策导向，提供行业发展最前沿的资讯，为用户投资、从业及各种经济决策提供理论基础和实践指导。内容涵盖农业，能源与矿产业，交通运输业，制造业，金融业，房地产业，租赁和商务服务业，科学研究，环境和公共设施管理，居民服务业，教育，卫生和社会保障，文化、体育和娱乐业等 100 余个行业。

中国区域发展数据库

对特定区域内的经济、社会、文化、法治、资源环境等领域的现状与发展情况进行分析和预测。涵盖中部、西部、东北、西北等地区，长三角、珠三角、黄三角、京津冀、环渤海、合肥经济圈、长株潭城市群、关中—天水经济区、海峡经济区等区域经济体和城市圈，北京、上海、浙江、河南、陕西等 34 个省份及中国台湾地区 。

中国文化传媒数据库

包括文化事业、文化产业、宗教、群众文化、图书馆事业、博物馆事业、档案事业、语言文字、文学、历史地理、新闻传播、广播电视、出版事业、艺术、电影、娱乐等多个子库。

世界经济与国际关系数据库

以皮书系列中涉及世界经济与国际关系的研究成果为基础，全面整合国内外有关世界经济与国际关系的统计数据、深度分析报告、专家解读和热点资讯构建而成的专业学术数据库。包括世界经济、国际政治、世界文化与科技、全球性问题、国际组织与国际法、区域研究等多个子库。

法律声明

“皮书系列”（含蓝皮书、绿皮书、黄皮书）之品牌由社会科学文献出版社最早使用并持续至今，现已被中国图书市场所熟知。“皮书系列”的LOGO（）与“经济蓝皮书”“社会蓝皮书”均已在中华人民共和国国家工商行政管理总局商标局登记注册。“皮书系列”图书的注册商标专用权及封面设计、版式设计的著作权均为社会科学文献出版社所有。未经社会科学文献出版社书面授权许可，任何使用与“皮书系列”图书注册商标、封面设计、版式设计相同或者近似的文字、图形或其组合的行为均系侵权行为。

经作者授权，本书的专有出版权及信息网络传播权为社会科学文献出版社享有。未经社会科学文献出版社书面授权许可，任何就本书内容的复制、发行或以数字形式进行网络传播的行为均系侵权行为。

社会科学文献出版社将通过法律途径追究上述侵权行为的法律责任，维护自身合法权益。

欢迎社会各界人士对侵犯社会科学文献出版社上述权利的侵权行为进行举报。电话：010－59367121，电子邮箱：fawubu@ssap.cn。

社会科学文献出版社